U0554550

李建辉

　　教授，闽南师范大学教育学一级学科硕士点负责人，"教师教育学"方向带头人，"闽南文化与两岸交流研究"特博项目博士生导师。曾任闽南师范大学研究生工作部副部长、教师教育学院院长、教师工作处处长、发展规划处处长，现任闽南师范大学学科建设与研究生工作处处长、教育科学研究所所长、《闽南师范大学学报》（哲学社会科学版）副主编。主持省部级及以上研究项目12项，发表论文115篇，出版著作5部。获闽南师范大学"师德标兵"、"教学名师"和全国教育硕士"优秀教师"等荣誉，入选福建省高等教育教学评估、福建省中小学教师资格主培考官培训、全国高等教育教学成果评选等专家库成员。

教师教育一体化研究

INTEGRATION OF
TEACHER EDUCATION

李建辉 著

社会科学文献出版社
SOCIAL SCIENCES ACADEMIC PRESS (CHINA)

本书是教育部人文社会科学研究规划基金项目"地方政府统筹下的农村教师教育一体化研究"（项目批准号：12YJA880062）、全国教育科学"十二五"规划国家一般课题"地方政府统筹下的教师教育模式改革与机制运行研究"（课题批准号：BHA120043）、全国教育科学"十三五"规划国家重点课题"教育扶贫的现状、问题与对策研究"（课题批准号：AFA190010）成果，本书出版获得闽南师范大学学术著作专项经费资助。

本书在界定相关核心概念及其关系基础上，阐明教师教育一体化研究的学理基础、理论价值和实践意义，分析我国教师教育一体化建设的主要发展历程及其特征，介绍世界发达国家和地区教师教育一体化经验及其对我国当代教师教育改革的启示。作者基于乡村振兴视角，以教师教育一体化为研究对象，根据我国教师教育改革和师资队伍建设相关政策文件，分析教师教育一体化建设中的多方利益关系与责任，阐明当代教师教育一体化可供借鉴的模式选择、课程改革、实践范式、质量体系建设和体制运行保障。

序　言

在经济、科技、人才、教育的链条关系中，经济发展必须依靠科技进步，科技创新需要人才和智力支撑，高素质人才培养的基础在教育。党的二十大再次重申教育优先发展的战略地位，提出"科技是第一生产力、人才是第一资源、创新是第一动力"，再次阐明"培养什么人、怎样培养人、为谁培养人"是教育的根本问题。在迈向中国式现代化建设新征程中，要实现"教育强国、科技强国、人才强国"的目标，必须扎根中国大地办好人民满意的教育，必须拥有专业化高质量的教师队伍。

新中国成立初期，我国就确立了基础教育教师职前培养由师范院校承担，教师职后培训由教育学院（进修院校）负责的教师教育体系。这一体系适应了当时国情和时代发展的需要。20 世纪 80 年代以来，美国掀起的教师专业化运动波及世界各地，教师教育概念逐渐取代师范教育范畴。教师教育一体化、专业化、高学历化以及国际化等也逐渐成为世界各国教师教育改革发展的热潮和趋势。特别是在保罗·朗格朗的终身教育思想指导下，强调将制度化与非制度化的教育贯穿于教师职业生涯的始终，实现教师在职业生涯中的终身发展与成长，这就需要对原有条块分割的教师教育体制机制进行变革，以整体的、全局的、联系的、连续的改革方向和原则，对教师职前、入职和在职培养与培训进行统一设计和规划，使教师专业发展各阶段相互沟通、相互衔接，并在教师教育的管理体制上实现协同统一，教师教育机构布局上实现"区域化"和"统整化"，教师教育内容设计上实现"体系化"和"专业化"，并要求深化职前与职后教师教育者的沟通交流，重新调整和组合教师教育者队伍，建立既有侧重又有合作、相互融通合一的教师教育师资培养共同体。

我国的教师教育一体化，最早可追溯至20世纪90年代的教师教育机构整合运动，为聚合教师教育力量，实现教师教育人力、物力资源的充分统整，教师的职前职后机构合并成为一种趋势。当时的上海教育学院、上海第二教育学院、上海幼儿师范高等专科学校并入华东师范大学，成为这一运动的发端。21世纪初，东北师范大学、陕西师范大学、华中师范大学等先后由部属高校牵头，联合地方政府和中小学校形成"三位一体"培养、培训基础教育师资的"U–G–S"模式，以及闽南师范大学、长春师范大学、赣南师范大学等由地方政府牵头，联合地方教师进修学校、中小学校形成"三位一体"培养、培训基础教育师资的"G–U–S"模式，构成21世纪初我国教师教育一体化改革的两种典型模式。2010年《国家中长期教育改革和发展规划纲要（2010—2020年）》颁布之后，教师教育课程标准、教师专业发展标准等对基础教育教师发展提出了新要求，全国各地师范院校先后效仿"三位一体"师资培育模式，教师教育人才培养模式改革异彩纷呈。特别是2015年国务院颁发《乡村教师支持计划（2015—2020年）》、2017年教育部实施师范专业认证标准和2018年中共中央、国务院颁发《关于全面深化新时代教师队伍建设改革的意见》之后，教师教育一体化改革成为地方政府、师范院校和中小学校协同推进乡村教育振兴以及实施乡村振兴战略的共同行动。至今，全国多地先后建立"教师教育创新实验区"，业已形成教师教育新格局。

教师教育一体化既符合我国教师教育改革的总体精神，也适应世界教师教育发展的时代潮流。2018年《关于全面深化新时代教师队伍建设改革的意见》实施以来，教师教育改革与发展再次上升为新时代高校师范专业办学、基础教育师资队伍建设和教师个体专业成长发展的理论与实践研究的重点领域，需要认真研究新形势下教师教育一体化改革发展的新问题，如：新时代高等院校和地方政府、中小学校如何协同培养适应未来需要的高素质专业化的师资队伍；地方政府如何协同地方师范院校进一步激发师范专业办学特色，协同构建职前培养和职后培训相衔接的教师教育体系；在教师教育结构调整统一规划中如何建设具有中国特色、时代特征、区域特点、师范特性的新型师范院校；师范院校如何进一步固本培元，在学科专业和队伍建设中发挥优势，在地方基础教育政策、教育改革热点问题的研究和咨询中务实创新，拿出更有价值的观点、方案和建议；高等院校和地方政府、中小学校在教师教育供给侧结构性改革政策指导下，如何做好师范生招生、培养和就业与在职教师岗前培训、继续教育和终身发展的衔接，在教育体制协同创新等方面如何真正实现教师教育资源优化配置，提高教师教育质量和办学效益；等等。

　　该书在界定教师发展与教师教育、农村教育与乡村教师、职前教师与在职教师等主要概念的内涵和外延及其相互关系的基础上，阐明教师教育一体化研究的理论价值和实践意义，并从教师教育的体制、层次、目标、结构、过程、范式、手段、模式、质量和未来十个方面，分析当代教师教育的基本特征；基于终身教育、教师专业化、主体交往、利益相关、协同创新、决策权变等学理逻辑，阐述教师教育一体化研究的立论基础和思想指导；从近代我国教师教育制度化创始到新中国成立之前的"西学东渐"，从新中国成立到"文化大革命"结束的"学习探索"，从恢复高考制度到 20 世纪末的"初步发展"，从新课程改革的"改革创新"到教育综合改革的"全面深化"，分析了我国教师教育一体化建设的五个主要发展历程及其特征；介绍了世界上具有代表性的发达国家如美英、德法、日韩，发展中国家如印巴，以及我国港台地区的教师教育一体化改革发展经验，归纳出这些国家和地区教师教育一体化建设的特点及对我国当代教师教育一体化发展的启示。

　　该书在乡村振兴战略的时代背景下，以乡村教师教育一体化为研究对象，在教育公平和义务教育均衡发展的政策导引下，根据《关于实施卓越教师培养计划的意见》《乡村教师支持计划（2015—2020年)》《关于实施卓越教师培养计划2.0的意见》《关于全面深化新时代教师队伍建设改革的意见》《教师教育振兴行动计划（2018—2022年)》《关于加强新时代乡村教师队伍建设的意见》《新时代基础教育强师计划》等文件，详尽分析教师教育一体化中的地方政府、高等院校、中小学校、一线教师和乡村社区等多方主体的利益关系与相关责任，从专业招生、培育过程、供求关系、教育管理、体制改革、专业人员、学科教育等视角，阐明教师教育改革进程中可供借鉴的高校内中小幼教师衔接培养、师范生培养和继续教育衔接、地方需求与高校的订单培养、普通院校与成人院校的合并、公办院校与民办院校的联姻、师范学生与教师学习共同体、教育硕士与复合型教师培养等一体化的模式选择。

为了培育基础教育高素质专业教师，作者在分析教师教育课程体系与模块构成的基础上，深入阐述教师职前课程与在职课程的沟通、教师教育改革中师范生本专科和研究生课程衔接、学术性课程与职业性课程的融合、理论课程与实践活动课程的协调、专业课程与资格招考课程的拓展等一体化的课程改革。结合21世纪以来我国教师教育异彩纷呈的改革探索，进一步提出深化教师教育改革实践应该是"统筹协调、置换共赢、结对指导、合作帮扶、专业引领"的学理逻辑，诠释了地方教育部门与高等院校的协调配合、师范生实习支教与在职教师继续教育、师范生教育实践与优秀教师教育引导、大学教师与师范学生建立学习共同体、高校专家与中小学教师开展项目研究等深化教师教育一体化实践的基本范式。

高质量专业化的师资培育和教师专业发展必须要有一套科学合理、适切可行的教师教育质量监控和保障体系，并建立相应的管理制度和组织体制，使教师教育改革有效运行。作者以教师教育机构标准为教师培育质量管理制度建设的基本原则，以师范专业认证标准为师范专业办学评估的根本依据，以教师教育课程标准阐明建构"一体两翼"课程的实践参照，以教师资格考试标准衡量获取教师职业资格的必备条件,以教师招聘任用标准考查地方选拔任用教师的参考依据,以教师专业发展标准为教师个体专业发展的考评指标,以教师职业能力标准为职前教师能力免试的依据,以教育学类质量标准规范教师专业培养机构的教学要求,试图建构一套较为健全的教师教育一体化建设的质量保障体系。

为了促进教师教育一体化的制度化建设、规范化发展和系统化运行,作者提出新时代教师教育以"校地共建、院校联盟、协同创新、实践育人"思想为指导,在教师教育一体化的利益主体之间,通过建立和健全大学和地方政府合作办学,大学与院校之间教育合作,大学、政府和中小学校协同,大学教育与社会实践衔接,大学文化与社区文化融合等组织管理模式,保障教师教育一体化机制的有效运行。在教师教育改革实践中,作者列举了东北师范大学的"U-G-S"模式、首都师范大学的 TDS 模式、闽南师范大学的"G-U-S"模式等具有代表性的教师教育一体化建设案例,结合东西部帮扶政策,对教育部新提出的"师范教育协同提质计划"、全面推进新时代深化教师教育改革进行了简要介绍,为今后教师教育一体化发展提供实践指导。

与以往研究相比,该书概念关系分析较为深入,理论基础阐释较为扎实,政策依据解读较为可靠,研究思路视角较为独特,发展历程划分较为合理,特别是在教师教育一体化的政策导引、责任关系、模式选择、课程改革、实践探索、质量保障、机制运行等方面的研究,形成了较为全面、丰富、系统的逻辑体系。该书还结合了其他国家和我国港台地区教师教育一体化建设的经验,并提供了国内相关高校实施教师教育一体化的特色案例,理论与实践相结合,具有很强的针对性和实用性,具有较高的学术价值和出版价值。

该书是迄今为止关于教师教育一体化研究最为翔实厚重的研究成果之一。作为教育学学科建设的重要学术成果,该书可以作为教育学专业研究生必修课程和师范专业本科生选修课程的教学用书,对促进教师教育学学科建设、科学研究和人才培养具有重要参考价值，对地方教育主管部门制定当地师资队伍发展规划、中小学校领导强化教师队伍管理和一线在职教师进行专业发展培训等也具有理论和实践指导意义。

张诚贤

2023 年 3 月

目录
ONTENTS

第一章　教师教育一体化的概念关系

在教师教育一体化的范畴下，分析教师教育与教师发展、农村教育与乡村教师、职前教育与在职教育三对概念的内涵与联系，是揭示教师教育一体化研究价值的逻辑前提。通过相关概念分析得到以下观点：一是教师教育是教师发展的手段，教师发展是教师教育发展与改革的目标，教师教育一体化是教师发展和教师教育发展与改革之间的中介，起桥梁作用，同时也是二者间的一个特殊发展阶段。二是乡村教师是农村教育的重要支柱，农村教育发展离不开乡村教师支持，目前农村教育存在的问题之一是乡村教师队伍不能满足义务教育均衡发展需要，显示出培养乡村教师的紧迫性，教师教育一体化作为乡村教师队伍建设的发展思路，具有重要作用。三是从教师教育一体化视角来看，教师的职前教育和职后教育是一个相互贯通、相互联系的教师培养体系。研究农村教师教育一体化的意义在于深化我国农村教师教育一体化的理论探究，用以指导当前的农村教师教育一体化实践，推动农村教师队伍素质发展，提高农村教育整体质量，助推乡村教育振兴。

第一节　教师发展与教师教育

教师发展是教师伴随职业本身的发展，在主客体条件相统一的影响和作用下实现的，是教师在专业性、个体性、社会性三个维度协同发展的过程；教师教育则是以教师为对象进行一切教育安排及进程的统称，贯穿了教师专业发展的整个过程，是促进教师专业发展最根本的手段。

一　教师发展

目前，学术界存在把"教师专业发展"与"教师发展"混为同一概念的表述。要厘清"教师发展"的内涵，必须从教师职业发展的历史阶段和社会时代角度进行探讨，并且要结合教师专业性、个体性和社会性三个维度特征进行分析。

（一）教师职业转变的社会历史性特征

教师职业几乎伴随人类社会的形成而产生。在古代社会，教师职业停留在一种原始"经验化"的师徒相授阶段，师傅将教学与指导的技术如手艺般传授给学徒，教育教学的知识与技能尚未形成系统化、理论化的学科内容体系，也没有形成专门化的培养教师的机构。在近代，教师职业的"经验化"形态发生转变，这一时期生产力蓬勃发展，技术水平提高，大机器生产推广，对劳动力数量、质量提出更高需求，许多初等学校、国民学校、职业技术学校在资产阶级的国家力量推进下应运而生，适应了制度化教育建立、公立学校规模不断扩张对教师的广泛需求。1681年，拉萨尔在法国兰斯创立了世界上第一所师资培训学校，此后一系列师资培训机构如雨后春笋般蓬勃发展起来，教育教学相关学科知识体系在这一时期逐步地建立和成熟起来。但早期为迅速满足教育规模急剧扩张对教师的大量需求，教师来源五花八门，整体数量不足、质量不高，师资培训机构的"高校化""学术化"又使得教师培养在教学理论与教学实践之间建起了一道无形的"壁垒"，为后来的教育质量下降埋下祸根。

教师职业"技术化"形态的转变发生在现代。特别是二战后，世界各国经济开始复苏，社会秩序得以重建，人口迎来爆发性增长，这使教育规模迅速扩大，对教师的需求有了新增长，在美国，为安置二战后的大批退伍军人，美国颁布《退伍军人权利法》（The G. I.

Bill of Rights），对大批退伍军人进行教育与培训，以解决师资短缺困境。[①] 但由于对进步主义教育运动成果——儿童中心主义指导下生活适应课程的误读，美国基础教育界（尤其是公立教育界）出现了一种"反智主义""反学术"的极端作风，美国基础教育质量下滑，学生素质难以达到进入大学、学院继续深造的学术标准。1957 年，苏联人造卫星上天，美国在与苏联的科技竞赛中处于劣势地位，这成为民众对教育质量不满和要求变革的导火索。在该背景下，技术理性主义的教师发展思想和结构主义课程改革运动成为变革的主流，但以失败告终，原因之一是将教师"工具化"，教材编制权被学科专家掌握，教师缺乏对课程改革过程的有效参与，这最终导致教育质量的滑坡，中小学生学业成绩出现大面积下降，政府和学术界开始意识到教师在课程改革和教育发展中的地位和作用。

1966 年，国际劳工组织和联合国教科文组织发表《关于教师地位的建议》，将教师视为"专门职业"，开始转向谋求质的发展。美国民众对高质量教育有了更多需求，1986 年，美国卡内基小组和霍姆斯小组分别发表了《国家为培养 21 世纪的教师做准备》《明日之教师》两份报告。教师职业实现了由"技术化"向"专业化"的转变，教师专业发展问题也开始成为当今世界教育改革与发展关注的焦点问题。

（二）"教师发展"概念的三维特征解读

回溯教师发展的过程，有助于加强对"教师发展"这一概念的历史性认识。作为一门职业，教师发展始终紧扣着时代与社会需求，具有明显的时代烙印。当前，教师发展经历了"经验化""技术化"的形态变迁，开始朝"专业化"方向发展，"专业化"是教师发展的时代特征。

目前，关于"教师发展"的含义，国内外学者基本分为"专业

---

① 戴伟芬，王依依，胡丹 . 论当代西方技术理性主义教师教育思想 ［J］. 外国教育研究，2015（11）：52 – 53.

性发展"、"个体性发展"和"社会性发展"三种界定方式。专业性发展界定认为，教师发展是教师个体不断学习、接受、探究新专业知识，拓展专业内涵，增长专业能力，提高专业水平，实现专业自我，从而成为一个成熟的专业人员的过程。① 个体性发展界定认为，教师发展是"教师作为人"的发展。② 社会性发展界定认为，教师发展是教师个人接受社会经验影响，内化社会行为准则，掌握社会生活知识技能，积极地参与社会生活、介入社会环境、参加社会关系系统，再现社会经验。③

总的来说，学界对当前"教师发展"的基本概念解读，主要从下列三个视角展开，每个视角又有不同的观点。

1. 从"教师发展"的本质角度，有"结果论"和"过程论"两种观点

结果论者通常以固定性、终结性思维观照教师发展问题，当教师从最终结果上达到某些要求或指标时，便视作教师获得了发展，反之则视为教师没有获得发展。譬如在现实中，一些调查教师培训情况的研究会指出，教师在接受培训课程的系统学习后，由于未能立刻在课堂上直接呈现出培训效果或发生预期变化，研究最后就断定教师在接受培训后没有获得发展。而过程论者会更多关注教师发展的具体过程，重心在于对过程的审视而非对结果的判别。显然，过程论从理念上更能被多数学者接受，结果论的思路局限就在于，将教师发展的历史过程"虚无化"了，只就结果讨论问题，窄化了教师发展的研究视野，容易使教师发展问题研究陷入"黑箱"，仅仅观测到"结果"，却没有洞见"发展结果"背后事象的逻辑演绎，对发展过程中影响教师的各种主客观要素有所忽视，哪怕教师在接受过专业培训后未能在课堂上表现出预期结果，也不应武断地视为

---

① 李建辉．论融入课程改革的教师专业发展［J］．漳州师范学院学报（哲学社会科学版），2007（03）：147．

② 饶从满．教师发展若干基本问题辨析［J］．中国教育学刊，2009（04）：85．

③ 刘淑兰．论教师的社会性不足及其补救［J］．教师教育研究，2007（06）：19．

没有获得发展，而是发展在观测的结果上不显著或被"隐匿"了，且从教师发展本身看，教师发展是一种长期性、终身性的过程，将教师发展视为一个过程有利于动态、历史地研究教师发展问题，把握某些影响教师形成纷繁复杂变化的内外条件。

2. 从"教师发展"的主体而言，有"主体说"和"客体说"两种观点

持"发展客体说"的学者往往对教师发展本身有种期望，教师由于承担着教育活动，天然地与人的发展和社会发展形成紧密联系，同时也不可避免地赋予社会公众对"教师发展"的期望，这就要求教师主体发展不能无视社会的客观期望野蛮生长，而应兼顾社会对教师的期望和要求，但因此说教师必须完全遵照社会要求的"规范""标准"进行教育和培训，使之成为模范的，符合管理者、研究者、社会公众期望的教职员的观点也不尽正确。因为教师是自主成长、主动学习和适应社会的个体，教师是能动生长的人而非程式化的机械，必须依托主体自身的能动参与方能实现教师发展，教师作为一线教育工作者，处在真实的教育情境中，影响着具体现实的人的发展，唯有充分的主体介入才能不断适应客观社会需求，实现教师的自我发展和突破。因此教师的发展是一个主客体相互统一的过程，它既包含社会客观要求，也依赖教师个人的主体发挥，二者相互统一、相互促进。

3. 从"教师发展"的维度上，体现专业性、个体性和社会性的统一

专业性发展是从专业技术层面讨论教师发展问题，教师经过一定的专业培养培训，在职业生涯中经过不断的专业实践、专业反思，其专业性不断生长，它既可以是个体性的，又可以是群体性的。个体性发展便是教师作为个人的发展，由于教师承担发展人的职能，发展人的活动又不仅仅单纯停留在知识技能的掌握上，更有人格、心理、道德品质等方面的升华与成长，我们在谈论教师发展问题时便不能绕开教师个人的发展问题，教师必须向着一个完整、健康而

全面的人的方向发展，如此才有益于培养完整、健康而全面的人。社会性发展则是指教师本身是培养着社会性的人，因此也要求教师的社会性维度层面的成长与发展，且教师必须跟随社会的不断变迁调适其内在的个体属性，跟上社会潮流，若教师本身与社会脱节，最终也难以培养出与社会相适应的青年人才。

综上，本研究将"教师发展"概念界定为：教师在主客体条件相统一的影响和作用下实现的教师专业性、个体性、社会性三个维度统一协调发展的过程。

二 教师教育

"教师教育"（teacher education）一词由"师范教育"（normal education）演变而来。在西方国家，20世纪30年代后"教师教育"概念逐渐取代"师范教育"，成为国际通用的概念。① 它是对传统"师范教育"概念的超越，它是多元化、一体化、专业化、大学化、系统化的师资培养培训活动。②

（一）"教师教育"概念的流变

"教师教育"概念的诞生是建立在对"师范教育"的继承与发展的基础之上的，世界主要国家大抵都经历了由"师范教育"到"教师教育"的概念流变。把握"师范教育"到"教师教育"概念流变的历史原因与逻辑，是帮助我们深入了解教师教育内在含义的关键。由于世界各国有不同的社会发展样态和文化基础，这一概念的演变过程并不全然相同。这里主要考察我国的"师范教育"到"教师教育"的概念流变，这一转化大抵与原有概念存在的局限性及其所建构相应体系的问题相关。

首先，师范教育在我国的教育传统话语体系里，主要侧重描绘的是教师职前培养阶段，这与当代所倡导的将教师职前培养、入职

---

① 康晓伟. 我国教师教育领域中的一些重要概念厘定 [J]. 当代教师教育，2013 (01)：17.
② 张元龙. 对教师教育有关概念的认识 [J]. 教师教育研究，2011 (01)：8.

任用、职后进修三者统合的一体化发展思想相悖。因此，使用"教师教育"这一概念，有助于我们聚焦"教师"这个整体的词，运用整体性的思想审视教师发展的整个过程（即包含职前、入职、职后的整个过程）。

其次，过去我国所构筑的是定向招生、定向培养、定向分配的封闭独立的师范教育系统。这一系统缺乏开放性与竞争性，培养准教师的来源渠道一元化。这种稳定结构从长远来讲，不利于教师群体在内部与外部形成良性竞争和促进教师专业素质的提升。

最后，传统的师范教育体系无法较好调和"学术性"与"师范性"的关系。这要求我们转变教师的发展和培养观念，以符合新时代我们对教师的角色定位与发展方向要求。特别是在世界性教师专业化运动的驱使下，完成由"师范教育"向"教师教育"的观念转变成为历史的必然。

（二）教师教育的本质特征

就教师教育的基本定义看，教师教育本质上是一系列以教师为对象的培养培训活动的统称，是一系列对教师的教育安排及其进程，贯穿于教师发展的整个职业生涯；就基本的特征来看，具有多元化、一体化、专业化、大学化、系统化特点。多元化是指教师教育有别于传统封闭的师范教育，是一种开放多元的教育体系，教师的来源多元化、培养培训机构多元化、教师教育形式多元化、教师教育课程内容多元化是未来教师教育改革发展的重要特征，也是为适应未来多元化社会需要的变革；一体化意味着有关教师的培养培训从过去传统师范教育模式下职前职后相互分离割裂的格局向相互衔接、协调一体、连贯发展的方向发展，并要求实现教师发展的终身化；专业化则意指教师教育在培养与培训方面的专业化，不同于简单的职业技能技术教育，教师教育需要以不断建设的专业组织、专业知识体系、专业地位、专业规范等为依托；大学化象征着教师教育在办学层次上与过去传统师范教育相比不断向高学历、高层次方向发展；系统化则意指教师教育在培养和培训方面不再局限于单向维度的教学能力和技术方面的突破，还将关注更深层面的教师专业情意（教师情感、态度、价值观）、教师批判性意识和教学反思能力、教师教育行动研究能力等的全面发展，教师发展的内容更加系统而全面。

随着社会的发展，世界各国对教师教育理论研究的逐步深化，教师教育改革实践的不断深入，当代教师教育也呈现出以下特征：体制（体系）开放化，师范院校和综合大学并举；层次（学历）高等化，高等教育系统培养各级各类教师；目标（目的）专业化，培养高素质专业化国际化教师；结构（构成）系统化，全盘考虑教师教育构成要素关系；过程（阶段）一体化，职前职后教育全程规划设计；范式（方式）协同化，政府、高校、中小学校协同创新；手段（技术）信息化，广泛运用现代信息技术手段；模式（形式）多样化，凸显各类院校培养模式个性化；质量（评估）标准化，通过师范专业认证标准检测故障；未来（合作）国际化，学习借鉴世界发达国家先进经验；等等。关于这方面的研究，将在后面章节专门论述。

三　教师发展与教师教育的关系

通过对"教师发展"与"教师教育"的概念辨析，揭示了两个概念之间的内在联系，也就是二者共享相同的主体词："教师"。就发展与教育的关系看，教育是促进发展的一种基本手段，因此教师发展与教师教育二者本身就存在一种天然联系。但问题在于，要实现什么样的发展？而为了实现这样的发展，又需要什么样的教师教育？关于教师发展的问题，自然是要首先回答的关键问题，而且必须将这一问题置于当前的时代背景和需要下做出解答。

当前，学习型社会已经是广为人们认可的未来世界演进的普遍趋势，在"知识大爆炸"的背景之下，掌握现有的知识已不再是人类能长期适应社会的"灵丹妙药"，在知识迭代更新速度激增的当代，更重要的是养成一系列有助于长期适应社会的基本素养。其中，终身学习力成为发展后续一系列基本素养的发端，因为人的发展除了自然的生物成熟，就是通过社会化的学习活动获得自我的发展。因此，教师必须首先成为"终身学习者"。这也意味着，我们必须用终身发展的眼光去看待教师的职业发展，教师的专业化将成为一个伴随其职业生涯始终的长期过程。要实现这一点，就需要从教师教育一体化角度审视教师发展的整个过程，将职前、入职、职后进行统合，即构造一体化的完整的教师教育体系，以反映这种观照教师终身性成长的变革体系。

通过对当前教师教育问题的审视也可得出，推动教师教育职前、入职、职后一体化进程的紧迫性。传统师范教育理论与实践相脱钩、学术性与师范性难以调和的问题背后无法绕开的一个关键在于整个教师培养培训体系中将教师专业发展的各个阶段相互割裂、相互分离，教师职前培养未能充分观照现实学校场域的问题和需求，教师在职进修和发展又缺乏对教育教学理论的进一步深化和学习，教师学术素养和研究能力不足。要弥合二者的各自缺陷，唯有使教师职前培养机构和在职进修机构联合，使教师专业发展的各个阶段由分离走向复合、由割裂走向一体，促进教师专业化成长与发展。

第二节 农村教育与乡村教师

本研究所指的教师教育，主要是针对基础教育师资的培养和培训。通常意义上，基础教育是针对中小学教育、高等教育和成人教育而言。从教师教育一体化研究角度，伴随高等教育大众化，目前我国教师教育也逐渐大众化并呈现出教师培育的学历高等化特征。而且，在教师教育一体化的实践层面，县区级及以上的中小学校和幼儿园由于办学条件的改善，融入教师教育一体化改革的条件也日趋成熟。伴随乡村振兴战略的实施，本研究的视角自然转向农村或乡村区域，旨在促进乡村教师教育的一体化发展。因此，对"农村"与"乡村"的概念区别进行辨析，从区域、对象、功能三个维度阐释农村教育和乡村教师的内涵与外延，探明农村教育发展的关键和根本等，对乡村教师发展和乡村教育振兴具有深远意义。

一 "农村"与"乡村"的概念辨析

目前，诸多教育学文献在使用"农村"与"乡村"两个概念时，没有明显的区别，甚至在一些场合中等同使用，但从诸多角度来讲，二者都存在一定区别。首先，从人口学上讲，国家统计局为了严谨科学地界定我国人口和社会经济发展的情况，对"乡村"与"农村"两个概念做了区分，根据《关于统计上划分城乡的规定（试行）》，乡村包括集镇和农村，农村是乡村的子集，集镇则是承载农村区域经济、文化和生活服务中心职能的非建制镇。① 一般来讲，农村人口主要从事农业生产活动，由于集镇的存在，乡村人口不仅包含农业人口，也涵盖非农业人口。其次，从社会学上讲，我国"农村"的社会学概念引自美国，指"一部分人居住于人口密度最低，面积最广的区域，从共同兴趣、工作与生活方式上，发生一种同类意识，他们在一种或多种事业上有共同兴趣，因此互相交通、彼此合作，他们的兴趣或在一处，或在多处，他们的主要实业就是农业收获，他们的社会组织和反应比较少而简，并且大多为空间和生产方式所支配，他们的主要社会方式是家庭"②。而社会学上的"乡村"则指行政区划中乡镇所辖的地域实体，它的外延是以乡（镇）政府所在的圩镇为中心，包括其所管辖的所有地域范围。③

从社会学上讲，农村的生产活动和生活方式围绕农业经济要素和地域环境展开，而乡村的经济要素和地域范围不仅包含第一产业，第二、三产业的非农社区也包含在内。从地理学上讲，"乡村"是"农村"概念的拓展和蜕变，在 20 世纪 80 年代，李旭旦指出："研

---

① 刘冠生.城市、城镇、农村、乡村概念的理解与使用问题［J］.山东理工大学学报（社会科学版），2005（01）：54 – 57.
② 王洁钢.农村、乡村概念比较的社会学意义［J］.学术论坛，2001（02）：126 – 129.
③ 王洁钢.农村、乡村概念比较的社会学意义［J］.学术论坛，2001（02）：126 – 129.

究非城市区域人文组织与活动的地理方面的问题统称为农村地理学，它不包括在农业地理学的范畴之内，而是探讨农村环境的经济、社会、人口、聚落、文化和资源利用等许多问题的一门不很明确的学科。"① 而到了90年代，农村地理学成为研究乡村社会经济活动的地域分异及与外围城市相互作用的乡村地理学，以乡村代替农村，拓宽了原有的概念，认为城市和乡村不是封闭的系统，而是存在各种要素的双向流动和相互作用。② 总的来说，与"农村"相比，"乡村"所涵盖的地理范围更大，其内在的生产要素、经济结构、文化成分都更加复杂多样，并且呈现出与城市互动过程中的动态流变。可见，在有关这一问题的研究中以"乡村"为基本概念，应该更符合当下的政策话语和现实背景。

二　农村教育的多维内涵特征

对"农村教育"概念进行界定，需要对"农村教育"内涵与外延进行辨析梳理，主要可从区域、对象、功能三个维度对"农村教育"这个动态发展的历史性概念做界定。

（一）农村教育的区域维度

区域维度主要从地理空间视角对农村教育进行划定，即人为规定某个空间范围，把这个空间范围内的教育称作农村教育。通常有行政区域论、地理区域论、文化区域论、综合区域论四种观点。

行政区域论就是根据国家的行政区划来规定农村教育范围，例如根据我国的四级行政区划，可以将县级以下由乡镇管辖的行政村内的教育统称为农村教育，但由于当前我国城镇化的推进和经济发展，有不少行政村的面貌已发生蜕变，于是有地理区域论和文化区域论。地理区域论将地理上以农业生产和专门从事农业工作为主的

---

① 胡晓亮，李红波，张小林，袁源．乡村概念再认知［J］.地理学报，2020（02）：398 - 409.
② 胡晓亮，李红波，张小林，袁源．乡村概念再认知［J］.地理学报，2020（02）：398 - 409.

人口所在的地理区域里的教育视为农村教育。而文化区域论则更进一步超出空间性，转而根据共同的身份认同和"文化符号"来划定一片文化空间，此间的教育便被称作农村教育。这意味着，如果一所学校设立在农村，但内在的文化与农村社区已经完全脱钩，自然也不能被称为农村教育。综合区域论是综合文化、经济、人口等要素对"农村教育"概念进行再定义，这是考虑到农村当前正经历着重大历史转型的特点而提出的，社会发展日新月异，农村内部要素时刻都在发生改变，人口已经打破过去单一的农民群体，产业布局不再仅限于农业，而且当今的文化发展日趋多元，这就要求我们超脱过去狭隘化的"农村教育"概念，对这些变化要素做系统性的审察和分析。

（二）农村教育的对象维度

对象维度是就教育所作用的对象来框定农村教育，主要可分为户籍划分法、区域划分法和文化划分法三种。户籍划分法便是根据户籍制度，将面向具有农村户籍的人口所推行的教育视作农村教育，但这就容易产生一个问题：随迁子女在城市所接受的教育是农村教育还是城市教育？这种教育在城市发生，按地理划分可视作城市教育，但从户籍上看又属于农村教育。而且那些进入城市高校接受教育的农民子女所接受的又是何种教育？为弥合这一矛盾，学界又有区域划分法和文化划分法。区域划分法就是不管户籍类型，而是以生活在该地理区域为判断基准，哪怕是城市户籍，如果是在农村区域接受的教育，便可视为农村教育，譬如一些针对城市学校子女开展的"下乡体验教育"，也可被视作农村教育。而文化划分法则聚焦对象内在的文化认同和精神特质，这种划分法相对较为精准，但在研究中有时又难以实现准确把握。

（三）农村教育的功能维度

功能维度是就发挥的功能来界定农村教育，即把为农村发展服务的教育统称为农村教育。从某种程度上讲，"功能论"是对传统

"区域论"农村教育和"对象论"农村教育的突破,因为它以是否促进农村发展,为农村社会建设服务为判定标准,这意味着研究农村教育将更多关注"产出导向",过去以地域、对象划分的农村教育,未能充分观照到"为农""促农""利农"的价值取向。例如,尽管以农村地区为教育场域、以农村人口为教育对象,但最终进行的却是一种"离农"教育,是要教农村人口脱离自己生长的乡土,实现由农民身份向市民身份的转化,这是一种加速农村衰败而不是振兴农村的教育,当我们重新回归"农村发展"的价值导向,便更有利于思考通过什么途径促进农村社会发展繁荣。这也意味着未来不论是"在农村的教育"还是"在城市的教育",只要有利于推动农村的繁荣和复兴,便是有效的农村教育。

(四)农村教育的内涵辨析

通过区域、对象、功能三个维度的分别阐释,本研究试图对农村教育的内涵做如下归纳:首先,就农村区域而言,农村教育的对象具有多元化特征,我国经过长期的城镇化发展演变,尽管农村从地缘和行政上仍被框定在一个相对固定的区域,但组成农村社会的基本人口已不再是单纯的农业人口,农民早已不再是构成当前农村社会的唯一单元,一些在农村社会发展和产业转型过程中形成的非农业人口,以及从城市流入的外来人口、回迁的本地人口构成了农村社会新的人口结构,他们不少都失去了原有的"农民属性"和"乡土性",这同时意味着农村教育的对象具有多元化特征。其次,从工作上看,农村教育的基本工作是传递普遍性与地域性的生产和生活经验,传承人类文明和乡村文化,当前农村教育的发展还无法完全脱离对城市教育的追赶和模仿,农村教育要服务乡村社会发展需要,促进乡村振兴就必须摆脱"离农式"教育,在传递普遍性的生产生活经验和人类文明精华的同时,努力挖掘富有地域性特色的生产生活经验,传承本土的乡村文化,这是建立农村教育主体性,实现城乡教育融合互促的重要方式,也是挽救当前农村文化传承危机,使农村教育能更好服务农村振兴而非加速农村衰落的必要手段。

最后，从最终目的上讲，农村教育在新时代的旨归就是要促进农村社会转型和地区内多产业协调发展，培养当地人口生产生活能力和持续学习能力，当前农村社会正处于至关重要的转型时期，农村内部的产业结构正在逐步打破原有传统的一元农业布局向多元产业方向发展（如农产品加工业、生态旅游业等），这意味着农村教育若要适应现阶段农村产业转型与革新的需求，必须有助于促进多产业协调发展。此外，从本地人才培养视角讲，也要求农村教育能够为当地提升生产生活能力与持续学习能力提供助力。

总体来讲，"农村教育"本身是一个历史性的、动态流变的概念，它的内涵随农村发展及其问题的演变而发生改变。因此，本研究将"农村教育"定义为，在农村行政区划范围内发生，主要面向该地长期居住的多元群体，向其传播具有普适性与当地地域性的生产生活经验，以促进农村社会转型和多产业协调发展、传播人类文明精华和乡村文化、培养适应现代化生活的素质的教育活动。

三　乡村教师

在当前的教师教育研究文献中，农村教师与乡村教师也经常混用。根据前文对农村教育中区域、对象、功能三个维度的分析思路，我们在这一小节审视"乡村教师"的内涵和外延，分析乡村教师存在的问题，厘清"乡村教师"的基本概念。

（一）乡村教师的维度划分

从区域维度上看，乡村教师可以被视作在乡镇、村完小和教学点从事中小学、幼儿园教学工作的教师。[①] 这种区域划分逻辑体现出乡村教师的"在农"特征，即乡村教师是在我国广大农村地区进行教育教学的工作者。但区域划分也从侧面折射出当前乡村教师"在农"属性的不稳定性，即乡村教师尽管在农村开展教育服务，却有

---

① 王光雄. 乡村教师专业发展支持路径研究——基于云南省乡村教师支持计划的实施情况分析 [D]. 西南大学，2018：9.

一部分不能安心地"在农"从教，乡村教师不是在逃离，就是在逃离的路上，这已经成为当前农村教育的一大困境。① 尤其从城乡区域上看，当前有部分乡村教师不断往城市流动，继而导致乡村教师规模的萎缩，乡村教师规模的萎缩又进一步增加乡村教师工作负荷，加强乡村教师的"逃离"倾向，形成了城乡教师流动的"马太效应"，增加了区域乡村教师驻留的不稳定性。

从对象维度上看，乡村教师的教育对象同样具有一些特殊性，农村的留守儿童教育问题一直是困扰农村教育的一个难题。农村存在数量较多的留守儿童群体，他们不仅存在"知识困境"，更伴随一系列"心理困境"、"人格困境"和"精神困境"，因此乡村教师面对的农村儿童教育问题往往更加复杂多样。同时，教育对象上也牵涉家庭教育问题，乡村教师需要思考如何扮演好家长与学生之间有效沟通与理解的桥梁，形成良好的家校互助，促进农村儿童的身心健康成长。

从功能维度上看，乡村教师在农村承担着教书育人的工作，为农村学生传播科学文化知识，培养和发展学生的健全人格，乡村教师也是生长在农村的儿童重要的交往对象，乡村教师对儿童世界观、价值观的形塑有潜在的、不可忽视的影响，乡村教师既是组织和开展农村教育教学活动的主体，也是农村学校教育质量的根本保障。从农村教育的目标来看，乡村教师还兼具着传承和发扬地方乡土知识和一系列生产生活经验，助力实现乡村精神文明繁荣的重要使命。但从当前乡村教师的整体情况看，乡村教师在这方面的职能发挥与所期待的仍有不小差距。在基本的普适性科学文化知识的传播与核心素养能力的培育上，乡村教师本身存在队伍结构性问题，如性别比例失调、音体美教师缺少等问题，而且在专业素养上，与城市教师相比仍有一定差距，再者，他们不能较好地承担起农村地方文化

---

① 谢丽丽. 教师"逃离"：农村教育的困境——从 G 县乡村教师考警察说起 [J].教师教育研究，2016（04）：71.

知识的挖掘和传播职能,诸如此类的问题成为我国农村教育发展的一大阻力。

(二)乡村教师的基本内涵

综上,本研究主要从区划维度对"乡村教师"概念做出定义:乡村教师是指那些在县级以下乡镇地区(以行政村为主要服务单位)开展教育教学服务的教师。这样定义的考虑在于:首先,如果以对象论来界定乡村教师,并不能恰切地描述当前乡村教师所面向的多元化群体;其次,如果从目标——为农村教育和社会发展服务——视角来界定,又容易将在城市开展"益农教育"的教师也划入乡村教师范畴,这就容易忽视农村地区本身存在的乡村教师发展困境。

四 农村教育与乡村教师的关系

通过对"农村教育"与"乡村教师"的概念辨析可发现,二者存在紧密联系,且对于农村教育的发展而言,其关键和根本在于乡村教师的发展,甚至可以说,农村教育兴衰的背后折射出来的正是一部乡村教师发展的兴衰史。因为,就其基本的特性来看,乡村教师服务的场域、对象和目标,都指向农村未来的发展,乡村教师的未来映射着农村教育的未来,如果乡村教师是"向城的",农村教育的未来就是"向城的",如果乡村教师是"益农的",农村教育也会朝有益于农村发展的方向进步。当前农村教育存在种种问题,其解决方法绕不开乡村教师的发展问题。如江涛、杨兆山研究指出,乡村教师个体身份认同、专业素质和文化惯性等"消极"意象已成为农村教育发展与改革面临的"教师阻力"。[①]

根据当前乡村振兴战略推行的需要,国家和业界都强调"乡村振兴必先振兴乡村教育","优先发展农村教育事业、建好建强乡村教师队伍"。这是因为我国脱贫攻坚取得全面胜利后,教育作为打赢

---

① 江涛,杨兆山. 我国农村教育发展的"教师阻力"问题及其破解 [J]. 现代教育管理,2015 (06):98.

脱贫攻坚战的一个基本工程，在近年得到很大发展，学校基本硬件设施已经得到较大改善，开始转向对软件的要求，即学校的内涵式发展。因为硬件设施可以不断更新迭代，但优秀乡村教师对一个地区的教育发展和人才振兴而言却是无法替代的，唯有拥有一批具有高度职业认同和乡土认同、专业素质过硬、乡土文化适应性强的乡村教师在岗工作，才能够更有效更充分地挖掘、开发、传承、发扬农村社会丰富的乡土文化，为农村社会治理效能增强、乡风文明繁荣、教育质量提升发挥更大的效能。

乡村教师的建设与发展对农村教育发展具有深远重大的意义。当前农村教育质量问题的根本症结就在于乡村教师的素质不足，而乡村教师作为一种职业，其专业素质的提升依托于教师培养培训体系。从教师教育一体化视角来看，就需要在针对乡村教师的培养培训上抓牢"服务乡村"的基本定位，但当前乡村教师的职前培养与职后培训相互脱离、培养目标对"服务乡村"的定位模糊、课程设置"向城性""同质性"强、教师教育师资队伍发展不足、研究与实践脱钩等问题桎梏着乡村教师的培养与发展，继而影响了农村教育的发展与改革，亟须从教师教育一体化视角改革乡村教师培养培训体系，提升乡村教师培养质量，增强乡村教师专业素质，助力乡村教育振兴。

第三节　职前教师与在职教师

职前教师是指尚未进入教师岗位，但已有意愿并正为此做准备的人员，这里特指师范生；在职教师是指在学校里承担教育教学工作的教师。职前教师与在职教师是教师专业发展过程中的不同角色，二者存在发展阶段上的连续性。但在教师教育改革不断深化的今天，在推进乡村教师专业发展的新时代，职前教育与职后教育统合不足的问题成为职前教师与在职教师发展过程中的矛盾。

一 职前教师与职前教育

在古代，由于生产力水平不高，受教育人口少，教育资源有限，对于教师的需求量也不高，尚未有"职前教师"这一概念。"职前教师"概念的缘起要追溯到近现代，学校教育的蓬勃兴起带动教师的需求量激增，使得专门培养培训教师的机构兴起，"职前教师"才开始走上历史舞台。所谓的职前教师，通俗讲就是还没有进入教师工作岗位，但已有意愿并且正在为此做准备的人员，他们也被称为"准教师"或"教师候选人"。①

（一）职前教师的划分

关于职前教师的类型划分，从时间上可以根据"教师资格"确定与否分为"资格未定"的职前教师和"资格确定"的职前教师，判断标准是准教师是否已经通过教师资格考试，取得教师资格证书。从类型上可以根据是否接受专门师范教育将职前教师分为"师范类"职前教师和"非师范类"职前教师。师范类职前教师一般是那些正式就读于师范类专业的在校大学生，他们会经过较为系统的师范类专业课程体系的培养和训练，在专业知识和专业能力的准备上较为充分。而非师范类职前教师则是那些就读于其他非师范类专业的在校大学生或者其他有意愿从事教师职业的社会人员，他们的内部构成较复杂，以自学、参加教师教育相关机构组织培养培训等形式通过教师资格考试，获得教师从业资格。总的来说，如果按照专业程度排序，通常"师范类""资格确定"的职前教师相比"非师范类""资格未定"的职前教师专业程度更高。本研究为便于对象的确定性和具体性，更偏重于将那些在师范院校接受专业师范课程培养的师范生称为"职前教师"，也对其他不在师范院校进行专门培养但已有意愿从教并为之准备的人员保持关注。

---

① 孙渊．职前教师专业知识优化研究［D］.陕西师范大学，2015：13.

（二）何谓职前教师教育

根据对职前教师的定义，我们进一步将职前教师教育界定为：针对入职前的教师所进行的专门化培养与培训活动的统称。具体来讲，对象包含在师范院校或开设师范类专业的高校里接受专业课程培养的师范生，也包含其他不在师范院校或师范类专业接受系统学习，但已有从教意愿并为之准备的大学生或社会人员。本研究更侧重讨论师范生的职前教育问题，因为师范生是师资队伍的主要来源。

历史上，我国职前教师教育层次经历了由"旧三级"向"新三级"转换的过程。"旧三级"指中等师范学校、高等师范专科学校、师范学院（大学）所构成的中专、高专、本科三层级的职前教育体系；"新三级"则指高等师范专科院校、师范学院（大学）、研究生院所构成的高专、本科、研究生三层级的职前教育培养体系。在传统"旧三级"教师的职前教育框架下，实行的是定向招收分配、封闭分级培养的职前教育模式，小学教师和学前教师由中等师范学校承担培养的任务，初高中教师则由高等师范专科学校、师范学院、师范大学进行培养，职前培养与职后培训相互分离、各自独立、互不统属、缺乏联系。

为适应 21 世纪教师的专业化需要，促进教师职前培养培训的一体化，我国自 21 世纪以来逐步形成并完善了"新三级"职前教师教育体系。在"新三级"框架下，教师招生与就业实现了统招与定向招生互补、自由择业与定向就业结合的转变。中小幼教师培养不再分级，师范大学也参与到幼儿教师、小学教师的培养中，提高了中小幼教师队伍的整体培养层次。职前教师教育开始关注入职与职后一体化衔接问题，建立师范院校、地方政府、中小学校"三位一体"的职前教育协同合作模式，创新了多元的职前教师教育"4＋X"模式，除传统的"4＋0"本科教师培养模式外，还有"4＋1"模式（4 年学科专业教育＋1 年教师教育）、"4＋2"模式（4 年学科专业教育＋2 年教育专硕）、"4＋3"模式（4 年学科专业教育＋3 年教育学硕士）以及"3＋3"模式（本硕衔接）等。[①] 整体上，当前职前教师教育通过不断完善体制机制和创新培养模式，正在不断弥合职前教师教育理论与实践的分离、职前与职后的脱节，根本目的在于提高教师教育的职前培养质量。

（三）职前教师教育的主要问题

当我们将研究对象聚焦到职前教师，尤其是师范院校进行专门培养的师范生时，便自然而然形成一个问题，那就是职前教师的培养工作在多大程度上能产生社会效益。职前教师是未来优秀教师的种子，面向他们的培养工作最终要为能够适应和胜任教育教学工作做准备，现今职前教师普遍存在的特征和问题，也应当成为职前教师教育关注的焦点。

胜任教育教学工作是职前教师进入工作岗位前的准备条件，这就要求职前教师在成长过程中实现两个重点任务的突破：一是建立初步的专业认同，二是具备胜任教育教学工作的专业知识与能力。前者是顺利进入岗位的关键要素，后者则对进入岗位后能否持续发展产生影响。教师的本职工作是教学，其专业性要通过教学实践中所呈现出来的实际效果加以证明，专业知识掌握得再牢固，教师若不能在教育教学中转化为现实可观测的娴熟技巧，帮助教师在教育活动中促进学生发展，便很难说具备了专业性。同样，教师的专业认同感也是在教育教学实践中不断建立和生成的，实践形成积极的外部反馈，促使教师从事职业的内生动力被不断激发，专业认同感得到不断巩固。由此可见，实践知识是促进职前教师专业发展的重要内容。但是研究表明，在职前教师教育中存在智育取向教育理念和技能型学习观的矛盾，以及内部指导机制和外部实践环境的缺乏等不足，导致职前教师实践性知识缺失的困境。[②] 具体来说，职前教育在课程设置与教学上偏向学术化、理论化，考核方式对实操层面

---

① 武海顺，闫建璋，程茹，赵英．论教师教育特色［J］．教师教育研究，2011（06）：16.

② 黄友初．职前教师实践性知识的缺失与提升［J］．教师教育研究，2016（05）：85.

的涉足不够充分，临床性的教学技能训练和外部实践环境的支持不足，使得职前培养在一定程度上产生理论与实践相脱轨迹象。

二　在职教师与职后培训

（一）在职教师的划分

顾名思义，在职教师就是在学校承担教育教学工作职责的教师，他们的教学与日常行为将直接对学生产生影响，在学生成长与发展的过程中发挥不可忽视的作用。

针对我国教师队伍实际，在职教师群体庞大，内部构成具有一定的复杂性。如果按所教年级划分，宏观上可分为高中教师、初中教师、小学教师、幼儿园教师等，微观上可以根据不同学段进行划分，如小学可分为高年级教师和低年级教师，或更具体的五年级教师、二年级教师；如果按所教科目划分，又可分为语文教师、数学教师、化学教师等；根据性别可分为男教师和女教师；根据教龄长短也可以分为新任教师和老教师等类型。研究表明，不同教师特征能够部分解释学生成绩的教师间差异，骨干教师相对于非骨干教师对学生成绩更有促进作用。[①] 由此可见，尽管在职教师群体的内在差异性较为明显，但教师的专业素质仍然在提高学生学业成绩上发挥着重要作用，而教师专业素质不是内在固定的，现代社会的"终身学习理念"要求在职教师在其整个职业生涯实现持续不断的专业发展。可以说，教师只要在岗一天，便不能停止学习的步伐。

（二）教师职后培训机构划分

教师的职后培训是教师教育一体化的重要组成部分，目的是贯彻终身教育理念，实现教师可持续、终身化的专业发展，从而不断适应教育改革对教师发展的新要求。当前，我国在职教师的能力提高主要通过培训手段来实现，在职教师在教育教学过程中产生的问

---

① 刘鑫桥，魏易.打开学业成绩影响因素的"黑箱"：教师特征［J］.当代教育科学，2020（09）：59.

题也往往借由培训手段解决。培训实质上是一种有组织、有目的、有计划促进在职教师专业性提升的活动。目前，我国的教师职后培训方式呈现出百花齐放的特点，参与教师培训工作的主要机构也十分复杂多元，主要可划分为以下几种类型。

第一种类型是高校。高校是教师教育一体化改革中开展教师培训工作的主要机构，以师范院校为主体，其他普通高等院校共同参与。师范院校从中央到地方可以划分为教育部直属师范大学、省属重点师范大学和地方其他师范大学或师范学院三种类型。普通高等院校主要分为公办高校、民办高校两种类型。主要承接国培计划、省培计划、骨干教师培训计划等项目培训，并提供高校教师讲座、心理健康培训、研究生课程班、远程培训、脱岗培训等多类培训，帮助教师提高各方面专业素养。

第二种类型是中小学校。中小学校作为教育教学工作的一线，既是协助教师在教书育人过程中不断提升专业素养的实践平台，也借由多样化的校本培训提高教师专业能力，是教师在职培训中不可忽略的重要机构。中小学校开展的教师在职培训往往具有较强的实践取向，聚焦现实性的教育教学情境问题。例如观摩课、听课评课、师徒结对一对一指导、年级组教研备课、课改培训、校际交流等形式。

第三种类型是具有公办性质的、区别于师范院校和中小学校的教师培训机构。主要包含以下几种：一是由地方教育行政部门设置的教师培训中心，按等级可划分为省级、市级和县级三种，是正规的常设机构，通常以教研组为依托对中小学教师开展职业训练，附属于地方教育行政部门。二是独立设置的教育培训机构，例如通常分为国家、省级和县级三级机构。如国家教育行政学院、福建教育学院、南安市教师进修学校，面向地方中小学进行教师培训。

第四种类型是其他社会团体或个人成立的教师培训机构。这类培训机构往往具有民办性质，教师通常需要自行承担培训费用，既包含线上培训，也包括线下培训。由于是自主选择是否参培，并且自主投入时间、金钱，教师往往学习积极性较高。

（三）教师职后培训的主要问题

我国十分关注在职教师的培训活动组织，每年各级政府都会投入大量经费，不断扩大教师培训规模以促进在职教师的专业发展。但有研究显示，在职教师的培训依然有一些项目还不同程度存在忽视学员需求、培训课程缺少设计、高水平师资匮乏、培训管理不科学、学员学习消极被动等问题，有部分培训院校机构在需求分析、方案研制、团队配置、资源提供、基地建设、训后指导、项目与区县对接等方面存在不足。[①]

除上述问题外，教育理论与实践的割裂问题一直是教师培训中最突出的问题：培训者重视理论教学，一线教师渴望操作方法。[②] 尽管教育教学工作本身具有很强的实践性和可操作性，但这并不意味着在职教师的专业发展止步于成为教学技能娴熟的"教书匠"。因为教育活动本质上隐含着一系列面向丰富、差异化、具体的人的价值指向活动，实现对人主体的教育意义绝不单纯是将课程知识原封不动传输给学生，使之获得学业成绩的提升，其背后还有"育人"，有"立德树人"的要求。理论的作用就在于给予在职教师思想启迪，促进他们的反思性实践和教育教学智慧的培养，如果教师只是囿于满足技术经验、操作经验，便很容易陷入思维定式，在专业发展道路上遇到瓶颈。因此，在培训上加强对在职教师理论知识的熏陶是推动在职教育打破发展瓶颈，获得专业进一步突破与成长的关键。

三 职前教育与在职培训的关系

（一）职前教育与在职培训的区别

科学理解教师职前教育与在职培训的区别，是有效促成教师职

---

① 余新. 教师培训一体化设计的模型建构与"国培"实践［J］. 中小学管理，2021（06）：57.

② 岳欣云，董宏建，冯海珍. 从教育理论与教育实践的关系审视教师培训［J］. 首都师范大学学报（社会科学版），2017（06）：172.

前职后一体化发展，提高教师教育质量的内在要求。职前教育与在职培训的最大区别在于对象性质发生了质的改变：职前教育面向未成为正式教师的师范生，在职培训则面向已经正式入职的中小学教师。尽管师范生或者说准教师也是教师专业发展过程的一个阶段，但培养任务却有不同，职前教育可谓是正式进入教师岗位之前关键的准备期，师范生是否能够在未来入职之后适应教育教学需求，胜任中小学教育教学工作，正取决于在职前教育过程中能否完成系统的理论知识学习和实践经验积累。而在职培训的着眼点在于持续帮助教师更新专业知识和专业技能，提升教师自身的可持续发展能力，解决实际教育教学中的突出问题和矛盾，具有更现实性的、情境化的任务取向。

鉴于教师专业发展在职前阶段与职后阶段呈现出的不同特征和要求，促进教师教育一体化势必要在教师知识体系的设计上把握职前教师知识和职后教师知识的区别，并在二者间寻找良好的衔接点，继而通过促进职前职后教师教育知识体系的衔接来推动教师教育一体化工作。但实际上，由于未能充分研究教师职前与职后具体的区别，现实中教师教育知识体系设计仍存在职前与职后知识断裂的问题。例如，职前教育与职后培训在一些内容设计上存在简单重复、职前到职后缺乏一体化连贯系统的知识脉络、形式化等问题。

（二）职前教育与在职培训的联系

从关系来讲，职前教师与在职教师是教师在整体的专业发展过程中所呈现出的不同角色，二者存在天然联系，在职教师在教育教学工作初期适应与过渡的流畅程度往往和他在职前教师阶段时的积累相关。因为，教师在入职以前往往需要接受一定职前教育，职前教育的质量会对入职产生重要影响。这也要求我们在研究教师教育问题时，不应将职前教师和在职教师割裂开来看待，二者之间存在发展阶段上的联系性与连续性。

当前职前教师和在职教师存在理论与实践割裂的问题，这在某种程度上折射出职前教师培养体系和在职教师进修体系之间存在的割裂问题。教师发展本身应该是一种连贯的、整体的发展，教师专业性是理论性与实践性的统一，而职前教师培养体系重理论轻实践，导致职前教师不能充分在临床实践中消化和加深理论认识，而在职进修体系又存在重实践轻理论问题。实际上，理论与实践相互促进，实现教师理论与实践的融合才是处理职前教师与在职教师发展问题的关键。

第四节　教师教育一体化的内涵与意义

教师教育一体化是当代教育界普遍接受的一种新思想、新观念，它要求弥合职前培养体系与在职培训体系的分离，契合当前学习型社会教师发展和教师教育改革的需要。对农村教育和乡村教师发展而言，教师教育一体化有助于提升乡村教师发展的社会适应性和专业性，提高农村教育整体质量有助于融合教师教育理论与实践，解决职前教师和在职教师发展中各自的问题。

一　教师教育一体化的内涵

教师教育一体化是一种借助整体性思维对当前教师教育问题进行重审和改革的思潮和行动。有关教师教育一体化的内涵，学界已有诸多陈述。根据现有的研究观点，基本思路主要是教师专业成长内在的一体化和教师专业发展机制建设的一体化。

（一）教师专业成长内在的一体化

在讨论教师教育一体化的过程中，过去更多学院派的研究者从教师专业发展或专业化的角度进行探讨。在教师专业成长内在的一体化方面，主要从发展阶段和素质结构两方面讨论教师专业成长的一体化问题。在发展阶段方面，刘捷从教师专业化视角将教师发展阶段分为师范生专业化、入门教师专业化、在职教师专业化三个基

本阶段。① 第一阶段是教师专业化的重要奠基期，教师需要在这一阶
段充分扩充知识储备，从而为胜任专业化的教师工作做准备。第二
阶段是教师的职业适应期，是从师范生角色转变为成熟教师的关键
过渡时期，这一阶段要求教师在工作实践中内化和具体化所学的理
论，将专业知识转化为专业实践。第三阶段是在教师长期的职业生
涯中借由反思性实践，不断在教育教学中实现创新与突破，应对职
业生涯阶段中的危机和挑战，突破教师专业发展的瓶颈期。

国内外也有根据教师专业发展阶段所做的理论探索和研究，如：
福勒（F. Fuller）的关注阶段论，其将教师发展阶段分为任职前的关
注自我阶段、初入职的关注生存阶段、适应职业后的关注教学情境阶
段；伯顿（P. Burden）、费斯勒（R. Fessler）、休伯曼（M. Huberman）
等人的教师职业生命周期阶段论；利斯伍德（K. Leithwood）的心理发
展阶段论；王秋绒的教师社会化发展阶段论等。② 从发展阶段来看，
尽管教师在不同发展阶段呈现出不同的特点和问题，但这些特点各
异的阶段又统合于教师发展的连续体当中，要实现教师发展的连续
性和整体性就势必要依靠教师教育一体化。因为教师教育一体化目
的正在于"改革原有的教师培养体系，建立起反映时代特征、高质
量、高效益的教师培养体系，以促进教师专业的不断生长，提高教
师的专业素质"③。加强教师教育一体化工作正是推动教师发展阶段
一体化的内在要求。

从素质结构来看，教师专业素质结构十分复杂，不仅涉及学科
专业知识，也涉及教学专业知识，还涉及科研创新知识、综合基础
知识等内容。不同研究者研究归纳了教师的专业素质结构，如表1－1
所示。

---

① 刘捷. 专业化：挑战21世纪的教师［M］，北京：教育科学出版社，2002：135－150.
② 教育部师范教育司. 教师专业化的理论与实践［M］，北京：人民教育出版社，2003：68－71.
③ 刘捷. 专业化：挑战21世纪的教师［M］，北京：教育科学出版社，2002：170－172.

表 1-1 教师专业素质结构研究

研究者	教师专业素质结构
教育大辞典	1. 良好的个人品德；2. 职业道德；3. 有比较广博的知识，精通所教学科知识；4. 教育理论素养；5. 语言素养；6. 能力；7. 身体健康
唐松林	1. 认知结构；2. 专业精神；3. 专业情意
姚念章	1. 认知系统；2. 情意系统；3. 操作系统
叶澜	1. 教育理论；2. 知识结构；3. 能力结构
教育部师范教育司	1. 专业知识；2. 专业能力；3. 专业情意
饶见维	1. 通用智能；2. 学科智能；3. 教育专业精神
王卓、杨建云	1. 教育专业知识；2. 教育专业能力；3. 教育专业精神
孟万金	1. 专业理论；2. 专业智能；3. 专业情怀；4. 专业规范
胡惠闵	1. 专业知识；2. 专业技能；3. 专业道德；4. 自我反思与改进

资料来源：教育部师范教育司. 教师专业化的理论与实践［M］，北京：人民教育出版社，2003：53-67.

通过归纳不同研究者对教师专业素质结构的研究成果，我们可以总结出教师专业素质的构成内容，以及构成要素之间的关系。总的来说，教师的专业素质既有其个体化发展的全面性素质，又有社会化、职业化必需的专业性素质，教师专业素质的构成是系统、完整的，教师要培养全面发展的人，自身首先也应当是一个全面发展的人，教师个体化的自我素质渗透于专业素质之中，其内在知识结构是一种涵盖了普通文化、学科专业、教育教学三位一体的知识结构，其素质结构是一种涵盖了理念、知识与能力的专业素质结构。同时，这种三位一体结构的内在要素，包括结构本身，又具有相当的开放性，即要素之间不是机械结合或封闭孤立的关系，而是彼此作用、融会贯通的关系。专业理念有助于促进教师加强专业知识学习，发展专业能力；而专业知识、专业能力学习的结果又能反作用于专业理念的巩固和强化。同样，教师专业素质结构的生成也不完全是内部自生的过程，尽管自我反思与改进有助于教师专业素质结构的持续优化，但这需要教师与外界保持充分的开放度，通过与教育教学有关的事物或者环境发生作用，接受外界的讯息，促进教师专业素质结构不断自我完善。

正因为教师专业素质结构具有开放性，所以我们加强教师教育一体化体制机制建设，促进教师职业向专业化发展成为可能。教师教育一体化研究和实践能够促进开放的素质结构在学习过程中不断完善、优化内部专业结构，实现以外带内、以内促外，推动教师的专业化进程。

（二）教师专业发展机制建设的一体化

教师教育通过外部发展环境的一体化建设，取得教师培育质量的提升，推动达成教师专业成长内在一体化的目标，需要健全教师教育一体化的体制机制。主要有以下路径。

1. 教师培养目标一体化

这里同样包含内在一体化和外在一体化。内在一体化发展目标指向教师内在发展横向与纵向两个维度的一体化。横向维度就是在发展的历史维度上，教师发展目标应当立足职前、入职、职后各个阶段，将各个阶段的发展进行统整和宏观设计，同时要兼顾专业发展各阶段面临的主要问题进行针对性的目标设置，从而使教师教育有助于处理和应对教师专业发展各阶段的主要问题和挑战，帮助教师稳步实现专业成长；纵向上的一体化要求培养目标的设定具有全面性，应当有助于教师专业伦理、专业知识、专业能力各方面提升，培养目标的外在一体化则立足教师发展之外，指向社会发展层面，因为教师的教育活动从本质上讲是一个与社会人互动的过程，具有社会服务的性质。因此，教师的教育活动不能脱离社会的具体需求，这要求教师培养要与社会发展相适应，将教师教育的发展目标与社会的未来发展联系起来。

2. 构建教师协同培养机制

传统教师教育体制机制在职前培养和在职培训上体系分离、力量分散，造成教师教育人力物力资源的重复投入与浪费，不能通过良好的资源优化配置实现教师教育工作效益的最大化。因此，通过聚合教师教育力量，构建联合政府、高校、县域教师教育中心、中小学等多元教师教育培养力量，共同助力教师专业发展，内部各组织机构进行充分的信息共享和权责划分，减少教师教育重复投入的浪费，把每一次投入用在刀刃上，实现教师教育力量聚合，推动教师教育培养质量与效益的提高。

3. 课程内容的一体化统整

课程是促进教师专业发展的重要载体，课程体系的全面性、完整性、特色性、丰富性将对教师的全面发展、个体发展、适应社会需要的发展产生重要影响。教师教育课程内容通常包括职前培养课程的统整和在职培训课程的统整。前者主要解决传统师范教育重理论轻实践的问题，研究如何帮助职前教师在入职后良好适应现场教育教学工作；后者研究如何在通过培训解决教师实践问题的同时，借由理论学习进一步催化教师实践智慧的生成，帮助教师冲破"技术化""匠师化"的樊篱，成为"教育家"型专业教师。

4. 教育评价机制的一体化

这里包含评价主体的一体化、评价维度的一体化、评价过程的一体化。评价主体的一体化要求对教师教育工作的评价多元而立体，不仅负责相关教师教育工作的机构单位和上级职能部门应当具有评价职能，中小学校、家长、学生都应当有评价教师教育工作质量优劣的权利，这有助于通过多元的评价形成立体、全面、完整的教师教育工作质量评价；评价维度的一体化要求打破单一维度的教师教育质量评价，从培养方案、课程建设、制度保障、协同机制建设等各层面进行全面评估；评价过程的一体化意指教师教育工作评价不是一劳永逸的终结性评价，而是持续追踪、持续改进的过程。

二　教师教育一体化的意义

教师教育一体化是当今教育界普遍接受的一种新思想和新观念，它一方面受国际终身教育理念的推动，另一方面又是我国教师培养体制改革现实使然，反映了教师职业本身的发展规律。① 教师教育一体化对于教师发展和教师教育改革、农村教育和乡村教师发展、职前教师和在职教师发展都具有重要意义。

（一）对教师发展和教师教育改革的意义

教师教育一体化要求改变传统职前培养体系与在职培训体系相互分离割裂的情况，解决教师专业发展各阶段脱节的问题。将教师发展阶段和教师职前职后教育体系进行统整的思想，契合学习型社会教师发展和教师教育改革的需要。在学习型社会，教师需要成为"终身学习者"，在整个职业生涯实现持续不断的专业成长，这就要求当前教师教育改革为这种"终身成长"保驾护航，建立起新的体制机制。现实中，传统的教师教育体制机制不能为教师终身成长提供保障的一个原因在于：缺乏对教师发展和教师教育改革问题的整体性思维。

教师终身成长意指教师在整个职业生涯过程中的成长，这种成长过程是完整、连续的，即便成长中存在不同阶段的挑战和难题，也有其背后的历史因素，各个发展阶段也是相互衔接、相互联系。换言之，传统的教师教育模式以孤立、片面、静止的思维看待教师专业发展的各个阶段，而不是以历史、联系、整体、动态的眼光去审视教师发展的阶段性问题，最终在实践中造成头痛医头、脚痛医脚，职前培养与在职培训体系分离的情况。教师教育一体化用连续性、联系性、整体性的思维对传统教师教育体系进行反思重审，对改革教师教育，促进适应学习型社会需求的教师专业发展具有重要意义。

（二）对农村教育和乡村教师发展的意义

农村教育的发展事关乡村振兴，农村教育质量发展的根本在于乡村教师发展。当前乡村教师发展的矛盾主要有两个方面：一是培

---

① 李建辉. 教师教育实行"一体化"模式的探讨——兼谈高师院校在不同模式中的发展策略 [J]. 高等师范教育研究, 2000 (06)：16–17.

养方向的问题，二是培养质量的问题。前者在于传统"向城型"教师教育模式从社会服务的方向上更符合城镇化需要，但这可能会因此加速农村教育的"离农化"，导致农村社会的衰落，后者讨论教师教育整体培养质量不高的问题。

教师教育一体化改革对于解决乡村教师发展的两个矛盾具有重要意义。一是教师教育一体化以外部一体化的思路，统合教师培养与社会需要的联系，根据地方教育需求科学地制定教师培养目标和相应的课程体系、保障机制，提高地方适应性，对乡村教师发展而言就是通过外部一体化思路，生成符合地方乡土社会发展需求的教师培养目标、课程体系、保障机制，使输送到乡村的教师具有地方适应性，开展"益农"教育，促进乡村振兴；二是教师教育一体化通过构建多元协同的培养机制来实现教师教育资源的优化配置，提高教师教育质量，继而解决乡村教师培养质量不高问题。

（三）对职前教师和在职教师发展的意义

理论与实践的融合问题一直是影响职前教师和在职教师发展的重要问题。对职前教师而言，传统职前教育培养模式偏重于"学术化""理论化"知识的吸收，而在职教师培训则侧重于"实操性""技术性"知识的掌握，无论是重理论倾向还是重实践倾向，本质上都不利于教师的专业成长。因为，教师的教育工作是一项需要理论与实践高度融合的复杂工作，要做到真正的"育人"，光靠机械的教育教学技术操作是远远不够的，教师面对的不是机器和产品，而是一个个活生生的人，实现"育人"的价值要有一定的教育智慧引领，理论是教师摆脱"教书匠"身份成为"教育家"的钥匙。同样，只是掌握抽象、普遍的理论知识也不能够使教师成长为真正的教育者，因为教育活动具有鲜明的实践性，任何教育理念如果只停留在意识层面，没有具体行动，便难以对客观世界、学生主观世界改造产生真正影响，自然也谈不上学生的主体发展与成熟。因此，教师专业发展不断持续的原动力就在于不断促进理论与实践的积累与融合，而教师教育一体化要求弥合教师理论与实践分离的问题，正是对传统职前教师和在职教师在理论与实践积累和融合问题上的有力回应，对促进职前教师和在职教师发展具有重要意义。

第五节　教师教育的特征关系

从教师教育的体制开放化、层次高等化、目标专业化、结构系统化、过程一体化、范式协同化、手段信息化、模式多样化、质量标准化、未来国际化等视角，阐述当代教师教育的主要特征及内在要素之间的关系，有助于进一步深化教师教育一体化理论研究与实践的相关逻辑关系。

一　体制（体系）开放化：师范院校和综合大学并举

开放式教师教育体制是指不单独设置专门的教师教育院校，教师培养的任务由各类院校共同承担。[①] 开放式的教师教育体制具有灵活性、多样性、主动性和适应性等特点，有利于适应教师培养的多样化需求，也有利于高等教育布局以及结构的调整。它源于封闭式教师教育体制下教师来源渠道单一、专业设置狭窄等缺点逐渐显露，不符合市场经济条件下教师来源多元化以及形成竞争的现实变革。1999 年《中共中央　国务院关于深化教育改革全面推进素质教育的决定》指出："鼓励综合性高等学校和非师范类高等学校参与培养、培训中小学教师的工作，探索在有条件的综合性高等学校中试办师范学院。"[②] 2001 年《国务院关于基础教育改革与发展的决定》又提出："完善以现有师范院校为主体，其他高等学校共同参与、培养培

---

① 张冬. 开放式教师教育体制下教师教育特色的培育 [J]. 黑龙江高教研究，2010（12）：118 – 119.

② 中国教育新闻网. 中共中央国务院关于深化教育改革全面推进素质教育的决定 [EB/OL].（2016 – 11 – 09）[2022 – 06 – 15]. http://m.jyb.cn/zyk/jyzcfg/200602/t20060219_55334. html.

训相衔接的开放的教师教育体系。"① 2018 年中共中央、国务院出台的《关于全面深化新时代教师队伍建设改革的意见》也明确提出："支持高水平综合大学开展教师教育，创造条件，推动一批有基础的高水平综合大学成立教师教育学院。"② 这一系列的政策文件都表明，教师教育体制开放化是不可逆转的趋势，符合我国经济社会和教育发展的要求。

开放式教师教育体制的建立有一定条件和因素。首先，社会现代化、多样化发展是首要依据和强大驱动力，这要求教师担任多种角色，适应职业变化和岗位流动。其次，基础教育发展重点由数量扩展转向质量提高，对教师的要求从数量满足转向素质提升。再次，教师职业需具有一定的吸引力和竞争力，这样才能选择社会优秀人才充实教师队伍。最后，教师教育机构中师范专业建设和发展应是整个高等教育的责任。

教师教育体制开放化是未来我国教师教育的发展方向。坚持以师范院校为主、综合大学为辅，共同造就一支高素质专业化创新性的教师队伍。对于师范院校而言，在扩充学校专业的同时，仍要保持自身师范专业特色，发挥教师培养资源优势与文化优势。综合大学也要充分利用其学科门类齐全和学科基础优厚的特点，肩负起教师教育的责任。

二　层次（学历）高等化：高等教育系统培养各级各类教师

教师教育培养层次高等化，是世界教师教育改革与发展的共同趋势。在美国，从 20 世纪 60 年代开始许多州立大学既颁发人文学科学位，也颁发教育学位，实现教师教育大学化，各个综合大学基

---

① 中华人民共和国中央人民政府. 国务院关于基础教育改革与发展的决定［EB/OL］.（2001 - 05 - 29）［2022 - 03 - 21］. https：//www. gov. cn/gongbao/content/2001/content_60920. htm.
② 中华人民共和国教育部. 中共中央 国务院关于全面深化新时代教师队伍建设改革的意见［EB/OL］.（2018 - 01 - 31）［2022 - 03 - 22］. http://www. moe. gov. cn/jyb_xwfb/moe_1946/fj_2018/201801/t20180131_326148. html.

本上都有教育学院或者教师学院。① 目前，我国教师教育培养已基本进入高等化层次，学前教育和小学教育师资学历提升到专科和本科层次，中学教师学历提升到本科或硕士层次，有些发达地区的学校甚至将学前教育和小学教育师资学历提升到硕士层次，中等教育师资提升到博士层次，我国的教师教育学历高等化已越发明显。未来的教师教育会向新二级师范（本科、研究生）发展，使我国基础教育和教师教育质量更上一层楼。

教师教育层次高等化也是社会经济发展和教育自身改革的必然。首先，随着我国社会经济的发展，人民对教育的需求已经从"有学上"变成了"上好学"，高质量的教育需求要求教师教育培养层次和培养规格相应提升，原有的中等师范教育和专科师范教育显然无法充分培养教师的专业素质，满足人民对高质量师资的要求。其次，我国高等教育已经进入普及化阶段，师范生考虑的已经不是能不能"读师范"的问题，而是"上好的师范学校"和"得到专业的教师教育"。党的十九大以来，我国对教师队伍建设的重视与支持与日俱增，师范院校也有更多的资源和能力去培养高素质师范生，这就成为提高教师学历标准、创新教师教育培养体系的重要原因。最后，教师教育层次高等化是教师专业化的要求，根据《中华人民共和国教师法》等相关文件，作为专业技术人员，教师只有在学历层次、知识能力、道德素质方面达到一定标准才能算得上专业化。

三　目标（目的）专业化：培养高素质专业化国际化教师

专业化是教师职业的基础，是教师队伍建设的重要目标与根本旨归，教师专业化必然要求教师教育专业化。教师教育专业化既是世界教师教育改革的潮流，也是我国教师教育发展的必然趋势和根本要求，具体体现在教师教育机构专业化、教师教育学科合法化、

① 张忠华，桑瑜. 试论当代教师教育的发展特征［J］. 教育导刊，2012（07）：62－64.

教师教育课程标准体系化和教师专业标准完善化等方面。[①]

　　当前，我国教师教育机构主要包括高等师范院校和综合大学，且教育部鼓励其他高等学校特别是高水平的综合性大学参与教师培养、培训，或与师范院校合作办学。[②] 符合条件的学校可设置教师教育本科和研究生层次的学位点。从这一点来说，我国教师教育机构正逐步走向专业化。国家鼓励高校设置教师教育学科。2014 年起，国务院学位委员会在研究生学科专业目录的教育学一级学科下增设"教师教育学"二级学科；2018 年，中共中央、国务院《关于全面深化新时代教师队伍建设改革的意见》和教育部等五部门《教师教育振兴行动计划（2018—2022 年）》提出建立教师教育学科。教师教育学科的建立有了政策依据，取得了合法性。但仅有政策还不够，在实践中应落实教师教育学科专业体系建设。建立教师教育学科，设置教师教育专业，并构建本科层次、硕士和博士研究生层次的教师教育专业体系。[③] 课程是实施教育教学的重要载体，我国教师教育课程应构建不同层次、不同阶段且适应不同学段的课程标准体系，做到本硕博、职前职后、中学教师与小学教师课程各有特色又相互衔接，有机、高度融合教师教育的师范性和学术性，培养有知识、有能力、有道德、有素质的教师。教师专业标准是教师教育专业化的一个方向，当前我国中小学教师专业标准是一个基本标准，根据学段、学科细分不同教师的专业标准能为教师发展提供更明确的指导。同时，提高教师准入标准。除了提高学历要求外，也要考查教师个人的生活经历、能力水平、专业情意、发展规划等方面，以此判断其是否能成为一名合格的教师。可见，机构、学科、课程以及专业标准最终都指向教师教育的专业化，目的在于通过培养高素质专业化国际化的教师，打造一支专业化的教师队伍。

---

① 李铁绳，袁芳. 我国教师教育专业化的三重逻辑［J］. 教师教育研究，2021（03）：1－6.
② 鞠法胜. 我国综合大学开展教师教育的历史、困境与路径［J］. 黑龙江高教研究，2021（05）：78－84.
③ 李铁绳，袁芳. 我国教师教育专业化的三重逻辑［J］. 教师教育研究，2021（03）：1－6.

四 结构（构成）系统化：全盘考虑教师教育构成要素关系

教师教育是一个复杂系统。从主体看，包括教师教育者和学生；从教育过程看，包括教育目标、教育内容、教学方式、课程实施、教育结果及评价；从教育环境看，包括教育场所、教育时间及可利用的资源。教师教育机构又可分为师范院校、教师培训机构等。教师教育是一个完整的系统，是各个部分相互联系、相互作用而形成的整体，在实践中应尽可能地寻求各要素之间的平衡，达到教师教育的最优效果。

教师教育结构系统化即综合考虑这些要素，在厘清这些要素之间关系的基础上合理实施教师教育。首先，综合考虑教师教育者能力水平和学生需求，以需求定供给，以供给促需求，满足师范生和在职教师需求，以教师教育者的品德、能力等促使学习者不断进步，形成良好的双向互动机制。其次，整体考虑教育过程，不断调整教育目标及具体的教学实践过程，教育目标统领教育内容、教学方式、课程实施、教育结果及评价过程中的问题。再次，不同阶段的教师教育机构相互联系、彼此协调，不同教师教育机构的课程设置和教学方式等要符合机构的特点，各机构相互借鉴、相互学习，适当开展教育交流活动。如综合院校和师范院校可以探讨如何优化师范生培养过程，高等学校和教师进修学校之间的交流可以更好了解学生职前培养和职后培训的具体情况。最后，在教育环境上，将教师教育的时空环境和可利用资源结合起来。这方面高校优势更大，拥有系统的课程、统一的场地和专业的教师，时间也更充足。入职后的教师会更忙碌，需要在有限的时间和资源内为教师提供最符合需求的培训课程。

五 过程（阶段）一体化：职前职后教育全程规划设计

教师教育一体化指以培养符合时代要求的高素质专业化教师为旨归，将教师职前教育、入职教育和职后教育进行有效统整和有机衔接，形成虽各有侧重但又有机联系的连续性教师教育体系。[①] 这种体系打破了传统教师职前培养与职后培训相互割裂、各自为政、内容脱节的局面，有机统一了教师培养全过程。

实现职前培养和职后培训全程规划设计需要从以下方面着手改进：首先，应深入教师教育一体化的理论研究，从理论上厘清职前培养与职后培训的关系，明确"职前教育是奠基、职后培训是深化"的作用。其次，要确立连续的教师教育培养目标和课程设置，并做到培养目标和课程设置各有侧重。职前教育提供教育知识、学科知识、教学实践及教师情怀等方面的课程，培养能走上教师岗位的准教师。职后培训根据实际情况提供教学知识与经验、师德师风等课程，促进教师知识与教育理念更新，帮助教师养成教育情怀和高尚师德。再次，要形成高校、政府、培训机构和中小学校协同参与的培养机制，使其共同参与职前培养和职后培训过程。最后，完善政策和制度保障体系，加强政策对教师教育一体化的激励作用，发挥政策"杠杆作用"，建立健全相关法律法规制度，发挥制度有效规约作用。

六 范式（方式）协同化：政府、高校、中小学校协同创新

教师教育范式协同化是指高校（U）、政府（G）、中小学校（S）协同培养方式，即"U‒G‒S"或"G‒U‒S"三位一体人才培养模式。前者以部属师范大学为主，凭借高水平师范大学的历史积淀、学科资源和师资优势，从大区域（如东北地区）层面建立教师教育创新实验区，牵头全面实施教师教育三位一体人才培养；后者主要由县域内的地方人民政府牵头，协调县区内师范院校、中小学校、教师进修学校等教育资源，通过建立"县级教师教育创新实验区"，开展教师教育三位一体人才培养。2012 年《教育部 国家发

---

① 陈时见，李培彤. 教师教育一体化的时代内涵与实现路径 [J]. 教师教育研究，2020（02）：1‒6.

展改革委 财政部关于深化教师教育改革的意见》要求"推进教师培养模式改革，建立高等学校与地方政府、中小学（幼儿园、中等职业学校）联合培养教师的新机制"。2018 年《教师教育振兴行动计划（2018—2020 年)》进一步提出"以教师教育供给侧结构性改革为动力，支持建设高校与中小学教师教育改革实验区，带动区域教师教育综合改革"。在这样的政策背景下，不同地区及高校开始探索教师教育协同培养新模式，展开协同培养创新模式改革与实验。

根据教师教育供给侧原理，高校、政府和中小学校都应该是教师教育改革发展的利益主体。高校拥有丰富的研究资源和雄厚的师资力量，在教师教育中发挥着主导作用，可以说是培育基础教育师资的供给方。政府作为教师教育的管理者和监督者，负责制定合理的政策对教师教育事业进行统筹管理，对教师教育机构的办学质量、教师所在学校的问题进行监督，以发挥其统筹协调的作用。中小学校是吸纳教师教育人才的场所，可以说是教师资源的需求方，不仅是教师职前培养的实践基地，也是教师入职后追求自身发展的支持力量。"U–G–S"模式遵循目标一致、责任共担、资源共享、各方获益的发展原则。[①] 这种模式在政府力量支持和推进下，利用大学的专业力量指导基础教育发展，促进高等教育与基础教育之间的利益共赢、文化交融，以此推动基础教育变革。这三个不同的利益主体都对教师教育发展起至关重要的作用，缺一不可。

当前，在"U–G–S"模式基础上，也有研究指出教师教育发展需要教师教育进修学校（In-Service Teachers Training Institute）参与，因此形成"U–G–I–S"四位一体的培养共同体。教师进修学校能为中小学教师提供实践层面指导，具有独特的连接与协调作用。[②] 此外，由于互联网技术发展，教师教育培养也可让互联网公司参与，实现新型的教学模式："U–G–B–S"四方协同的创新模

---

① 张艳霞，朱成科. 我国"U–G–S"教师教育模式问题研究综述［J].潍坊工程职业学院学报，2018（01）：15–18＋76.
② 全晓洁."U–G–I–S"合作框架下的内源式学校改进个案研究［D].西南大学，2015.

式。① B 是指 Business，即互联网公司，在建设系统、开发产品、提供服务、平台运营等方面进行技术支持。总之，教师教育培养方式协同化要求各方主体共同参与，且随着社会发展，参与的主体会越来越多，但并不杂乱，而是有着明确的责任与义务，形成良好配合的协同创新模式。

七 手段（技术）信息化：广泛运用现代信息技术手段

信息技术与能力是信息素养的核心。教师教育信息化是在教师教育过程中，吸收教育信息化先进思想，应用现代教育技术手段，改革教师教育模式和内容，培养具有创新精神、实践能力和信息素养的现代教师。② 教师教育信息化是教育信息化的重要组成部分，是推动教育信息化建设的重要力量。③ 教育部 2016 年印发的《关于推进教师教育信息化建设的意见》和 2018 年印发的《教育信息化 2.0 行动计划》等文件明确提出，支撑引领教育信息化发展要大力推进教师教育信息化建设，重视以提高师范生信息素养和信息化教学能力作为教师教育信息化发展的内生变量。中共中央、国务院 2018 年印发的《关于全面深化新时代教师队伍建设改革的意见》和 2019 年印发的《中国教育现代化 2035》等文件也提出，要大力推进教育信息化，健全以高师院校为主体的中国特色教师教育体系，培养一批高素质、专业化、创新型的教师队伍。这些文件要求凸显了国家对推进教师教育信息化的重视和教师信息化素养培养的重要性。

首先，教师教育信息化是实现优质教学的需要。在教师培养培训过程中，运用现代信息技术手段能丰富教学内容，优化教学形式，合理安排教学管理，做到信息化教学，促进教学过程优化发展，提

---

① 葛敏敏."U–G–B–S"教师教育协同创新模式的探究 [J]. 创新创业理论研究与实践，2021 (04)：101–102 + 105.

② 张海波，高垠. 教师教育信息化概念内涵与发展策略研究 [J]. 高等理科教育，2007 (02)：75–78.

③ 苏泽庭."互联网＋"时代教师教育信息化区域推进战略研究 [J]. 中小学教师培训，2017 (11)：34–38.

高整体教学质量。其次，教师教育信息化是培养卓越教师的要求。信息技术已渗透于教育教学的整个过程中，教师教学、学生学习都会借助一定的网络技术。教师教育过程需要融入现代信息技术内容，教师必须掌握一定的信息技术，具备一定的信息素养，方能适应新时代的教育变化。最后，教师教育信息化是教育信息化和教育现代化的重要内容。因此，从源头上讲，教师教育信息化是教育现代化的主要载体，是教育信息化和教育现代化的必由之路。

教育信息化是教育现代化的重要特征，加快推动教育信息化要以教师教育信息化为根本。具体而言，教师应具备信息应用与传播的意识，积累丰富的信息知识，熟练掌握基本的信息技术，培育正确的信息道德，在实践中合理获取信息资源并运用于教学生活中，综合提高自己的信息能力。因此，要有意识地在教师教育过程中融入这五方面的培养与锻炼，以培养出真正具有信息素养的新时代教师。

八　模式（形式）多样化：凸显各类院校培养模式个性化

教师教育模式包括办学模式和培养模式，办学模式指教师教育由何种机构体系承担，培养模式指课程设置的维度和学校课程的时间安排。早在 21 世纪初，我国针对教师教育模式进行改革，诸多高校在改革实践中曾提出并尝试的培养模式主要有三种：一是"3＋1"模式，1—3 年级进行通识教育和专业教育，第四年加入教师教育课程，教师教育课程（含教育实习）占总学时的 25％；二是"4＋1"模式，1—2 年级进行通识教育，3—4 年级进行专业教育，获专业学士学位，第五年学习教师教育课程（含教育实习）后获教育学士学位；三是"4＋2"模式，1—2 年级进行通识教育，3—4 年级进行专业教育，后两年学习教师教育课程（含一个学期的教育实习），获教育硕士学位。[①] 但是，在这些模式改革中，一个共性在于都将教育类

---

① 张兴峰. 教育学的困境及 "1＋3" 教师教育模式改革的新构想 [J]. 教育与职业，2008（30）：125－126.

课程放在职前教师培养的后期学习，而且在教师教育专业化尚未深入人心时，将教育类课程视为公共课而非专业必修课，这在某种意义上不利于教师教育质量的提高。

随着我国教师队伍规模的不断扩大，社会对教师质量的要求也越来越高。在 2014 年教育部印发的卓越教师培养计划 1.0 取得初步成效的基础上，2018 年教育部发文实施卓越教师培养计划 2.0，以培养造就一批教育情怀深厚、专业基础扎实、勇于创新教学、善于综合育人和具有终身学习发展能力的高素质、专业化、创新型中小学教师。[①] 在此背景下，很多师范院校进一步和中小学校联合，探索出了新的异彩纷呈的教师培养模式。如华东师范大学以培养适应人工智能时代的卓越教师为目标，基于"两适应三胜任"的理念，创造性地提出融通"一流专业教育＋一流教师教育＋一流智能教育"的"本硕一体化卓越教师教育模式"。[②] 河南大学在其持续探索下，形成"一体四式"卓越中学教师培养模式。[③] 各高校基于卓越教师培养目标，结合学校本身的资源与特点，开发出新的教师教育培养模式，这既凸显了各高校培养教师教育人才模式的个性化，又能为教师质量的提高贡献出自己的一份力量。

九　质量（评估）标准化：通过师范专业认证标准检测缺陷

放眼世界，许多发达国家在早年就采取专业认证的方式来提高和保证高等学校专业教育质量。如美国的教师教育认证委员会（Teacher Education Accreditation Council，TEAC）与全美教师教育认证委员会（National Council for Accreditation of Teacher Education，

---

① 中华人民共和国教育部．关于实施卓越教师培养计划 2.0 的意见［EB/OL］．（2018-10-10）［2022-03-22］．http://www.moe.gov.cn/srcsite/A10/s7011/201810/t20181010_350998.html.

② 戴立益．人工智能助推教师教育模式变革［J］．中国高等教育，2021（20）：16-18.

③ 刘志军，李桂荣，姚松．"一体四式"卓越教师培养模式探索［J］．中国大学教学，2021（11）：19-27.

NCATE）构成全美两大外部教师教育质量保障组织。① 2011 年，教育部开始探索师范专业认证的道路，先后出台了《教师教育课程标准（试行）》《中学教师专业标准（试行）》等政策文件。经过几年的探索实践，2017 年 10 月教育部印发了《普通高等学校师范类专业认证实施办法（暂行）》。《普通高等学校师范类专业认证实施办法（暂行）》规定了三级五类的师范专业认证标准。五类是指学前教育、小学教育、中学教育、特殊教育和职业教育。三级的标准依次提高，第一级依据大数据监测师范类专业办学情况，这是必须达到的师范类专业办学基本要求；第二级注重教学质量合格达标认证，建设教师教育质量标准体系；第三级注重打造一流师范专业，属于教学质量卓越标准认证。该认证标准外在表现为 8 个一级指标，其中二级水平有 30 多个二级指标，三级水平则有 40 多个二级指标。② 上述指标基本指向了师范专业认证的三大核心理念：学生中心、产出导向、持续改进。学生中心要求一切与教师教育有关的资源配置（包括物力资源和人力资源）都要以师范生的专业发展为中心加以优化和变革，课程的组织、教学的实施要以师范生专业发展为中心进行整体的设计和安排；产出导向，意指改变过去教师教育的"重投入轻产出"，强调既重投入也重产出，要关注师范生在接受专业培养后相应的核心能力和专业素质是否达到社会要求，专业人才培养质量是否得到了切实提升；持续改进，意指师范类专业认证是一个没有终点的、持续不断的改进过程，改变过去评价的"重结果轻过程"，注重将专业认证的结果运用于教师教育工作的持续改进，使师范专业的人才培养水平不断提高，为国家源源不断输送高质量的教师。

作为我国教师教育的质量源头和后续保障，师范专业认证标准

① 李红清，李建辉. 师范专业标准：教师教育质量的源头保证 [J].闽南师范大学学报（哲学社会科学版），2019（01）：107－111.

② 中华人民共和国教育部. 教育部关于印发《普通高等学校师范类专业认证实施办法（暂行）》的通知 [EB/OL]. （2017－11－08）[2022－03－22]. http://www.moe.gov.cn/srcsite/A10/s7011/201711/t20171106_318535.html.

的实施，对我国提高教师教育质量，特别是高校师范生培养质量是一种正向的推动力。首先，认证标准能识别师范专业培养人才的水平高低，以认证标准为导向，根据不同级别层层筛选，过滤掉不合格的学生与学校，保证并引领师范专业的高质量发展。其次，在筛选过滤的基础上，按照学生中心、产出导向、持续改进的理念，引导高校合理规范设置教师教育专业，并根据八大标准规范开展师范生高素质专业化的培育。最后，师范专业认证标准可以与教师资格准入标准、教师专业标准、教师教育课程标准一起，共同为教师职业的职前培养和职后培训提供方向标，从而保证教师质量稳步提升。

十　未来（合作）国际化：学习借鉴世界发达国家先进经验

教师教育作为教育事业的工作母机、培养人才的摇篮，应该走向国际化，我们要以国际视角看待教师教育改革中的问题。为此，一方面，要借鉴世界发达国家先进经验发展本国的教师教育；另一方面，要建设能走出国门、迈向世界的教师教育体系。在政府的宏观指导下，多数高等院校在教师教育迈向国际化的实施过程中有四个步骤。

首先，树立国际化思想和理念。在专业定位上具有世界水准和国际水平专业要求，在目标定位上要培养具有国际意识，掌握现代化教育思想、技术和研究手段、方法的教师。其次，加大政府对教师教育国际化扶植力度。加拿大在这方面比较突出，加拿大教育署要求各大学把国际化作为组织目标之一，把教师教育国际化发展看作为教育系统培养国际人才的重要手段，并制定相关政策来推进和保证国际化进程。[①] 政府为师范生留学提供专项资助，有利于解决一部分师范生留学的经济问题，加强师范生对不同国家教师教育现状和问题的体悟，并促进师范生对外交流，形成国际比较视野，反观

---

① 王子悦. 加拿大教师教育国际化对我国地方师范院校的启示［J］. 天津市教科院学报，2010（01）：44－46.

我国教师教育发展的优势和不足，从而为我国的教师教育改革工作提供国际上的思考和借鉴，并开阔我国未来教师的国际视野。由于经济水平的差异，我国部分师范院校特别是地方师范院校，做不到为留学生设立专项资金，但可以让留学生享受与本国学生同等的奖学金待遇，积极推动与其他国家的学历互认。再次，开设融入国际知识的教师教育课程，介绍国外先进的教育思想与教育内容。同时，可引进国外优秀的课程设置与教材资源，开阔学生的国际视野。此外，也要完善我国的教师教育课程体系建设，开设丰富多样、理念先进、既具有中国特色又紧跟时代发展潮流的教师教育课程，助力我国的教师教育走向世界。最后，要加强跨文化交流，积极引入国外优秀教师与学生来国内教学与学习，也要鼓励本国教师与学生去其他国家交流与进修。① 目前，有的高校与国外学校开展合作办学，学生前三年或者两年在国内学习，最后一年或两年去国外学习，提高学生的国际意识和国际交往能力。这也为教师教育国际化创造了良好的条件。

"他山之石，可以攻玉。"我国教师教育国际化既是教育国际化的体现，也是经济全球化的要求，信息技术的发展让世界的时空距离缩短，也让世界变得更加开放多元，在这样的环境下，教师教育发展不可能只关注自己的"一亩三分地"，而要放眼世界。但教师教育国际化不能一蹴而就，学习国外先进经验也不能全盘照搬，而应综合考虑我国的本土情况，学会有选择地借鉴、批判性地实践。

综上所述，在师范院校和综合大学共同培养教师的教育体制开放化过程中，以教师教育层次的高等化为逻辑起点，以教师教育专业化为目标指引，学习借鉴发达国家先进教师教育经验，综合考虑教师教育结构各类要素之间的系统化关系，进行教师职前培养和职后培训一体化规划设计，通过高等院校、地方政府和中小学校协同

---

① 李炳煌. 基于教育国际化的教师教育探略 [J]. 南华大学学报（社会科学版），2006（02）：101 – 103 + 107.

创新范式，激发各类院校采取多样化的教师培养模式，运用现代教师教育信息化手段，实现师范专业认证标准化，提高教师教育质量，培养适应新时代基础教育需要和面向未来的高素质、专业化、国际化的教师。教师教育主要特征关系如图 1-1 所示。

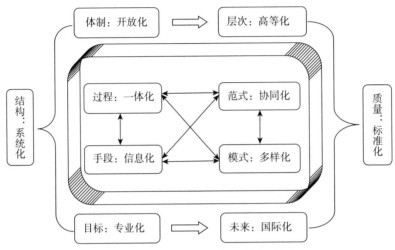

图 1-1　教师教育主要特征关系

第二章　教师教育一体化的理论基础

　　任何研究都必须基于一定的学理逻辑、理论基础以及研究本身之间的逻辑关系。因此，要更好地推动教师教育一体化的发展，需弄清其相关理论基础。教师教育一体化的研究基础，可以分别从终身教育理论、教师专业化理论、主体交往理论、利益相关理论、协同创新理论、权策权变理论六个方面进行分析。解读这六大理论板块，阐述各种理论的内涵以及这些理论与教师教育一体化之间的关系，是深入理解教师教育一体化观念的前提。

　　其中，终身教育理论为教师教育一体化的发展提供了理论指导，并推进我国教师教育一体化的建设步伐，是我国教师教育一体化研究的思想基础。教师教育一体化是促进教师专业发展的重要手段，教师专业化理论也是教师教育一体化发展的研究基础。为了确立人本基础上师生的双主体关系，使师生平等对话、共生共长、相互成就，我们可以借鉴哈贝马斯（J. Habermas）的主体交往理论，将其中适用于教师教育方面的部分引申过来，构建出合适的教师教育一体化课程，促进教师教育师生观的转变。从实践来看，在推进教师教育一体化过程中，可能涉及多方利益主体，由于教师是教育工作的执行者，面向社会提供教育服务，学校和政府又是对教师进行直接和间接管理，引导教师专业发展，保障地方教育工作的管理人员，教师教育工作涉及了教师、学生、中小学、高校、社会等多元利益主体，必然会在工作过程中形成利益共同体或因矛盾产生利益冲突。因此，需要用利益相关理论对教师教育一体化工作中各利益相关主体的角色、定位、功能、职责进行系统划分，帮助科学合理地分配教师教育权责，有效助力教师教育一体化的改革与实践。此外，由于教师教育的复杂性和系统性，参与教师教育工作牵涉教师、学生、学校、政府和社会等各种力量，只有多方协同、整合力量、创新实践，才能取得发展成效，因此，协同创新理论和决策权变理论给教师教育一体化的发展带来了新的思考方向。

第一节　终身教育理论

终身教育理论是教师教育一体化改革的根本理论基础，它启示教师教育改革关注教师发展的完整性，注重专业发展阶段的连续性，具备社会的适应性，教师教育改革要最大限度调动整合已有资源为教师专业发展服务，促进教师专业发展的"终身化"和"一体化"。

一　终身教育理论概述

（一）终身教育理论的形成因素

任何一种理论的形成都有其特定的时代背景和社会需要。终身教育理论的生成有以下推动因素：一是近代以来兴起的机械唯物主义式的教育观被打破，这种思想以静止、孤立、片面的观点看待社会发展问题，漠视人类社会的多元性与复杂性，造成传统教育模式的"机械化"，这种教育模式将人的一生分割成社会准备期与社会活动期，社会准备期通常包含幼年期与青春期，在此期间通过教育获得适应社会生存的知识技能，未来能够终身受用，而事实上，后来纷繁复杂的社会样态和迅速变迁的生活环境用客观事实验斥了这一机械静止的教育观，使构筑在近代时期的传统教育体制受到冲击挑战。二是近现代以来科学技术的进步为终身教育的开展提供了可能条件，而且变化速度加快的人类社会要求教育探索更本质的、能够适应社会不断变化的关键能力。三是二战结束之后，世界进入相对和平发展的新时期，人口增长与寿命延长使人们对教育的需求不断增加，尤其是中老年人对继续发展和接受教育的需求不断上升。特别是近现代以来的两次世界大战，引发许多国家政府、社会政治家和教育思想家的反思，其中以法国思想家保罗·朗格朗（Paul Lengrand）为代表的教育家认为教育是改造生活模式和社会关系，化解思想意识形态冲突，避免文明危机和社会困境重演的重要手段。

（二）终身教育理论的基本内容

从社会发展目标论来看，"终身教育之父"保罗·朗格朗认为，终身教育的基本目标有两个："培养新人"和"实现教育民主化"。[①]朗格朗指出人具有两面性，一是作为独立个体的人，二是作为社会关系的人，终身教育的目标是既要发展作为独立个体的人的理智、情感、精神内容，又要培养其适应社会经济、职业的内容。他将终身教育视为促进社会民主化，避免文明危机与社会困境重演的重要手段，为此需要使人终身享有教育机会均等的权利。

针对如何开展终身教育，朗格朗指出，因为各国有不同的文化环境和体制结构，严格来讲没有一般意义上的终身教育模式。但他提出了一些发展终身教育应当遵循的基本原则，可以归纳为以下几点：一是保障教育的连续性，朗格朗反对将教育固定在某个特定年龄段的传统认识，终身教育从本质上讲就是要贯穿于人的一生，一旦形成这一认识，就不会认为学习是某个年龄段的"专门权利"，尽管人在某个成长阶段学习某项能力可能比其他阶段更为有利，但这不能成为将教育活动固定在某个年龄段的借口和理由；二是保障教育的社会适应性，要根据不同地域社会发展的具体需求科学而合理地设置教育培养目标；三是要通过大规模的资源调动和整合，为终身教育的实现建立保障机制，使教育活动与发展人的各项实践能力产生联系，并关注人类成长各阶段的发展平等性，幼年、青年、中年、老年群体都有平等享受教育机会的权利，使每个人都能适应不断发展、变化的现代社会。

---

① 巨瑛梅. 终身教育的理论与实践：渊源、演变及现状［D］. 北京师范大学，1999：50.

二　终身教育理论与教师教育一体化的关系

尽管终身教育理论带有一定的理想化成分，但它的理念原则为我们研究教育改革，使之不断适应日新月异的现代社会提供了指南。教师是教育活动的组织者，教师教育改革是当代教育改革的重要课题，终身教育理论作为适应教育现代化发展的一种理论，成为世界各国推行教师教育一体化改革的重要理论基础，它对教师教育一体化的指导和启示主要有以下方面。

（一）教师教育改革要观照教师专业发展的完整性

教师作为社会存在，既有职业所带来的社会关系的联系性，又有生命个体的相对独立性，教师作为生活中鲜活具体的人，身上具有理智、情感、精神等个性化的成分和内容。长久以来，社会公众似乎更多关注教师社会化的职业属性，却一定程度上忽视了教师作为个体生命的内在诉求。"圣化的教师形象，疲倦、衰竭的职业倦怠症候，单调、重复、低下的生活质量是教师职场中发展的现实。"①这启示教师教育改革既需要关注教师专业发展过程中适应社会发展和职业要求所需的知识和技能培养，还需要关注教师作为"生命人"，其情感、理智、精神方面的成长与完善。

（二）教师教育改革要注重教师发展各阶段的连续性

终身教育主张将教育活动贯穿于人的一生，这就意味着从人完整的生命维度审视教育活动，学校教育阶段不再是人接受教育的最后阶段，传统机械主义的教育观得以刷新。对于教师教育改革而言，就是要用整体的眼光审视教师专业发展的整个过程，从教师职业生涯的预备到生涯结束，各阶段是连续、衔接的，而不是相互脱离、分裂的，即所谓的"活到老学到老"。这启示我们，教师教育改革要打破职前教育即"终结教育"的思维，要将教师职前教育、入职教

---

① 王春燕.教师：从职场专业发展走向生命关怀的个体成长——生命哲学视野下教师成长的思考［J］.全球教育展望，2008（06）：58.

育、职后教育统合衔接，使教师专业发展具有可持续性，实现发展阶段连续的专业成长。

（三）教师教育改革要具备教育外部的社会适应性

这便是前文所论及的教师教育外部一体化的意涵，不同地域发展需求各异，如果教育同质化，就会导致地方教育无法充分服务于地方社会经济发展。例如，当前农村教育的"向城化"便是这个问题的突出表现。这要求教师教育培养目标设置具备科学性与合理性，使之与外部社会环境联系，培养服务地方社会发展的教师。

此外，教师教育改革要最大限度调动和整合已有资源为教师专业发展服务。终身教育理论认为，为实现终身教育建立相应的保障机制，需要充分调动和整合资源，这就要求教师教育实现培养力量的一体聚合，将各方分散的教师教育力量进行系统联合，实现资源优化配置，提高教师教育质量与效益。

第二节　教师专业化理论

目前，学界关于教师专业化的研究，一般从教师发展的个体和群体两个层面解读。基于教育学视角，从教师发展的个体层面看，教师专业化是在职业生涯中通过学习与实践，提高其专业性的过程。基于社会学视角，从教师发展的社会层面看，教师专业化则是职业社会学意义上教师群体在专业组织、专业规范、专业自主、专业服务等方面成长成熟的过程。教师教育一体化改革，受教师专业化理论的深刻影响，教师专业化研究是教师教育一体化实践得以不断改进、革新的理论指南。

一　教师专业发展与专业化

（一）教师个体意义上的专业发展

教师职业自古有之，是一门十分古老的职业，但教师专业发展成为研究课题是 20 世纪 60 年代以后才兴起的，追溯教师专业发展历史进程有助于更深层把握教师专业发展的内在意涵。

1. 教师专业发展的时代特征

回顾 20 世纪 60 年代以前的教师发展史，可以将这段时期称为"前专业"时期。这个时期又大体可以分为古代时期和近现代时期。"古之学者必有师"，古代由于知识传播媒介落后，信息交流手段不发达，教师往往掌握着文化知识的垄断权和解释权，因此具有相对崇高的地位和声望。例如，中国古代的"天地君亲师"，西方中世纪掌握《圣经》解释权的神父。到了近现代，科学技术获得迅猛发展，教师对文化知识的垄断权被打破，声望地位有所下滑，教师成为维护资产阶级统治的工具，这一时期教师掌握相对先进的自然科学知识，且工业生产扩张的需要使受教育人口数量大幅上涨，在普及教育的社会潮流下教师的社会地位得到了一定维系。二战之后，人类社会发生了很大变化，进入一个相对和平发展的时期，人口上升，科学技术大发展，信息传播成本不断下降，知识更新速度加快，形成"知识大爆炸"现象，对教育的要求已不再仅仅是掌握知识。因为，知识扩张的无限性与人类个体认知的有限性之间的矛盾已经越发突出，教师对文化知识的相对垄断地位和解释权也被打破，其职能开始转向如何帮助学生适应日新月异的现代化社会，有关教师专业性问题的讨论也随着教育改革的呼声日益高涨被提上日程。1966年，国际劳工组织和联合国教科文组织联合发表了《关于教师地位的建设》，认为应当把教学工作看作一种专门职业，因为它具有公共服务的性质，需要教师通过严格和持续的学习获得和保持专业知识与技能。1980 年 6 月 16 日，美国《时代周刊》发表了《危急！教师不会教！》一文，矛头直指教师素质问题，使社会对教师问题的研究从数量增加聚焦到质量提升；1986 年，卡内基小组和霍姆斯小组先后发布《国家为培养 21 世纪的教师做准备》《明日之教师》，在这些报告中都鲜明提出"教师专业化"的概念，随后霍姆斯小组又在 1990 年和 1995 年相继发表《明日之学校》《明日之教育学院》两份报告，对如何开展新的教师教育工作，促进教师的专业化提出设想，这在世界范围内掀起了教师专业发展的改革运动热潮。

从国际竞争的角度可以说，美国进步主义教育运动取得举世瞩目的成效之后，进一步受到要素主义思想的影响，教师专业发展研究蓬勃兴起的背后充满着强烈的国家竞争色彩。二战以后，世界冷战格局的产生使各国发展进入相对和平稳定的态势，但这并不意味着"战争"的消失，暗潮涌动下，人类之间的战争已经从明面上的"热战"转变为"人才的战争""教育的战争"。因为，教育事业关系人类社会发展和文明存续，在基础教育改革大势下，各国政府开始意识到教师教学的专业性，是影响教育结果的根本变量。正如《关于教师地位的建议》中指出的，要"承认教师在教育进步中的根本作用及其对人类和现代社会发展的重要性"。

2. 教师专业发展的价值取向

有关教师专业发展问题的研究，从哲学的价值视角上可分为技术理性取向和实践理性取向。前者是西方现代时期的产物，后者是后现代发展的产物。前者通常认为，教师的专业性是普遍的、确定的、标准的，因此倾向于通过确定的、标准化的、普适性的教师教育课程知识发展教师素质，并且隐含一种预设：教师在经过这些知识体系的学习吸收后便能驾驭复杂多样的教学情境。而后者则认为，教师的专业性是条件性、情境性、复杂性、个体性相互交织的特性，教师工作不像传统的技术工人或工程师，面向的教学情境十分复杂，充满不确定因素。因此，教师并不存在普适性的、标准化的教师专业知识和技能，应强调"实践中反思"和"反思中实践"，体现出一种教师个体自我建构教学实践知识，确立专业性的价值取向。前者通常会形成师范院校主导的教师发展模式，后者通常会形成中小学校主导（校本）的教师发展模式。

如果从局部研究教师专业发展问题，又可分为目的论取向、内容论取向以及阶段论取向。目的论取向主要聚焦教师专业发展应达成的目标。例如，有学者认为教师专业发展的目标取向分为不断改善专业发展制度、促进教师专业能力发展的"专业发展"目标和不断整合专业组织、争取更大专业权利的"组织发展"目标。[①] 也有学者根据教师专业发展目的分为"补短"取向、成长取向、变革取向、解决问题取向。内容取向主要研究教师专业发展应包含哪些专业内容，这类研究也被称作"教师专业素质结构研究"，如林崇德教授的教师素质结构理论，李瑾瑜、傅道春、叶澜等学者也对教师专业素质结构的内容进行了讨论和研究。[②] 阶段论取向主要从历史发展的维度讨论教师专业发展各个阶段呈现的基本特征和规律，这类研究一般也称作"教师发展阶段理论研究"，较有代表性的有福勒、卡茨（Katz）、伯顿、费斯勒对教师生涯发展阶段的调查研究与成果。[③]

可见，即使从个体角度看，教师专业发展也是一个复杂的问题域。因此，立足不同学科视角对教师专业发展问题进行解析的相关研究也十分丰富，主要学科视角有哲学视角、心理学视角、社会学视角、教育学视角、文化学视角、生态学视角、复杂系统科学视角、管理学视角。由于各学者研究旨趣不同，对教师专业发展的界定也有所不同，但总的来讲仍存在一些共性：一是就研究对象而言，更聚焦微观个体的发展与成长而非宏观群体的建设和进步；二是将这种专业发展的过程视为一种动态发展的多层级多维度的成长过程，即教师专业发展是教师个体在其整个职业生涯过程（包括准备期）中，通过相关的学习与实践使其内在专业性不断提升成长的过程。

（二）教师群体意义上的专业化概念

"专业化"一词属于社会学范畴，研究"教师专业化"概念必须借由对历史上专业化运动的探究来加以洞悉。在讨论教师专业化之前，需要解释什么是"专业"和"专业化"，促成"专业化"的原动力是什么。唯有如此，我们才能站在一个相对清晰的视角上把

① 何声钟. 教师专业发展的概念、历程与目标取向［J］. 江西教育学院学报，2012（01）：34.
② 朱旭东，周钧. 教师专业发展研究述评［J］. 中国教育学刊，2007（01）：69.
③ 罗晓杰. 国内外教师专业发展阶段研究述评［J］. 教育科学研究，2006（07）：53–54.

握教师专业化现象的内在逻辑。

1. 专业及其特征

"专业"的概念界定一直是学术界的难题，有的研究把专业和行业、职业混用，多数学者的观点倾向于高等院校为了培养专业人才而设置的招生专业。尽管如此，它还是包含一些显著特征。首先，专业是一门专门性的职业，而且它往往占据了从业者人生大半时间甚至整个职业生涯，通常具有全日制性质，而兼职类工作很难被看作"专门的职业"。其次，一项专业往往还伴随着较高的入职门槛，例如医生需要掌握复杂的医学知识，具备熟练的临床实践能力，这需要进行长期的、专业的、复杂的、系统的专业知识的学习和技能的磨炼才可达成。再次，专业人员所组成的职业群体往往发挥着不可替代的社会功能，例如，医生治病救人为人类生命健康提供重要保障，是社会健康运行不可缺少的职业。因此，不仅是行业内部，社会公众对其也有极高的期望和要求，这使得职业群体内形成一套严格的标准和从业规范。最后，专业人员具有较强的专业自主，由于专业性强，外行人无法用自我意志去强势干涉职业群体内做出的专业判断和决策，正如一个外行人无法对医生的疗法或手术说三道四。

2. 教师专业化的意蕴

厘清"专业"的基本特征后，需要进一步解释"专业化"的基本意涵。顾名思义，专业化的实质就是一个专门性职业逐渐成长为专业的过程，在这个过程中，专业门槛不断抬高，专业组织和规范加强，具备了一定的专业自主性。那么，推动着专业化运动形成的基本力量是什么？如果我们对社会的发展和演化有一些认知、了解，应该能发现这样一个规律：社会变革所引发的对某个群体的某项工作服务或业务能力的强烈需求，是推动这一职业群体向专业化发展的强大力量。就是说，专业化运动源于社会变革对人的某种特殊职业功能的高需求，这种需求刺激了具备该职业功能的群体谋求专业化，更好为社会发展和公众需要提供服务，并谋求受人尊敬的社会地位和较高的经济回报。在古代社会，西方中世纪民众对宗教信仰、灵魂救赎的强烈需要，使得神父成为古老而传统的专门职业，在教会这样的专业组织里，保持着相对的权威和超然的地位；工业化社会催生了工程师、会计师、建筑师等新兴职业，在科学技术不断发展、学科交叉融合和社会分工高度专业化的时代，又有大数据工程师、云计算分析师等新兴的职业在酝酿。

当我们分析了专业化背后的社会推动力，再回头审视教师专业化问题时便可以发现，教师专业化演进的历史逻辑在于，随着信息技术的巨大进步，"知识大爆炸"的时代来临，教师"传道授业解惑"的职能被赋予了新的意蕴，教师成为学生养成终身学习习惯、适应未来社会的促进者正是历史趋势和时代诉求，这刺激着世界各国不断改进教师教育，对教师职业提出更加专业的要求，从而使教师不断走向"专业化"，以契合当今的社会和时代要求。以美国为例，回溯其20世纪80年代的教师专业化运动不难发现，美国社会在科学技术尤其是计算机技术的变革影响下快速进入"信息爆炸"的学习型社会，其典型特征就是知识更新和传递速度前所未有地加快，人们在幼年、青年时期掌握的知识已远无法持续应对和不断适应未来纷繁复杂的社会活动需要了，只有掌握能不断适应社会变革的一系列关键能力（如认知、反思、合作等），才能在未来人才竞争中保持优势地位，这种新的社会变革下的强烈需求引发对教育变革的新需求，继而要求开展教育活动的教师做出对时代变革的回应：教师的专业化。从某种意义上讲，教师专业化不仅是单纯讨论教师地位提升问题那么简单，其更隐含着一种对教师未来发挥的教育作用和功能的强烈期待，这促成了教师专业化发展强有力的社会推进力。

3. 教师专业化的基本内容

根据社会职业专业化成熟的基本逻辑，我们认为，教师专业化应该包含以下内容：一是教师队伍的组织不再是一盘散沙，而是具有很强的组织性，这有助于教师与教师之间科学、有序、合理地交流和协作，继而引起有组织的、群体间的协同效应，从而推动教育发展，带来更高的社会效益。组织化使原本各自独立、分散的力量实现聚合，形成规模效应，在稳定的职业组织内部，成员往往拥有共同愿景，遵循共同的伦理规范，每一个教师既是构成组织的重要单位，也依托组织行为给他们的专业发展带来更好的前景和机遇。例如，在组织的协助下，教师可以彼此共享各自的资源、信息、人才、经验、技术、知识，形成"1＋1＞2"的超越效应。二是与这一专门职业相关的知识更加科学专业，体系更加健全完备，这主要得益于人类在教育教学相关实践方面的探索不断深入以及与教育相关的知识（如心理学、社会学知识等）探索不断取得创新和突破。正如医生职业专业化一样，更加科学、全面、系统的教师知识体系能够提高教师入职门槛，提升教师工作的专业性。三是培养阶段的大幅延长，教师由于其较高的入职从业门槛，不同于一般可经由短期训练从事的职业，往往需要经过本科、硕士乃至博士培养方可进入相关行业从业。如，我国已经出现教育博士培养，这有助于提高教师队伍整体的专业化程度。四是随着专业化程度的不断提高，教师职业群体对社会发展的功能越发重要，能够对社会的经济、政治、文化等方面的发展产生不可替代的作用和影响，这也是教师队伍建设和教师专业发展不断变革的方向。五是由于教师职业的不可替代性不断加强，政府会为了持续保障教师专业质量进行相应的市场保护，从而防止社会上的"三教九流"涌入教师群体，破坏教师行业的有序活动。譬如，我国推行教师资格制度，对开设师范类专业的机构进行专业认证，建立教师教育外部质量保障机制，这些举措不仅维护了教师专业权威，也有助于教师整体社会地位和社会声望的提高。

（三）教师专业化与专业发展的关系

通过对"教师专业发展"和"教师专业化"二者的概念辨析，可以发现二者存在一定的差异。教师专业发展偏向于教育学范畴，或者说教师教育问题范畴，更倾向于研究微观视角下教师个体的专业发展阶段和发展规律，促进教师专业发展的基本教育环境构建，讨论的是教师发展与教师教育的联系；而教师专业化从词源上讲，更倾向于社会学范畴，偏重于对教师专业群体、专业组织、专业规范、专业自主等问题的研究，从研究范式来讲更为宏观，主要探讨教师群体专业化的社会推动力及其群体专业化对社会进步的反作用力。当然，二者也具有共同性，均强调要提高教师的专业性，并且都认为教师专业性的提高离不开教师主体能动性和外部专业发展环境的构建。同时，二者都认为专业发展和专业化的过程具有长期性，这是由教育与社会发展的强相关性特征决定的，面对纷繁复杂不断变化的社会样态，教育也需要灵活、动态地根据社会变化需要做出调适，以满足与适应新的社会发展需要，保持教育教学的专业性，这也就相应要求教师的专业发展和群体的专业化不断根据社会发展进行调适与变革，保持自身的职业专业性。

二　教师专业化与教师教育一体化

从关系上看，教师教育一体化是在教师专业化理论影响下伴随教师教育的不断变革而逐渐发展的一种趋势。[①] 不论是教师专业发展研究还是教师专业化研究，其内在都指向教师专业性提升，而判断教师专业性程度的根本依据在于教育教学工作的专业性，教育教学活动又与当前社会的整体需要紧密相连，在"信息爆炸"的学习型社会，教育教学工作的学术性和师范性高度融合，必须帮助学生发展一系列有益于终身学习的关键技能，这从客观上要求教师成为"终身学习者"，纷繁复杂的、变化着的当代社会也要求教师专业发展工作必须持续不断地关注社会变化，实现教师的可持续性（终身）发展，为这种发展提供动态的、连续的专业发展支持机制。教师教育一体化正是通过对教师教育的整体规划和一体设计来实现相应的

---

① 陈时见，李培彤. 教师教育一体化的时代内涵与实现路径 [J]. 教师教育研究，2020（02）：1.

支持机制，帮助教师教育工作实现各培养阶段的衔接与整合。因此，教师专业化发展的相关理论对教师教育一体化发展的相关工作具有重要的指导意义。

第三节　主体交往理论

马克思与哈贝马斯的主体交往理论要求教师借助教育交往处理好社会结构中的个体关系和民族之间的整体关系，保存和延续既有生产力和精神文明成果，要求教师教育者与教师建立平等关系，注重教师主体性的激发，避免"客体化"，要求教师审视自身之外的道德与价值问题，成为积极的反思行动者。这一理论为教师教育一体化工作提供了价值引领和实践指导。

一　主体交往理论概述

教师教育是一种培养和培训师资，促进教师专业化的社会实践活动。在这一活动过程中，教师教育者、职前教师（师范生）和在职教师是教师教育活动的主体。在教师教育一体化进程中，教育者和教育对象的思想认识、交往实践和互动行为以及发生的教育效果都必须以马克思和哈贝马斯的主体交往理论为指导，这样才能有效地推动一体化的进程。

（一）马克思关于交往的理论观点

马克思对"交往"赋予了多元意涵，在他的相关著作中，交往至少存在三种含义：人与人之间的交互活动、交换活动和生产关系。[①] 他从历史唯物主义视角对交往的演绎和形式进行了深刻细致的审察，揭示了交往在人类社会发展过程中不可替代的作用。交往是一个集交互作用、交换活动、生产关系于一体的综合概念。从哲学角度讲，它分为物质交往和精神交往；从社会学角度讲，它分为经

---

① 胡为雄. 马克思的社会交往理论［J］. 教学与研究，2004（08）：39–45.

济交往、政治交往和文化交往；从形式角度讲，又分为宏观的世界交往、国家交往、社会交往及民族交往，微观的个体交往。

通过对原始社会、古代社会、资本主义社会交往的审察，马克思指出了交往活动对社会发展的内在作用。首先，交往是决定着一个民族整体社会结构关系及与外部民族相互关系的因素，负面的交往方式可能会导致社会内部结构中不同阶层间的冲突与矛盾、与外部民族之间的冲突与矛盾扩大，进而诱发"战争"这一特殊的交往形式。其次，交往对保存和延续生产力发展具有一定的积极作用，交往促使人类的物质文明成就和精神文明成果得以保持、延续，而一旦交往停滞，既有的生产力就有消亡的风险。再次，交往有助于生产率提高和诱发生产力的质变，交往是人类文明发展和科技革新的一大推动力。最后，交往所带来的世界性贸易使原有分离封闭的世界各地文明连成一片，世界历史开始以一个统一的整体登上历史舞台，交往是人类实现共产主义革命和全人类解放的必经途径。

（二）哈贝马斯的交往理性和交往行为

哈贝马斯的交往理论是对马克思历史唯物主义思想进行批判反思与理性重构的结果，他试图建立主体间性哲学的分析框架来取代意识哲学的分析框架，并用以解释西方的现代性危机。哈贝马斯借鉴吸收了语用学的研究成果，将主体之间以符号系统为中介的语言行为视作解决现代问题、实现主体之间相互理解和一致的根本途径，赋予了语言"本体论"的地位。从某种意义上说，哈贝马斯对历史唯物主义的解构乃是为其交往行为理论解释框架的构筑做铺垫。"他对历史唯物主义的'重建'，是服从于交往行为理论的需要而构思的一整套解释模式。"[①] 他提出"交往理性"的概念，认为交往行为是两个或两个以上具备言语能力和行为能力的主体之间的交往活动，通过语言符号系统中介，在交往中促成相互理解和协调一致，利用

---

① 郑召利. 哈贝马斯和马克思交往范畴的意义域及其相互关联［J］. 教学与研究, 2000（08）: 46.

这一交往范式重构交往理性，克服异化的纯科技逻辑支配下工具理性滥化的现代人类危机。

哈贝马斯规范了交往行为的范式，他根据普遍语用学原理提出了语言交往的四条有效性原则。一是可意会性：在主体间的符号互动中，言者呈现（表达）的语言符号应当是可被听者领会理解的。二是真实性：内容在涉及外部客观世界与主观世界方面应当真实，以便真实准确、恰如其分地实现主体之间的信息传播和接收。三是正确性：主体间的语言交往应符合公认的价值观背景（语境），实现一致认同和协调。四是真诚性：言者应保持真诚以实现对话中的充分信任，四条原则共同构成交往理性建立的前置条件。

（三）马克思和哈贝马斯交往理论的区别

尽管马克思与哈贝马斯都对"交往"概念进行了阐述，但二者的交往理论又存在一定的差异性。首先，从先后关系上看，哈贝马斯的交往理论是对马克思交往理论批判反思和重构的结果，并更多指向对斯大林将马克思主义教条化所形成的僵化理论的批判，哈贝马斯在对其进行批判和反思的基础上用语言范式重构一套交往理性的分析框架，用以取代意识哲学的分析框架并解释现代的社会问题。其次，从交往的定义上讲，马克思定义的"交往"意蕴较为宽泛，既包括物质与精神上的交互作用、交换，又有生产关系方面的含义，而哈贝马斯定义的"交往"则是聚焦于精神层面。最后，从研究的维度上看，马克思对"交往"的研究多零散分布在他的相关著作中，没有较为系统的阐述和深入的研究，而哈贝马斯则全面研究了精神交往及语言的规范问题，这从某种程度上讲是对马克思交往理论的超越。

二　教师教育中的师生关系

如果以交往理论的视角审视教育这种特殊的主体交往方式，我们可以发现，马克思交往理论向我们阐释了教育活动的价值问题，哈贝马斯交往理论则指导了有效教育的开展问题。首先，教育的意义就在于通过交往活动重构一个民族整体社会结构关系和与外部民族的相互关系，实现和谐的发展方式，防止矛盾与战争的爆发，教育通过主体间相互作用的方式发展个体，实现每一个个体的全面发展，尤其是社会主义教育对解决社会不平等、缓解社会矛盾具有重要意义。其次，教育这种特殊的交往形式传递人类文明精华，最大限度地保存和延续了既有物质文明和精神文明。再次，教育这种特殊的交往形式促进了生产率的提高和生产力的质变，特别是科学技术的重大革新。最后，教育这种特殊交往形式是实现共产主义社会和全人类解放的必经途径。

从实践来看，哈贝马斯交往理论对如何构筑有效的教育交往关系也有对应的阐释，那便是通过构筑交往理性来实现有效教育，师生关系是教育活动中的基本关系，实现师生间的交往合理性是教育活动有效开展的前提。首先，要保障师生交往地位的平等，避免产生交往"异化现象"，导致师生交往的"主客体异化"，干扰主体间性关系的有效建立；其次，实现交往主体间交互作用的全面性，避免教育活动沦落为异化的知识灌输与被灌输活动，教育活动不仅有知识之间的交流，更有情感、理想、价值观等方面的精神交流，不可片面窄化教育活动的多维性和整体性；最后，教育交往活动不仅有师生间科学世界的交互，更有生活世界交互，教师在组织教学时亦不是"就知识论知识"，他所面对的是一个个具有独特丰富生活世界的学生，在教学中必然要充分把握学生的生活经验，激发他们从枯燥单调的科学世界向外延展，去探索丰富的人文精神世界，寻找自身生活世界的意义。

三　主体交往与教师教育一体化

无论是职前教育还是职后教育，抑或两者之间的一体化有机衔接，教师教育一体化从本质上讲，是一种旨在促进教师更好实现专业发展的教育改革活动。因此，马克思和哈贝马斯的交往理论能够为教师教育一体化工作提供价值引领和实践指导。首先，从价值意义上讲，要求教师能够借助教育交往活动，实现中华民族大家庭的和谐发展与和平繁荣，避免社会与国际的矛盾冲突，解决社会不平等问题，处理好社会结构中的个体关系与民族之间的整体关系。其次，教师需要发挥保存和延续既有物质生产力和精神文明成果的职能，以传递人类文化的优秀成果为己任，帮助受教育者掌握科学知识，为国家整体生产率提升和生产力质变、科学技术革新奠定人才基础，为社会主义事业添砖加瓦。这也从实践层面要求教师教育者在培养培训教师的过程中，遵循哈贝马斯交往理性的基本原则，保证教师教育者与教师之间主体地位的平等，注重培养培训过程中教师主体性的激发，使教师积极主动参与到培养培训中，获得主体能动性、创造性等方面的发展，实现专业的提高，避免使教师"客体化"，影响主体间性教育关系的建立。最后，教师教育者在培养培训教师过程中切忌使教师沦为单方向灌输知识的客体，不仅要注重学科知识、教学知识的互动，更要关注情感互动、思想互动和价值观互动，如此才不至于使教师沦为技术理性操控下的"工具化"个体，变成所谓的"教书机器""应试机器"，而是既能"教书"又能"育人"，"学高为师，身正为范"的人民教师。教师教育者在教育活动中要注重引导教师探索科学世界之外的丰富人文世界、生活世界，帮助他们冲破单一科学主义的樊篱，审视自身在传播知识以外的道德问题和价值问题，成为积极的反思行动者。

第四节　利益相关理论

教师教育工作涉及多元的利益关系，利益相关者包括地方政府、高等院校、中小学校、教师和乡村社区等。要使教师教育一体化功能得到有效发挥，必须分析这些利益相关者在教师教育一体化实践中各自的角色定位、利益诉求以及所发挥的作用。根据利益相关理论，在指导教师教育一体化管理的过程中，各个利益主体在工作中呈现不同的角色定位：地方政府作为管理服务者，高等院校作为利益提供者，中小学校作为直接受益者，教师作为主体的受益者，乡村社区则是重要的利益相关者。

一 利益相关理论概述

（一）利益相关理论发展史

利益相关理论（Stakeholder Theory）是 20 世纪 60 年代左右在英美等长期奉行外部控制型公司治理模式的国家中逐步发展起来的。[①] "利益相关者"一词最早出现在 19 世纪的牛津词典中，有在一项活动或企业中"下注"（have a strake）之意，从词意上讲，至少包含着三重含义：一是"身在局中"，意味着利益相关者既在该企业和活动中"被影响"，也在"影响"该企业和活动，二者是一种相互作用的关系；二是"利益共享"，企业的发展能使利益相关者从中受益；三是"风险共担"，当企业出现重大损失时，利益相关者的利益也将受到直接或间接的损害。换言之，利益相关理论是一种"赌局"理论，利益相关者为实现各自或共同的某种利益而聚集在一起，将自身的利益作为某种筹码下注到企业或经营活动中，分担其中的风险并共享获得的成果。

与利益相关理论相对立的是股东中心理论，在某种程度上，前者正是对后者批判和反思形成的产物。股东中心理论预设股东是公司的所有者，所以他们承担着公司破产的所有风险，在具备拥有公司带来的相应权利的同时，也会承担相应的责任与义务，企业管理中应当将股东的利益置于第一位优先考虑，但这一理论预设是建立在股东承担理论上全部风险的基础之上的。实际上，随着 20 世纪 80 年代以来兼并接管浪潮的出现和公司社会责任的强化，传统的股东至上主义观点受到了越来越多的挑战。[②] 首先，股权结构在公司兼并

---

① 贾生华，陈宏辉. 利益相关者的界定方法述评 [J]. 外国经济与管理，2002（05）：13.

② 金海平. 股东利益至上传统的颠覆——国外公司利益相关者理论评介 [J]. 南京社会科学，2007（03）：26.

和接管的浪潮中"散化"，一名股东实际可以控股十几家公司，通过较小的股权占比就实现对一家公司的实际控制，这就直接动摇了股东中心理论的基本预设——股东承担着公司理论上的全部风险，而当代企业经营模式的转变，推动了利益相关理论的蓬勃发展。

（二）利益相关理论的含义

关于利益相关理论中"利益相关者"的定义来源，国内外学者普遍认为是斯坦福大学的学者第一次对利益相关者做出界定，他们从狭义的角度认为在企业运行中存在一些利益群体，如果没有他们的支持，企业就无法生存。[①] 这是对"利益相关者"概念的首次描述，但从含义的解读来讲，还十分泛化、模糊，缺乏对利益相关层级的分类与具体描述。真正意义上对"利益相关者"做出广义界定，并且进一步拓展其内在的意涵，使利益相关理论走向成熟的是弗里曼（R. Freeman），他于 1984 年出版了代表作《战略管理：利益相关者方法》（*Strategic Management: A Stakeholder Approach*），这是利益相关理论的奠基之作。利益相关理论通常有以下基本主张：一是打破传统"股东中心"的权利论，认为股东并不独享参与企业决策的权利，利益相关者对企业的专门性投资形成了企业结构中的"契约联合体"，他们"共担风险"并在一定程度上"共享收益"，因此同样具有参与决策的权利。二是打破管理者的"股东中心"责任论，股东不再是管理者唯一服务和负责的对象，管理者的全部企业经营活动不再单纯局限于实现股东利润的最大化，由于引入多元的利益相关者，管理者的企业经营活动要承担保护并服务每位利益相关者的责任。三是企业的利益相关者之间地位独立而平等，共同拥有企业的所有权，共享企业所得利益。

对利益相关者范围和类型的划分，研究者基于各自不同的视角和需求往往有不同的方式。例如，根据是否建立正式的合同关系将利益相关者划分为"契约型"与"公众型"两种类型，根据企业联

---

① 林萍. 利益相关者理论综述 [J]. 闽江学院学报，2009（01）：55.

系紧密度划分为主要利益相关者和次要利益相关者等。①

二　利益相关与教师教育一体化

教师教育一体化是一个在探索中构建的教师教育体系，由于涉及范围广泛、成分复杂、性质各异的群体，加上教育本身具有的复杂性特点，教师教育一体化体系中的每个个体都紧密联合起来，形成了一个复杂的利益群体组织，这个利益群体组织促使组织中的利益个体运转起来，与此同时组织中的每个群体个体都承担一定的责任与风险。从这个角度来看，利益相关理论的某些方面同样适用于教师教育一体化体系的构建。

罗索夫斯基定性分析了高校中的利益相关者，认为有教师、行政主管、学生、董事、校友和捐赠者、科研经费提供者、科研人员、社会公众等。② 借鉴罗索夫斯基对于高校与利益相关者关系的研究，我们可以把教师教育一体化中所涉及的利益相关者进行分类。教师教育一体化作为培养教师的体系，与政府、企业相比在组织结构、人员构成、组织目标、组织运行模式等方面都有很大的不同。同时，教师教育一体化作为一种非营利性的体系，没有严格意义上的股东，某个人或者某个团体不可能对其产生、运行、发展进行完全的控制。因此，我们可以得出，教师教育一体化的体系只能由利益相关者共同管理、共同构建，这些利益相关者包括：地方政府、高等院校、中小学校、教师、乡村社区等。

（一）地方政府：管理服务者

与英美等崇尚分权主义制度设计的国家不同，我国富有中国特色的社会主义制度设计，使地方政府作为某个区域的政治实体，对地方教育发挥引领和指导的作用，对统筹管理、协调一个区域的教

---

① 李福华. 利益相关者理论与大学管理体制创新 [J]. 教育研究，2007（07）：36.
② 张燚，张锐，高伟. 高校利益相关者理论的研究现状及趋势 [J]. 高教发展与评估，2009（06）：18 - 19.

育发展具有深远影响，在教师教育一体化进程中，地方政府发挥着重要的统筹作用。根据上级有关教师发展的指导文件要求和解读，结合地方经济、社会、文化情况，制定相应的行动计划和实施方案，将有关文件精神传达给各级各类教师教育机构组织，并辅以相应的物质和精神支持。可以说，地方政府在教师教育一体化中发挥着统筹、引导的作用，关系着教师教育一体化基本的前进方向。

（二）高等院校：利益提供者

由于近年我国高等教育事业的蓬勃发展，高等院校在培养和培训教师方面所承担的作用愈加凸显。长期以来，高等院校承担着基础教育职前教师培养的主体责任，如今越来越多的高等院校已经参与到教师的"国培计划""省培计划"中，成为中小学教师培训课程的主要供给方。不仅是专门培养教师的师范院校，许多综合性大学也在国家政策鼓励下开始设立教育学院或师范专业，承接教师培养和培训的任务与使命。随着高等院校在师资培养中的地位逐渐增强，其逐步超越中专、大专院校，成为教师教育一体化进程中直接的利益供给方，高等院校的师资培育质量将直接影响教师教育一体化的"初心使命"。

（三）中小学校：直接受益者

百年大计，教育为本。教师教育一体化的最终目的在于促进教师个体专业发展，进而带动教师群体的专业化，全面提高教师队伍的整体素质，全面提升地方学校的教育质量。因此，从教师教育的供给侧视角看，地方中小学校是教师教育一体化工作的直接受益者，学校领导应当充分理解教师教育一体化工作与学校办学质量的密切关联，高度重视中小学校师资队伍建设，积极组织与配合高等院校、地方政府的教师教育一体化工作，以提升学校教师队伍的整体素质，助力学校办学质量提升。

（四）教师：主体利益者

教育大计，教师为本。教师是教育活动的主体。教师教育一体化的目标在于促进教师发展，因此教师是这项工作的主体利益者，这意味着教师的发展诉求应当在教师教育一体化工作中得到充分关注和重视。教师具有提高个人素质、专业素质、实现社会化等多元的发展诉求，教师在教育教学场域中时常面临诸多问题和挑战，迫使他们谋求专业方面的提升以及个人素养的提高。教师教育机构组织、中小学校、地方政府在开展培养培训工作时应当尊重教师主体的发展需要，切忌漠视广大教师合理的发展需求，无视教师的主体利益，将培养培训工作"政绩化"和"形式化"。

（五）乡村社区：利益相关者

我国教师教育一体化工作在城市和发达地区，均已取得显著成效，当前更多的是把教师教育一体化工作的重点转向广大乡村地区，除了考虑学校、教师合理的发展利益诉求之外，当教师教育一体化工作聚焦乡村社区时，还要考虑到地区的发展、乡村的振兴，乡村社区自然也成为教师教育一体化工作中无法绕开的利益相关者。一方面，围绕乡村振兴开展的教师教育一体化工作若不能有效促进乡村发展，便很难谈得上乡村教师教育的一体化工作取得成功；另一方面，随着教育民主化加速，农村地区的学生、家长对教育质量的主体意识和责任不断加强，参与教育发展、学校管理的积极性不断提高，教师教育一体化工作与孩子的成长和学业息息相关，应该充分尊重公众参与意愿，接纳乡村社区各方对教师教育一体化工作的合理批评和建议。

第五节　协同创新理论

协同创新理论由协同理论和创新理论两部分构成，是指导教师教育一体化的又一重要理论，要求教师教育一体化在实践中，注重各教师教育子系统（中小学、高等师范院校、地方政府等）之间保持开放性，使教师教育一体化内部要素可以往来联动，形成协同效应。这也需要倡导"开放式创新"，不仅要实现教师教育内部资源的整合优化，也需要充分搜寻、识别、获取、利用外部信息资源，产生更多效益。

一　协同创新理论概述

（一）协同创新理论的思想基础

马克思的分工与协作理论是协同创新的理论基础。马克思认为，分工与协作能提高社会经济效益，社会的分工与协作是生产力水平提高的必要条件："一个民族的生产力发展的水平，最明显地表现于该民族分工的发展程度。"[①] 如果我们历史性地审视人类文明与生产力水平的发展过程，便可以得出同马克思一样的结论：分工与协作在促进人类文明与生产力发展方面具有积极作用。通过分工协作，人类可以完成许多复杂、精密的劳动。例如，通过分工协作人类可以制造一架空运客机，有人负责客机的设计，有人负责零部件研发，有人负责组装，有人负责运输，这就体现了精密的分工协作对生产力和文明发展的重要作用，而这在分工协作相对粗糙的原始社会是难以想象的。人类通过组织、协作化的方式使不同的人专注于自身所擅长的不同工作岗位，不仅扩大劳动的空间范围，而且精细化劳动的步骤，可以完成更多复杂、精密的劳动生产活动。

（二）协同创新理论的基本观点

1. 哈肯的协同理论

协同理论亦称"协同学"，由德国物理学家哈肯（H. Haken）提出。其基本观点可以概括为：我们的客观世界中存在形态各异的系统，但如果深入挖掘系统的内在关系，各系统之间似乎又存在特定的相似性，这启发我们应努力通过探索各种系统演化过程的相同规律，找出影响这些相同规律生成的因素，并借助因素关系发挥各系统间的协同功能。哈肯教授的协同学对管理领域产生了十分深远的

---

① 马克思，恩格斯. 马克思恩格斯选集（第一卷）[M]. 北京：人民出版社，2012：147.

影响：协同学要求各系统间保持一定开放性，使不同系统中的子系统和内部要素可以在这种开放的环境下建立往来，产生协同效应，提高生产效率，促成一种有序的自组织结构；在实践中，需要保持对这种自组织结构演绎的敏感性，抓住影响结构形成新变化、产生新功能的序参量。例如，在企业经营方面，影响企业扩张、升级、转型的一个关键序参量是利润，在管理中应当充分围绕序参量促进企业各部门间的协同配合，实现各部门职能优势的互补，防止各个部门之间的"内耗"，影响作为系统的整个企业的工作效率。

2. 熊彼特的创新理论

熊彼特（J. A. Schumpeter）是首先提出创新理论的经济学家，他将创新视为构建一种新的生产函数，它将构成生产活动的条件和要素结成"新组合"，引入生产体系，以此形成新的经济能力，推动新组合下经济发展的不断实现。① 对熊彼特而言，创新并不单纯指代"技术革新"，而是一个与生产率提高密切相关的相对泛化的概念，例如，新产品具有了旧产品不具备的功能，采用新的生产方法，如流水线生产、智能化生产，开辟新的市场，建立新的供应链或供应来源，等等。应该说，创新背后意味着某种生产条件或要素的质变，是对旧有条件、要素"破坏性的革新"，是新事物的产生和旧事物的灭亡，这一过程伴随着生产率提高和经济发展。

进入 21 世纪，美国学者切萨布鲁夫（H. Chesbrough）提出与"封闭式创新"相对的"开放式创新"概念，它意味着"创新体"内部资源的整合优化和外部资源的搜寻、识别、获取、利用，它是各种创新要素内外互动、整合的动态过程，以用更低成本和更快速度获取更多收益和更强竞争力。② 开放式创新最早是一种与封闭式创新截然不同的技术革新思路。过去，一些大型跨国科技企业（如索尼）为在市场竞争中保持优势，通常借由一系列较高的技术研发投

---

① 约瑟夫·熊彼特. 经济发展理论．[M].贾拥民，译．北京：中国人民大学出版社，2019.
② 亨利·切萨布鲁夫. 开放式创新——进行技术创新并从中赢利的新规则 [M].金马，译．北京：清华大学出版社，2005.

入，提升产品性能和竞争力，但随着全球化和产品生命周期的缩短，这种内部封闭的技术创新思路逐步暴露出自身的缺陷。在数字化、全球化时代，企业应主动适应合作、协同的开放式创新思路，通过整合内外部有利于发展和创新的一切资源要素推动自身产品竞争力的提高，实现高效率、高效益发展。

（三）教师教育改革发展中的协同创新

协同创新理论不仅是科技与企业之间的创新，而且进一步将非企业、科研机构、高等院校等各个方面进行综合，系统处理各个组织与部门之间的关系，整合各个组织的创新要素，促使其创新能力大于各个部门的创新能力之和，以期达到创新的协同效应。对于高等教育的发展来讲，协同创新理论具有重要的指导作用，因为高等教育正是开展创新工作的社会高地，社会上许多创新成果都来自高等教育机构，因此，协同创新理论有助于指导高等教育机构协调处理各个部门组织之间的关系，并与外部的企业、社会相沟通，产生创新的协同效应，而教师教育的主要场所也在高等教育机构中，同样在教师教育改革发展中呼唤着协同创新。

2022 年，教育部等八部门印发的《新时代基础教育强师计划》提出："鼓励支持高水平师范院校建立教师教育协同创新平台，推动优质课程资源共享、学科建设经验分享、教育科研课题共同研究，整体提升我国教师教育的办学水平。"① 这为协同创新理论指导教师教育发展工作提供了政策依据。从现实层面来看，教师的培养培训是一个复杂的系统工程，由于教育与个人发展、社会发展的紧密联系，教师教育牵涉复杂多元的利益相关者，师范院校作为教师培养和培训的重要主体，要实现教师教育一体化改革，提高教师教育质量，便需要主动改变过去传统的师资培养模式，深化与政府、中小

---

① 中华人民共和国教育部. 教育部等八部门关于印发《新时代基础教育强师计划》的通知 [EB/OL]. （2022 - 04 - 14）［2022 - 06 - 26］. http://www.moe.gov.cn/srcsite/A10/s7034/202204/t20220413_616644.html.

学等机构的协同合作。以协同创新引领高校创新能力的全面提升，要大力推进高校和高校、高校和科研院所、高校和企业，以及高校和区域发展、国际合作的深度融合，力争突破高校内部以及外部的机制体制壁垒，改变"分散、封闭、低效"的现状。①

二　协同创新与教师教育一体化

21世纪初，在我国教师教育改革进程中，协同创新理论给教师教育一体化发展注入了新的活力。目前，已经有多所高等院校与地方政府和中小学校根据协同创新理论，以"校地共建、院校联盟、协同创新、实践育人"的教师教育理念为指导，构建了异彩纷呈的教师教育培养与培训一体化衔接模式。如，闽南师范大学在教师教育职前职后一体化培养模式的改革探索中，根据协同创新理论积极走出去，与地方教育行政部门、地方中小学校两个重要的教师教育利益相关主体开展广泛的协同交流合作，在教师教育职前职后的衔接上，承担着教师职前教育的高等院校（闽南师范大学）与协助教师职后进修的中小学校和教育行政部门开展深度合作，共同探索教师教育发展问题，使教师教育的职前职后一体化得到切实推进。闽南师范大学以助力教育公平、服务地方县域教育发展为重要的行动逻辑，在县域以教师进修学校为重要基地和依托，建立起教师教育的创新实验区，以实验区为教师专业发展的中心辐射县域中小学和幼儿园，并且在改革过程中，一方面在职前教育上推动师范生"实习支教"，强化教育实践，革除职前教育理论与实践脱节的弊端，另一方面在职后教育上推动在职教师进行"校际交流"并与师范生进行"置换培训"，缓解教师在进修中可能面临的工学矛盾。这种协同创新的实践模式有效加强了教师职前职后的衔接，避免了职前职后教师专业发展过程中理论与实践的脱节，且推动了县域教育的进步

---

① 潘启亮，黄黎露．试析协同创新的利益协调机制——基于共生理论的视角［J］.高教探索，2013（05）：33.

和发展。实施协同创新教师教育改革的目标是确立"协同创新、引领服务、实践育人、彰显特色"的教师教育新理念，实现高校、政府和中小学互动合作的教师教育管理一体化，教师职前培养与职后培训有机衔接的教育过程一体化，大学教师、中小学教师与师范生合作学习的专业发展一体化，建立政府、社会与学校共同培育高素质师资的长效机制。[①] 该模式在笔者团队的努力下取得了不错的成果，通过协同创新，闽南师范大学在特色专业、精品课程、人才培养创新实验区、教学团队等"本科教学工程"建设方面取得重大突破，实现教学与科研相互促进。其中，建设国家级特色专业 1 个，视频公开课和教师教育国家级精品资源共享课 3 门。2013 年，该校"高校、地方政府、中小学三位一体教师教育人才培养模式改革"被教育部列入"创新教师培养模式类"示范项目。截至 2014 年，闽南师范大学共与 5 个县级人民政府建立教师教育创新实验区及其运行机制，为大面积解决义务教育师资均衡发展问题提供了可资借鉴的样本。[②] 该模式成功的案例启示我们，在新的时期，要运用协同创新理论，促进社会、政府、学校等的协同合作，努力推进教师教育一体化建设。

第六节　决策权变理论

决策权变理论由决策理论和权变理论两部分构成，是指导教师教育一体化的重要管理理论。它启示教师教育一体化工作是一项涉及各级各类部门、机构及其内部人员的复杂决策过程，集体或个体在其中做出有限理性抉择，各方实现有效决策的关键在于根据具体情境实现相应的"权变"选择，这个过程需要组织之间信息的有效

---

① 李建辉. 协同创新教师教育改革 服务县域师资均衡发展——地方高师院校教师专业人才培养模式改革的研究与实践 [J]. 中国大学教学，2014（11）：50－52.

② 李建辉. 协同创新教师教育改革 服务县域师资均衡发展——地方高师院校教师专业人才培养模式改革的研究与实践 [J]. 中国大学教学，2014（11）：50－52.

传递、加工和分析。

一　权变理论概述

权变理论缘起于 20 世纪 60 年代，70 年代初步形成相应理论，其形成标志是 1976 年弗雷德·卢桑斯（Fred Luthans）出版《管理导论：一种权变学说》。权变理论的基础是系统理论，作为管理学理论之一，权变理论认为组织要受制于环境变化，并将权变关系视作一种"如果……那么……"的函数关系，环境是自变量，而管理的观念和技术是因变量。[①]

权变理论认为，管理活动本身是一门"因势利导""灵活机变"的艺术，不存在适用于任何场合、任何时间的普适性管理理论或方法，因为人所处的环境或场域本身是动态的、多变的、复杂的，一种管理方式可能在某个历史时期适用，但在历史继续发展后，就必须进行相应的"权变"，即根据机构的内在变化随机应变，使之适切于当前的环境要求。从这个角度上讲，教育管理实质上是门有关"权变"的艺术，组织需要根据自身与内外部环境的互动进行灵活的调整、权衡、改变，不断形成与当前环境条件相适应的教育管理模式和方法。这就有效弥补了过去管理理论过程学、定量学、行为学等各自分割的缺陷，实现了对教育管理理论的整合。

二　决策理论概述

赫伯特·A. 西蒙（Herbert A. Simon）是决策理论学派的主要代表人物。决策理论认为，管理的实质就是组织内各级各类决策运转的过程及其结果，决策不单纯是最高管理者达成某一工作目标的行为。如果把决策单纯看成最高管理者的单一行为，就是一种将组织内部的其他人员"工具化"和"完全理性化"的错误判别。实际

---

① 陈寒松，张文玺. 权变管理在管理理论中的地位及演进［J］. 山东社会科学，2010（09）：105－108.

上，各级各类人员执行决策的过程绝不可能像传统管理学说假设的那般进行"绝对理性"的抉择，而是受制于有限的认知和对任务本身的不全面理解，只能在"有限理性"下做出决策。这种决策的判断基准往往不是对整体事物发展而言"最优化"的决策，而往往是执行决策者本身"最满意"的决策。

由于决策本身是有限理性的，西蒙十分重视信息联系在决策中的作用，将信息联系视为"决策前提赖以从一个组织成员传递给另一个成员的过程"，并认为在"信息爆炸"的时代，重要的不是获得信息，而是信息加工和分析，使之对决策有用，并强调以"最满意"决策取代"最优化"决策。①

三　决策权变理论与教师教育一体化

决策权变理论正是结合决策理论和权变理论成果形成的理论，其基本主张是决策管理的本质贯穿于管理的整个过程，决策应根据具体情境随机应变，采取不同的管理策略和方法。教师教育一体化工作牵涉各级各类部门、机构、内部人员之间的复杂决策，这种决策的过程中形成了诸多由多元信息所组成的决策前提，并影响着内部各级各类人员在自己工作岗位上基于自身认知、价值观做出有限的理性抉择。而要实现有效决策，就需要根据具体的情境，加强组织之间内部程序化的有效决策，并且在过程中注重组织之间信息的有效传递、加工和分析。这需要教师教育一体化工作遵循以下原则。

（一）制定适切教育教学场域的教师发展目标

统整化思维不是"同质化"，而是立足地方教育教学场域社会异质性，结合当地的教师教育资源进行统整安排，制定适切当地教育教学现实、照顾地方社会异质特点的教师发展目标。我国地域辽阔，地理环境的丰富性造就了民族、文化多元的盛况，由于各个地区历史因素不同，其产业、经济也处在不同的发展程度，存在东西部差

---

① 张守纪. 决策理论学派第一人——西蒙 [J]. 企业改革与管理, 1998 (11): 27 – 31.

别、城乡差别、校际差异是我国各级各类教育的基本特征。这些社会异质性构成不同的教育教学现实场域，而不同教育教学现实场域又形成不同的教育教学问题和需求。

教师发展目标的制定是一个与地方社会经济发展攸关的教育问题，应深入了解地方的文化、经济、社会总的实际情况和需要，科学制定适切地方未来发展需要的教师培养目标。2015 年以来，教育部相继实施《乡村教师支持计划（2015—2020 年）》和卓越教师培养改革计划，在全面实施"国培计划"取得显著成效的新时代，通过教师教育一体化，将教师教育体制机制改革工作与地方社会政治、经济、文化的异质性要素相契合，开展东西部地方政府之间、高校之间以及中小学校之间结对帮扶，特别是师范院校联合开展教师教育协同提质行动，必然成为教师教育振兴行动计划、推进乡村教师队伍建设和基础教育强师计划的重点选择。

（二）弥合教师专业素质理论与实践的分离

现实中，教师理论与实践脱节现象并不少见，由于师范教育过程中带有较为强烈的应试取向，所学理论与教育实践结合得不充分，不少接受师范教育培养走上岗位的教师依然依据"教师中心""教材中心"的传统教育理念开展课堂教学，造成信奉理论与行动理论的割裂。在古代，尚未形成专门的教师培养培训机构，教师发展主要依靠"自我的反思性实践""师徒间的代传"等方式，具有"经验性""实践性"等特点，形成了教师自我理论与自我实践相统一。

近现代以来，培养培训教师的专门机构大量设立，教育学知识实现体系化、理论化、专业化，在技术理性的思潮下，教师职前教育走向学术化、理论化。这种模式的预设在于，教师能掌握普适化、科学化、理论化的教育教学知识和学科专业知识，并将这些知识转化为教学实践中游刃有余面对各种教育教学问题情境的工具，这就导致教师教育形成"两张皮"。这种将教师培养培训二分对立的思维方法人为地将教师整体专业素质结构一分为二，将统一的、整体的教师专业意识与专业能力分割。教师理论与实践本身应成为一种相互融合、相互促进的良性关系，教学实践能够加深教师对理论的理解和深化，而理论是深化和促进教师实践变革的基础。当代教师教育一体化改革的目标，就是以"统整"的思维来改变教师职前培养理论性与职后发展实践性的分离状况，让教师的专业教育理论和专业实践智慧相联合，构建全面完整的教师专业素质培养体系，促进教师专业的健康发展。

（三）聚焦教师生命成长周期连续性和差异性

从教师职业生命成长周期看，国内外已有诸多学者对教师职业生涯流程进行了讨论，并描述了各个阶段所面临的关键问题，如国内学者卢真金将教师专业发展阶段分为适应与过渡期、分化与定型期、突破与退守期、成熟与维持期、创造与智慧期五个阶段[①]，而国外学者费斯勒则根据生命自然老化过程和周期将教师生涯发展阶段划分为职前、入职、能力形成、热心和成长、职业/生涯挫折、稳定和停滞、生涯低落、生涯退出八个阶段[②]。这意味着需要以统整性思维审视教师教育工作，对教师整个职业生命的发展进行全局性、连续性的观察和把握，而非以割裂、分离、历史虚无的眼光看待教师职业生命的各个发展阶段。若不以整体性思维审视教师专业发展阶段问题，结果就会变成头痛医头、脚痛医脚，培养培训工作落于表面，而没有办法把握某些历史性累积矛盾所带来的教师专业发展问题。

另外，统整性思维不是"撒胡椒面"，而是要求教师教育工作立足全局，整体把握教师专业发展每个阶段应侧重解决的关键、核心问题。例如，对于适应期的教师而言，培训应当有助于新手教师实现从师范生向教师的角色转化、教学知识向教学能力的转化、理论知识向实践智慧的转化。可以说，不同教龄的教师所面临的专业发

---

① 卢真金. 教师专业发展的阶段、模式、策略再探 [J]. 课程·教材·教法，2007（12）：68 – 71.

② 罗晓杰. 国内外教师专业发展阶段研究述评 [J]. 教育科学研究，2006（07）：53 – 54.

展困境具有一定异质性，例如有研究显示，教龄5年以下教师以知识、技术类问题为主要表征，教龄15年以上教师以高级方法、情感态度类问题为主要表征①，由此，应聚焦不同阶段教师专业发展中面临的主要矛盾，有针对性地开展教师培养培训工作。

（四）促进教师教育相关机构和组织多元协同

在教师教育一体化进程中，统整思维主张改变以往各级各类教师教育相关机构组织各自为政、力量分散造成的教师教育资源浪费、培养低效的局面，要求现有的教师教育力量协同，创新建立一体化教师教育新模式。通常来讲，统整思路是以地方教育行政主管部门为统筹管理的主体，协同高校、教研机构、中小学等多元力量建立明确的权责划分和管理规范，实现教师教育各个机构部门职能与业务的有机统一，使其各自协调发挥整体功能。②

另外，教师培养培训是一个复杂的系统工程，牵涉多元利益主体和组织机构，例如宏观层面上的各级各类师范院校、教师进修学校、民间培训机构、教育行政部门、中小学等，微观层面上的高校教师、学科专家、教研员、中小学骨干教师、教学名师、学生家长等利益相关者。过去，各级各类教师教育机构组织缺乏沟通协作，各自为政，信息资料得不到共享，客观上造成了教师教育资源的极大浪费，例如针对在职教师的培训进修工作，各级各类教师教育机构组织在开展有关培训工作时，相互之间缺乏协同配合、交流沟通，对教师培训需求的调研也不充分，造成培训内容重复，人力物力资源浪费，教师培训也难获实效。统整思维就是强调各级各类教师教育机构组织协同合作、融为一体，充分实现教师教育信息资料共享，发挥各自培养培训所长，实现教师教育资源的最优化配置，提高教师培养培训的实效。

---

① 钟祖荣，张莉娜. 教师专业发展阶段的调查研究及其对职后教师教育的启示 [J]. 教师教育研究，2012（06）：24.

② 刘义兵，付光槐. 教师教育一体化发展的体制机制创新 [J]. 教育研究，2014（01）：115.

（五）建立系统多样的教师教育课程内容体系

课程选择与构建是教师教育一体化的重要载体，离开了课程，教师教育就成为无源之水、无本之木。[①] 既然要将教师发展视作一个整体，弥合教师职前发展和职后发展的脱节，势必要对二者的课程进行统整，将原本各自分离的课程体系进行系统化、整体化的统合与设计，因为课程是促进教师专业发展的基本载体，课程内容的设置在很大程度上影响着教师未来的发展方向和质量。

在教师教育一体化架构中，以统整化思维构建的教师教育课程内容应当遵循系统性与多样性两个原则：系统性原则意指兼顾教师专业生涯发展的连续性和教师专业素质结构的全面性，进行系统化的教师教育课程内容设计；多样性原则主要强调教师教育课程内容适切地方社会发展的异质性要求。前者关注内容体系的连续性、完整性、全面性、联系性，后者关注课程内容体系的开放性、前瞻性、客观性、发展性。前者具体要求为：职前教育阶段和职后提升阶段各有侧重又相互融合，职前教育注重理论学习的同时又关注实践体验，可依托开展合作的中小学，丰富师范生的教育见习、实习，加强其对教育领域的情境体验，深化其理论认识。而职后培训在关注实操训练的同时，又强调加强理论探讨、研究，使教师接触最新的教育教学理论和现代教育技术，与师范高校合力开展课题研究，使教师成为"一线的教育研究者"。

（六）形成精准全面的教师教育质量评价机制

在推进教师教育一体化过程中，对一体化结果的评价是推动教师教育工作质量改进的重要手段。传统的教师教育质量评价标准过于注重结果评价，对过程评价有所忽视，这与一体化思想中关注教师专业发展整体性、连续性的观点相悖，统整化思维要求评价立足教师发展的整个过程和素质结构，做到全面性和精准性，全面性要

---

① 郑友训. 教师教育一体化课程建构的理论与实践 [J]. 课程·教材·教法, 2006（06）: 71.

求做到评价主体的全面和评价维度的全面。因为，从整体观来看，"一面之词"很难说是公正客观的教师教育质量评价，地方教育行政部门、师范院校、教研机构、中小学校、家长和学生都是教师教育工作的利益相关者，教师教育一体化改革的是非成败离不开多元化的主体评价。

在构建精准全面的教师教育质量评价机制时，维度的全面性要求对教师教育各个层面的全方位评价，主要有：目标方案评价，对接受教师教育的准教师和正式教师进行素质评估，在结合个人发展需求和社会需要基础上科学制定培养方案的评价标准；管理制度评价，对为支持教师教育活动所建立的一系列规章政策和管理制度进行评价；教育教学评价，对教师教育者开展的培养培训工作的整个过程及其结果进行评价；产出效果评价，对教师培养培训后的效果进行评价，主要审查教师回到工作岗位后在教育教学理念、理论、设计、实践、评价等方面的现实转化度，并且考查学生的学习过程和效果的改变；追踪改进评价，对未达到要求的部分开展追踪，重审并改进教师教育工作，纠正缺陷。马克思主义辩证法认为，关键部分的功能及其变化甚至对整体功能起决定作用，教师教育的评价应紧扣某些影响质量的关键因素，精准聚焦要害部位、对症下药。精准性要求教师教育质量评价立足整体，关注影响教师教育质量的关键因素。

第三章　教师教育一体化的发展历程

　　我国教师教育一体化发展历程与教师教育改革发展史密不可分。教师教育发展史从清末算起，轨迹大致可分为西学东渐时期（1897—1948年）、学习探索时期（1949—1976年）、初步发展时期（1977—1999年）、改革创新时期（2000—2010年）、全面深化时期（2011年至今）五个阶段。西学东渐时期中国的师范教育受限于当时的政治、经济情况，未能形成稳固统一的发展，尽管当时积极学习吸收日本、美国的教育制度，中国的师范教育制度仍难以在全国范围内完全建立并推行。学习探索时期中国的师范教育制度先后经历了"学习苏联时期"和"曲折自我探索时期"。初步发展时期，随着我国改革开放，在世界教师教育开放化、大学化等思潮影响下，我国教师教育独立性体系逐渐被打破，但由于改革步伐过快，未能切合当时基础教育发展实际，带来了一系列教师教育发展问题。改革创新时期，国家逐步开始注重教师教育，努力推动教师教育向"新三级"转型，教师专业继续教育、教师职前培养与在职教育的一体化发展等问题，成为21世纪我国教师教育改革与发展的重要实践课题与奋斗目标。全面深化时期，国家先后颁发并实施《教师教育课程标准（试行）》、教师专业标准、师范专业认证标准等，确立了"三位一体"的教师教育课程目标，优化了教师教育课程结构，强化了实践性教育环节，并建立了教师职后教育与专业发展的课程纲要。

第一节 西学东渐时期（1897—1948年）

中国教师教育发展的西学东渐时期从晚清一直延续到新中国成立前夕，经历了晚清政府和北洋政府效仿日本时期，南京国民政府效仿美国时期。尽管当时的师范教育以职前教师培养为主，没有从教师教育一体化的视野加强职后教师培训和专业成长，特别是处于封建主义、帝国主义和官僚资本主义"三座大山"压迫的半殖民地半封建社会，一直未能发展出独立自主、具有本国特色的教师教育制度模式，但也为我国的教师教育改革发展提供了宝贵的历史经验。

一 效仿日本的师范教育时期（1897—1921年）

（一）清末时期的师范教育（1897—1910年）

我国有着悠久的尊师重道传统，但现代意义上制度化的师资培养起步较晚。中国的教师教育体系萌芽于清末民国"西学东渐"时期。在当时，内忧外患、社会矛盾突出的政治现实以及甲午战争的失败，推动了清末维新思想的广泛传播，对教育领域的变革也有了更深层次的要求，并与"救亡图存"紧密相关。可以说，中国的教师教育体系是在近代列强的外部推动下被动形成的，这也使清末的教师教育制度化过程带有很强烈的"模仿"和"外化"色彩。

中国教师教育制度化最早的模仿对象是日本，受中日甲午战争失败的刺激，在清政府向日本割地赔款的同时，一些有识之士也开始思索日本实现富强的奥秘，关注到日本在教育领域的一系列革新举措，开始积极学习日本，发展师范教育，中国的第一所师范学堂就是在这一背景下建立的。甲午战争后，清末官员盛宣怀上奏折明言"自强首在储才，储才必先兴学"，并于1896年在上海创办南洋公学，1897年南洋公学开设师范院，这是中国第一所近代意义上的优级（高等）师范学堂。

南洋公学师范院的教师教育制度深受日本明治时期师范教育影

响。首先，在教育宗旨上，日本奉行"和魂将才"，南洋公学推崇"中体西用"，师范院的培养目标是"明体达用，勤学善诲"①，此处"体"即为"中体"，"用"即为"西用"。由此可见，二者均强调在维护本国封建统治秩序和伦理纲常的同时，积极学习西方先进的科学知识和新式技术。其次，在学制上基本效仿了近代日本的学制，南洋公学是盛宣怀检验近代学制的"试验田"，他创立"四院制"，在南洋公学设立了师范院、外院、中院、上院，分别对应日本师范教育、小学、中学和大学。再次，教材选定多借鉴、参照日本的经验，南洋公学最初采用的教科书多由日本教习、日籍顾问、留日归国学生所译。最后，在教育方法上效仿日本设立附属小学，由师范生分班教之，且学且诲，教学相长，充分实现理论与实践的结合，提高教师培养效率。然而，由于以慈禧为首的顽固派麻木不仁，以及对维新势力的打压，师范教育在 19 世纪末发展十分迟缓，基本从1902 年才算正式拉开帷幕。

八国联军侵华战争后，清政府统治危机进一步加深，在亡国灭种的威胁下，各地开始陆续兴起一批官办、民办师范学校，如武昌师范学堂、保定师范学堂、成都府师范学堂、全闽师范学堂、贵州公立师范学堂、通州师范学堂等。② 为维系岌岌可危的统治，清政府十分重视师范教育发展，于 1902 年颁布《钦定学堂章程》，1904 年又颁布《奏定学堂章程》，并强调"办理学堂，首重师范"，师范学堂"为学堂本源，兴学入手之第一义"③，史称"癸卯学制"。癸卯学制基本效仿了近代日本的师范教育体系，将师范教育分为中、高两级。中级以培养小学师资为宗旨，设立初级师范学堂和师范传习所、讲习科等速成教师教育机构，以满足本国师资的大量需求；高等师范教育包括优级师范学堂、实业教员讲习所，前者主要为普通

---

① 梅新林，聚焦中国教师教育［M］，北京：中国社会科学出版社，2008：12.
② 瞿葆奎. 中国教育学百年（上）［J］. 教育研究，1998（12）：4.
③ 瞿葆奎. 中国教育学百年（上）［J］. 教育研究，1998（12）：4.

教育培养中学师资和初级师范学堂师资，后者主要培养实业教育师资。① 癸卯学制还对师范学堂的管理、考试、奖励、任用等方面做了详细规定，制度设计上基本与当时日本的师范教育体系如出一辙。

除吸收、借鉴日本师范教育制度外，清政府还大量聘请日本教习及顾问补充师范教育师资。吉野所作 1909 年《清国在勤之日本人教师》显示，在华的日本教习及顾问约 500 人中，从事师范教育的便有 125 人，所占比例最大。②

总之，这一时期中国的教师教育发展还处于萌芽期，以模仿和试验日本师范教育制度为主要特点，规模很小，本土化师范教育人才数量极为有限，教师数量质量参差不齐，不能充分满足广大民众教育需求。但从教师教育一体化视角来看，一些试验不乏一定的启发性，例如在师范院设立附属小学，以让师范生借助附属小学的工作平台，实现教育理论和教学实践相结合，这对当今师范院校的教师教育一体化改革和培养模式创新仍有一定的借鉴性。

（二）北洋政府时期的师范教育（1911—1921年）

1911 年爆发辛亥革命，清政府被推翻，中国成为亚洲第一个共和制国家。原先在师范教育制度的变革上，民国教育部希望借鉴欧美共和制国家的师范教育制度，但留欧、留美专门研究师范教育的人才稀缺，加之清末大量派遣人员考察日本师范教育和赴日留学，民国初期接管师范教育行政工作的主要人员，如张邦华、谈锡恩等多有留日背景。这种现实情况使民国初期教师教育制度在一定程度上不得不沿袭清末的仿日风格，如 1912 年颁布的《师范教育令》，将师范教育分为师范学校和高等师范学校两级，师范学校培养小学教员，高等师范学校培养中学、师范学校教员，实质上承袭了清末所效仿的日式二级师范教育体系，总体结构并无太大改动，直到1922 年新学制出台，中国教师教育的仿日模式才得到改变。

---

① 李红. 清末师范教育述论 [D]. 山东师范大学，2003：11.
② 许宪国. 日本教习与晚清教育改革 [J]. 乐山师范学院学报，2009（09）：91.

虽然，北洋政府的师范教育制度沿用了君主立宪制下日本的师范教育制度，不能充分满足中华民国政体转型后的现实需求，但仍在一些方面实现了改进。首先，废除了"忠君""尊孔"的封建主义教育目标，使教育更贴合民主共和理念。其次，加强对高等师范教育的集中统一管理，清末中央财政紧缺，无力对地方的优级师范学堂进行统一管理，导致"各省设立，办法不能完全，宗旨或有偏重"的混乱状态。[①] 民国初期对这一问题做了调整，将高等师范学校定为国立，接受教育部统一管理，将师范学校定为省立，并建立了高师教育分区制（包括直隶区、东三省区、湖北区、四川区、广东区、江苏区六大高等师范区），为有效整合、统筹管理各区域教师教育资源，消解清末时期师范教育分散、无序的布局确立了制度保障。最后，对课程内容和学时做了一定调整，制定《高等师范学校课程标准》，使课程设置更加科学合理。从教师教育一体化视角来看，分区制对当代整合教师教育资源，发挥大区内师范教育领头羊的作用，推动区域教师教育机构协同合作，凝聚教师教育力量具有一定的启发性。

二 效仿美国的师范教育时期（1922—1948年）

（一）军阀混战时期的师范教育（1922—1926年）

1922年以美国"六三三制"为蓝本的壬戌学制颁布，我国师范教育效法对象开始由日本转向美国，这一转型促使我国教师教育制度由独立封闭走向开放多元。1922年后，我国师范教育产生了以下变化：首先，许多中等师范学校并入中学并成立综合中学师范科，许多地方取消了师范生的公费待遇，这使中等师范教育的独立性和规模都受到一定影响。研究表明，1922—1928年，师范学校由385所减少至236所，师范生从43846人减少到29470人。[②] 其次，高等

---

① 伍卓章. 论民国初年的师范教育 [J]. 云南教育学院学报，1988（02）：17.

② 张艳艳. 从近代学制看我国师范教育体制的确立与发展 [D]. 河北师范大学，2008：34.

师范教育分区制的解体，以及新学制颁布后掀起的"高师改大"运动，使得原先大部分地区独立设置的高等师范学校纷纷升格为综合大学或并入普通大学，这进一步削弱了师范教育的地位，并给教师培养带来不利影响。过去六大高等师范区的布局瓦解，仅北京师范大学得以保存，剩下的如南京高等师范学校并入东南大学，武昌高等师范学校升格为国立武昌大学，而一些综合大学则开始设立教育系科，这种开放多元的转变实质上是对教师教育专业性的削弱，并直接导致民国时期中等教育质量的严重下滑。最后，提高了师范教育的办学灵活性和自由度，体现在制度、机构、课程方面的变革。当时教育界对于"合并"还是"独立"师范教育一直争论不休，最后采用折中方式，在制度设计上既允许高等师范学校升格为师范大学，也允许大学设立师范教育系科，既允许中等师范学校并入中学，也允许独立设置师范学校，高级中学也可根据自身和本地情况斟酌设立师范专科。

制度的开放性带来教师教育机构的多元化，一批学前师范学校、乡村师范学校在这一时期兴建起来。在课程革新方面，1925 年颁布《新学制师范科课程标准纲要》，对中等师范教育的课程设置做了统一规划。而在高等师范教育方面则保持了一定的开放性，没有统一的标准规制。"高等师范院校自主决定课程设置、课时安排、课程内容，高师课程各自为政。课程实施受杜威实用主义教育思想影响，强调增加课程灵活性、注重培养师范生个性和兴趣、注重师范生教育教学技能训练。"[1] 这一时期由于效法美国教师教育模式，我国形成了开放多元的教师教育模式，但由于军阀混战政局动荡，师范教育经费得不到充分保障，教师教育实际上处在一个曲折发展的状态。

（二）南京国民政府时期的师范教育（1927—1948年）

1927 年，南京国民政府成立，次年开始二次北伐战争，最终结束了 1922 年以来各军阀混战的局势，政权的相对稳定推动了民国师

---

① 李铁绳. 我国教师教育专业化演进及其逻辑研究［D］. 陕西师范大学，2019：131.

范教育进一步发展。1927—1936 年，中等师范教育制度由军阀混战时的开放型又逐步转为独立型，南京国民政府出台《师范学校法》《师范学院规程》《修正师范学院规程》等文件，确立了相对标准化、规范化、独立化的中等师范教育体制，中等师范教育机构也有所增加，"截至 1936 年，全国已有 814 所中等师范学校，师生人数达 87902 人"①。乡村师范学校也因为陶行知、晏阳初等教育家发起的乡村教育运动得到繁荣发展，课程体系也日渐丰富、完备。高等师范教育也逐步恢复过去独立设置的体制机制，师范教育机构改为公办，私人不得设立，并恢复了免费师范生制度，但依然沿用美国的开放型模式，综合大学教育学院或教育学系由于规模较大，成为中等教育师资培养的主力军，"1935 年专科以上师范类毕业生中，师范大学毕业生仅 91 人，普通大学教育院系学生 701 人"②，课程设置也保持了一定程度的开放性和多元性。

1937 年全面抗战爆发后，中等师范教育和高等师范教育均受到不同程度的冲击。1937 年中等师范学校数量直接由 1936 年的 814 所骤减为 364 所，学生数下降至 48973 人。③ 高等师范教育亦然，战争爆发前共有专科以上学校 108 所，1938 年此 108 校中受敌破坏者 91 所，全部受敌破坏者 10 所。④ 1939 年南京国民政府正式确立"战时应作平时看"的教育方针，强调抗战时期应当确保教育的正常运转。这就需要在战争时期保证教师队伍的数量和稳定性，南京国民政府为此对师范教育做出一系列变革和调整。中等师范教育方面，成立教师战时服务团，收容、救济大量战时流亡教师并使其开展义教、社教服务；举办师范教育运动周，提高社会各界对战时师范教育的重视，鼓舞学子积极投身教育事业，坚定教育信念；创设国立中等师范学校，支持发展地方中等师范学校，鼓励多形式办学，收留沦

① 李铁绳. 我国教师教育专业化演进及其逻辑研究 [D].陕西师范大学，2019：115.
② 李铁绳. 我国教师教育专业化演进及其逻辑研究 [D].陕西师范大学，2019：116.
③ 李玉文. 全面抗战时期国民政府发展中等师范教育的历史解析 [D].华中师范大学，2020：13.
④ 苗李华. 抗战时期的师范学院研究 [D].南京师范大学，2008：6.

陷区流亡师生，缓解战争爆发后师资短缺的困境。高等师范教育方面，建立师范学院制度，相继颁布《师范学院规程》和《修正师范学院规程》，对师范学院的设立、培养目标、组织、课程、训导、考试成绩、学生待遇、毕业服务等方面做出全面详尽规定，以解决中学师资的匮乏问题。[①] 这些政策使我国教师教育在抗战期间乃至之后的解放战争期间获得了一定程度的恢复和发展。

这一时期尽管效仿了美国的开放型教师教育模式，但由于战乱频繁，社会不稳定且经济贫困问题直接影响了教师教育发展成效，师资亦长期处于紧缺状态，教师教育发展在曲折中艰难前行。这也启示我们在教师教育一体化发展工作中，需要充分保障外部的社会稳定和经济秩序。

第二节　学习探索时期（1949—1976年）

新中国成立初期到改革开放前夕，是我国教师教育发展的学习探索时期。在中苏关系恶化以前，我国"以苏为师"，积极学习苏联的教师教育模式，建立了相对完善稳定的教师教育体系；中苏关系恶化后，我国开始独立探索符合本土化要求的教师教育模式，但这一过程伴随着许多曲折和艰辛，由于忽略客观实际，重视教师职前培养，忽视教师职后培训，职前教育甚至与职后教育出现严重分离，我国同世界各国的教师教育发展差距进一步扩大，本来就不受重视的教师教育一体化工作也受到严重影响。

一　学习苏联的师范教育时期（1949—1957年）

新中国成立后，我国开始"以苏为师"，不再像民国时期那样效仿美国的开放教师教育制度。1952 年，教育部颁布《师范学校暂行规程（草案）》《关于高等师范学校的规定（草案）》等文件，重新

---

① 陈钊 . 国民政府战时教育方针研究［D］. 西北大学，2002：20 - 21.

确立高度专业化的独立封闭型教师教育体系。中等师范教育方面，制定全国统一的教学计划，注重师范教育中的见习与实习，关注准教师的政治素养，对师范生进行定向招生、培养和分配。高等师范教育方面，独立设置师范学院和师范专科学校，前者培养高中师资，后者培养初中师资，并要求每一大行政区至少建立一所师范学院，并由大行政区教育部直接领导，课程设置上参照苏联经验确立全国统一的课程制度，形成共同必修课、学科专科课和教育类课程混合设置的课程模式，建立以学科基础课程为中心的高等师范教育课程体系，严格按照教育部颁布的教学计划和教学大纲开展教学。

二　艰难探索的师范教育时期（1958—1976年）

中苏关系恶化后，中国逐渐意识到效仿苏联教师教育模式存在的局限，开始自主探索一条适合本土国情的社会主义教师教育发展模式，然而这一探索之路从一开始就十分曲折。1958年，在"大跃进"背景下，师范学校开始了盲目的扩张，导致教师教育质量严重下滑。1966—1976年，我国教师教育遭到严重破坏，导致我国同世界各国教师教育的发展差距进一步拉大，更无法谈及教师教育一体化工作的政策制度和实施计划。

第三节　初步发展时期（1977—1999年）

党的十一届三中全会之后，我国进行全面的拨乱反正，全党工作逐步转移到以经济建设为中心上来。改革开放到21世纪前夕，我国开始恢复过去被破坏的教师教育体系，在继承与创新过程中建立了独立封闭的定向师范教育体系。1992年党的十四大召开后，为进一步适应市场经济改革需要，我国又进一步对传统的师范教育体系做出变革，特别是1999年中共中央、国务院颁布《关于深化教育改革全面推进素质教育的决定》之后，构建了混合多元的开放型教师教育体系。

一　独立封闭的定向师范教育时期（1977—1989年）

20世纪六七十年代，随着终身教育思潮在全球的盛行和教师专业化理论研究的进步，世界各国开始意识到研究教师教育问题对实现教育现代化的重要价值，教师教育一体化也由此成为国际教育改革的重要趋势和发展潮流。1975年联合国教科文组织发表《变化中的教师作用及其对职业准备和在职教育的影响》一文，可以说正式拉开了世界各国开展教师教育一体化改革的帷幕，即为适应纷繁复杂变化的知识、社会，教师教育改革应当被视为一个整体、持续、协作的过程，教师职前教育和职后教育需要得到一体化的整合和研究，这一过程又需要教师教育的各有关机构协同合作，实现外部培养力量的一体化，意即实现教师教育内部（教师专业发展）的一体化和教师教育外部（教师发展环境）的一体化。

相较于世界各国教师教育一体化发展的总体进程而言，我国由于先前的"大跃进"和"文化大革命"的冲击，在教师教育一体化发展中相对滞后。"文化大革命"结束后，为开展教育领域的拨乱反正，促进社会经济发展和秩序重建，我国开始逐步恢复新中国成立初期独立封闭的定向师范教育体系。1978年出台了《关于加强和发展师范教育的意见》，一方面要求恢复重建原有的中专、大专、本科三级师范教育制度，另一方面加强统筹规划和指导，建立师范教育网，积极扩大师范专业招生规模，对原有的中小学教师开展有计划、有组织培训，提升各级各类教师相应的专业标准。

这一时期在注重师范教育质量的同时，也重视中小学教师在职的学历提升和培训进修，关注教师专业发展。如1980年《关于进一步加强中小学在职教师培训工作的意见》、1985年《中共中央关于教育体制改革的决定》和1986年《中华人民共和国义务教育法》等文件，都明确表达了发展师范教育和加强在职培训对我国教育事业发展的战略意义。这表明我国在恢复和重建原有独立、封闭、定向的师范教育制度的同时，也敏锐意识到教师教育的连续性、一体化建设和观照教师专业发展不同阶段的重要性。

这一时期，伴随 1986 年颁布的《中华人民共和国义务教育法》的实施，在我国多数地区，中等师范学校得到有力的加强和规范，高等师范专科学校得到迅速的发展，这在一定程度上满足了基础教育特别是义务教育发展对教师数量的需求。同时，伴随世界教师专业化运动热潮，教师专业化日益进入我国政府工作的范畴和学界研究的视野。但是，这一时期我国教育发展主要工作重心还在于恢复遭受破坏的教师教育秩序，依然坚持"苏联模式"的师范教育发展思维，而初步进行教师教育一体化改革的探索要到 20 世纪 90 年代才真正开始。

二 混合多元的开放师范教育时期（1990—1999年）

20 世纪 80 年代，以美国为代表国家的教师教育一体化改革是在多元开放的教师教育发展体系下实现的。这一体系与苏联定向、封闭、独立的师范教育体系不同，倡导多元化和开放性，遵循自由市场的竞争规律与调节机制，能够借由市场力量推动教师教育机构之间的竞争，促进教师教育资源的合理配置，提高教育效益和质量。

受以美国为代表的发达国家教师教育改革思潮影响，我国从 90 年代开始积极吸收学习国际教师教育的改革经验，推动混合多元的开放师范教育体系改革。1993 年发布的《中国教育改革和发展纲要》明确要求其他高校承担师资培养任务，揭开了从定向独立朝混合多元的师范教育转变的序幕。1993 年颁布的《中华人民共和国教师法》倡导鼓励非师范毕业生积极从教。1995 年颁布的《教师资格条例》初步确立了教师的入职制度。教育部发布的《关于高等师范院校设置非师范本科专业的几点意见》使高等师范院校由"师范型"向"综合化"方向发展。1998 年 12 月《面向 21 世纪教育振兴行动计划》的颁布与实施，对完善教师聘任与全员聘用制度、师源多样化、加强教师继续教育培训等问题做出了回应。1999 年，中共中央、国务院颁布的《关于深化教育改革全面推进素质教育的决定》，宣告我国基础教育师资的培育在以师范院校为主体的前提下，允许部分综合性大学举办师范学院，这标志着我国教师教育体系已经全面开放。同年，《关于师范院校布局结构调整的几点意见》正式提出建设开放化师范教育体系、合并教师教育机构重组师范教育资源、贯通职前职后教育、提高师范教育学历层级、加强继续教育网络建设等内容。这标志着我国在构建开放型师范教育体系的同时，对教师教育的入职任用制度和在职培训制度的完善方面也进行了积极探索，这一涵盖职前、入职、在职的整体布局为教师教育一体化改革的正式开启奠定了基本的转型和发展基础。

第四节　改革创新时期（2000—2010年）

长期以来，我国教师教育体系被二元分割为职前教育体系和职后教育体系两部分，职前教育机构和职后教育机构之间互不统属、各自为政，造成了教师教育资源的浪费，资源不能得到合理配置和有效利用，教师教育质量不高。在教师数量基本满足，迫切需要提升质量的背景中，在教师专业化热潮的推动下，我国在21世纪初开始了由"二元化"向"一体化"转变的教师教育改革，主要包括整合优化教师教育机构、加强教师教育体制建设、逐步完善教师资格准入制度等方面，着力建设一支适切21世纪发展要求的高质量人民教师队伍。

一　整合优化教师教育机构

2000年，国务院颁布《关于基础教育改革与发展若干问题的决定》，教育部2001年颁发《基础教育课程改革纲要》，我国进入第八次课程改革。这一时期，教师的角色定位、素质结构、专业化问题，成为教育界学术研究和实践推进的焦点。为了培养和造就一大批适应新课程改革的高素质专业化教师，国家和地方政府大力推进教师教育机构的优化整合，实现机构一体化，改变二者分离的局面，主要分为三种路径。一种是教师进修机构整合和升格为师范院校或综合性院校。例如在 2000 年，南京师范专科学校、南京教育学院、南京市晓庄师范学校合并建立南京晓庄学院，湖南教育学院并入湖南师范大学等。也有一些高等师范院校整合师范教育专业和师资队伍，建立教师教育学院或教育科学学院，如南京师范大学、华南师范大学、福建师范大学等。与此同时，一些地方性高等师范专科学校和地方性职业院校也先后合并，升格为以师范教育为基础的地方性文理学院，如宝鸡文理学院、蚌埠学院、龙岩学院等，强化基础教育师资培养。另一种是在综合大学中设置师范学院或教育学院等机构，如清华大学、北京大学、苏州大学等先后成立教育研究院或教师培训中心，另有一些以理工科为主的大学也通过资源整合或合并本地区的教师教育资源，先后建立教育学院或教育研究院，培育硕博士学历的高层次教师，如浙江大学、华中科技大学等。还有一种是在高等师范院校或综合院校中设立教师继续教育机构，通过函授教育、专升本教育、网络教育和自学考试的成人教育工作，实现教师职前教育机构和中小学在职培训机构之间的资源整合，开创教师教育一体化新格局，协同培育基础教育师资，提升教师专业化水平。

二　加强教师教育体制建设

观念是改革的先导，体制是改革的关键，课程是改革的核心。推动教师教育的一体化进程需要我国充分发挥社会主义制度优势，从中央的顶层设计上为教师教育一体化建设提供制度保障。

这一时期，我国政府出台的有关文件和政策体现出强化教师职前培养与职后培训质量，促成二者实现有序衔接和沟通的精神。如2002 年《教育部关于"十五"期间教师教育改革与发展的意见》中要求对职前培养与继续教育做出变革，使之适切于教师教育一体化需求。职前教育方面，首先要求提高新师资的学历层次，将教师职前培养纳入高等教育体系之中，形成"新三级"的教师教育办学体系，办好一批不同层次的示范性师范院校，推动师范院校升格工作有序开展，鼓励高水平综合大学参与教师培养，提高职前教育质量。

其次，深化师范教育教学改革，从加强师德教育、推进教育学科建设、推动培养模式改革等方面提高教师专业素质，使教师在入职前具备合格的创新精神与实践能力。具体来说，包括职前职后一体化的课程体系建设、教学方法与手段的改进、加强教育学科与其他学科交融渗透、加强和改革教育实践环节、加强教育科学研究、探索建立健全第二学位和主辅修制、复合型中小学教师培养等内容。这些工作实质上就是在帮助教师实现更高质量的入职过渡，更好适应工作岗位，促成职前职后培养衔接。在职教育方面，实施"中小学教师继续教育工程"，加强骨干教师培训、教师职业道德教育和信息技术全员培训、基础教育新课程教师培训，加强教育信息化建设，建立开放式教师教育网络学院，建设网络教育资源库等，加强以县域为主体的教师进修机构建设，为在职教师可持续的专业发展提供成长平台。① 同时，进一步推动教师教育的体制机制创新，如 2004年教育部发布的《2003—2007 年教育振兴行动计划》提出实施"高素质教师和管理队伍建设工程"，完善教师终身学习体系，加强职前教育与职后教育的相互沟通。具体来说，就是在职前教育方面起草"教师教育条例"，制定教师教育机构资质认证标准、课程标准和教师教育质量标准，建立教育质量保障制度。继续教育方面，实施"全国教师教育网络联盟计划"，促进"人网""天网""地网"及其他教育资源优化整合，共建共享优质教师教育课程资源，组织实施以新理念、新课程、新技术和师德教育为重点的新一轮教师全员培训，组织优秀教师高层次研修和骨干教师培训，不断提高在职教师的学历、学位层次和实施素质教育的能力。②

三　逐步完善教师资格准入制度

2000 年，教育部颁布《教师资格条例》，对教师认定条件、认

---

① 教育部关于"十五"期间教师教育改革与发展的意见［J］.基础教育改革动态，2002（09）：6.

② 2003—2007 年教育振兴行动计划［J］.中国高等教育，2004（07）：5–11.

定申请、资格认定、证书管理进行规定，健全教师资格准入制度，使教师职前培养和职后培训中间的入职任用过程更加规范。2001 年教育部印发《关于首次认定教师资格工作若干问题的意见》，对认定程序、条件、范围等方面进行明确，进一步加强教师资格认定工作的规范性，不断完善教师职后教育体系，打破职后培训即"补偿教育"的误区，促进教师教育一体化。2003 年教育部发布《关于实施全国教师教育网络联盟计划的指导意见》，发展教师远程教育，促进优质教师课程资源共建，推动完善教师终身学习体系。2005 年教育部颁布《示范性县级教师培训机构评估标准（试行）》，积极开展示范性县级教师培训机构评估认定，以评促改，发展一批优质教师培训机构，促进教师教育的一体化工作。

上述举措使我国传统师范教育的一次终结模式得以打破，随着教师在职培训制度和内容的不断完善，职前教育不再是教师专业发展终点，持续不断的在职培训使教师实现终身发展有了一定制度与环境保障。

四　反思教师教育一体化的不足

这一时期，我国教师教育一体化取得了一些成绩，但仍有不少有待完善之处。首先，教师教育体系实现了内部的一体化，即教师教育职前培养体系与职后培训体系的初步融合，但更多体现为机构之间的整合，内在缺乏职前与职后培养目标和计划、课程体系和教学、资源管理和配置等方面的统筹设计和规划，特别是在课程体系的整体设计上，仍然缺乏对教师专业发展"三段五级"的全面一体化建构设计。其次，外部一体化进程有待提升，所谓外部一体化即教师教育内部的相关组织机构（师范院校、教育学院、教师进修学校等）同外部教育机构（各级各类教育行政部门和中小学校）协同培养模式的构建，外部一体化不充分将影响教师培养培训与学校发展需求之间的适切性，使教师教育一体化成果不能充分满足学校发展的实际需要。最后，教师教育一体化相关政策法规仍有待继续完善，教师教育一体化工作牵涉多元利益主体，协同育人机制如何建立，谁来制定一体化课程，谁来实施一体化课程，谁来对一体化进行监督和评价，教师专业一体化发展各阶段的目标规划由谁设计，一体化的运行和控制由谁进行，谁进行一体化成效评估与问责，诸如此类的权责担当和利益攸关问题，需要通过在教师教育一体化进程中不断完善相关政策法规来明确。

第五节　全面深化时期（2011年至今）

21世纪最初十年，在反思教师教育一体化进程中缺憾的基础上，流行一句话，叫作"教育改革进入深水区"，需要全党、全国和全社会全身心投入教育改革和发展的各个领域、各个系统、各个方面的综合改革。经过教师教育改革创新，我国基础教育师资的数量基本得到满足，但提升素质、专业化的呼声日益强烈，成为教师教育一体化建设和专业化发展的主流话语。2010年《国家中长期教育改革和发展规划纲要（2010—2020年）》的颁布，标志着我国教育改革和发展进入全面深化的新时代。为了适应我国新时代教育综合改革的现实要求，教师教育一体化也在已有的制度体系下开始进入全面深化时期，主要包括以下内容。

一　拓宽职后培训渠道，构建教师终身学习支持服务体系

教师教育一体化的指导理念是终身教育，它要求为教师专业发展提供广泛的学习机会，职前教育只是教师专业发展中的奠基阶段，后续要持续不断地为教师的发展提供终身培训、进修的机会。教育部于2011年印发《关于大力加强中小学教师培训工作的意见》，强调开展教师全员培训，创新多元培训方式，以保障每一位教师学习发展的机会，观照教师多元化的培训需要。2013年教育部发布《关于深化中小学教师培训模式改革全面提升培训质量的指导意见》，强调营造网络学习环境，推动教师终身学习，为教师提供多样化服务，

进一步拓宽了教师谋求终身发展的外部渠道。2016 年教育部发布《关于大力推行中小学教师培训学分管理的指导意见》，通过学分制管理激发教师参训主体性，促进教师终身学习。

二　强化职前教育实践环节，提升师范院校办学质量

长期以来，我国师范院校是开展教师职前培养的主体，而教育实践是实现职前教育和入职任用有序衔接的重要环节，在教师教育一体化工作中发挥重要作用。2016 年《教育部关于加强师范生教育实践的意见》要求在职前培养中提高教育实践成效，这一举措对保障职前培养与入职从教有序衔接，推动教师教育一体化产生了积极影响。2017 年，为提升师范院校教师培养质量，教育部印发《普通高等学校师范类专业认证实施办法（暂行）》，引导师范高校积极创新教师教育模式，以认证促发展，提高师资培养质量。为减小东西部师范教育培养质量差距，推动教育公平，2022 年教育部办公厅发布了《关于实施师范教育协同提质计划的通知》，协调高水平师范大学以组团帮扶形式对中西部欠发达地区薄弱师范院校进行重点支持。这些举措有力推动了职前培养和入职任用、职后培训的一体化，也有力促进了教师教育外部的一体化（即城乡教师教育的一体化和东西部教师教育的一体化），促进了教育公平。

三　加强教师教育一体化工作的顶层设计和规划指导

教师教育一体化是一个复杂的系统工程，需要不断完善顶层设计和规划指导。2011 年，教育部颁布《关于大力推进教师教育课程改革的意见》《教师教育课程标准（试行）》，通过制定教师教育课程标准，指导各院校机构探索教师教育一体化改革，为改革工作提供了基本方向和框架，并在其后推出《小学教师专业标准（试行）》《中学教师专业标准（试行）》《中小学校长专业标准（试行）》等，不断为教师教育一体化工作健全标准体系。2014 年，教育部颁布《关于实施卓越教师培养计划的意见》；2015 年颁发《乡村教师支持

计划（2015—2020年）》；2018年，中共中央、国务院颁发《关于全面深化新时代教师队伍建设改革的意见》，教育部等五部门颁发《教师教育振兴行动计划（2018—2022年）》；2020年教育部等六部门颁发《关于加强新时代乡村教师队伍建设的意见》；等等。全方位对基础教育师资队伍培养和培训工作做了政策性部署和规划性实施，有力推进了地方政府、教师教育机构和各级各类学校协同合力，围绕教师培养和培训问题，加速教师教育一体化的发展进程。2019年，成立国家教师教育咨询专家委员会，充分发挥专家组织对改革的研究、咨询和指导作用，助推对教师教育一体化工作的理论研究和实践指导。

四 完善教师资格准入和选拔制度，规范教师任用程序

教师资格制度和聘任制度是衔接教师职前培养和职后培训的制度保障，是教师教育一体化制度体系中的重要组成部分，二者共同构成了教师任用过程中的标准和程序。随着高等教育的大众化、师范院校的扩招和非师范院校参与教师职前培养工作，就业市场上每年毕业的师范生数远大于新增教师的岗位需求数，且存在培养质量参差不齐的情况。为解决教师数量与质量的矛盾，需要在教师资格制度和聘任制度上进行改革，提高教师职业准入门槛，保证教师队伍的专业化。

（一）健全教师资格制度

在资格制度的革新上，教育部首先着手推动全国统一的教师资格考试制度改革，以消除过去由各地单独组织教师资格考试所带来的标准不一、把关不严、考查不够等问题。2011年，教育部印发《关于开展中小学和幼儿园教师资格考试改革试点的指导意见》，首先在湖北、浙江开展教师资格的国考试点工作，在此期间颁布了试行的国考标准和大纲。2012年教育部办公厅印发《关于2012年扩大中小学教师资格考试改革和定期注册制度试点工作的通知》，新增了河北、上海、广西、海南四个试点省（区、市）。截止到2013年上

半年，试点阶段的 4 次考试共有 280768 人次参加笔试，通过率为 36.2%，105621 人次参加面试，通过率为 73.1%。[①] 2013 年 8 月，在总结前期试点经验基础上，教育部印发《中小学教师资格考试暂行办法》和《中小学教师资格定期注册暂行办法》，正式向全国推广国考。至此，我国教师资格正式实现国考化。

与改革前相比，教师资格制度的革新主要体现在以下方面：一是解决了过去各省（区、市）独立开展教师资格认定所带来的考试标准不一、质量参差不齐问题；二是师范生与非师范生都需要参加教师资格考试才能获得资格证书，师范生不再有"免试认定"资格，这有助于师范院校加强教师教育工作，保障师范生培养质量；三是考试内容由过去的知识补偿型向能力发展型转化，更加关注教师教育教学的核心能力，这符合教师专业化发展要求。此外，《中小学资格定期注册暂行办法》的颁布也打破了传统的"一考定终身""教师终身制"的局面，教师要想长期执教就必须持续不断学习。这也与终身学习的思想不谋而合。

（二）规范实施教师聘任制度

教师聘任制度直接指向准教师的对象选择与入职问题，是教师教育一体化中无法绕开的关键环节。因此，完善教师聘任制度对教师教育一体化工作意义深远，关系到从数量庞大的预备教师队伍当中筛取到最适切地方教育发展需要的合格教师。我国教师聘任制度的建立有一定的历史发展轨迹。新中国成立后，曾长期以直接派遣、任命的方式让师范生毕业后直接进入学校任教，以求最大化保证教师队伍供给稳定，但在这一过程中缺少对教师基本素养、能力的严格考查。当教师资源配置的主要矛盾由量的紧缺转为质的要求后，建立引入市场优胜劣汰机制的教师聘任制度就变得顺理成章了。改革开放后，随着教师资格认证制度的确立、教师准入程序的规范化，

---

① 陈尚琼，余仁胜. 我国中小学教师资格考试制度的回顾与展望 [J]. 课程·教材·教法，2015（04）：102.

教师的职业门槛不断提升，2009 年《教育部关于进一步做好中小学教师补充工作的通知》正式将公开招聘作为新任教师唯一的补充方式，各省（区、市）纷纷在政策指引下积极探索中小学教师聘任制度的建立。

目前，我国教师聘任制度在各地存在一些差异，尚未形成统一的教师聘任标准，这是由各地发展的不同决定的。但总体上，中小学的教师聘任依然存在一些共性，有研究对 22 个省会城市、5 个自治区首府和 4 个直辖市 2020 年的 236 份中小学教师招聘简章进行分析，梳理了当前中国教师聘任制的基本情况。主要包含以下方面：一是政府是开展教师招聘工作的组织单位，由于我国基础教育具有显著的公立性，教师聘任工作主要由教育局、人力资源和社会保障局两个主体部门独立组织或联合组织教师招聘工作，基本的工作程序与事业单位相同，分为报名申请、资格审查、笔试面试、审核公示、正式聘用等环节，但随着"县管校聘"的深入，学校在教师招聘过程中的主体参与性和话语权逐渐得到彰显。二是在招聘条件上，目前对报考的学历层次要求基本都为本科及以上，年龄限制一般是35 周岁以下或 30 周岁以下，一些竞争激烈的地区甚至要求年龄在25 周岁或 28 周岁以下，而在一些地区由于语言文字、风土文化等方面的差异较大，会存在报考生源地限制。三是在笔试内容上，大部分公办教师招聘都需先接受笔试再进行面试，少部分招聘仅需面试，笔试内容一般分为教育综合知识、学科专业知识和公共基础知识三种类型，三种类型的不同组合形成了不同地区的不同笔试模式，主要可分为"Ⅰ"型模式、"Ⅱ"型模式和"Ⅲ"型模式三种类型。①"Ⅰ"型模式笔试仅考三类知识中的某一类，如单考学科专业知识、公共基础知识或教育综合知识；"Ⅱ"型模式则是从三类知识中选择其中两类进行组合考查，如教育综合知识与学科专业知识结合、公

---

① 李俊义. 地方政府公开招聘教师笔试模式类型及反思［J］. 教师教育研究，2018（01）：33 - 40.

共基础知识与教育综合知识结合，前者主要用于中学教师招考，后者主要用于小学教师或学前教师招考；"Ⅲ"型模式则是要求考查三类知识。四是在面试内容上，主要包括说课、试讲、结构化面试等形式，音乐、体育、美术、计算机教师还需要接受专业技能测试。不同地方的面试内容不尽相同，存在一定的区域差异性，如江苏省要求某地高级中学教师的面试采用说课方式进行，其他岗位教师招聘采用模拟上课方式进行；成都市某县规定除小学英语、小学生物、初中物理、初中历史、初中地理、特殊教育等9个岗位采用结构化面试方式之外，其余岗位采用说课方式进行。①

整体上看，教师聘任制度随着教师质量要求的提高也在不断完善改进，但依然有较大的提升空间。对教师教育一体化而言，目前中小学教师招聘政策还存在行政主管部门越位、相关利益主体缺位和招聘政策内容不够合理等问题②，影响了招聘教师以及教育教学的适切性。

五 不断探索推动教师教育协同培养机制创新

教师教育协同培养机制是指由政府、高校和中小学三方协同参与教师培养的一种制度设计和工作方式。由于教师教育工作的复杂性，教师职前职后发展的差异性，要切实提高教师培养培训质量，推动教师培养培训一体化就必须聚合教师教育的各方力量。具体地说，就是聚合与教师教育相关组织机构的力量，即地方政府（教育行政部门）、师范院校、中小学的力量，这就要求不断探索和推动协同培养的机制创新。2012年，国务院在《关于加强教师队伍建设的意见》中强调要建立高等学校与地方政府、中小学校联合培养的新机制。2014年教育部印发的《关于实施卓越教师培养计划的意见》

---

① 马勇军，李丽，律智赢，李丹慧. 历史与现实：中小学教师招聘的回顾与展望［J］. 广东第二师范学院学报，2021（06）：79-89.
② 李崇爱. 我国中小学教师招聘政策违法乱象检视［J］. 中国教育学刊，2016（02）：12-16.

正式提出要建立高校与地方政府、中小学"三位一体"的协同培养新机制。要实现在培养目标制定、课程体系设计、课程资源建设、教学团队组织、实践基地建设、教学研究开展、培养质量评价等方面的全面协同，要做到各方之间权责明晰、优势互补、合作共赢，地方政府发挥好统筹规划的功能，科学预测教师需求数量和结构，做好招生培养与教师需求之间的有效对接，从而推动教师职前与职后的顺利衔接，促进教师教育一体化。高校作为教师教育服务供给方，负责将社会需求信息及时反馈到教师培养环节，优化整合内部教师教育资源，促进教师培养、培训、研究和服务一体化，中小学全程参与教师培养，积极利用高校智力支持和优质资源促进教师专业发展。[①]

2018 年《教师教育振兴行动计划（2018—2022 年）》和《教育部关于实施卓越教师培养计划 2.0 的意见》再次对教师教育一体化协同培养机制提出了创新的指导思路，主要包括以下策略：一是三方协同建设教师教育改革实验区，由地方政府统筹，发改、教育、财政等部门密切配合，助力高校与中小学协同推动教师职前培养与职后培训相互衔接工作，为教师教育一体化改革提供平台支撑。二是进一步深化培养规模结构、管理机制、教学团队等方面的全流程协同育人。三是支持高校与高校间开展广泛的协同、交流与合作，通过多种合作方式共享高校间的优质教师教育资源，推动教师素质提高，例如，进行师范生交换培养、教师教育师资互聘和课程互选等。四是大力支持高校开展教师管理体制改革，构建教师培养校内协同机制和协同文化，鼓励有条件的高校依托现有资源，组建实体化的教师教育学院，加强办公空间与场所、设施与设备、人员与信息等资源的优化与整合，聚力教师教育资源，彰显教师教育文化，

---

① 教育部关于实施卓越教师培养计划的意见 ［J］.云南教育（视界时政版），2014（10）：31 - 34.

促进教师培养、培训、研究和服务一体化。^① 2022 年《新时代基础教育强师计划》又进一步深化了协同培养机制改革，具体体现为鼓励高水平师范院校建立教师教育协同创新平台，并推动优质课程资源共享、学科建设经验分享、教育科研课题共同研究来提升教师教育办学水平，建立部属师范大学和地方师范院校人才培养协同机制，支持区域内相关院校在教育科学研究、教师教育师资队伍建设、师范人才培养和基础教育服务等领域开展合作，通过深化高校协同培养进一步巩固三方协同育人成果，加强教师教育一体化建设。^②

---

① 教育部关于实施卓越教师培养计划 2.0 的意见 ［J］. 中华人民共和国教育部公报，2018（09）：31 – 34.

② 徐壮，胡浩. 教育部等八部门联合印发《新时代基础教育强师计划》［J］. 福建基础教育研究，2022（04）：81.

第四章　教师教育一体化的经验借鉴

综观国际趋势，践行和推进教师教育一体化已成为世界各国教师教育改革和发展的重要特征。本章主要介绍一些具有代表性的国家和地区在践行和推进教师教育一体化过程中的有效行动，主要参照美国、英国、德国、法国、巴西、印度、日本、韩国，以及我国香港和台湾地区的教师教育一体化的实践。基本思路是：在介绍各个国家和地区教师教育一体化基本概况的基础上，总结各个国家和地区在教师教育一体化过程中的发展特点，并从这些国家和地区推动教师教育一体化的行动中总结经验，为我国大陆教师教育一体化工作提供借鉴。

第一节　美英教师教育一体化的经验与启示

在推动教师教育一体化过程中，以英美为代表的盎格鲁－撒克逊国家密切关注学校教育和教师教育培养的现实问题，注重"学校本位"和"实践取向"模式改革实践，加强外部制度设计和专业标准建设，为我国进行教师教育一体化改革提供了有益的实践借鉴。

一　美英教师教育一体化的概况

（一）美国教师教育一体化的概况

1. 里根时期美国教师教育一体化的概况（1981—1988年）

1983 年，全美发起中小学教师专业发展情况调研，里根政府发布《国家在危机中：教育改革势在必行》（*A Nation at Risk: The Imperative for Educational Reform*），直指当时美国基础教育面临的严重危机和问题，并在报告中强调提高教师行业的整体地位。以 20 世纪 80 年代教育改革为重要契机，美国联邦政府开始意识到教师专业发展对教育改革的巨大影响，教师教育一体化改革正是在这一时期逐步拉开帷幕。当时，美国教师教育理论与实践的一体化和教师专业发展阶段的一体化程度存在不少问题，表现为：传统教师教育仍然仅注重给学生传授教育学和道德修养方面的知识，而忽视学科课程教学与教育研究，许多培训计划仅关注师范生的普通教育，忽视当时美国日渐多元化的学生群体，对在职培训缺乏系统的专业发展计划。① 1986 年，美国卡内基小组就解决 80 年代美国教师问题发表了题为《国家为培养 21 世纪的教师做准备》的改革报告，指出为培养适应 21 世纪需要的美国公民，需要提升教师的专业能力，并倡导建立全国统一的教师资格认证制度，这一报告得到美国政府和社会公众的认可，为构建教师职前培养、入职任用、继续进修的一体化制度设计做了准备。同年，由美国各重点大学教育学院院长组成的霍姆斯小组就教师教育改革问题发表了题为《明日之教师》的研究报告，提出把教育学院与中小学联系起来，以便让专业教育的骨干教师来指导其他教师，开展教学研究，把教育学院办成示范学校②，为如何解决教师理论与实践一体化问题提供了行动策略，并建议实行"三级"教师执照制度，把教师分为初任教师、专业教师和终身教师三个等级，划分了教师专业发展的不同阶段。

2. 老布什时期美国教师教育一体化的概况（1989—1992年）

1986 年，美国霍姆斯小组报告强调加强大学与中小学的合作，促进教师教育理论与实践的一体化，切实提高教师教育质量，并提

---

① 邓涛，单晶. 近二十年来美国教师教育的改革与发展［J］. 外国教育研究，2003（05）：43.
② 崔允漷，M. W. 塞德拉克. 霍姆斯小组报告《明日之教师》的主要观点［J］. 高等师范教育研究，1989（05）：78.

出"教师专业发展学校"（PDS）的构想，这一构想随后得到福特基金会（Ford Foundation）的有力支持，推动霍姆斯小组继续深化教师教育的一体化改革研究。1990 年，霍姆斯小组发表了《明日之学校》，详细讨论构建教师、教师教育者、行政管理人员协同合作的教师专业发展学校，提高教学专业性，促进教师教育理论研究和实践成长一体化的构想。在该报告影响下，教师专业发展学校在 1991 年大量建立，全美一度发展到 300 多所，这有力推进了美国教师职前培养、在职培训、教学改革的一体化发展。

3. 克林顿时期美国教师教育一体化的概况（1993—2000 年）

克林顿就任美国总统后，继续坚持老布什时期的教育改革行动，并对当时起草的《2000 年目标：美国教育法》（Goals 2000：Educate America Act）进行了改进，提出美国未来教育发展的三大目标和十项行动计划，将"一流的学校必须有一流的教师""建立全国通用的教师许可制度"作为未来教育发展的行动计划之一。[①] 这一时期，美国教师教育一体化取得了较为显著的成绩：1994—1998 年共新建 344 所专业发展学校，根据美国教师教育协会 2001 年 1 月的统计，全美的专业发展学校已达 1000 多所。[②] 霍姆斯小组也在这一时期发表了题为《明日之教育学院》的第三份教师教育改革研究报告，对如何革新教育学院培养模式以适应教师专业发展学校需求给出了具体建议。这些都有效推动了教师职前培养与职后培训、理论与实践的一体化。

4. 小布什时期美国教师教育一体化的概况（2001—2008 年）

小布什同样十分关注教师队伍质量，他签署通过《不让一个儿童落伍法》（No Child Left Behind Act），把提高教师质量作为 21 世纪教育改革的重点政策。这一时期，为进一步规范各州专业发展学校的运营，建立可持续的教师教育一体化发展的制度保障，完善专业发展学

---

① 官明娟. 九十年代美国克林顿的教育改革［D］.山东师范大学，2009：9.
② 边照艳. 20 世纪 80 年代以来美国教师教育改革研究［D］.山东师范大学，2013：25 - 26.

校的评估和支持机制。经过实验和研究，全美教师教育认证委员会于 2001 年 11 月 16 日正式发布《专业发展学校标准》（Standards for Professional Development Schools），为处在不同发展水平的专业发展学校提供了发展的方向和可操作的指南，各州在该标准影响下纷纷根据自身州情完善相应的运行体制机制，这大大促进了以专业发展学校为依托的教师教育一体化发展。

5. 奥巴马时期美国教师教育一体化的概况（2009—2016年）

奥巴马上台后，美国的移民问题和种族问题越发成为影响社会秩序的挑战，教育环境也因此变得更为复杂和多元，这对教师情境式的实践能力提出更大挑战，传统以教育学院为中心的教师教育模式已不能良好契合当时美国教师理论与实践的一体化要求。在这一背景下，"临床实践"（clinical practice）和"教师驻校实习"（teacher residency）项目成为一种新的教师教育一体化培养模式，这种新模式将医学临床教学模式应用到教师教育领域，强调以加强实践教学能力为导向深化学生教学实际体验，并注重教师驻校实习与入职间的制度衔接，大大促进了教师理论与实践、入职与留任过程的连续性和一体化。这种新的教师教育一体化培养模式也得到了奥巴马政府的有力支持，在 2016 年颁布的《每一个学生都成功法》（Every Student Succeeds Act）中明确要求各州支持"教师驻校实习"项目，截至2021 年已经有 70 多个"教师驻校实习"项目①，教师教育机构之间的合作和交流也更加紧密，有力推动了美国的教师教育一体化进程。

（二）英国教师教育一体化的概况

1. 保守党时期英国教师教育一体化的概况（1979—1996年）

1979 年，以撒切尔夫人为代表的新保守主义右翼势力组成保守党政府，并开始对英国基础教育质量低下的现状进行反思和改革，形成了由大学主导的教师教育培养模式，这种培养模式具有强烈的

---

① 洪明，应竑颖. 美国教师教育"临床实践"改革现状与特点——基于十项优质"教师驻校实习"项目分析［J］. 比较教育研究，2021（12）：8–17.

学院主义倾向，重学术而轻实践，造成了教师职前培养与实际教学的脱节、理论与实践的分离。1982年，英国皇家督学团发表的题为《学校中的新教师》（The New Teacher in School）的报告指出，新任教师缺乏课堂组织和课堂管理的知识能力，十分之一的中学教师没有掌握教学技巧，在教学中照本宣科。① 这些问题引发了英国对于教师教育一体化的改革和探索。

这一时期，英国教师教育一体化的主要成果是建立并完善教师教育认证制度。撒切尔政府在1984年3号通告中提出建立教师教育认证委员会（Council for the Accreditation of Teacher Educational），该委员会具有颁发培训课程认证标准的权限以决定教师教育机构有关课程的详细内容和结构，由中小学教师、地方教育行政人员、教育部人员、教师教育机构人员、其他社会各界人员组成，该委员会于1985年颁布《职前教师培训课程认证标准》（Initial Teacher Training：Approval of Courses），对教师教育机构课程进行检定。1990年修订颁布了新的教师教育课程标准，开始强调更清晰明确的内容要求和实际成果，这标志着英国政府开始以行政力量影响教师教育改革和高等教师教育学术自治的分离。1994年，教师教育认证委员会被取消，新设教师培训署（Teacher Training Agency），该机构不再认证单独的教师教育课程，转而直接对教师教育机构进行资格认证，政府对教师教育工作的控制不断强化，教师教育机构只有通过资格认证才能颁发合格教师证书。保守党政府通过教师教育认证制度强化对教师教育机构的控制，从而为引导、推动教师教育一体化工作奠定了制度基础。

在国家强制力量的推动下，高等院校的教师教育者也开始与中小学教师建立合作伙伴关系，英国教育与科学部于1989年24号通告中规定职前教师教育学生的实习时间，并要求"未来的教师教育课程的计划与实施应该建立在大学与中小学伙伴关系基础上，双方

---

① 吴琳玉. 从大学与中小学合作看英国教师教育改革［J］. 世界教育信息，2010（08）：47.

在课程的计划与管理，师范生的选拔、培训与评价方面承担共同责任"①。由于教师教育机构学术自治的地位被削弱，学院主义的教师职前培养模式在政府力量的引导下向职前与职后有效衔接的一体化方向发展，教师教育理论与实践的分离问题得到了一定解决。

2. 工党时期英国教师教育一体化的概况（1997—2009年）

1997年英国工党成为执政党，开启了新一轮的教师教育一体化改革。这一时期的重要成果之一是建立了教师入职与发展档案制度。1998年，英国建立新教师入职档案制度，2003年进一步修订为入职与发展档案制度，入职与发展档案将教师职业生涯的每一阶段都记录在内，一方面便于根据记录开展教师管理工作，另一方面也有助于观测教师发展的不同特点并进行相应的教育和培训，这有效促进了教师专业发展阶段的一体化。这一制度的特色在于每一阶段都有符合其特点和需要的具体教育方案和实施规范，并且在档案记录上十分强调教师主体的反思性实践，同时要求多元主体参与到教师发展的评价中，评价具有一定的指导意义和规范性。这些特色都保障了英国教师专业发展各阶段的连续性和整体性，有力推动了英国教师教育的一体化发展。

这一时期，英国教师教育一体化的另一重要成果是完善中小学教师专业标准体系。为推进教师教育一体化需要，工党政府于2005年成立学校培训与发展署（Training and Development Agency for Schools），它取代了原先的教师培训署，并于2007年出台了中小学教师专业标准，将合格、普通、资深、优秀、高级技能五个级别的教师标准整合到同一个标准体系，对不同阶段职业标准进行具体规划，同时也为三个阶段提供了指导标准②，对教师专业发展"三段五级"进行标准、规范化的整合，有效推动了教师教育一体化工作进展。

---

① 相岚. 保守党政府执政时期（1979—1997）英国教师政策研究［D］. 华东师范大学，2013：25-26.
② 郭森燚. 英国新工党时期中小学教师教育政策发展研究（1997—2010）——基于教师专业标准的考察［D］. 东北师范大学，2020：64.

3. 联合内阁时期英国教师教育一体化的概况（2010—2019年）

2010年，保守党和自由民主党组成联合内阁，英国政坛进入了新时代，并开启了第三阶段的教师教育一体化改革。这一阶段的主要变革是实现了"学院本位"教师教育到"学校本位"教师教育的转变，中小学校在教师教育领域方面的功能和作用进一步增强，教师教育理论与实践一体化问题、教师教育内部改革与学校发展的外部一体化问题都在这一阶段得到一定程度的解决。2010年，受到美国"临床实践"项目影响，英国政府提出建立"教学学校"（teaching school），成立教学学校网络联盟，以发挥一线优秀教师对促进职前教师专业能力提升的作用。2013年，国家教学与领导学院（National College for Teaching and Leadership）取代学校培训与发展署，全力支持教学学校发展，到2015—2016年度，学校主导的教师教育的招生名额已占总额的40%以上①，相比过去由高等教育机构完全主导教师教育项目的情况，由学校主导的教师教育项目影响力正在不断增强，这种新型的主导模式促进了教师职前培养和在职进修一体化的迅速发展。

二　美英教师教育一体化的发展特点

（一）教育质量和教师培养问题驱动英美教师教育一体化发展

从推动英美教师教育一体化发展的内在驱力来看，英美教师教育有以下共同点：一是社会变革对教育有了新的要求，过去知识传授型教育方法已不能满足日新月异的信息社会，而应聚焦于一些终身能力的成长，这要求教师首先成为终身学习者，引发了教师教育一体化变革。二是英美存在的学校教育质量问题迫使英美两国为提高学校教育（尤其是公立学校教育）的质量，谋求教师教育一体化变革。三是传统教师教育模式本身存在职前培养与职后培训脱离的

---

① 徐文秀，刘学智．英国教师教育改革三十年：背景、历程与启示［J］．现代教育管理，2019（08）：120.

问题,不能充分满足学校发展要求,对教师教育培养问题的反思促使英美两国积极探索教师教育一体化的发展。

（二）教师教育模式逐步从"学院本位"转向"学校本位"

对比英美教师教育改革发展进程,英美两国的共同点在于教师教育模式逐步由"学院本位"转向"学校本位",学校在教师教育一体化中的话语权和影响力不断增强,这点尤其体现在职前教育中。美国开启了专业发展学校模式,这一模式逐步发展为"教师驻校实习"和"临床实践",越来越注重"实践取向"和"学校本位"。英国也建立了教学学校,一线优秀教师在其中的指导作用得到增强。这些变化都体现出英美两国的教师教育越来越重视学校的需求和参与,学院主导的教师教育模式不再成为教师教育一体化过程中的唯一模式。

（三）通过加强顶层制度设计和完善专业标准推动教师教育一体化

英美两国都是通过不断加强顶层制度设计和完善专业标准,来引导和推动教师教育的一体化进程。例如,美国不断完善职前培养制度和职后培训制度中间的制度设计——教师资格认证制度,在提高教师入职门槛和规范教师专业标准的同时,也有效促进了职前培养与职后培训的有序衔接。为了有效促进专业发展学校建设,美国还颁布了一系列法案和相应标准去指导专业发展学校建设,体现出制度政策对教师教育一体化的助推作用。英国也通过不断完善教师教育制度,例如出台教师教育课程标准,建立教师教育认证制度、入职与发展档案制度,开办教学学校等,促进了教师教育一体化进程。

三 美英教师教育一体化的启示

（一）不断改进学校教育质量和教师教育培养的现实问题

学校教育质量和教师培养问题是教师教育一体化发展的内在驱动力,这就意味着,教师教育一体化的推进工作要紧密围绕内在矛盾的解决进行设计。职前培养与入职、职后培训之间是否做到了合理、有序、整体的规划衔接？教师教育内部资源是否得到科学合理的分配、整合？最终培养出来的教师是否能充分适应学校发展的需要？这些都是在组织教师教育一体化工作中应充分考量的重要问题。

（二）关注一体化改革过程中的"学校本位"和"实践取向"

由英美推动教师教育一体化的发展进程可见，"学校本位"和"实践取向"的教师教育一体化是其未来的主流趋势，这对我国教师教育一体化工作而言具有一定的借鉴意义。目前，我国教师教育一体化工作的统筹主体是教育行政部门，而主要实施主体是高等师范院校，具有一定的"学院本位"特征，中小学校的需要处在相对"下位"的位置。可以尝试赋予中小学校更多的参与权、自主权，提高中小学校在教师教育一体化过程中的话语权和影响力。中小学校是实践的主战场，在这里最能了解中小学一线需要什么样的教师。因此，可以借鉴美英的"教师驻校实习""临床实践""教学学校"模式，进一步完善对职前教育的实践指导，加强教师理论与实践的一体整合。

（三）加强制度设计完善专业标准推动教师教育一体化

英美在推动教师教育一体化过程中，十分注重加强制度设计和完善标准，这对我国开展教师教育一体化同样具有借鉴意义。应当不断完善"三段五级"教师专业标准建设，明确每一阶段每一等级教师应达到的相应能力、指标，为教师连续、整体的专业发展提供方向；注重加强教师资格认证制度和入职与发展档案制度建设，提高教师职前培养和入职、职后进修等阶段的衔接性和发展整体性；注重加强教师教育资格认证制度建设，使教师的培养培训更加规范、科学，服务于学校需要。

第二节　德法教师教育一体化的经验与启示

本节介绍以德法为代表的欧陆国家在教师教育一体化中的相关发展经验，认为两国在一体化过程中积极做好教师发展职业测试和生涯规划，积极融入国际教师教育一体化体系，设置集"职前培养"与"职后培训"于一体的教师教育专门机构，都值得我国在推动教师教育一体化改革中加以参考学习。

一　德法教师教育一体化的概况

（一）德国教师教育一体化的概况

德国具有历史悠久的师范教育传统，是世界上最早创立师范学校、建立师范教育制度体系的国家之一。20 世纪 90 年代以来，在教师教育专业化和终身教育思潮的影响下，德国开始不断完善原有的教师教育体系，推动实现教师职前职后的一体化，并从政府层面出台一系列政策文件加以指导、规范。如出台《教师教育标准：教育科学》，以规范教师教育工作的有关标准，提高教师培养培训专业性；出台《当前教师的职责——教师作为促进学习活动的专业人员》，以明确在学习型社会背景下教师的专业职责和专业定位；出台《关于各州教师教育专业学科与专业学科教学法共同内容的要求》，以规范教师的学习内容，保证教师培养的专业性；等等。

从历史来看，德国的教师教育一体化与"博洛尼亚进程"（Bologna Process）密切相关，可以说"博洛尼亚进程"的开启，就是德国教师教育一体化工作的发端。"博洛尼亚进程"是在高等教育国际化和欧洲经济政治一体化的背景下产生的，它以建构欧洲高等教育区为目标，旨在加强各成员国之间高等教育的可比性和兼容性，以增强欧洲高等教育的吸引力和竞争力，提高欧洲高等教育质量，重塑欧洲的高等教育辉煌。① 德国"博洛尼亚进程"的实质是欧洲的高等教育一体化，教师教育作为高等教育体系中的重要组成部分，自然也成为改革和探索的重要焦点。

德国教师教育一体化改革的内容主要分为两部分，一是内部一

---

① 杨天平，金如意. 博洛尼亚进程述论［J］. 华东师范大学学报（教育科学版），2009（01）：9.

体化，意指推动东德与西德教师教育一体化，统合教师教育的各阶段，二是外部一体化，即德国在教师教育上积极融入欧洲一体化进程，促进教师教育融入欧洲教师教育体系之中，培养德国教师的"欧洲视野"。内部一体化又可分为纵向一体化和横向一体化两个部分，纵向一体化即德国教师教育各阶段（职前、入职、职后）的一体化，横向一体化则是东西德教师教育的一体化。前者的文件主要有《有关进入小学任教的教师的职前教育与考试要求的框架协议（教师资格类型一）》《有关进入中等教育第二阶段（普通科目）或文法中学任教的教师的职前教育与考试要求的框架协议（教师资格类型四）》等，后者的文件主要有《有关相互认可柏林、勃兰登堡、梅克伦堡－前波莫瑞、萨克森、萨克森－安哈特、图林根等六个州的教师资格证书考试的协议》《有关认可与规范前东德各州教师教育组成部分的框架协议》等。[①] 一方面，通过制定框架协议明确德国中小学教师的职前教育要求与资格考试要求，指导德国教师教育机构根据框架协议标准要求进行相应的教师教育改革，使职前教育契合政府和社会需要，并提高相应的入职标准，推动教师教育的纵向一体化；另一方面，通过教师资格考试在各州的相互认可，以及对东德各州教师教育文件的规范，促使德国教师的职前教育制度、资格考试制度更加统一，推进德国教师教育内部的一体化。

德国开启"博洛尼亚进程"后，积极融入欧洲教师教育体系便成为教师教育外部一体化的最显著特征。德国教师教育融入欧洲教师教育体系主要体现在以下方面：一是在体制机制一体化上，通过出台一系列政策构建"博洛尼亚进程"中所倡议的三级学位体系（本科、硕士、博士）和欧洲学分互认制度；二是培养有国际视野和跨文化理解能力的教师，以促进和融入欧洲教师教育一体化进程；三是积极参与欧洲组织的教师教育项目，如促进教育工作者对欧洲文化多样性理解和包容的夸美纽斯计划。

---

① 覃丽君.德国教师教育研究［D］.西南大学，2014：50-51.

（二）法国教师教育一体化的概况

法国有 300 多年的师范教育发展史。法国教师教育一体化走在时代前列，早在 20 世纪 60 年代，法国著名教育学家保罗·朗格朗就率先提出了"终身教育"理念，为世界各国开展教师教育一体化实践奠定了至关重要的指导思想。可以说，教师教育一体化的国际思潮是在法国率先兴起的。1972 年，法国教育部起草发布了《关于初等教育教师终身教育基本方针的宣言》，十分注重教师的终身成长和职业发展，强调教师教育是一个包含职前培养和在职培训的整体性概念。

法国的教育管理体制与我国十分相似，都具有"中央集中"的管理特点，因此，法国的教师教育一体化经验对我国具有重要的参考和借鉴价值。在改革前，法国传统的教师教育模式同样存在职前培养体系与职后培训体系的分离问题，其解决策略是建立专门化的教师教育机构，以推动教师教育职前培养和职后培训的一体化。1989 年法国颁布《教育方向指导法》（Loi d'orientation）建立了中小学教师培养与培训一体化的新型教师教育机构——"教师教育大学院"（Institut Universitaire de Formationdes Maitres，IUFM），将中、小、幼教师的培养统一为"3 + 2"（3 年本科培养和 2 年专业教育）模式，实现教师培养培训体系的根本性重构，长期双轨并行的师范教育制度终于并轨。[①] 法国政府为了从源头上确保对教师培养与培训的统辖，在 IUFM 领导层的设计上，规定 IUFM 的院长和事务局局长主要由法国教育部任命，从而最大限度保障法国教育部对本国教师教育发展方向和具体事务的领导权和管理权。此外，为保障各个学区也能参与教师教育工作，实现国家标准与地方特色的管理相统一，IUFM 的副院长通常由大学区的最高负责人任命，这既有效赋予了各大学区参与教师教育工作的权限，又可保障教育部对整体方向统一的领导权，为法国教师教育一体化提供了管理机制上的保障。

---

① 苟顺明，陈时见. 法国教师教育改革的主要措施与基本经验 [J]. 教师教育研究，2013（02）：92.

IUFM 作为法国教师教育专门机构，几乎兼具了与教师教育相关的所有职能。如，对准教师的专门培养和教育，对新任教师入职适应的指导，对在职教师进行专门的培训和进修，开展教师教育相关理论研究和实践研究，等等。为保障这种多元化的职能能够切实实现，IUFM 内部的成员构成既有进行教师教育理论研究的大学教授，也有来自实践一线的教师、指导员和督导督学人员，众多职能不同的人员共同在 IUFM 开展工作，有助于构建教师教育师资共同体、研究共同体，也通过人员的聚合有效推动了教师教育一体化。从学业安排上讲，教师教育大学院学制为两年，第一学年侧重应考准备，开设教师录用考试的准备课程，除课程学习外，也组织学生到学校实习，从而加强学生对学校情境和教育环境的体验。学生在通过录用考试后，就可以正式进入教师教育大学院分校进行实习研修，初等学校要求实习研修 12 周，中等学校要求 36 周，实习审查通过后才算正式被录用为中小学教师。

总的来说，IUFM 的管理机制既有效保障了教育部对各大学区教师教育的统辖，也保障了地方大学区对教师教育的参与，实现了中央统一和地方特色相结合的管理模式。可见，IUFM 几乎包罗了与教师教育有关的一切职能，既包括教师教育的培养培训，也包括教师的入职指导、教师的管理和教师教育有关研究，并将各方教师教育人力资源进行了整合，为 IUFM 的职能多元化提供了人力基础。IUFM 还重视教育过程中理论与实践的结合，这有益于保障法国基础教育师资的培养质量。

二　德法教师教育一体化的发展特点

（一）关注教师的职业测试和生涯规划

德国在积极融入欧洲教师教育一体化的过程中，十分关注教师的职业测试和生涯规划，从纵向和横向上确保教师职业的专业性。例如，各州文教部或者教育机构会通过心理测试、心理诊断等方式使个体了解自己对教师职业的胜任力，并帮助个体对未来的职业发展方向进行总体规划，为师范生提供课程选择调整服务甚至帮助其调整专业以使其获得更好的教师教育，通过提供咨询和职业生涯规划服务给在职教师提供晋升和个体学习的机会。[①] 从教师教育一体化视角来看，这一工作方法关注到教师职前、入职、职后连续发展的生涯规划，有利于实现教师专业生涯的发展一体化。

（二）积极融入欧洲教师教育一体化体系

教师教育一体化不仅需要实现教师发展各阶段以及国内教师教育机构的一体化，同样需要保持一定的开放性，积极借助交流合作实现教师教育与国际接轨，这有助于促进教师教育改革不断吸收学习国外优秀经验，提高自身水平。德国在"博洛尼亚进程"中，积极促进教师教育改革融入整个欧洲教师教育体系，从而实现教师教育外部一体化，这有利于德国教师在国际教师教育项目中培养国际化视野，提高跨文化理解能力，并在同其他国家教师交流中不断提升专业素养，增强在教师教育一体化进程中的专业性。

（三）专设教育机构促进教师教育一体化

法国教师教育一体化的特色之处在于创建教师教育大学院，在提高了中央对教师教育改革和管理权限的同时，也在真正意义上实现了教师培养与培训机构的一体化、培养职能与培训职能的一体化、各级各类教师教育者的协同合作、教师教育资源的优化配置。教师教育大学院在培养上十分注重理论与实践一体化问题，从第一学年就重视理论学习（教学）和教育实践（实习）密切结合，既有规则，又具弹性，因材施教，各取所需。[②]

三　德法教师教育一体化的启示

（一）做好教师发展的职业测试和生涯规划

教师教育一体化不单纯是机构整合与资源优化，如果工作脱离

---

① 李佳."博洛尼亚进程"下的德国教师教育一体化 [J].中国成人教育，2016（10）：124-125.

② 陈永明."3＋2"——法国教师教育新模式 [J].外国中小学教育，2007（04）：12.

了教师职业发展现状，一体化工作就失去了发展的基本落脚点。因此，我国可以借鉴德国的教师职业测试制度，对教师是否在心理上和专业上具备成为优秀教师的资格进行测试和诊断，开发符合我国现实的教师心理与发展测试量表，及时化解教师发展过程的心理危机，解决职业发展瓶颈。另外，要根据教师不同阶段（如职前教师、初任教师、熟练教师、专家教师）的不同特点进行教师的生涯发展规划，以帮助教师在连续成长和发展中解决每个阶段的困境和难题，实现教师教育一体化的可持续发展。

（二）积极融入国际教师教育一体化体系

尽管各国在教师教育一体化工作中，会根据自身实际开发出各自独具特色的教师教育一体化实践模式，但这并不意味着各国在教师教育一体化进程中应当闭门造车。相反，缺少国际教师教育一体化工作的经验交流与合作容易使本国的教师教育一体化缺少变革的生机活力，囿于自己的认知局限，不能充分意识到其他国家在教师教育一体化发展上的先进经验。同样，由于缺少国际交流，培养出来的教师也相应缺乏一定的国际视野，这对于我国教育发展走向国际先进行列较为不利。这就启示我们积极融入国际教师教育体系，在交流与合作中学习借鉴各国教师教育一体化的优秀经验，提高教师教育质量。

（三）集"职前培养"与"职后培训"于一体

法国为推动教师职前培养体系和职后进修体系的有机结合，设置了由教育部管理的教师教育大学院，将其作为专门化的教师教育机构，这一机构集"职前培养"和"职后培训"于一体，各级各类教师教育者在同一机构中可以实现协同合作，并有助于优化教师教育资源的配置，提高教师教育效益。此外，统一的机构设置也有助于对教师专业发展进行整体规划，促进了教师职前、入职、职后三阶段统一连续的一体化规划与设计。我国可以借鉴法国教师教育大学院设置经验，建立专门化的集"培养"和"培训"于一体的教师教育机构，既承担师范生培养职能，又承担教师的入职课程教学和资格检验，还承担在职教师的继续教育进修，机构由教育学教授、骨干教师、教育研究员等多元教师教育者组成，以实现教师教育资源的优化配置，促进教师教育一体化。

第三节　印巴教师教育一体化的经验与启示

本节介绍以印度和巴西为代表的发展中大国和人口大国教师教育一体化改革中的发展经验，认为两国改革培养模式促进教师教育课程一体化、将网络技术融入教师教育工作、建立阶梯晋升的职业发展规划等提高教师发展积极性的经验，值得我国教师教育改革学习与参考。

一　印巴教师教育一体化的概况

（一）印度教师教育一体化的概况

印度的教师教育起步于英国殖民时期。1849 年，亚历山大·达夫（Alexander Duff）在加尔各答创办了印度第一所师范学校。经过近百年的发展，印度教师教育取得了一定成果。独立后，印度开始积极完善教师教育体系，推动教师教育一体化。印度教师教育一体化改革主要从职前培养、入职任用、职后进修三方面进行。

职前培养方面，印度主要采取两种职前培养模式：连续性培养模式与整合性培养模式。前者将学术性课程和教师教育课程分段进行，先学习大学学术性课程或高中普通教育课程，再接受相应的教师教育课程学习，然后才能获得中小学教师的任职资格，这一培养模式强调教师的学科专业性，典型的有印度库鲁克舍特拉大学（Kurukshetra University）的"3＋1"模式和坎普尔大学（Kanpur University）的"3＋1"模式。后者是为弥合连续性培养模式学科课程与教师教育课程的分离，实现教师学术性知识和教育学知识的一体化，推动教师教育课程一体化所采用的新模式，它的特色在于将学术性课程与教师教育课程进行整合，融入整个职前培养过程之中，而不再分学段的先后。德里大学（University of Delhi）职前培养模式是个典型，以其小学教师培养为例，为深化各门课程知识的学习，推动教师理论与实践一体化，德里大学明确要求师范生每学年与小学生保持一定时长的接触（4 年共计 2900 小时），以增进其对儿童心理特征和学习习惯的理解，帮助师范生形成教学风格，在课程设置上教师教育理论课程与实践课程基本保持平衡。[①]

入职任用方面，为保证职前培养与入职的有序衔接，2010 年印度全国教师教育委员会颁布《义务教育教师任职最低资格标准》，规定教师在入职前必须首先接受教育专业培训并通过全国教师资格考试才可正式上岗。

在职进修方面，印度在 1986 年全国教育政策中指出教师教育是一个连续不断的过程，作为教师发展一体化重要组成部分的在职教师教育发挥着至关重要的作用。在教师教育一体化理念指引下，印度积极构建教师终身学习体系，为确保教师在入职后获得可持续的、连续不断的专业成长，组织了多种在职培训，如面对面的交流培训、远程教育、实践取向的课堂见习等。

（二）巴西教师教育一体化的概况

作为南美最大的发展中国家，巴西的教师教育一体化改革取得良好成效。特别是 21 世纪以来，巴西教师教育一体化工作主要表现在以下方面。

一是为保证教师教育一体化的连续性，确立了教师职业规划体系。巴西教育部要求各地区建立教师职业发展方面具体有效的规划体系，将教师的发展分为几个呈阶梯状递进的阶段，对不同阶段教师提供不同资金支持、专业指导并采用不同评价标准，通过工资激励的形式鼓励教师从当前阶段晋升到下一阶段，其中以圣保罗州的"晋升项目"（Promotion Program）最为典型。[②] 巴西确立教师职业规

[①]　李英．印度教师教育研究［D］．西南大学，2013：62，91，93.

[②]　李宝庆，吕婷婷．巴西教师教育改革新趋向及其启示［J］．比较教育研究，2016（01）：97－99.

划体系对教师教育一体化至少具有以下积极影响：一方面，有助于加强教师发展各阶段整体规划，从而有序衔接教师专业发展的各个阶段，增强教师教育连续性，实现教师专业发展各阶段的一体化；另一方面，有助于把握教师各发展阶段的不同特征并加以指导，从而为每一阶段的成长晋升提供针对性的支持，促进教师终身发展和成长。二是进行教师教育的课程整合，尤其是理论与实践融合，推动教师教育课程理论与实践一体化。例如，开展实践研讨会、开设教师行动研究课程、加强实习和校内外实践指导等。三是实施远程教育，为教师教育一体化发展建立所需的终身学习平台。如 2006 年"远程学习理事会"（Distance Learning Directorate）建立的"开放大学"，就是通过远程教育方式为中小学教师建立了终身学习培训的网络体系。

二　印巴教师教育一体化的发展特点

（一）通过培养模式改革促进教师教育知识一体化

印度和巴西在教师培养方面都存在重学术理论知识轻教师实践知识的倾向，这造成教师教育理论与实践相脱节，教师培养不能良好适切学校发展要求，教师教育外部一体化效果欠佳，导致印度和巴西都注重在培养模式上加以改革创新。印度的整合型教师培养模式将理论课程和实践课程平等看待，在学时安排上二者相对平衡，以保证教师各类专业知识的整体性，助力教师教育纵向层面的一体化；而巴西在改进教师培养时也注重推动理论与实践的深度融合，例如开展教学研讨帮助教师及时交流和反思教学实践，通过行动研究深化教师理论与实践的融合和一体化，加强教育实习和实践指导。

（二）借助网络远程教育促进教师终身发展

推进教师教育一体化，需要为教师专业的持续发展和终身学习提供学习机会和平台。随着科学技术的发展特别是现代信息技术广泛运用于学校教育，印度和巴西作为后起的发展中国家都十分注重利用网络远程教育为教师的终身学习提供平台和机会，通过信息技术手段实现了优质教师教育课程的远程共享，既满足了人口规模大发展对教师数量的要求，也解决了教师队伍不断壮大所导致的教师培训经费和工学矛盾问题。

（三）建立阶梯晋升的教师职业发展规划体系

教师教育一体化发展不仅需要外部的制度设计和环境构建，对教师各个阶段的职业发展进行整体规划，还需要教师的积极主动参与。巴西在推动教师教育一体化过程中建立了阶梯晋升的职业发展规划体系，通过阶梯的工资标准，激发教师晋升至下一阶段的上进心。一方面通过科学的生涯规划帮助教师明确自己在各阶段的专业发展定位和下一阶段的发展方向；另一方面借由阶梯工资标准来激励教师不断向上流动，促进教师教育一体化过程中各阶段的积极发展。

三 印巴教师教育一体化的启示

（一）积极创新培养模式促进教师教育课程一体化

课程是教师教育一体化改革的重要核心，我国可借鉴印度和巴西的教师教育一体化改革经验，积极创新教师培养模式和机制，推动教师教育课程一体化改革。例如将学术性课程和师范性课程进行深度整合，将教师教育理论课程和教学实践课程进行深度整合，从而促进教师专业素质结构方面学科知识和教学知识一体化、理论知识和实践能力一体化，推动教师教育发展的内部一体化。基本的整合思路为实行模块化的课程组织，设置教学工作情境问题，将其作为每一单元的挑战，使师范生借助虚拟的教育教学情境掌握教育教学理论，深化教学实践，以促进理论与实践的一体化。

（二）积极搭建服务教师终身学习的网络平台

借助互联网技术，可以在一定程度上打破时间和空间局限，使教师随时随地接受优质的教师教育课程，为教师专业的可持续发展提供终身学习平台。终身性是教师教育一体化过程中需要遵循的重要发展原则，积极构建教师终身学习的远程网络平台是给予教师终身学习条件和机会的重要支撑。可通过以下方式实现网络远程教师教育：一是召开网络视频会议，使专家和学习者通过视频会议方式进行互动学习，减少和降低开展培训活动的时间、成本，解决教师培训中存在的工学矛盾问题；二是依托网络来构建交流互助平台，教师可以通过网络提出教育教学中遇到的困难和疑问，由各地经验丰富的教师借助网络平台进行远程指导、解惑，降低教育咨询和指导成本。

（三）通过阶梯晋升的职业规划促进教师参与

教师教育一体化的目标是实现教师可持续的专业发展和学校教育质量改善，这一过程需要教师积极能动的参与，发挥学习和专业成长的主体性。巴西通过构建阶梯晋升的教师职业发展规划体系，将教师职业成长划分为不同阶段，每一阶段晋升都伴随着工资的提高，这极大地鼓舞了教师不断谋求晋升、提升专业水平的积极性。我国可借鉴巴西教师教育一体化经验，根据教师的专业发展规律和特征划分不同阶段，引导学校和教师制定个人专业成长规划，每一阶段为教师明确相应的定位和要求，并根据不同阶段的特征进行针对性培训，促进教师教育一体化的连续性。

第四节　日韩教师教育一体化的经验与启示

日本和韩国与我国一衣带水，长期以来，文化和教育交往频繁。本节介绍以日本和韩国为代表的东亚国家在教师教育一体化方面的改革经验，认为其"需求中心""实践取向""协同合作"的教师教育一体化改革思路和做法，值得我国学习借鉴。

一　日韩教师教育一体化的概况

（一）韩国教师教育一体化的概况

韩国是亚洲新兴的资本主义国家。20 世纪 80 年代，韩国受美国的支持，国民经济和社会得到迅速发展，教育改革也取得明显的进展。为适应 21 世纪学习型社会的人才培养需要，韩国积极推动教师教育一体化变革。

在职前培养阶段，韩国自 90 年代开始确立了公私机构并存的多元化教师教育办学体系，增强教师教育的开放性和竞争性，并从 1991 年开始在招生阶段增加面试和性向测验，判断是否有从教资质，以此保证生源质量。为了有效监控职前培养质量，韩国 1997 年颁布针对各类型教师教育机构的国家评价计划，教育与人力资源开发部同教育发展协会合作，1998 年对全国 40 所教育学院进行评价，1999 年对全国 69 所师范院校的毕业生进行评价，2000 年对全国 11 所教师大学进行评价①，以保证各类教师教育机构的办学质量。在入职任用阶段，韩国建立了严格的教师资格制度和公平多元的教师任用制度。韩国教育与人力资源开发部于 2000 年颁布《教师职业发展综合方案（试行)》，提出建立幼儿园、小学低年级和高年级、初中综合学校连续性的教师资格制度，为强化各级学校之间的连续性制度方案做准备。② 在职后进修阶段，韩国出台一系列政策法规推动构建在职教师终身发展机制，如 1999 年《为了建设创造性知识社会的教育发展 5 年计划》、2000 年《教职发展综合方案》、2007 年《实现学习社会的未来教育愿景和战略》、2008 年《划时代地改善、促进幼儿园、中小学教师研修体制》等文件。这些制度性改革举措均强调韩国教师的在职研修，促进韩国教师的终身发展和成长，使韩国在职教师具有多元化的学习成长机会。③

（二）日本教师教育一体化的概况

日本教师教育一体化进程源于 20 世纪七八十年代的第三次全面教育改革。这一时期，终身教育思潮在西方盛行，影响力扩散到教

---

① 谌启标. 以质为本的韩国教师教育改革 [J]. 世界教育信息，2004（Z2）：48.
② 张森，张鑫. 韩国教师教育的新发展及其启示 [J]. 教育科学，2005（01）：58.
③ 邱丹. 中韩教师培训政策比较研究 [D]. 延边大学，2011：38 - 39.

师教育领域，引发各国对教师教育"终身化""连续化""一体化"的改革探索，其中英国《詹姆斯报告》中所谈论的"教师教育连续性"思想深得日本教育学界认可，并成为第三次教育改革中教师教育一体化变革的指导思想。日本通过先后设立兵库、上越和鸣门等教育大学培养和培训中小学教师，教师教育开始将教师养成、任用和研修作为三个一体化统一的连贯过程。

1971 年，日本中央教育委员会发布《关于今后学校综合能力的扩展和整顿的基础措施》，开始全面改革教师教育系统，将教师素质和能力提升过程分为养成、任用、研修、再教育四个连续阶段，构建新的教师教育体系，并创设了初任者研修制度和专修许可证制度，保证教师教育各阶段有序衔接；1978 年的《提高教员素质》再次强调，要通过四个连续性阶段的实现促进教师素质提高，将教师教育视为连续性和长期性的终身教育过程；1988 年颁布《教职员任免法修正法令》，对原有专修许可证制度进行进一步完善。[①] 2012 年，日本中央教育审议会发布《关于在教师整个职业生涯中提高教师素质能力的综合方案》，在保证教师教育各阶段连续性和一体化的同时，对终身学习的一系列关键能力进行详细的界说和强调，这标志着日本教师教育一体化的深度发展。[②]

二 日韩教师教育一体化的发展特点

（一）韩国教师教育一体化的发展特点

韩国的教师教育在 20 世纪 80 年代已完成转型，实现了教师职前培养、入职培训和在职研修的一体化。主要有以下改革特色。

1. 建立了特性化多样化的教师教育新范型

所谓的特性化，是指根据各地区、教师培养机构、学生和家长

---

① 许晓旭. 日本教师教育政策研究 [D]. 东北师范大学，2011：9 – 11.
② 饶从满. 变动时代的日本教师教育改革：背景、目标与理念 [J]. 比较教育研究，2014（08）：4.

的特点及要求，将一定水平和范围的教育内容、方法进行调整，实现教师教育的多样化。[①] 这一变革旨在实现韩国教师教育由"供给中心"模式转向"需求中心"模式，以实现教师培养培训充分结合韩国不同地区特征和需求、当地教师培养机构的情况和特点，照顾不同地域学生和家长的诉求，提高教师发展与社会发展的契合性。一方面，促进不同地区各有特色的、多样化的教师专业发展；另一方面，促进韩国教师队伍建设的本地化，更好服务本地区群众的要求，实现教师专业发展与本地教育进步的一体化。

2. 关注职前教育专业化和职后教育"终身化"

职前教育阶段是系统学习教师专业理论知识的关键时期，相比于入职之后所要面临的"工学矛盾"，大学时期师范生拥有更多闲暇时间补充和汲取教师专业理论知识。因此，韩国十分重视教师职前教育的理论学习，近年不断提高教育学课程比重，调整教育学课程与学科课程结构。除设置教育原理、教育理论、教育基础论、教育学基础、学校教育学、心理学等基础理论课程外，还增加教育法学、社会教育学、韩国教育史、西洋教育史、教育经营学、教育行政学、教育法规、终身学习论、教育评价、环境教育、比较教育、教育课程论等课程[②]，帮助韩国准教师在丰富多元的教育学课程学习中拓展教育教学理论视野，为以后的实践储备充分的理论知识。此外，韩国把教师专业发展视作一个整体，聚焦职后教育的"终身化"，要求韩国在职教师必须保持专业成长的动力。韩国颁布的《教育公务员研修机构设置令》明确规定教师要尽职尽责，必须不断进行教学研究和在职研修[③]，并大力发展研修项目和特别培训，促进教师终身专业成长。

3. 持续拓展丰富多样的教师生涯继续教育

如果将教师职业生涯视作整体加以审视，会发现教师有一段很

---

① 金香花. 韩国教师教育新范型与培养体制改革 [J]. 教育评论, 2008 (02): 154.

② 何茜, 谭菲. 韩国教师教育的发展特色及变革趋势 [J]. 比较教育研究, 2009 (12): 19.

③ 何茜, 谭菲. 韩国教师教育的发展特色及变革趋势 [J]. 比较教育研究, 2009 (12): 19.

长的职业发展历史。因此，韩国十分重视中小学教师的继续教育和培训，通过多样化的内容，满足教师生涯发展需要，实现教师理论深化与实践成熟的一体化需求。继续教育的形式主要有校外在职教育、校内在职教育、自我研修教育三种，校外在职教育通常包括资格研修、一般研修和特别研修，涵盖课堂教学、分科讨论、事例发表、实验实习、电化教育等内容，一般由各级各类教师研修院组织。校内在职教育则根据学校实际开展多样化研修活动。自我研修则是根据自身发展需要主动地探索发展方向。韩国教师培训还包括海外培训，海外培训分为"观察旅行"和"主攻科目"，前者在于培养教师的教育文化比较视野，后者则帮助教师掌握先进知识、教学方法和科学技术。[①]

4. 鼓励教师和学生开展协同合作的研究与培养

以韩国首尔大学教育学院为例，学院成立各种教育研究所和研究中心，支持学生和教师开展外语教育、社会科学教育等研究，设置跨学科硕士学位，培养教师入职后的跨领域教学与研究能力。在协同培养方面，韩国十分注重在真实教育情境的学习，让学生到相关附属中小学担任实习教师进行职前教育实践工作。[②] 通过协同合作的跨学科研究和附属中小学教学实践，促进准教师的素质提升。

（二）日本教师教育一体化的发展特点

日本是发达的资本主义国家，素来重视科技和教育发展。二战后，日本经济迅速复苏，也得益于大力发展科技和教育工作。21世纪以来，日本为提高教师培养质量，力图通过不断深化教师教育一体化实践，提高教师专业化水平，体现出以下鲜明的特点。

1. 与地方各级教委及大学开设职前教育培训班

为促进准教师顺利适应教学岗位需要，日本各地方教委会结合

---

① 王闻文，卢青. 韩国中小学教师教育特色与启示 [J]. 辽宁教育行政学院学报，2011（04）：25 - 26.
② 谭菲，马金晶. 韩国首尔大学教师职前教育的特点及其启示 [J]. 当代教育论坛，2013（01）：49.

本地区需要，与地方大学协同合作，以培养教师专业实践能力为目标，以教师上岗的工作胜任力为标准，对准教师开设特别的职前教育培训班。职前教育培训班的课程包括一个半月在公立中小学的研修见习和课堂教学观摩、一周的"教师职业体验活动"等培训内容。① 这一举措有助于教师适应日本各地区教育环境需要，提高岗位适应性和专业能力。

2. 重视职前教师教育课程的实践性改革

教师职业具有鲜明的实践性，为切实提高日本教师队伍的专业实践能力，近年来日本十分注重职前教育课程的实践性改革。首先，在本科阶段设置了必修课程"教师职业实践演习"，该门课程主要在大四下半学期开设，采用角色扮演、团体讨论、事例研究、实地调查、模拟课堂等教学形式，并聘请在职中小学教师参与，使学生更了解中小学实际情况，提高实践能力。② 其次，加强教育实习管理，日本过去对师范生参与教育实习的管理相对宽松，通常学生只需按期修习完课程便可以参加实习，但为保证教师队伍质量，日本近年开始加强对师范生的实习管理，在实行教育实习以前必须先仔细考查学生各方面实际情况，当学生与标准不匹配，达不到参与实习的各方面要求时，学校有权推迟、中断甚至停止学生教育实习。最后，为保证师范生在入职前充分参与教学工作，提升工作适应性，学校会定期安排师范生参与教学，例如协助在职教师对儿童进行课堂辅导和课后辅导，或课余时间在中小学图书室辅导儿童进行读书活动等。③

3. 地方教委会与大学结成多种伙伴关系

教师教育一体化牵涉多元利益主体，大学是教师的供给方，地

---

① 王丽燕，李宜冰. 基于提升教师实践能力的日本教师教育改革及启示 [J]. 教育评论，2022（02）：165.
② 谷峪，崔玉洁. 21 世纪以来日本教师教育课程改革述评 [J]. 比较教育研究，2014（08）：8–9.
③ 尚冉. 日本教育委员会与大学"伙伴关系"研究——基于教师在职教育的视角 [D]. 西南大学，2017：47–48.

方教委会则是教师的需求方，为解决教师教育改革中供给与需求的矛盾，实现教师协同培养的机制创新，各地教委会与大学形成了四种各具特色的协同伙伴关系，共同助力教师的培养培训工作。一是单方主导式伙伴关系，分为"教委会主导"和"大学主导"两种类型。"教委会主导"的典型实践是设立教育大学，以培养在职教师为目的，大学招生文件由教委会制定并负责向县内中小学在职教师发布，自设选拔标准，服务本地教师素质提升需要；"大学主导"以开展硕士水平在职教育为主要内容，由教委会向在职教师提供大学招生计划、课程信息，大学则参考教委会所提供的在职教师研修诉求，对专业设置和课程安排进行相应调整，大学在硕士教师培养的过程中占据了较大自主权，但在一定程度上会与实践相脱节，学术化倾向较重。二是第三方推动式伙伴关系，目的在于借助第三方力量（通常由具有独立法人资格的教职研修中心充当），以开展在职教师培训委托项目为契机，指导教委会与大学合作开展在职教育项目，为在职教师成长提供保障。三是自主合作式伙伴关系，在某项计划制定和实施过程中，合作各方地位平等，职责和权限共有，致力于提高教师专业实践能力，其中最典型的是教职研究生院。以鸣门教育大学教职研究生院为例，其负责协调大学、教委会、任教学校三方在教育实习方面的意见，促成各方沟通，加强对在职教师实习、研究支持事宜的沟通等，每年至少要召开两次"课程开发会议"，不断改善在职教师研修课程设置和实施中存在的问题。[1]

三 日韩教师教育一体化的启示

（一）深化"需求中心"的教师教育一体化改革

韩国"需求中心"的教师教育一体化模式，对我国教师教育一体化改革具有一定的借鉴意义。我国地大物博，幅员辽阔，存在多

---

[1] 尚冉．日本教育委员会与大学"伙伴关系"研究——基于教师在职教育的视角［D］．西南大学，2017：48．

元的民族文化和异质的社会惯习，各地教育发展水平也存在差异，学生、家长、政府对教育的需求也不尽相同。因此，可以在教师教育一体化改革中借鉴韩国的"需求中心"思想，加强适切当地社会经济发展的教师本土化培养，实现不同地区各有特色的教师教育一体化发展模式，推动教师教育与各地区教育进步的一体互促。

（二）深化"实践取向"的职前教育课程改革

职前培养是教师教育一体化工作中的基础环节。教师职业的实践性要求职前教育不能局限于纯粹的理论知识学习，还要使师范生毕业后能充分适应学校的教学工作要求。我国可以借鉴日本的"教师职业实践演习"，推动职前培养课程"实践取向"变革，以实现从职前培养到入职聘用的有效过渡，保障教师教育的连续性，达到教师培养培训各环节的一体化目标。具体有以下实践演习形式：一是角色扮演，师范生扮演教师与学生角色，加深课堂情境体验，自己创设教育教学问题情境并予以解决；二是团体讨论，实习生之间组成团体，讨论实习经验，彼此分享教育教学过程中的感性经验，引发群体的教学反思行为，促进群体实践能力和反思能力的提高；三是事例研究，对教育教学中典型的个案或冲突进行专题研究，加强师范生对特殊突发教学情况的应变能力；四是实地调查，让师范生深入真实的课堂情境中了解中小学教育教学情况，提高师范生入职后的适应能力。

（三）深化"协同合作"的大学—教育局伙伴关系

从教师教育基本的供需关系看，师范院校是基本的供给方，地方教育局则是基本的需求方。因此，在进行教师教育一体化改革的过程中，我国可以学习日本的有益经验，基于中小学校教师"县管校聘"的原则，教师教育创新试验区应当重点关注大学—教育局协同伙伴关系的建立，根据各地不同的情况发展多样化的协同伙伴关系。如"单方主导式伙伴关系"，以我国教育部直属师范大学或省级教育厅为主导，前者发挥培育高水平师资的职能，并辐射区域教育的发展，后者则依托下属师范院校，根据各县教育局需要自设选拔标准，由省属师范院校进行定向培养，满足本地教师素质提升的需要。又如"第三方推动伙伴关系"和"自主合作式伙伴关系"，前者可依托民间教育基金会等独立法人单位推动建立协作关系，后者可以依托大学教育研究院或教育科学院协调大学、教育局、中小学三方关系。

第五节　我国港台教师教育一体化的经验与启示

香港回归以后，教师教育改革逐渐摒弃过去英国体制，并与内地体制接轨。台湾至今尚未回归，受日本和美国的影响，台湾的教师教育仍保有西方的特点，也有本土的特色。本节介绍我国港台地区的教师教育一体化经验，认为港台在制定教师遴选的程序保障、加强实训基地建设的平台保障、增强"学校体验"教学保障方面的经验，十分值得大陆地区学习和借鉴。

一　港台教师教育一体化的概况

（一）台湾教师教育一体化的概况

21世纪以来，我国台湾地区为推动教师教育一体化出台了多项改革文件，如2006年的《师资培育素质提升方案》、2009年的《中小学教师素质提升方案》和2012年的《师资培育白皮书》① 等。在相关政策推动下，台湾的职前培养体系、入职任用制度、职后培训体系开始了新的变革，以适应教师教育的一体化需要。

职前培养方面，要求完善师资生遴选机制，使之能更为全面反映师资生多方面品质，选拔出真正德才兼备的教育人才进行培养；筛选一批在教学方面经验丰富的教授或老师对师资生进行专业辅导；

---

① 晁秋红．培育新时代良师 发展高质量教育——台湾《师资培育白皮书》解读［J］．世界教育信息，2013（07）：71.

改进职前培养课程体系，使教师教育各门课程相互融合，突出教学实务和"实践取向"；建立发展档案，展现师资生学习历程变化，使教师教育连续的过程可视化。入职任用方面，台湾教育管理部门根据教师入职条件要求，不断调整教师资格检定考试制度，增加拟真情境题比重，以教师实务状况检视教师所需的教育专业知能。[①] 职后进修方面，台湾教育和人事部门为突出教师终身学习，强调建立多元进修制度，既设立了"教师在职进修资讯网"，提倡教师自主进修研习，也规划和办理教师赴民营机构进修事宜，鼓励开展"学校本位"的进修研习活动，并促进教师培训与社会交流的互动发展。

（二）香港教师教育一体化的概况

香港在 1997 年回归以前，深受英美文化影响，是一座东西方文化交融的城市，其教师教育改革深受英美教师教育一体化变革思潮影响。1992 年，香港教育统筹委员会发布第五号报告书，提出相关教师教育机构合并为香港教育学院的构想，1994 年香港教育学院建立，2000 年为适应学习化社会对人才的需要，香港特区政府发布 21 世纪教育蓝图，将教师教育发展作为一项重要议题，2001 年香港教育学院确立了其愿景、使命和主导价值，凸显了创造终身学习社会文化的价值观，2016 年香港教育学院升格为香港教育大学，2017 年香港教育大学更新了愿景、使命，仍将终身学习作为教育专业人士的重要使命。[②]

在教师教育改革方面，香港积极推动职前培养体系和在职进修体系的一体化。职前培养方面，为帮助师范生适应教育教学情境，让他们日后顺利走上工作岗位，实现职前培养与入职有序衔接，促进教师教育培养连续性，香港注重建立中小幼学校协同合作关系，

---

① 王亚军. 取向与方略：台湾师资培育制度变革研究——以 2012 年台湾《师资培育白皮书——发扬师道、百年树人》为蓝本 [J]. 海南师范大学学报（社会科学版），2017（06）：94–95.

② 田小红，钟泽. 香港教师教育目标的连续性、变革与问题：1992—2017 [J]. 教师教育学报，2018（06）：75.

将教育教学实习和体验课程分散到各学期，以保证师范生在就学各阶段都能有一定的"学校体验"，及时将所学教育理论知识和教学技能用在真实情境中。在职进修方面，香港建立了相对完善的教师进修制度，对教师带薪在职进修和研习时数有明确规定，并设计了形式多样的在职进修活动。如师训会主张通过教师专业发展日、工作坊、讲座、研讨会、教学心得经验分享、同僚观课、集体备课、学习小组等活动①，促进教师终身学习发展。

二　港台教师教育一体化的发展特点

（一）台湾教师教育一体化的发展特点

台湾与大陆尽管制度不同，却同样深受中国传统文化和当代大陆教师教育改革的影响，重视教师教育一体化工作，形成了以下特点。

首先，台湾建立了一套十分严格的教师甄选程序，以确保教师职业具有较高的准入门槛，从而保障教师队伍的质量。台湾的教师甄选类似大陆的教师招聘，而要参与甄选，成为一名正式的教师，首先要参加台湾统一组织的教师资格考试，在获取参与教师资格考试的条件上，不同类型的准教师要求有所不同，来自师范院校或综合大学教育系的师范生在修习完规定要求的教育学分后，可以直接参加教师资格考试，但非师范类的大学毕业生要参加教师资格考试，就需要接受一定的教师职前教育并取得相关证明，这样能够保证参加教师资格考试的学生都在考试前有了一定的教师教育职前学习和实习经验，有助于他们未来高质量地胜任教育教学工作。

其次，在教师应聘过程中，台湾的教师不仅需要通过笔试和面试的考查和筛选，还需要通过教师评审委员会的鉴定，教师评审委员会中包括许多与教师有着直接或间接利益关系的人。例如，学校教师代表、行政人员代表，以及学校所在地区家长代表等，通过多元主体的考查来最终确定新任的教师，保证应聘筛选的过程公平客

① 李秀娟. 香港教师教育的特点与优势 [J]. 当代教育科学，2013（01）：26 - 27.

观，筛选出来的教师更符合需要。

最后，台湾十分重视教师研习，在各县市建立研习中心，类似于大陆的县域教师发展中心或教师进修学校，旨在为教师的终身发展保驾护航，研习中心一般分为研究组和教务组，前者主要开展地方性的教师教育研究，从而为研习项目的策划和制定提供依据，后者则关注在前期开展研究的基础上，成立、实施具体帮助教师获得专业发展的培训项目或教学安排，通常会借助"种子教师"的力量。种子教师是那些活跃在教师研习中心，对开展教师培训和指导具有重要作用的一批一线骨干教师构成的团体，通过种子教师的中介作用弥合教师教育研究与实践的分离，使研究成果更有效转化为具体的实施项目，帮助台湾各地的教师专业素质得到提高。而且，台湾十分注重教师职后教育的现实性。为保证教师教育内容与现实的一体化，教师研习项目和内容大多来自教师一线需要，研习中心一般会投入资金设立案例项目，由教师申请立项，获得研究资金，完成项目，并用成果来培训种子教师，通过种子教师做进一步推广。

（二）香港教师教育一体化的发展特点

香港作为亚洲乃至世界最发达的区域之一，在推动教师教育一体化改革中主要有以下特点。

一是建立高层次、多元化教师教育模式。香港教师教育模式分为定向型和非定向型两种，教师培养由具备颁发学位资格的各类高等教育机构承担。除香港教育大学定向培养教师外，政府也鼓励综合性大学参与教师教育工作，开设教育学院（系），设置针对职前教师培养的学位课程和文凭课程。这种混合型教师培养模式，不仅使职前教育培养规格高层次化，也促进了多元化、开放性教师教育体系的形成。

二是设置灵活的课程和多样的教学方法。香港教师教育各院校结合自身条件，积极拓展丰富多元的课程项目，涵盖英文、中文、数学、常识、科学教育、人文教育、艺术教育、体育、通识教育等领域内容，并通过多样的教学方法发展学生教学与反思能力，如专题讲座、导师个别指导、学术讨论、课堂讨论、课外自修、实地考察、访问、实验和实际操作等。香港教育学院还发展出"大班讲授、小班导修"的教学模式，让学生既可以在大班听专家讲座，又可以在小班研讨，促进教师掌握知识的深化。

三是强化"学校体验"，理论联系实践。香港教师教育院校注重与中小学及幼儿园建立长期、稳定的合作伙伴关系，提供学生在真实教育实践情境中获得体验和提高的机会。香港特区政府规定每个学生必须完成不少于 8 周的实习。香港教育大学十分注重学生实习体验，将实习分散安排在各个学期，保证学生每个阶段都有机会在"学校体验"中深化知识、理论和技能，并在实践中进行理论建构。"学校体验"的形式主要包括研讨会、学校访问、试教、连续教学实习等。香港中文大学十分注重学生实习体验，包括校长在内都要做实习评估，为学生打分，作为教授参考的依据，教师会定期抽查学生实习情况，包括听课、检查教案等方式。

四是设置"一块牌子，两种功能，三位一体"的教师教育机构，即一所教师教育机构在"职前、入职、职后"方面三位一体，既负责职前培养又负责职后教育，避免机构重叠设置，促进资源合理配置。例如，香港教育大学负责全港大部分幼儿园和中小学教师培养培训，将教师职前培养和在职教育进行整合，开展教师教育一体化的整体设计与考虑。

五是注重在职教师培训进修，实现理论与教学的深化。香港特区政府规定有 5 年以上教学经历的教师必须参加香港教育大学开设的 8 周带薪进修课程班学习。2003 年，香港特区师训与师资咨询委员会发表《学习的专业，专业的学习——教师专业能力理念架构及教师持续专业发展》文件，建议现任教师 3 年内完成 150 小时的进修或教学研习，让在职教师提高教育理论和技能水平，推动教育改革。[①]

___

① 师训与师资咨询委员会. 学习的专业，专业的学习——教师专业能力理念架构及教师持续专业发展［R］.师训与师资咨询委员会，2003.

六是完善教师专业标准。香港特区师训与师资咨询委员会分别于 2003 年、2006 年、2009 年发布《学习的专业，专业的学习——教师专业能力理念架构及教师持续专业发展》《教师持续专业发展中期报告》《教师持续专业发展第三份报告》等系列文件，将教师专业标准分为教与学、学生发展、学校发展、专业群体关系及服务四个板块，为香港教师专业发展指明基本方向。

三　港台教师教育一体化的启示

（一）规范教师遴选程序，保障教师教育的专业性

教师教育一体化不单纯要保证培养培训过程的连续性，更重要的在于实现教师培养培训质量提升。因此，如何在工作中确保教师教育一体化、连续性过程中的专业性十分重要。大陆可以借鉴台湾地区的教师遴选制度，从源头上以严格的标准保障教师队伍的专业性，让真正适合从教的候选人进入教师岗位；可以提高师范生和非师范生报考的门槛，师范生需要在校期间修够相应的教育学分并完成规定实习方可报名教师资格考试，而非师范生需要首先进入教师进修学校或其他教师教育机构接受教师教育课程学习，并进行实习，笔试和实习均合格后才可以报名教师资格考试。

（二）加强教师实训基地建设，促进理论与实践一体化

如果从教师职业生涯的时间跨度上讲，教师职前培养只是漫长教师职业生涯中的基础环节，但教师真正意义上的专业成熟是在入职后长期的教育实践中实现的。因此，为保证教师职后阶段终身、可持续的专业发展，实训基地的建设十分关键，可以借鉴台湾地区建设教师研习中心的经验，各县市可以从中小学校选拔一批具有丰富教学经验的优秀骨干教师和教学名师组成"种子教师"队伍，为提高教学质量和教育研究能力，"种子教师"队伍发挥引领作用，把握县市中小学存在的教育教学问题并对此开展专题研究，提出教学策略，在培训活动中进行推广，帮助切实解决本地的教育教学疑难问题。

（三）强化"学校体验"，助力教师职前培养与入职衔接

传统的职前培养模式不注重师范生学校体验，容易导致师范生缺乏当前校园教育教学的情境认知，造成未来入职后的适应困难，不利于教师职前职后一体化。强化师范生的"学校体验"，提高师范生入职教师岗位的适应性是推动实现教师教育一体化的应有之义。内地可以借鉴香港在这方面的工作经验：师范院校与中小学建立长期、稳定的合作伙伴关系，将"校园体验"和"教学实习"分散在师范生的各个学期，保证体验和实习的连贯性，使师范生在每学期校园体验和实习之中深化课堂中的知识、理论和技能，形式也可以多样化，如开展校园访问和参观、参与教师研讨会、连续教学实习等，加强教师职前培养与职后教育的衔接。

第五章 教师教育一体化的政策导引

　　教师队伍建设工作关系到我国社会主义教育事业的正确发展，政策导引一直是我国教师教育一体化工作中的重要特点。为了确保教师培养培训工作方向的正确性，需要从国家层面制定出台相关政策对教师教育工作进行合理导引。这有助于保障我国教师教育一体化工作的社会主义方向，促进教育公平价值理念在教师教育政策的导引下采取切实有效的措施。

　　基于我国义务教育均衡发展与城乡师资配置现状，本章对教师教育一体化的政策导引进行分析与讨论，以国家教育政策中教师教育一体化政策性文件为指导，兼及地方政府教师教育一体化实践的有关政策。重点包括 2007 年《教育部关于大力推进师范生实习支教工作的意见》、2014 年《教育部关于实施卓越教师培养计划的意见》、2015 年《乡村教师支持计划（2015—2020 年）》、2018 年《中共中央 国务院关于全面深化新时代教师队伍建设改革的意见》、2018 年《教师教育振兴行动计划（2018—2022 年）》、2020 年《关于加强新时代乡村教师队伍建设的意见》、2022 年《新时代基础教育强师计划》等政策文本，主要从相关政策价值、政策背景、政策问题、政策目标、政策效果等方面，探讨教师教育一体化深入发展的政策推手，总结反思教师教育政策促进教师教育一体化时存在的问题，并在此基础上进一步期待教师教育改革政策的逐步完善。

第一节　教育公平与城乡义务教育均衡发展

教师教育一体化关乎教育公平，关乎城乡义务教育均衡发展。党的十九大报告提出，推进教育公平，推动城乡义务教育一体化发展，努力让每一个孩子都能享有公平而有质量的教育，这成为新时期我国教育发展的风向标。目前，城乡义务教育发展不均衡问题成为延缓我国教育公平工作推进的重要因素，其中较为突出的矛盾表现在教育质量的不平衡上，而教师素质正是影响教育质量优劣的关键要素。因此，要扎实推进城乡义务教育的均衡发展，就必须注重以发展乡村地区教师队伍为抓手，提升乡村教师队伍整体素质，缩小由城乡教师质量差距所带来的教育质量差距，推进我国教育公平发展。这也需要我国教师教育一体化工作聚焦农村教师队伍素质提高，以推动农村教师教育一体化为重要途径，促进教师队伍整体素质的全面提高。

一　教育公平的多重意蕴

教育公平作为一个内涵较为丰富的概念，涉及了不同学科视角的解读，从多学科角度把握教育公平的观点，有助于我们整体、深刻地厘清教育公平的内在意蕴。罗尔斯从伦理学视角阐释教育公平，从他的正义论思想来看，教育公平的内涵可以分为三个层次：人人有受教育的权利、向受教育者提供相对平等的机会与条件、通过各种条件保障教育成功机会和教育效果的相对均等。① 而从法学视角上，法律是保障公民依法享有受教育权利和机会，从社会制度层面推进教育公平理念向现实转化的基本手段。从法学意义上讲，当教育公平成为大众对构建和谐社会的首要利益诉求时，必须将教育公平由一种珍贵理念具体化为一种能够作为正义制度保障的法律实践，

---

① 柏豪. 中国教育公平之维：罗尔斯正义论的视角［J］. 山东社会科学，2018（06）：151.

教育公平的实现机制只有纳入法治的轨道才能够获得坚实的基础。[①]
法学意义上的教育公平一般分为权利平等和机会均等两方面内容，
前者主要从立法层面规定每个公民具有平等受教育权，后者通过一
系列法律法规实现教育的起点、过程和学业成功的机会均等。从经
济学视角看，教育公平实质是社会经济水平发展到一定阶段的产物，
并受经济发展水平制约，促进教育公平需要通过不断完善的教育来
实现权利公平与经济机会平等，实现经济可持续发展与教育公平的
良性循环。从社会学视角来讲，教育公平是社会现实结构性问题的
映射，需要建立一种结构正义的教育公平，它既体现在各类教育资
源的分配和分布上，也体现在利益冲突解决的程序和规则上。[②] 从教
育学的视角看，教育公平主要通过教育内部的学校课程改革、教学
过程革新、学业评价改进等实现。[③]

　　综合多学科有关教育公平的内涵阐释，我们可以对教育公平的
内涵做出以下阐释：一方面，教育公平是人类追求社会正义的理想
之一，在现实中主要通过一系列法律法规制度保障公民的受教育权
利平等，努力实现教育的起点、过程和学业成功的机会均等，确保
每个公民的教育机会平等，实现社会经济可持续发展，解决社会现
实结构性问题，促进各类教育资源的合理分配，缓解社会群体利益
冲突；另一方面，公平与正义正如一枚硬币的两面。教育活动只有
在公平与正义的指导下，遵循"有教无类""以生为本"思想，办
好人民满意的教育，才能促使教育活动的任何环节都体现我国社会
主义教育的本质特征。从各级各类学校教育来讲，需要培育公平正
义的人民教师，并通过他们的主体作用促进学校教育内部的课程改
革、教学过程革新和学业评价改进，来创造适合学生发展的公平的
教育环境，开展公平正义的教育活动，坚持"一切为了学生，为了

---

①　王康. 教育公平：走向作为正义制度保障的法律实践 [J]. 内蒙古社会科学（汉文版），
　　2009（03）：134.
②　桑志坚. 结构正义与教育公平：一种社会学的探索 [J]. 教育理论与实践，2019（07）：
　　11.
③　安晓敏，邹志辉. 教育公平研究：多学科的观点 [J]. 上海教育科研，2007（10）：25.

学生的一切", 促使学生身心得到全面和谐的发展, 真正将教育公平由理念转化为行动。

二 教育公平的政策演进

教育公平由理念转化为行动有一个动态演进的历史过程, 梳理新中国成立以来我国促进教育公平的有关政策, 从政策行动中探寻我国推进教育公平的历史轨迹, 可以将我国教育公平政策的历史演进分为三个阶段:"有学可上"阶段、"一个不少"阶段和"每个成功"阶段。

(一)"有学可上"的教育机会

"有学可上"意指通过政策及一系列行动完善公民受教育权利实现所需要的教育基本条件, 如师资配置、校舍安排等, 前者为受教育提供可能, 后者为教育活动的开展提供场所。新中国成立之初, 我国教育可谓"一穷二白", 教育不平等问题突出, 作为一个人口大国, 我国80%以上的人口为文盲或半文盲, 教育任务极为艰巨, 为改善教育环境, 满足实现教育公平所需要的教育基本条件, 实现"有学可上"的基本目标, 中央出台一系列政策帮助群众实现"有学可上", 例如《关于开展1949年冬学工作的指示》《关于开展职工业余教育的指示》《关于加强农民业余文化教育的指示》等, 通过正规与非正规教育"两条腿走路"的方式, 打破教育的场所限制, 扫除大量青壮年文盲。而且, 在20世纪80年代前, 国家还发布《关于大量短期培养初等及中等教育师资的决定》《政务院关于改进和发展高等师范教育的指示》《中等学校师资短训教学计划(草案)》等, 大力培植师资队伍, 创造教育公平所需的基本师资条件。

(二)"一个不少"的实践推进

到改革开放时, 我国已经建立起了相对完备的教育体系和稳定的师资队伍, 教育公平的基本条件得到显著改善, 许多人得以享有受教育机会，但仍有一部分人没有接受应该得到的教育。1986 年《中华人民共和国义务教育法》颁布之后，为贯彻教育法规，推进教育公平，实施"免费和强迫"的义务教育，中央开始大力推进"两基"工作，即基本实施九年义务教育和基本扫除青壮年文盲，我国教育公平政策进入"一个不少"阶段，要求使所有人至少接受九年义务教育，并着力解决西部地区、农村地区人民的教育机会匮乏问题，相应的政策文件主要有《国务院关于进一步加强农村教育工作的决定》《国家西部地区"两基"攻坚计划（2004—2007 年）》等。我国重视义务教育全面普及，坚持"一个不少"的工作理念，是由我国社会主义的基本性质和对社会公平的价值追求决定的。社会主义向共产主义迈进要求每个人自由、全面地发展，义务教育阶段是儿童少年成长的奠基期，与儿童未来的幸福生活息息相关，应该使每一位儿童少年获得成长发展的机会。此外，义务教育普及关系到教育公平的实现，而教育公平又是推动社会公平重要的前提保障，接受义务教育不仅是公民的权利，也是公民的基本义务。作为社会主义国家的一员，公民应自觉履行受教育义务，学习科学文化知识，成长为社会主义事业的合格建设者和接班人。

（三）"每个成功"的发展诉求

党的十八大之后，随着"两基"任务的基本完成，我国人民的受教育机会得到了基本满足，对优质教育资源的需求从"有学可上"转为更加深层的"学业成功"，高质量教育的需求使我国的教育公平政策进入"每个成功"时期。这一阶段政策的主要特征就是越发强调教育质量的均衡发展，出台一系列帮助薄弱地区提升教育质量的政策，例如《乡村教师支持计划（2015—2020 年）》《中共中央 国务院关于全面深化新时代教师队伍建设改革的意见》《中共中央 国务院关于深化教育教学改革全面提高义务教育质量的意见》《中共中央 国务院关于实现巩固拓展教育脱贫攻坚成果同乡村振兴有效衔接的意见》《中西部欠发达地区优秀教师定向培养计划》等文件。与发达地区相比，我国中西部欠发达地区尽管实现了义务教育机会均等，但与义务教育的过程均等和效果均等仍有距离，与东部沿海发达地区相比，中西部欠发达地区的义务教育发展由于历史欠账较多，发展相对滞后，质量仍然不高，不能充分满足当地人民与日俱增的对高质量教育的需求。因此，体现"每个成功"理念的政策表明了国家对人民高质量教育需要的回应。同时，从社会发展的角度来讲，只有实现教育起点、过程和结果的公平，才能实质性地推动教育公平，促进人民平等、自由、全面地发展，使每个人都有能力创造属于自己的美好幸福生活，消除社会发展不平等不充分的矛盾，推动共同富裕的目标实现，促进社会的公平正义。

通过对教育公平的政策梳理可发现，我国追求教育公平的政策行动从最初的完善基本条件，到追求每个公民合法享有受教育机会，再到力图让每个公民享有优质教育获得学业成功，是一个由浅入深的过程。其中，推动城乡义务教育的均衡发展，成为我国自21世纪以来不断追求教育公平目标的主要政策议题。

三 城乡义务教育均衡发展

区域之间、城乡之间、学校之间不平衡，是我国社会发展进程的基本问题。城乡义务教育均衡发展是推进我国教育公平事业的一项重要举措，其思路是通过出台一系列政策法规对义务教育薄弱地区和学校进行一些倾斜性帮扶投入，以保障城乡义务教育水平相对均衡，使受教育者之间获得平等的受教育权利和相对均等的教育成功机会，促使每一个人未来的发展和受益机会均等。

（一）义务教育均衡发展的内涵

关于义务教育均衡发展的内涵，由于视角不同，不同学者的解读有所不同。王建容、夏志强从经济领域上的供需均衡关系的视角进行解读，认为义务教育均衡是社会对义务教育的需求与相关部门对义务教育的供给达到相对平衡的状态，义务教育的供给量和需求量大致相当，供求双方的愿望都得到满足，其发展具有全面性、动态性、协调性和特色性四个特征。① 彭波从"教育质量"的视角来解读义务教育均衡发展，认为义务教育质量均衡发展的内涵要求主要包括协同发展、内生发展和个性发展三个方面。② 薛军、闻勇从城乡关系视角对义务教育均衡发展内涵做出界定，认为城乡义务教育均衡发展是一种遵循"机会均等—投入均等—产出均等—受益均等"流程的动态发展过程。③

综上，我们认为义务教育均衡发展应具有以下内涵：一是供需的均衡发展，这意味着需求方教育愿望的充分满足；二是过程的均衡发展，包括教育机会均衡、投入均衡、产出均衡、收益均衡的发展过程；三是协调的发展，这一均衡过程的实现需要与各地区教育发展水平相协调；四是个性的发展，根据不同地区的文化关系推动学校特色化的发展，因材施教。

（二）义务教育发展阶段

我国的城乡义务教育发展阶段，可以分为城乡义务教育不均衡发展阶段（1977—2000 年）和义务教育均衡发展阶段（2001 年至今）。前者主要目标是普及义务教育，但各地教育水平的差距却有所拉大；后者在保证普及义务教育的基础上，开始探索促进城乡义务教育均衡发展的道路。

1. 义务教育不均衡发展阶段

改革开放后，面对全球化的竞争，为将我国庞大的人力资源转化为人才资源，我国开始普及义务教育，1982 年颁布实施的《中华人民共和国宪法》提出"普及初等义务教育"，1985 年中共中央发布的《关于教育体制改革的决定》提出"实行九年制义务教育"，1986 年颁布的《中华人民共和国义务教育法》确立了保障义务教育

---

① 王建容，夏志强 . 我国义务教育均衡发展的内涵及其指标体系构建 [J]. 理论与改革，2010（04）：71.
② 彭波 . 义务教育质量均衡发展：内涵要求及路径选择——兼论义务教育质量的特性 [J]. 教育理论与实践，2015（23）：9.
③ 薛军，闻勇 . 城乡义务教育均衡发展内涵、现状及实现路径 [J]. 学术探索，2017（01）：151.

的制度设计。1991—2000 年我国义务教育发展进入加速推进阶段，在这一时期提出并实施"两基"工作，同时制定一系列政策规范指导义务教育普及工作。如 1992 年发布《义务教育法实施细则》、1993 年发布《普及九年义务教育评估验收办法》、1994 年发布《国家教委关于在九十年代基本普及九年义务教育和基本扫除青壮年文盲的实施意见》。① 到 20 世纪末，普及九年义务教育的目标得到了基本实现，但也存在一些问题，由于区域之间、城乡之间、学校之间发展的不平衡，这一阶段的主要目标是普及义务教育，采取"分级管理、分灶吃饭"的工作原则，对城乡义务教育质量的均衡问题关注不够，以县乡为主的义务教育投入机制办学重心过低，各地政府由于当地不同的经济发展水平限制，对义务教育的投入十分有限，甚至存在"负债办学""拖欠教师工资"的情况，一些县乡义务教育连"保运转""保工资"都难以做到，城乡义务教育发展差距拉大，不均衡的矛盾逐渐凸显出来。

2. 义务教育均衡发展阶段

为解决城乡义务教育发展不平衡的问题，党中央在基本实现普及义务教育目标后，开始将工作重心转向探索城乡义务教育均衡发展。这一时期主要以党的十八大为分水岭，21 世纪初到党的十八大召开前夕为城乡义务教育均衡发展的初步运行阶段，党的十八大召开至今为城乡义务教育均衡发展的全面深化阶段。

（1）初步运行阶段（2001—2011 年）

21 世纪初，中央逐渐意识到城乡义务教育发展差距拉大带来的问题，开始有意识地寻求解决城乡义务教育两极分化问题，陆续出台促进义务教育均衡发展的政策举措。2002 年《教育部关于加强基础教育办学管理若干问题的通知》指出要"积极推进义务教育阶段学校均衡发展"；2005 年发布《教育部关于进一步推进义务教育均

---

① 廖其发. 新中国 70 年义务教育的发展历程与成就——兼及普及教育［J］. 西南大学学报（社会科学版），2019（05）：8.

衡发展的若干意见》；2006 年对《中华人民共和国义务教育法》进行修订，提出"国务院和县级以上地方人民政府应当合理配置教育资源，促进义务教育均衡发展"，从义务教育法律条文上明确了义务教育均衡发展的基本方向。尽管这一时期中央已经深刻意识到城乡义务教育均衡发展的重要性，并为遏制城乡义务教育差距扩大付出了诸多努力，但由于未能从体制机制上根本改变"地方负责、分级管理"的运行模式，中央对地方帮扶的整体力度和系统性十分有限，未能触及导致城乡义务教育差距拉大的深层矛盾。

（2）全面深化阶段（2012 年至今）

2011 年，我国所有的省（区、市）均通过了国家"普九"验收，义务教育全面普及的目标完成，城乡义务教育均衡发展随即进入全面深化阶段。2012 年 9 月党的十八大召开前夕，国务院发布《关于深入推进义务教育均衡发展的意见》，提出"中央财政加大对中西部地区的义务教育投入"，并将工作重点聚焦在县域内城乡义务教育均衡发展上。2016 年和 2017 年国务院又分别出台《关于统筹推进县域内城乡义务教育一体化改革发展的若干意见》和《县域义务教育优质均衡发展督导评估办法》，加强对县域城乡义务教育均衡发展的督导。党的十九大召开后，我国又进一步开展深度推进县域城乡义务教育优质均衡发展的政策行动。2021 年教育部办公厅发布《关于开展县域义务教育优质均衡创建工作的通知》，提出"经过3—5 年的努力，在各省（区、市）创建一批率先实现义务教育优质均衡发展的县（市、区），充分发挥创建示范引领作用，带动各地加快推进县域义务教育优质均衡发展"①。教育部在 2022 年工作要点中明确提出，要出台构建优质均衡的基本公共教育服务体系的意见，指导县域义务教育优质均衡创建工作，召开义务教育优质均衡发展

---

① 中华人民共和国教育部. 教育部办公厅关于开展县域义务教育优质均衡创建工作的通知 [EB/OL]. （2021 – 12 – 01）［2022 – 06 – 21］. http://www. moe. gov. cn/srcsite/A06/s3321/ 202112/t20211201_ 583812. html.

经验交流会。①

综上可见，我国城乡义务教育均衡发展作为推动国家实现教育公平目标任务的主要政策议题，在实践上呈现出一个清晰的历史发展脉络。在改革开放初期，由于中央财政较紧缺，我国采用地方政府分级管理模式进行义务教育普及工作，但城乡之间经济发展程度不同造成的城乡财政差距会影响义务教育投入水平，继而拉大城乡义务教育的发展差距。在完成义务教育普及工作后，为推动教育公平工作，我国义务教育政策的重心开始由受教育"机会均等"向受教育"优质均等"的方向发展，进入新时代的教育均衡工作阶段。其中，缩小城乡教师队伍配置差距，提高乡村教师队伍整体素质，保障城乡之间义务教育师资队伍结构配置和质量发展的相对均衡，是实现义务教育优质均衡、高质量发展的一个根本工作方向。

第二节　义务教育均衡发展与城乡师资配置

"教育大计，教师为本。"义务教育均衡发展是新时代义务教育发展的主要方向，需要以城乡教师队伍建设一体化为保障，而城乡教师队伍建设一体化的关键是城乡师资配置问题。从义务教育均衡发展内涵切入，结合相关教育政策，审视我国义务教育发展不均衡和城乡教师资源配置现状，探讨义务教育均衡发展与城乡师资配置相关问题，对教师教育一体化改革具有重要意义。

一　我国义务教育均衡发展现状

根据我国教育事业"十四五"发展规划和义务教育专项任务，为实现建设高质量教育体系的目标要求，当前义务教育发展进入加速推进优质均衡的重要阶段。我国县域内义务教育均衡发展情况，

---

① 中华人民共和国教育部. 关于印发《教育部基础教育司 2022 年工作要点》的通知 [EB/OL]. （2022 - 02 - 09）［2022 - 06 - 26］. http://www.moe.gov.cn/s78/A06/tongzhi/202202/t20220209_598277.html.

具体表现在以下两个方面。

（一）城乡发展不均衡还较明显

《2020年全国教育事业发展情况》显示：义务教育阶段教学仪器设备配置水平进一步提升，城乡差距依然较大；全国小学生均教学仪器设备值1809元，比上年增加137元，增长8.2%，农村小学1652元，相当于城市小学的80.4%，这一比例比上年提高2.6个百分点；全国初中生均教学仪器设备值2835元，比上年增加210元，增长8.0%，农村初中2541元，相当于城市初中的77.0%，这一比例比上年提高0.6个百分点。义务教育阶段建立校园网的学校比例继续提高，城乡差距依然较大。小学建立校园网的学校比例为70.4%，比上年提高1.7个百分点；初中为77.4%，比上年略有提高；农村小学、初中建立校园网的学校比例分别为67.3%和74.1%，分别比城市学校低17.2和12.6个百分点。[①]可见，城乡义务教育质量差距一直存在。如何有效缩小差距，推进有质量的均衡仍然是一个迫切需要解决的问题。

（二）优质教育资源发展不充分

我国义务教育总体正在以较快速度趋向均衡，但义务教育要实现优质均衡发展目标还有较大不足。截至2022年5月，全国31个省（区、市）和新疆生产建设兵团的2895个县都实现了县域义务教育基本均衡发展。[②]尽管当前义务教育已经实现全国县域内基本均衡发展，但与广大群众对优质教育的期盼仍有一定差距，尚不能充分满足人民群众"上好学"的需要，教育公平和优质均衡发展方面依然存在较为突出的问题。

---

① 中华人民共和国教育部. 中国教育概况——2020年全国教育事业发展情况［EB/OL］.（2021－11－15）［2022－04－16］. http://www.moe.gov.cn/jyb_sjzl/s5990/202111/t20211115_579974.html.

② 中华人民共和国教育部. 全国县域义务教育基本均衡发展国家督导评估认定收官［EB/OL］.（2022－05－05）［2022－09－26］. http://www.moe.gov.cn/s78/A11/s8393/s7657/202205/t20220505_624731.html.

可见，优质均衡已成为新时代赋予教育的重要历史使命，而推动新时代义务教育更加均衡、更有质量、更高水平地发展时，城乡师资均衡配置问题是其中无法绕开的关键问题之一。

二　我国城乡教师资源配置现状

城乡师资配置是实现城乡义务教育均衡发展的基本方略。为解决长期以来我国城乡师资不健康的单向流动问题，消弭城乡校际的师资差距，缓解师资配置不均衡问题，必须对城乡教师人力资源的参照指标（主要有教职工编制标准、学科生师比、教师职称结构、教师年龄结构、教师学历结构等方面）进行合理、均衡的配置。

教师资源配置情况是影响城乡教师教育一体化的重要因素。目前，我国义务教育城乡师资配置不均衡较集中地体现在以下方面。

（一）教师数量分布不均衡

当前我国义务教育城乡师资总量基本均衡，但区域内部和区域之间城乡师资配置不均衡，而且主要集中在优质师资分配不均衡和结构性缺编问题上。相较城镇教师数量，近几年我国乡村教师数量呈逐年下降态势。据统计，2016—2020 年我国乡村普通小学专任教师数量由 197.5223 万人下降至 178.7472 万人，乡村初中专任教师数量由 60.7760 万人下降到 55.6051 万人。[①] 造成这种情况的主要原因是多样化的。其中一方面是，进城务工人员随迁子女从 2016 年普通小学毕业生数 1300339 人，逐年增长到 2020 年的 1492702 人。生源不断流失，部分乡村学校、班级不得已合并，进而导致乡村学校、班级数量呈现持续下降趋势，乡村教师的人数在一定程度上也只能缩减。但是，这个专任教师人数并不能直接反映实际的城区、镇区和乡村的高质量教师人数。高质量的专任教师才是众多家庭追求优质教育资源的风向标。因此，优质师资配置不均衡必然成为限制城

---

① 上观. 我国小学数量下降35%，全国共有普通小学 14.91 万所 [EB/OL]. (2023 – 04 – 04) [2023 – 06 – 18]. https://export.shobserver.com/baijiahao/html/599477.html.

乡义务教育均衡优质发展的一大问题。

（二）城乡教师素质不均衡

教师素质的发展主要体现在学历层次、职称结构和职后培训等方面。学历层次方面，有研究表明，2004—2013 年，城乡教师学历差距呈现持续拉大的趋势，学历的农村—城市差值由 2004 年的 1.36 增加到 2013 年的 2.04。[①] 职称结构方面，有研究表明，城乡教师职称结构不均衡问题显著，拥有高级职称的乡村教师占 6.69%，城区教师占 12.99%，而拥有初级职称的乡村教师占 43.94%，城区教师占 35.41%，乡村教师高级岗位比例偏低，呈现乡村—镇区—城区的差序格局。[②]

另外，乡村小规模学校教师普遍是一级、二级职称，相对偏低。对此，国务院提出要"加强对乡村教师的培训，促进培训与学历教育相衔接，支持乡村教师便捷提升学历"，"放宽乡村教师职称评审学历要求，提高教学实绩权重"[③]，尽量减少乡村教师晋升评级的一些客观条件限制。尽管职称评聘向乡村教师倾斜，但是由于乡村教师自身能力不足，培训机会较少，自主成长乏力，职称评定依旧较为困难。因此，从个体的主观学习能动性出发，强化教师自我教育意识，提升教师自我发展能力，对于促进教师教育一体化发展至关重要。

（三）城乡生师比配置不均衡

生师比经常被用来反映教师资源配置情况，生师比越低说明单个学生享有的教育资源越多，质量也更有保障。通过查阅《2021 年教育事业统计年鉴》发现：2020 年，全国普通小学平均生师比为 16.67∶1，乡村生师比为 13.71∶1，镇区生师比为 17.35∶1，城区生师

---

① 薛二勇，李廷洲. 义务教育师资城乡均衡配置政策评估 [J]. 教育研究，2015（08）：70.
② 王晓生，邬志辉. 乡村教师职称评聘的结构矛盾与改革方略 [J]. 中国教育学刊，2019（09）：71 - 72.
③ 中华人民共和国教育部. 加强乡村教师队伍建设 保障进城务工人员随迁子女就学——国务院常务会议部署多项举措促进教育公平 [EB/OL].（2021 - 12 - 30）[2022 - 08 - 17]. http://www. moe. gov. cn/jyb_ xwfb/s5147/202112/t20211230_ 591432. html.

比为 18.28∶1；全国初中平均生师比为 12.73∶1，乡村生师比为 11.47∶1，镇区生师比为 12.86∶1，城区生师比为 13.04∶1。[①] 不难看出，乡村的义务教育生师比都远远小于镇区、城区生师比。单纯看生师比，乡村教师配比数量很乐观。但实际上，结合上述乡村教师职称和学历水平偏低情况，我们应该看到，在校学生数量与高质量的教师数量之比才是城乡生师比配置不均衡的实然动因。

（四）城乡师资学科配置不均衡

乡村专职专任学科的教师结构不合理，最明显的是音、体、美等学科的教师配备水平明显低于城市学校，加上这些技能课教师多由其他学科教师兼任，必然带来教师教学适应性和能力提升的问题。以美育为例，根据 2015 年《全国义务教育阶段美育师资状况分析报告》，我国义务教育阶段美育师资缺口大、区域发展不平衡且存在较大城乡差距：从数量看，2015 年美育教师仅占全部专任教师总数的 6.5%，承担了《义务教育课程设置实验方案》规定的 9% 以上的课程；从区域看，美育师资缺额主要集中在中部和西部地区，东部地区所占比例较小；从城乡看，美育师资供需均衡状况城乡之间存在较大差距，广西、青海、甘肃、江西、河南、海南等省（区）乡村小学美育教师缺额率超过 50%，且缺额主要分布在乡村学校。[②] 另据统计，2008 年至 2018 年，全国义务教育阶段美育教师人数由 43.41 万人增加到 71.7 万人。可见，国家大力加强中小学校美育教师培养的目的在于尽力补充乡村学校音乐和美术教师，逐步平衡城乡学科师资的配置。

（五）城乡教师年龄、性别等结构失衡

目前，我国农村学校教师尤其是"老少边穷山"地区教师呈现

---

① 全国美育教师至少缺 4 万，2015 年生师比为 233.8∶1 [N]. 中国教育报，2016 - 08 - 30 (1).

② 中华人民共和国教育部.《全国义务教育阶段美育师资状况分析报告》显示全国美育教师至少缺四万 [EB/OL]. (2016 - 08 - 30) [2022 - 08 - 22]. http://www.moe.edu.cn/jyb_xwfb/s5147/201608/t20160830_ 277028. html.

老龄化态势，中小学女教师数量明显多于男教师数量的现象也较为普遍，农村学校教师在教育观念、知识体系及教学方法等方面相对落后，一定程度上影响了农村学校教学质量，制约了农村义务教育的发展。[①]"十四五"期间，国家提出继续健全义务教育的政策保障体系，加快缩小区域、城乡、校际、群体教育差距，推动县域内校长、教师有序交流轮岗，实现优秀骨干教师在校际均衡配置。[②] 这强调了未来国家将进一步采取具体措施，解决义务教育城乡师资配置不均衡问题，全面推进义务教育优质均衡发展。

综上所述，当前义务教育城乡师资配置不均衡体现在地区差别、校际差别、生师比、学科结构、优秀师资等方面。乡村义务教育阶段教师资源配置问题已成为制约教育公平、城乡义务教育一体化的重要因素之一，师资配置情况和合理程度直接影响着教育公平的实现，需要从国家层面进一步通过教师教育改革政策，促进城乡义务教育师资均衡配置。

三　我国义务教育城乡师资均衡配置政策

为推进教育公平，促进城乡师资均衡配置，实现义务教育优质均衡发展，我国采取了一系列政策助力解决城乡师资配置不均衡问题。如 2015 年《乡村教师支持计划（2015—2020 年）》提出"统一城乡教职工编制标准"，"推动城镇优秀教师向乡村学校流动"，以促进城乡师资均衡发展；2020 年《关于加强新时代乡村教师队伍建设的意见》提出"坚持畅通城乡一体配置渠道，健全县域交流轮岗机制，深入推进'县管校聘'改革，同时完善双向交流轮岗机制，促进城乡一体流动。多种形式配备乡村教师，探索构建招聘、支教

---

① 李建辉，卢妙香.城乡中小学师资均衡配置的影响因素分析［J］.赣南师范学院学报，2013（05）：94－98.
② 中华人民共和国教育部."十四五"教育公共服务如何发力——推进学前教育普及普惠安全优质发展，推进义务教育优质均衡发展，大力提升县域普通高中整体质量［EB/OL］.（2022－01－12）［2022－06－26］.http：//www.moe.gov.cn/jyb_xwfb/s5147/202201/t20220112_593915.html.

等多渠道并举，多层次人才到乡村任教的格局"；等等。

总体上，当前城乡师资配置政策根据政策类型分为三种。一是增量配置，向农村薄弱地区优先派遣紧缺师资和优质师资，从而缓解农村地区师资队伍薄弱问题。例如，2021 年《中西部欠发达地区优秀教师定向培养计划》，以及特岗计划、免费师范生政策等。二是存量调整，主要对城乡教师已有存量进行调整，促进二者的合理良性流动。例如，促进城乡之间校长和教师的交流轮岗，激励农村教师留岗，鼓励城镇教师开展支教等。三是质量提升，如面向农村的教师培训、国培计划、省培计划等，目的在于提升农村教师队伍素质，促进城乡师资质量平衡。

近几年，我国城乡师资均衡配置政策体系不断完善，并根据义务教育师资队伍现状积极探索，颁布促进城乡师资均衡发展的多项政策，实现了政策的独立和细分，建立了较为完备的城乡教师评价内容体系，政策价值导向逐步由"数量补齐"向"优质发展"转变。但在政策实施方面依然存在一些挑战。

首先，城乡教师配置具有相对平等的发展性，对促进城乡教师的合理流动，消解优质师资分布不均现象具有积极意义。但目前，城乡义务教育教师发展的评定晋升管理实施存在模糊性，尽管提出了职称评聘向乡村倾斜的政策，但政策文本中规定的不明确性强化了政策操作的随意性，可能导致老教师易于评定，新教师晋升受阻与年轻教师大批流出。其次，政策执行中存在一定的"面子工程"，部分地方官员为追求短期政绩，出现"放卫星"现象，对当地教育生态造成一定的不良影响，不利于义务教育的长效健康发展。最后，一些师资配置政策的内容过于"死板"，在实施上缺乏一定灵活性，导致政策在施行过程中忽略了教育的价值属性，最终被地方政府的"功利观""政绩观"所取代，一定程度上缺乏教育政策中应有的人文关怀和价值理念。

综上所述，城乡教师队伍建设一体化的关键是城乡师资配置问题，城乡师资均衡配置是城乡义务教育均衡发展的重要抓手。城乡师资均衡配置政策已成体系并获得了一定程度的发展。作为职前教师培养的机构，师范院校与普通综合大学要进一步研究义务教育师资均衡配置的相关政策，以教师教育一体化推进城乡教师队伍建设一体化，为促进城乡义务教育一体化、推进义务教育均衡发展做出新的更大的贡献。

第三节　关于师范生一学期实习支教的意见

义务教育均衡发展，需要政府合理配置义务教育师资资源，引导师范院校开展教师教育一体化实践，推进教师教育人才培养模式创新。教育部围绕师范生一学期实习支教问题出台一系列政策，促使师范院校与地方教育主管部门和中小学校建立实质性联系，推进城乡师资建设一体化和教师教育一体化的实践发展。

一　实习支教的内涵及意义

实习支教是中国特色的教育创新，既是对贫困地区教育师资的有效支援模式，也是高师实习制度的重要改革。[1] 其基本的思路是高等师范院校因地制宜，组织高年级师范生到指定的农村中小学顶岗任教，进行不少于一学期的教育实习，其本质上是一种针对师范生的教育实践活动，以提高师范生教育教学水平为目标，又兼具了支援薄弱地区师资力量不足的功能。

（一）实习支教的探索实践

有关实习支教的探索实践，早在改革开放前便已出现。例如，1975 年吉林四平师范学院数学系师生到农村中学顶岗实习的尝试。各地师范院校也在 21 世纪以前就开始了实习支教的探索。如云南师范大学从 1988 年开始"顶岗置换"的实习改革，闽南师范大学从 1992 年起在泉州地区实践"顶岗实习"，忻州师范学院 1997 年发布

---

① 冉亚辉，包翠秋 . 支教实习模式及其实践反思［J］. 上海教育科研，2006（11）：12 - 14.

《关于扶贫顶岗实习支教的意见》，启动以"411 工程"为核心的扶贫顶岗实习支教。① 2002 年，西南大学教育学院以重庆奉节县为实践基地进行小规模试点，2004 年扩大规模，实习支教在进行四年多探索实践后得到不断推广和改进，逐渐发展为一项国家政策。②

2007 年，教育部发布《关于大力推进师范生实习支教工作的意见》，要求"高师院校要因地制宜地组织高年级师范生到中小学进行不少于一学期的教育实习"，"将师范生实习支教与加强农村教师队伍建设紧密结合，根据实际需要，创造有利条件，积极安排和接收高师院校师范生到农村学校进行实习支教"。③ 2016 年，教育部又出台《关于加强师范生教育实践的意见》，要求"积极开展实习支教和置换培训，鼓励引导师范生深入薄弱学校和农村中小学，增强社会责任感和使命感"④。

从教师培养环节来看，师范生实习支教属于教师职前培养阶段，是职前教师教育一体化的"关键环节"。从活动属性来看，师范生实习支教具有"实习"与"支教"双重属性，前者属于师范生以学生身份进行的实践学习活动，后者是师范生以准教师身份开展的支援性教育教学活动。从活动性质来看，师范生实习支教属于教育教学实践活动，是师范生走进工作现场，把所学理论知识运用于实践、体验教师教学情境和过程的职前培养活动。

（二）实习支教的现实意义

师范院校组织高年级师范生开展实习支教，具有重大的现实意义。其一，有利于提高教师职前培养质量。实习支教工作，可以促

---

① 王永颜，徐莉. 顶岗实习支教：教师教育一体化建设的突破口 [J]. 河北师范大学学报（教育科学版），2010（10）：124 – 128.

② 冉亚辉，包翠秋. 支教实习模式及其实践反思 [J]. 上海教育科研，2006（11）：12 – 14.

③ 中华人民共和国教育部. 教育部关于大力推进师范生实习支教工作的意见 [EB/OL].（2007 – 07 – 05）[2008 – 04 – 25]. http://www.moe.gov.cn/srcsite/A10/s7011/200707/t20070705_145953.html.

④ 中华人民共和国教育部. 教育部关于加强师范生教育实践的意见 [EB/OL].（2016 – 04 – 07）[2022 – 12 – 25]. http://www.moe.gov.cn/srcsite/A10/s7011/201604/t20160407_237042.html.

进师范院校教师和师范生将理论与实践相结合，促进师范院校开展教师教育改革，提升教师职前培养质量。其二，有利于增强师范生的社会责任感。师范生是基础教育师资供给的主要对象，是国家推进义务教育的根本依托。深入农村中小学，尤其是农村落后地区中小学开展实习支教，有利于师范生深入了解基础教育现实状况，强化服务意识和社会担当意识，增强奉献基础教育的社会责任感。其三，有利于提高农村中小学师资水平。实习支教可以为农村中小学带来先进的教育教学理念和优良的教育教学技术，帮助农村中小学开展针对性的培训，为农村中小学输送"下得去、留得下"的师资，从整体上提升农村中小学师资水平。

二 师范生一学期实习支教文件精神解读

师范生开展一学期实习支教工作，集中体现于教育部 2007 年印发的《关于大力推进师范生实习支教工作的意见》（以下简称《实习支教意见》）。下面将从政策出台背景、政策内容与亮点、政策实施效果等方面对其做出简要分析。

（一）实习支教政策的出台背景

《实习支教意见》作为一项公共政策，要求各地教育行政部门和有关学校从思想上高度重视师范生教育实习工作，并切实将师范生实习支教工作落地实施，它的产生和发展立足教师教育和基础教育的实际需求，其出台基于如下考量。

其一，保证师范生教育实习中的实践教学效果。部分高师院校在实践教学方面较为薄弱，如：实践教学时间短，一般实习时间是 4—7 周，有些甚至不到 4 周，无法保证实践教学效果；实践教学管理不规范，存在随机性、随意性，实习过程缺乏监管和指导，实习要求不统一，师范生无法真正在实践教学中学习到本领等。针对这些问题，《实习支教意见》要求"高师院校要因地制宜地组织高年级师范生到中小学进行不少于一学期的教育实习"，"强化实践教学环节"，"积极安排和接收高师院校师范生到农村学校进行实习支教"等。① 这对师范生实习支教提出了具体的要求，有助于保证师范生教育实习的实践效果。其二，改善农村师资力量总体薄弱的状况，提高农村义务教育的服务水平。在当时，广大农村尤其是中西部农村义务教育师资队伍存在数量匮乏和质量低下的双重问题，且难以在短时间内动员大量高校毕业生成为薄弱地区的师资补充力量，而一旦采用实习支教模式，就可以用相对低的成本让农村基础教育获得师资补充渠道，留出更多资金提高当地教师的素质和待遇，达成教育实习"引进一批，提高一批，巩固一批"的目标。

（二）实习支教政策的内容和亮点

《实习支教意见》包含三方面内容。一是说明出台文件的政策依据，二是论述师范生实习的重要性，三是具体阐明师范生教育实习制度建设、师范生实习支教组织实施、建立师范生实习基地、师范生实习支教经费保障、加强组织领导和支持服务等。亮点主要体现在三个方面。

其一，第一次要求师范生实习时间不少于一个学期。"到中小学进行不少于一学期的教育实习"这一规定，打破了我国师范生实习长期以来大专生4—6周、本科生6—8周的传统做法。这基本保障了师范生实习时间，使师范生在实习岗位上得到更多锻炼与成长。

其二，第一次以政策的形式创造性地将实习与支教整合成为实习支教，并将其作为师范生培养的重要环节。长期以来，高师院校只注重组织师范生进行见习、实习，并没有很好地利用中小学尤其是农村中小学的力量，导致实习学校不信任、不接纳实习学生，实习学生没有机会上讲台等问题。《实习支教意见》将实习与支教进行了整合，无疑是一个创举。

其三，第一次将实习作为支援农村义务教育发展的重要举措。

---

① 中华人民共和国教育部 . 教育部关于大力推进师范生实习支教工作的意见［EB/OL］. （2007 - 07 - 05）［2008 - 04 - 25］. http：//www. moe. gov. cn/srcsite/A10/s7011/200707/t20 070705_145953. html.

早期，实习被视为师范生实践教学的环节，但各界并不认为师范生的实习活动是他们作为教师在工作。这一认识既看轻了师范生从事教育教学活动的能力，也阻塞了师范生有效参与教育教学活动的通道。《实习支教意见》将师范生的实习和支教相关联，将师范生进入农村中小学的实践教学活动视为支教行为，从政策上给予肯定，这是我国教师教育发展史上的一次革新。

（三）实习支教政策的实施效果

《实习支教意见》实施以来，全国各地的师范院校积极组织推进师范生实习支教工作，取得了显著的效果，受到高师院校和中小学的广泛欢迎，是一项双赢的政策举措，其成效主要体现在以下方面。

一是推动了高师院校教育教学改革。《实习支教意见》印发之后，全国各地高师院校在人才培养方案、专业建设、课程设置、教学内容、教学方法、师资配置等方面进行了全方位改革，探索推进一学期实习支教。例如，忻州师范学院、闽南师范大学、河北师范大学等坚持顶岗实习支教与教育实习相结合的方式，积极推动了教育教学改革。这为其他院校教育教学改革提供了范本。

二是缓解了实习学校师资短缺矛盾。20世纪末，由于城镇化进程的不断加快，我国多数"老少边穷山"地区的小学和幼儿园出现"撤点并校"现象，但这些地方仍然还有一些教学班，存在"流生走师"问题。师范生实习支教面向"老少边穷山"地区开展实习支教服务，一方面，能够让师范生在支教过程中提高教育技能，锤炼教师信念，另一方面也为"老少边穷山"地区带来一批年轻的大学生教师，帮助解决当地"教师流失"所带来的师资不足问题，保障教育教学的有效进行。

三是确立了"地方教育部门—高师院校—中小学校"教师教育新机制。很多师范院校在地方政府的大力支持下，积极探索"G－U－S"三方合作、协同开展师范生实习支教工作的新机制。例如，东北师范大学自2008年以来与东北3省17个县共建了"教师教育创新东北实验区"，联合实施师范生实习支教、教师培训、教改实验等，创新了教师教育机制，获得了良好的社会效益。① 这为师范生巩固理论知识、增强专业能力、练就实践能力、实现角色转换、培养综合职业素质的实践性学习提供了强有力的保障。

三 教育部关于加强师范生教育实践的意见

《实习支教意见》印发以来，尽管取得的政策效果是明显的，高师院校教师教育改革得以持续推进，师范生教育实践得到不断加强，但是师范生教育实践依然是教师培养的薄弱环节，仍然存在一些较为突出的问题。如师范生实习支教的目标还不够清晰、内容还不丰富、形式还较单一，对师范生实习支教的指导还不够，师范生实习支教管理、评价、组织、保障等还相对薄弱，严重影响了师范生培养质量，影响了教师职后发展。

2014 年，习近平总书记在教师节同北京师范大学师生代表座谈时提出：做好老师，要有理想信念；做好老师，要有道德情操；做好老师，要有扎实学识；做好老师，要有仁爱之心。② 这要求高师院校须努力寻求深化教师教育改革的突破口和着力点，不断提高教师培养培训质量。

2016 年 3 月，教育部印发了《关于加强师范生教育实践的意见》（以下简称《教育实践意见》）。《教育实践意见》是对《实习支教意见》的发展，是国家根据师范生教育出现的新情况、新问题出台的新政策。《教育实践意见》坚持问题导向，遵循教师专业化培养理念，对师范生教育实践进行了全方位的思考和安排，从明确目标任务、构建内容体系、创新形式、规范教育实习、推行"双导师制"、完善考核评价、建设实践基地、健全指导教师激励机制、保障

---

① 东北师范大学. 完善"教师教育合作新模式"［EB/OL］.（2009-04-21）［2017-11-14］. http://www. edu. cn/jiao_yu_ren_cai_zi_xun_52/20090421/t20090421_373911. shtml.

② 中华人民共和国教育部. 努力造就一支党和人民满意的教师队伍——深入学习贯彻习近平总书记同北京师范大学师生座谈时的重要讲话精神［EB/OL］.（2014-09-19）［2022-12-19］. http://www. moe. gov. cn/jyb_xwfb/moe_2082/s7866/s8314/201409/t20140919_175148. html.

经费投入九方面对新时期加强师范生教育实践提出了新要求、新部署。①《教育实践意见》旨在通过系统设计和有效指导高师院校师范生教育实践，促使师范生形成良好的师德素养和职业认同，掌握必要的教育教学技能，以及课程开发设计、班级管理、学生指导、同行合作等能力，为其职后专业发展奠定扎实基础，对全方位深化高师院校教师教育改革具有良好的促进作用。

需要强调的是，《教育实践意见》的出台并不影响《实习支教意见》的落实，《实习支教意见》的效力依然存在。诚如研究者指出的："未来，实习支教可能会发生某些形式上的变化或完善，但不应该改变这种较长时间、较完整模块的一线实践培养模式。"② 高师院校及教师教育机构应该不断总结实习支教工作的好经验、好做法，推进实习支教工作。

第四节 卓越教师培养计划与师范生的培养

乡村教师队伍建设是实现教育现代化的重要战略基点。为进一步改善与加强乡村，尤其是"老少边穷山"等边远贫困地区教师队伍建设，缩小城乡师资水平差距，促进城乡义务教育均衡发展，培养高层优质的师范生，2014年，教育部出台了卓越教师培养计划，旨在通过实施卓越教师培养计划，推动教师教育院校深化教师培养机制、课程、教学、师资、质量评价等方面的综合改革，努力培养一大批有理想信念、有道德情操、有扎实学识、有仁爱之心的好教师。

一 卓越教师培养计划政策背景与意义

2014年9月9日，习近平总书记同北京师范大学师生代表座谈

---

① 中华人民共和国教育部. 教育部关于加强师范生教育实践的意见［EB/OL］.（2016 – 04 – 07）［2022 – 12 – 25］. http://www.moe.gov.cn/srcsite/A10/s7011/201604/t20160407_237042.html.

② 弓青峰，任丽婵. 实习支教提高大学生实践创新能力的调查研究［J］.教育理论与实践，2017（09）：9 – 11.

时指出:"教师重要,就在于教师的工作是塑造灵魂、塑造生命、塑造人的工作。一个人遇到好老师是人生的幸运,一个学校拥有好老师是学校的光荣,一个民族源源不断涌现出一批又一批好老师则是民族的希望。"[①] 习近平总书记的重要讲话从战略高度阐明了教师工作的重要性,是当前和今后一个时期教师队伍建设特别是教师教育工作的纲领和指南。

(一)卓越教师培养计划的政策背景

立足于新时代增强教师培养针对性与适应性、革新教师教育课程内容与教学、提高师范生教育教学实践质量、解决教师教育师资队伍薄弱问题的现实需要,2014 年教育部发布《关于实施卓越教师培养计划的意见》,2018 年又发布《关于实施卓越教师培养计划 2.0 的意见》。

1. 新时代要求增强教师培养针对性与适应性

中国特色社会主义发展进入新时代后,国民对高质量教育的需求与日俱增。我国幅员辽阔,各地经济发展、文化样态呈现出多元化特征,各地教育发展水平和需要也各不相同。要满足国民多元化的高质量教育需求,就需要充分观照不同地区教师培养的针对性和适应性,解决教师培养过程中的"同质化"问题。这就要求对原有教师培养模式做出变革,增强教师培养过程中的针对性和适应性,这不仅是兼顾不同地域多元化教育发展的需要,也是对新时代背景下教师专业发展需求个性化、多元化的政策回应。

2. 新时代要求革新教师教育课程内容与教学

新时代以来,我国站在第四次科技革命的风口浪尖,智能时代充满历史机遇和挑战,亟须教育领域与信息技术、智能科技充分结合,形成适应未来智能技术和产业变革需要的新的课程内容与教学。

---

① 中华人民共和国教育部. 努力造就一支党和人民满意的教师队伍——深入学习贯彻习近平总书记同北京师范大学师生座谈时的重要讲话精神 [EB/OL]. (2014 – 09 – 19)[2022 – 12 – 19]. http://www.moe.gov.cn/jyb_xwfb/moe_2082/s7866/s8314/201409/t20140919_175148.html.

教师要成为引领时代的革新者，就必须具备未来时代所需要的一系列关键素养，卓越教师培养计划要求教师专业发展必须充分联系教育信息化，对传统已有的陈旧不堪的教师教育课程内容与教学进行革新。

3. 新时代要求提高师范生教育教学实践质量

在高等教育大众化、综合化的浪潮下，许多师范院校的办学定位不再聚焦于专门化的师资培养，办学的师范性有所削弱，学校将人力财力更多投入科研，学术主义的办学思路正在不断挤占、侵蚀师范主义的办学空间。这也直接或间接地影响了师范生教育教学的实践质量，特别是新冠疫情暴发以来，多数教师专业实践教学环节无法有效实施，也影响了教师的培养质量，造成一些师范生毕业后岗位"适应难"的问题。因此，建设一支能满足高质量教学需要的中小学专业化教师队伍，必须坚定教师教育价值取向，强化师范生教育教学实践，在灵活的情境化教学中提高师范生教育教学实操能力。

4. 新时代要求解决教师教育师资队伍薄弱问题

教育者必先受教育。教师教育机构的师资素质决定了教师教育课程内容的实施质量。要提升教师培养质量，不仅需要在制度层面为教师专业发展提供外部保障，在教师教育课程内容和教学上做出变革，更重要的是建设一支专业化的教师教育师资队伍。当前，教师教育质量不高的一个重要因素是教师教育师资队伍的整体专业程度不高，一些师范院校本身的师资队伍整体水平较为薄弱，这迫切需要通过制定政策来提升教师教育者的整体素质。

（二）实施卓越教师培养计划的意义

从教师教育的政策改革和制度设计层面看，实行卓越教师培养计划具有重要的现实意义。

1. 助力教育现代化战略的全面推进

建设高素质、专业化、创新型的教师队伍，既是我国实现教育现代化战略的重要途径，也是教育现代化过程中努力追求的重要目标。实施卓越教师培养计划，旨在聚焦教师素质高质量发展、专业化成长和创新能力提升，用先进的教育思想和现代信息技术武装教师头脑和行动，助力建设高素质、专业化、创新型教师队伍，继而推动教育现代化战略目标的实现。

2. 促进师范院校和专业的繁荣振兴

实行卓越教师培养计划不仅在战略意义上有助于实现 2035 年教育现代化。从长远来讲，也有助于促进我国一批师范院校和师范专业的繁荣振兴。师范院校是开展教师教育工作的主体，卓越教师培养计划聚焦教师教育工作，在政策引领下，许多师范院校回应政策精神，积极推动师范教育教学的改革创新，开展师范专业建设工作，这有助于师范院校和师范专业的繁荣与振兴。

3. 推动我国基础教育的高质量发展

我国基础教育的高质量发展需要一支专业化的教师队伍作为支撑。目前我国已经拥有世界体量最大的基础教育教师队伍，但总体上，我国基础教育的发展还存在不平衡、不充分的问题。这也从侧面映射出基础教育教师队伍在发展层面还存在优质教师分布不均、质量不足、保障不够、吸引力不强等方面的挑战。而卓越教师培养计划聚焦基础教师素质的提升，有助于缓解教师队伍建设过程中存在的上述问题，促进教育公平，推动我国基础教育高质量发展。

二　卓越教师培养计划政策内容与亮点

在同北京师范大学师生代表座谈时，习近平总书记指出："要加强教师教育体系建设，加大对师范院校的支持力度，找准教师教育中存在的主要问题，寻求深化教师教育改革的突破口和着力点，不断提高教师培养培训的质量。"① 这为制定卓越教师培养改革意见提

---

① 中华人民共和国教育部. 努力造就一支党和人民满意的教师队伍——深入学习贯彻习近平总书记同北京师范大学师生座谈时的重要讲话精神［EB/OL］. (2014 - 09 - 19)［2022 - 12 - 19］. http://www. moe. gov. cn/jyb_ xwfb/moe_ 2082/s7866/s8314/201409/t2014 0919_175148. html.

供了行动指南。

（一）卓越教师培养计划的政策内容

1. 卓越教师培养计划1.0的政策内容

卓越教师培养计划 1.0 的主要内容旨在回答如何培养"卓越教师"、通过哪些思路或方法促进卓越教师的培养的问题。政策文本主要分为七个部分。第一部分明确了该计划的目标要求，从第二部分开始介绍达成目标要求所采取的一系列预期行动。首先，鉴于各级各类学校学生在发展阶段、身心特点等方面的差异性，指向学生发展的卓越教师培养模式变革同样要根据各级各类学校的不同定位及要求进行差异化的模式改革探索；其次，由于教师培养工作的复杂性和系统性，要推动教师教育一体化，实现高质量的教师培养，必须探索建立"高校—地方政府—中小学"三位一体的协同培养机制，实现培养目标、课程体系、课程资源、教学团队等方面的全方位协作，建立各方合作共赢的长效机制；最后，要求在招生端和就业端进行改革，使适教乐教的候选人获得接受培养和进入教师岗位的机会。同时，卓越教师的培养工作需要充分适应现代教育教学环境，教师教学工作明显的实践导向要求在课程改革和教学创新上勇于打破传统的教师教育课程体系，探索"情境化""模块化"的课程建设，体现学生中心的教学变革等内容；进一步整合优化教师教育师资队伍，促进教师教育师资队伍的可持续发展；要在组织管理、政策保障上确保卓越教师培养计划的有效实现。

2. 卓越教师培养计划2.0的政策内容

2018 年，教育部发布《关于实施卓越教师培养计划 2.0 的意见》，这标志着卓越教师培养进入一个全新的深化阶段。该计划在原有工作要求的基础上增加和细化了许多新内容，不仅对教师培养的分类推进、教师培养的协同机制、教师的课程与教学改革和师资队伍优化等内容进行了补充，还强调师德养成教育、信息技术融入教育教学改革、深化国际交流与合作等新的内容。与卓越教师培养计划 1.0 相比，其教师专业素质的培养内容更为全面立体，培养的思路、途径更加详细、科学，为我国探索符合新时代要求的教师教育模式提供了行动的指南和方向。

（二）卓越教师培养计划的政策亮点

卓越教师培养计划的政策亮点主要体现在：有效聚合教师教育力量，建立教师协同培养机制；关注招生就业环节的改进，以"严进严出"的考查标准确保最终质量；注重强调"实践取向"的课程教学改革；关注整合和优化教师教育师资队伍等方面。

1. 建立协同机制：聚合教师教育力量

卓越教师培养计划的一大亮点是提出建立"三位一体"（高校—地方政府—中小学）协同培养机制，充分照顾到教师专业培养和地方教育需求之间的契合性，提高了地方教师供给与需求之间的匹配度。此外，协同培养机制有助于凝聚多元的教师教育力量，通过政府的统筹作用、高校的培养力量、中小学的平台建设，将各方教师专业发展力量凝聚到一起，有利于教师教育资源的优化整合，促进教师教育培养与培训、研究与服务的一体化，提高教师教育的多元协同与创新力。

2. 重视招生就业："严进严出"确保质量

两个计划的第二个亮点是均强调充分关注师范招生与就业的改革，通过对培养过程入口端与出口端的关注，保障教师培养的严进严出，确保教师培养的高素质化。过去，教师的培养缺乏二次选拔，且对师范生的素质考查不够全面，计划提出了招生选拔改革强调对从教潜质和综合素质等方面的全方位考查，使得准教师选拔更具立体性，二次选拔机制的完善也有助于在培养过程中淘汰不适宜从教的人员。此外，就业教育的改革也促使准教师培养专业情意，以及立志长期从教、服务农村基层的奉献精神，有助于促进优质教师的均衡发展。

3. 改革课程教学：突出"实践取向"培养

课程设置与教学环节是整个教师职前培养过程中的核心环节，教师职业工作具有很强的实践性与情境性。传统"老三门"的课程体系和照本宣科的教学方式严重违背了教师职业本身的特性，导致了职前培养效果不尽如人意，新培养的教师难以胜任教学工作的问题。两个计划的第三个亮点是，通过改革课程体系与教学方法，突出了学生中心、实践导向等培养理念，强调以"模块化"的课程体系取代"老三门"课程，突出"自主、合作、探究"的研究型教学改革，有助于培养适应实践情境、具有研究能力的高水平教师队伍。

4. 建设师资队伍：提升师范教育质量

两个计划还有一个亮点是，强调通过师资队伍建设来提升师范教育质量。无论是协同培养机制的创新、招生就业环节的改进，还是课程与教学的变革，本质上都离不开一支专业化教师教育师资队伍的支撑，甚至可以说，教师教育的师资队伍素质是决定师范教育变革和最终质量的根本力量。两个计划考虑到现代教师职业工作的多样性（包含教学素养、科研素养、课程开发素养等内容），建议聘请多元化的优秀教育工作者充实师资队伍，并且通过一系列激励政策和发展政策促进师资队伍共同体的可持续专业化发展，为有效巩固师范教育质量和持续发展提供了政策保障。

三　卓越教师培养计划政策成效与问题

（一）卓越教师培养计划的实施成效

几年来，各地实施卓越教师培养计划的成效，可以概括为以下四点：促进了教师协同培养机制的多元化、实现了师范招生与就业环节的改进、推动了教师教育课程与教学的革新、提高了教师教育师资队伍的整体素质。一言以蔽之，从优质教师的职前培养方面推进了教师教育一体化的改革实践。

1. 促进了教师协同培养机制的多元化

卓越教师培养计划出台后，各地纷纷在政策导引下积极探索适切本地区教育生态发展需求的"三位一体"教师协同培养机制，形成各具特色的教师协同培养模式，实现协同培养机制的多元化。例如玉林师范学院"高校—地方教育行政管理部门—优质中小学"三方共育、立体培养的卓越教师培养模式①；长江师范学院的 UGSS（地方政府—地方师范院校—城市优质学校—乡村薄弱学校）教师教育人才培养模式②；闽南师范大学以关注农村留守儿童、拓展高师实习支教功能为主题的"G－U－S"教师协同培养机制③。这些根据地方学情校情发展出来的协同培养模式有力促进了各地教师队伍的特色化、个性化、专业化发展，推动了各地教师教育一体化改革，巩固和提高了基础教育的质量。

2. 实现了师范招生与就业环节的改进

卓越教师培养计划实施后，一些院校针对师范生的招生与就业进行了探索，遴选真正适教乐教的学生接受师范培养，加入教师队伍。例如，在招生环节，浙江省师范高校进行了"三位一体"综合评价的招生模式改革，将高中学考、综合素质评价和统一高考融为一体，以更加立体、全面、科学、准确、客观地对师范专业报考生进行评价、筛选，判别其是否具备从教资质和从教潜力，保障师范生源筛选过程中的科学性。在就业环节，许多师范高校开展了形式丰富多样的就业实践教育，保障师范生在正式入教前就养成一定的专业情意和专业本领。例如，全国各地高校的"三下乡"活动、江西的"红土地支教"活动和闽南师范大学的"实习支教＋留守儿童关爱教育"活动等。

3. 推动了教师教育课程与教学的革新

卓越教师培养计划的出台，极大地推动了各地师范院校的教师教育课程体系改革和教学革新。如广西师范大学陈一铭教授等提出"教育设计课程"的构想④，福建师范大学进行了新时代卓越教师教

---

① 王卓华. 卓越教师"三位一体"协同培养模式探索与实践 [J]. 玉林师范学院学报，2017（01）：63－66.

② 彭寿清，于海洪，杨晓峰，冉隆锋，钱军平. UGSS 教师教育人才培养模式的构建与实施——长江师范学院的改革实践 [J]. 教师教育学报，2015（05）：118－124.

③ 李建辉. 关注农村留守儿童教育 拓展高师实习支教功能——以协同创新教师教育机制为视角 [J]. 闽南师范大学学报（哲学社会科学版），2015（01）：140－146.

④ 陈一铭，祁占勇. 师范院校"教育设计"课程的开创——基于卓越教师培养的思考 [J]. 教育学术月刊，2022（01）：98.

育"五爱四能三融通"课程体系的探索等①。课程体系改革与教学方式革新，打破了过去教师职前培养课程内容陈旧，与教育实际脱节，教学方式没有充分遵循"学生中心"发展理念的弊端，使得课程体系设计更加贴合情境化的、"实践取向"的现实要求，教学也更有助于促进学生的专业素质成长与发展。

4. 提高了教师教育师资队伍的整体素质

多元化教师教育师资队伍建设，是卓越教师培养计划关注的问题。教师培养不仅具有理论知识方面的要求，也具有实践操作技能方面的规定。在政策导引下，各地师范院校都开始通过人才引进、合同聘用等方式充实教师教育师资队伍，师资队伍中既有本校的高校教育学教授和教学法教师，也有中小学优秀一线教师，以及教育行政部门、教研机构中优秀的教研员，这就为实现"理实一体化"的教师教育课程变革和教学改进提供了强大的师资力量支撑。

此外，还有一些地方院校对建设可持续的教师教育师资共同体进行了探究与实践。如浙江海洋大学与地方教育部门紧密协作，共同组建"校地层式名师工作室"，从"校地协作""层式联动"两个维度建立校地层式名师工作室的组织管理机制、活动机制和教师发展培训机制，把高校教育类教师与中小学名师有机组织起来，为区域教师教育师资队伍共同体建设探索出一条比较贴合实际的有效途径。②

（二）卓越教师培养计划的实施问题

卓越教师培养计划在实施过程中同样存在一些问题，如：在协同培养过程中"去联动化"导致机制失灵；对师范招生就业环节的改革不充分影响了最终培养质量；教师教育的课程体系和教学模式的革新不够彻底，依然存在一些传统性问题；师资队伍的专业化建

---

① 林伟川，周杰，林弼渠. 新时代卓越教师教育"五爱四能三融通"课程体系探索［J］. 教育评论，2022（04）：118.

② 宋秋前. 教师教育师资队伍共同体建设研究——基于"校地层式名师工作室"的实践与思考［J］. 教育理论与实践，2016（32）：34－37.

设依然不够，亟待继续加强提升。

1. 协同中"去联动化"导致机制失灵

教师协同培养机制的有效构建和运行，需要从宏观和微观两个层面充分实现各个协同主体间的有效联动，促成协同效应的产生，实现教师协同培养力量"1+1＞2"的效果。当前，有部分师范院校在教师协同培养机制的构建上存在目标设计、合作内容和培养方式等的"去联动化"，阻碍教师协同培养产生实际效果。在目标设计上，政府、高校、中小学对卓越教师培养具备哪些素质、评价标准如何构建等方面缺乏一致性认识，甚至存在认知模糊、标准不清的问题，这直接导致协同培养目标出现各方错位或模糊意识，严重干扰后续的培养行动。在合作内容上，由于缺乏充分有效的联动，各方之间合作内容浮于表面，合作不够深入，各方的信息和资源没有充分共享，合作不够全方位。培养方式的"去联动化"，主要体现为微观上理论教师和实践教师在培养过程中缺乏联动性，来自中小学一线的优秀教师走进高校，却没有走进教师圈里，理论与实践缺乏充分的融合共生。

2. 招生就业改革不充分影响了最终质量

招生与就业是卓越教师培养重要的入口端和出口端，对教师队伍建设影响深远。目前在招生上，大多数师范院校尽管进行了探索和革新，但整体依然无法完全摆脱"认分不认人"的招生困局，"唯分数论"情况依然不同程度地存在，对筛选出真正具有从教资质和潜质的学生带来挑战。在就业上，尽管通过开展就业教育、完善实习保障、加强就业指导和跟踪等，促进了卓越教师培养出口端问题的改善，但依然存在一些实习、就业教育"形式化"现象，未能将培养学生从教信念完全落到实处，工作依然有改进的空间。

3. 课程体系与教学模式革新不够彻底

在课程体系的革新上，尽管师范院校在政策导引下已经对原有的"老三门"课程结构体系进行了调整，并通过探索、实践、研究，获得了改革成果，实现了课程体系的优化重构，但由于"老三门"

课程体系有着悠久的实施历史，改革自 2014 年计划推行以来时间尚短，尚无法完全彻底地解决过去课程体系中的弊端，仍有一些师范院校没有完全摆脱"老三门"课程传统，依然存在课程类型单一、重知识学习轻能力培养、实践性课程比重不足、师德培养等综合素质教育欠缺等问题。① 另外，一些高校在改革过程中出现"矫枉过正"的问题，在有的高校卓越教师培养方案中看不到学科专业教育教学方面的只言片语，通篇就教育论教育，存在"泛教育化"之嫌和重"术"轻"学"倾向。② 上述问题表明，教师教育课程体系在"学术性"与"师范性"的平衡上仍然需要不断优化调适，课程结构有待进一步革新。在教学模式上，仍有师范院校对学生主体积极性的调动不够充分，没有充分遵循"自主、合作、探究"的教师教育规律，实现"学生中心"的教学理念与行动变革，现代信息技术渗透到教学中的探索依然有待持续深化。

4. 教师教育师资队伍的建设有待加强

教师教育质量提高离不开一支多元化、专业化的师资队伍支撑。当前，高校教师教育师资队伍建设存在队伍发展定位和属性不明确、学科教育教师缺乏中小学教学经历、队伍建设相对封闭等问题。③ 这也是造成卓越教师培养目标定位模糊、培养过程中"学术性"与"师范性"难以良好兼顾、"学生中心"教学改革难以深化、现代信息技术渗透不足等问题的原因之一。教师教育师资队伍内部构成存在多元性，高校老师、中小学骨干教师、教研员等都可作为教师教育者被归入师资队伍中，但这种多元化带来了价值取向的多元化，无法形成清晰统一的对卓越教师培养的目标定位和看法，这种多元化也带来了师资队伍的内部分裂和闭圈式联通，高校教师依然单独

---

① 王北生，文亚婷，王振存，徐明成，陈光磊. 教师教育改革项目"卓越教师培养计划"优化策略研究 [J]. 郑州师范教育，2017（03）：1-4.
② 王瑛，李福华. 关于"卓越教师计划"实施的思考——基于若干所高等院校"卓越教师计划"实施情况分析研究 [J]. 中国大学教学，2013（04）：26-28.
③ 杜思逸. 教师教育一体化师资队伍建设及其创新实践 [J]. 课程教育研究，2019（52）：26-27.

组成一圈，中小学教师也单独构成一圈，彼此之间处于不同的交往圈，圈子之间没有充分的交流联动，难以切实形成教师教育的有效合力，实现各方的共同成长和发展。

四 加强师范生培养的策略

卓越教师培养计划出台后，我国师范生培养质量上了一个台阶。为了继续巩固和提升师范生培养质量，提高教师教育水平，基于教师教育一体化的理念，应该在卓越教师培养计划的框架下，继续加强部门机构一体化，促进协同培养的全方位联动，促进招生就业一体化，注重教师教育的全流程跟进，探索理论实践一体化，深化课程教学的全要素整合，追求师资力量一体化，实现合作团队的全人员参与。

（一）部门机构一体化：促进协同培养的全方位联动

省级政府作为统筹地方教师教育资源，促进教师教育事业发展的行政主体，应当发挥好监督、引导、协调、保障的功能，支持省内外师范院校与地方中小学积极开展协同合作，鼓励创建教师教育协同改革实验区，以共同的区域空间换取各方力量全天候、全方位的联动与合作。全方位联动表现在合作规模的扩大与结构的合理，不仅确保人员的充分参与，更要求各个部门、机构人员参与其中，提高协同培养的科学性，为建立一致性的卓越教师培养目标和课程结构，奠定坚实的组织基础。同时，依托创新实验区实现资源的共享、教学团队的互促、实践基地的共建、质量评估的共商，真正做到教师教育各有关部门、机构一体化，摆脱各自独立、缺乏联动的局面。

（二）招生就业一体化：注重教师教育的全流程跟进

在入口端，师范专业招生应当紧密联系地方教育的发展生态和需求，进行多元化的招生选拔改革。例如，民族地区在师范专业招生中要注意考虑生源是否能够适应当地特色文化与生活习惯，是否具备在民族地区中小学进行生活与执教的可能，以降低师范生培养成本，实现培养效益的最大化。换言之，就是在一些特别区域注重招生的"本土化"。此外，招生应当着重考查学生从教的资质与潜能，并在入校后积极开展二次选拔，完善筛选机制和进退机制，真正让适合从教乐于从教的学生接受师范培养。在出口端，要注重师范生的就业准备教育、师德养成教育和专业情意教育，将"教师思政"融入师范培养的所有环节，在校园内通过活动开展和环境建设，营造又红又专的教师文化氛围，积极鼓励、引导师范生树立艰苦奋斗意志和奉献精神，让他们在入岗前就具备专业教师的素养，鼓励其到基层从教，到国家最需要的薄弱区域从教，从而为教育公平事业做出贡献。

（三）理论实践一体化：深化课程教学的全要素整合

师范院校应当在课程体系改革中坚守"实践导向"定位，通过实践、调研，持续调整、改进各类课程的比重，确保各类课程实现理论与实践的一体融合。以"临床实践"为基准，深化课程与教学的全要素整合，在教育教学模块化的案例与实践中，渗透专业教师所需的相关课程内容要素，如儿童知识、学习科学、心理学知识、现代信息技术、教学法，努力将教学实践渗透到师范生培养的整个过程，并引导师范生在教学实践后进行深刻反思，开展行动研究，从而在培养过程中强化师范生教学实践能力、理论反思能力、行动研究能力；要将师德培养要素融入教师教育课程的整个体系，融入教育教学的每一环节，使师范生在大学期间专业情意得到"润物细无声"式的发展。此外，为实现教师专业素养与当前基础教育领域信息化 2.0 的有机接轨，同样要将人工智能、虚拟现实等新技术融入教育教学改革中，从而促进教师发展智能化时代所需的一系列关键素养。

（四）师资力量一体化：实现合作团队的全人员参与

师资力量是影响教师教育改革成败的关键变量。目前，教师教育师资的多元化特点产生了队伍力量分散问题，进一步影响了公共基础课程、学科专业课程、教师教育理论课程、教师教育实践课程之间的平衡与融合。因此，需要确保教师教育师资队伍内部力量的实质性融合，促进合作团队的全员参与。每一个成员，无论来自哪里，级别高或低，都能够在团队自由地发表意见，进行"头脑风暴"，并且在项目合作中，每个参与成员都扮演彼此的协作者和学习者，从对方身上学到可取之处，实现理论与实践的融合。为此，需要师资互聘和交流的长效机制，让一线中小学教师加入科研团队，让高校教授走进课堂实践。

第五节　新时代教师队伍建设改革相关政策

我国一直十分重视教师队伍建设，将教师发展视为教育振兴、民族振兴的基础性工作。面对新的历史挑战与机遇，我国出台了一系列教师队伍建设改革的相关政策，对教师教育一体化未来的改革提供了方向和思路。除了卓越教师培养计划1.0和2.0外，进一步了解《乡村教师支持计划（2015—2020年）》、《关于全面深化新时代教师队伍建设改革的意见》、《教师教育振兴行动计划（2018—2022年）》、《关于加强新时代乡村教师队伍建设的意见》、《新时代基础教育强师计划》和"师范教育协同提质计划"等相关政策，梳理其中有关教师教育一体化建设的内容与要求，在政策导引下改进教师职前职后一体化策略，对教师教育理论研究与实践推进具有重要意义。

一　新时代教师队伍建设政策概述

根据全国科学技术名词审定委员会公布的《教育学名词（2013）》的解释，教师队伍建设是指有计划、有组织、有目的地实施教师招聘、任用、考核、培养、培训等活动。而政策则是国家政权团体为在特定历史时期达到某种目的或任务，以权威化、标准化的方式规定域内力量（行政力量、社会力量等）采取和实施具体举措和工作方式。教师队伍建设本身涵盖教师培养与培训的内容，政策本身又具有对建设活动权威化的规定性，梳理新时代教师队伍建设中关于培养和培训的一些重要政策，分析政策特征，理解政策意蕴，有助于做好教师教育一体化工作。

（一）《乡村教师支持计划（2015—2020年）》

1. 政策背景

《乡村教师支持计划（2015—2020年）》的出台，可以从乡村教师队伍的"现实问题"与"未来展望"两个视角解读。乡村教师的现实问题又具有一定的历史累积性，由于过去长期实行的城乡二元社会结构运行机制带来的教育资源分配在城乡上的两极分化问题，城乡教师配置形成了马太效应，乡村教师队伍的生存环境越发恶劣，出现流失现象，整体队伍不断削弱、萎靡，造成了"下不去""留不住""教不好"三个核心矛盾。解决当前乡村教师队伍存在的现实问题，改善乡村教师发展环境，便成为该政策出台的目的之一。从未来乡村发展来看，乡村教师是乡村教育发展的第一资源，乡村教育发展又反作用于乡村社会的振兴，对其具有积极效应。因此，要重视乡村教师的队伍建设，实现城乡教育的均衡发展，促进教育公平，实现乡村振兴的发展目标，这是政策出台的又一重要背景。

2. 政策内容

政策内容主要分为四部分。第一部分主要阐明实施乡村教师支持计划的重要意义；第二部分从基本原则和工作目标两个方面阐明了计划实施的总体要求，涵盖了师德提升、规模结构、素质培养、待遇提升、机制改革等方面的期许和要求；第三部分介绍了为达成总体目标所要实施的主要举措，是支持计划的重头部分，涵盖了师德与思政素质的培养、补充渠道的拓展、生活待遇的提高、城乡编制的改革、职称评聘的变革、流动政策的形成、能力素质的提升、荣誉制度的建立等方面；第四部分介绍确保政策落地的组织实施，从责任主体的明确、政策经费的保障、督导检查的落实三方面发力确保政策的有效落地。

（二）《关于全面深化新时代教师队伍建设改革的意见》

1. 政策背景

该政策的出台从世界国际形势、中国社会现状、教师队伍现状三个层级加以介绍。从国际上看，进入新时代之后，世界正处在百年未有之大变局、大发展、大调整之中，新一轮科技和工业革命正在孕育，国与国之间的科技竞争、人才竞争进入"白热化"阶段，同时也带动了教育竞争的"白热化"，延伸到教师竞争的"白热化"。为了在变革中抓住历史机遇，必须重视教师队伍建设，以提高教师队伍素质为着力点，增强我国在国际竞争与世界变革中的教育核心竞争力，占领人才高地和科技高地。从社会现状上看，进入新时代之后，我国社会主要矛盾转化为人民日益增长的美好生活需要和不平衡不充分发展之间的矛盾。这意味着高质量的教育，作为人民追求和实现美好生活需要的一部分，还存在发展不平衡不充分问题，必须予以改善，而教师的专业水平和整体素质直接影响着高质量教育的发展，这成为政策出台的社会背景。就教师队伍本身的现状来看，其也亟待进行全面的深化改革，加大建设的支持力度、提升教师的培养培训质量、提高教师的职业吸引力、改善教师的空间结构分布等，为我国教育发展提供一支可担重任的专业化的教师人才队伍。

2. 政策内容

新时代，人民对教育的诉求可以归为"公平"和"有质量"两方面，教师作为教育发展的第一资源，自然要在新时代的建设方向上秉持"公平""有质量"两个基本理念。2018年中共中央、国务院颁发的《关于全面深化新时代教师队伍建设改革的意见》，成为新时代教师队伍建设改革的纲领性文件。政策主要分为六个部分：第一部分主要阐明新时代教师队伍建设的重要意义和总体要求；第二部分讨论思想政治素质改善和师德师风建设的问题；第三部分从供给侧入手讨论发展教师教育提高教师专业素质的问题；第四部分讨论教师管理体制机制的改革问题；第五部分则讨论提高教师地位待遇，增强教师职业吸引力的问题；第六部分主要讨论如何通过组织保障和经费保障确保政策有效落地的问题。

（三）《教师教育振兴行动计划（2018—2022年）》

1. 政策背景

《教师教育振兴行动计划（2018—2022年）》是我国颁布的首个针对教师教育发展的专门计划，具有重大的历史意义。其颁布背景主要是为落实《关于全面深化新时代教师队伍建设改革的意见》的决策部署。总体来讲，其既有立足当下教师教育问题的国情考量，也有加强教师教育革新、促进未来实现教育现代化发展的长远眼光。教师教育发展还存在不少问题，如师德教育不够全面、培养层次不够高、乡村教师整体水平不够、生源质量有待改善、信息技术渗透到教师教育的行动力不足等问题。解决这些问题并使该计划与我国教育现代化发展目标接轨，成为这一政策的基本背景。

2. 政策内容

《教师教育振兴行动计划（2018—2020年）》是为了落实《关于全面深化新时代教师队伍建设改革的意见》的决策部署，聚焦教师教育改革而提出的五年行动计划。该计划主要分为四个部分：第一部分介绍行动指导思想，即习近平新时代中国特色社会主义思想；第二部分介绍计划的目标任务，包括落实师德教育、提升教师的培养规格、改善教师资源供给、创新教师教育模式、加强体系建设等内容；第三部分为主要措施，是该计划中的核心部分，包含十大行动，涵盖师德养成教育、培养层次提升、乡村教师素质发展、师范生源质量改善、"互联网＋教师教育"、改革实验区建设、教师教育基地建设、教师教育师资队伍优化、学科专业建设、质量保障体系构建等内容；第四部分介绍了组织实施方式，通过明确责任主体、加强经费保障、开展督导检查落实行动开展。

（四）《关于加强新时代乡村教师队伍建设的意见》

1. 政策背景

《关于加强新时代乡村教师队伍建设的意见》是为继续拓展和巩

固《乡村教师支持计划（2015—2020 年）》施行以来所取得的成果，推出的接续性政策，旨在从加强乡村教师队伍建设的行动上促进脱贫攻坚与乡村振兴的衔接，经过乡村教师支持计划指导下的一系列政策行动后，我国乡村教师尤其是贫困地区乡村教师"下不去""留不住""教不好"这三大问题得到显著缓解。但有针对东中西部的实证调查显示，尽管工作取得了明显成效，依然存在优秀教师与音体美等专业教师补充不足、优秀教师与年轻教师流失率较高、教师能力素质提升效果不明显、城镇流动教师实际作用不理想等问题。① 这意味着乡村教师队伍建设成果在脱贫攻坚圆满落幕后，还亟待进一步巩固和深化，从而继续释放乡村教师在乡村教育发展中的内生动能，促进乡村教育的振兴与发展。

2. 政策内容

政策的基本内容主要分为九个部分。第一部分阐明加强新时代乡村教师队伍建设的重要意义和总体要求，从推进乡村振兴、建设社会主义现代化强国、实现中华民族伟大复兴等方面强调了乡村教师的作用，并对乡村教师的数量质量、结构优化、地位提高、待遇保障等方面提出了总体要求；第二部分主要讨论师德师风建设，一方面要通过行动提升乡村教师的思想政治素质，另一方面要通过行动培育乡村教师的教育情怀，使之成为乡村振兴和教育现代化的推动者与实践者；第三部分主要讨论创新乡村教师的编制管理，要求从编制配备、编制调整、人员管理等方面进行革新，提高乡村教师的编制使用效益；第四部分从引导优秀人才流入乡村的视角研究讨论城乡一体配置渠道的畅通性问题；第五部分讨论如何以教师教育为抓手培养高质量乡村教师，主要是从定向公费培养、乡村教师培训、现代新技术应用三个方面提出建议；第六部分从拓展职业成长通道的思路出发，提出让乡村教师获得更多专业和技术发展空间，

---

① 刘佳.《乡村教师支持计划"的实施成效与政策启示——基于对我国东中西部 3 省 9 县的调查分析 [J]. 当代教师教育，2021（03）：30 - 37 + 48.

例如职称评聘的倾斜、乡村教育带头人的培养等；第七部分从提高社会地位、改善生活待遇、完善荣誉制度三方面提出使乡村教师社会声望提升的相关意见；第八部分从专业成长以及精神文化生活两方面提出关于关心青年教师工作生活的意见；第九部分则讨论了强化组织领导，保证政策落实的问题，主要从明确责任和保障经费两方面提出意见。

（五）《新时代基础教育强师计划》

1. 政策背景

《新时代基础教育强师计划》于 2022 年颁布，可以说是对《教师教育振兴行动计划（2018—2022 年）》政策的延伸。它聚焦于教师队伍建设政策中供给侧结构性改革方面：教师教育改革。在对已有教师教育体系构建的经验和成果进行总结的基础上，进一步完善高质量的教师教育体系建设，实现教师教育质量与效益有机统一。其基本的社会背景是：我国开启了全面建设社会主义现代化国家的新征程，教育公平和教育质量得到了较大改进，但总体来看，发展不平衡不充分的问题依然突出，面对发展环境的日趋复杂化，亟须进一步构建优质均衡的基本教育巩固服务体系，而教师队伍的优质与布局的均衡正影响着教育服务的优质均衡，尤其是在中西部许多欠发达地区，教育发展的不平衡不充分问题突出，应当充分提升欠发达地区教育发展的内生动能。为此，需要加强基础教育教师的培养培训，这就成为政策的施行背景。

2. 政策内容

《新时代基础教育强师计划》的政策内容由总体要求、具体措施、实施保障三大部分构成。总体要求分为指导思想、基本原则、目标任务三块内容，政策指导思想是习近平新时代中国特色社会主义思想，在行动中要遵循教师的成长发展规律，其基本原则可概括为 16 个字"师德为先、质量为重、突出重点、强化保障"，其基本的目标任务分 2025 年和 2035 年两段进行规划；具体措施是政策的主体部分，内容丰富，包括教师思想政治素质和师德师风建设的举措，国家师范教育基地和教师队伍建设改革试点的举措，教师教育协同创新平台建设的举措，深化精准培养改革、改革师范院校评价、完善教师资格制度、优化教师资源配置和教职工编制配置、职称改革等方面的举措，并提出实施"两个计划"，即"高素质教师人才培育计划"和"中西部欠发达地区优秀教师定向培养计划"，前者聚焦教育质量，后者聚焦教育公平；实施保障部分，主要从组织、政策、经费三方面讨论使政策平稳落地的保障体系的构建。

（六）"师范教育协同提质计划"

1. 政策背景

2022年2月，教育部提出"师范教育协同提质计划"，这是为扎实推进《新时代基础教育强师计划》颁布的重要政策。优质均衡是强师计划行动中的关键课题，而影响均衡的短板是中西部欠发达地区，当地教师队伍由于历史的发展滞后问题，在优质教师的数量、结构、水平等方面与东部沿海发达地区还有很大差距。要摆脱这一困境，实现强师计划优质均衡的目标，就必须牢牢抓住欠发达地区教师专业发展这一重点，切实发展当地教师的专业素质，实现欠发达地区教师队伍素质的整体飞跃。而当地的师范院校，是培养培训欠发达地区教师队伍的主体，其培养培训能力的提高以及办学质量的提升，可促进欠发达地区教师队伍实现优质的、可持续的专业发展，并为欠发达地区源源不断供给优质的专业教师。正是源于这一思路，我国政府在总结了先前东西部教育协同帮扶经验的基础上推出了该计划。

2. 政策内容

该政策包括4个文件，即1个通知及3个附件。3个附件分别为实施方案、申报书和汇总表。通知由工作目标、总体安排、工作要求三个部分构成，要求中西部省份教育行政部门组织当地符合条件的薄弱师范院校填写申报书并上交教育部，由教育部组织专家进行材料审核、实地考察，确定支持帮扶的院校名单，开展协同提质行动。申报书内容应该包含学校基本情况、师范教育情况、学校"十四五"发展规划、学校提质计划实施方案、地方支持措施等内容。实施方案主要分为总体思路、重点建设内容、工作安排、保障措施四部分，通过建立组团发展、协同提升的工作机制，支持薄弱师范院校的人才队伍建设、学科专业建设、基础教育服务能力建设、学校管理与发展建设，从而提高薄弱师范院校的基础教育教师培养质量，辐射、助力周边脱贫地区、边境地区等特殊类型地区的基础教育发展。

在马云公益基金会的资助下，全国分成十个组团，分别由重点师范大学牵头、一般师范院校联合，全方位协同支持西部欠发达地区师范院校建设发展。目前，该计划的十个组团均已通过协同提质建设方案，正在按计划实施中。

二　政策导引下教师教育一体化的改革方向

通过政策梳理与研究，根据本研究的"决策权变理论"，在新时代乡村教师队伍建设的政策导引下，教师教育一体化改革呈现出以下改革方向：一是建立协同机制，促进教师教育机构组织一体化；二是坚持实践导向，推动教师教育课程内容一体化；三是加强制度设计，促进教师教育发展阶段一体化；四是建设共同体，促进教师教育师资队伍一体化。

（一）建立协同机制，促进教师教育机构组织一体化

教师专业发展的复杂性、多元性、终身性等特征，决定了促进教师专业发展的教师教育工作是一个复杂的系统性工程，这就牵涉不同教师教育相关机构或组织。要实现培养培训一体化，促进教师专业发展整体地、连续地终身发展，势必要携手合作，建立协同合作、交流、配合的联动机制，我国在政策导引下明确要求建立教师教育协同机制，以促进各个教师教育有关机构或组织实现一体化的合作，改变过去彼此分离、各自为政的局面，实现优势互补的教师教育力量整合，完成教师教育资源的优化整合与配置。例如，卓越教师培养计划提出了建立教师教育改革实验区，实现省级政府、高

等学校和中小学全流程协同育人，促成培养与培训、职前与职后的衔接。基础教育强师计划同样提到建设国家师范教育基地，构建师范院校为主体、高水平综合大学参与、教师发展机构为纽带、优质中小学为实践基地的开放、协同、联动的现代教师教育体系。这体现出在政策导引下，内外部各个与教师教育有关的机构、组织本身通过协同合作，实现教师教育力量的一体整合，共同助力教师的专业发展。

（二）坚持实践导向，推动教师教育课程内容一体化

教师教育课程内容是教师取得专业发展要学习的对象，由于教师职业与社会文化之间的紧密联系，作为促进教师专业发展载体的课程内容，同样需要充分与社会发展所产生的新文化新内容结合。传统的教师教育课程内容，在理论上以"老三门"课程为主，已经与当前的社会现实形成了一定偏差，同时，传统的教师教育课程内容也缺乏足够的实践课程，使师范生无法充分借由教育教学实践获取当下情境化、崭新的教育教学经验，为成为一名合格教师做好准备。为此，我国的政策文本十分强调坚持实践导向，促成教师教育课程内容一体化，弥合教师理论课程与实践课程的分离、职前课程与职后课程的脱节，鼓励以实践导向的课程设计理念为中介，促成教师教育课程内容实现连续的、完整而一体化的改变。如卓越教师培养计划2.0中明确提出，着力提高实践教学质量，建立健全贯穿培养全过程的实践教学体系，确保实践教学前后衔接、阶梯递进、实践教学与理论教学有机结合、相互促进。《关于加强新时代乡村教师队伍建设的意见》中也提到，坚持以乡村需求为导向强化教育实践和乡土文化熏陶，鼓励师范院校与县级政府参与当地中小学教育教学实践指导，建立乡村教育实践基地，充分显示出坚持实践导向教师教育课程内容一体化的改革方向。

（三）加强制度设计，促进教师教育发展阶段一体化

终身教育理念指导下的教师教育一体化，要求我国教师教育政策积极通过一系列制度设计，将教师专业发展各个阶段加以统整，使之实现一体化，具备内在发展的连续性。例如，在卓越教师培养计划1.0中，要求对师范生的招生与就业进行改革。招生与就业是教师职前培养阶段的初始环节和最终环节，招生环节是准教师接受教师专业培养的开端，而就业环节既是职前培养的终点，也是未来职后继续发展的起点。政策要求在招生环节通过多元化的招生方式，如自主招生、二次选拔等形式，筛选出真正适教乐教的学生接受教师培养，而就业环节则强调引导、教育学生树立长期从教、终身从教的信念，这些举措为一体化设计教师教育，使教师专业发展中的各阶段有序衔接，促进教师专业发展提供了重要的政策支持。卓越教师培养计划2.0也强调，探索本科生和教育硕士研究生阶段整体设计、分段考核、有机衔接的培养模式。这些要求体现出政策注重教师招生、培养、就业等方面一体化。当然，政策也强调通过制度设计促进职前与职后之间的有机衔接。例如，进一步完善教师资格制度，以完善教师资格准入的相关制度设计促进职前与职后衔接，推动教师教育各阶段一体化，《新时代基础教育强师计划》强调全面推进中小学教师资格考试和定期注册制度改革，教师教育院校要对师范生教育教学能力进行考核，以保证真正符合专业标准的教师进入岗位。

（四）建设共同体，促进教师教育师资队伍一体化

教师教育师资队伍薄弱问题一直是影响教师教育课程改革成效和教师教育培养质量的一个重要因素。因此，这些相关政策强调构建教师教育师资队伍共同体，高度整合优化教师教育师资队伍，凝聚教师教育力量。如卓越教师培养计划中提出，聘请来自中小学、教研所、教育行政部门等机构的优秀教育工作者充实教师教育者团队，并建立持续共同发展的有效机制。教师教育师资队伍的一体化有助于实现团队内部人与人之间有效的交流、沟通，促成教师教育信息与资源之间的有效交换、利用，从而持续提高教师教育培养力量。

三 政策导引下教师教育一体化的优化策略

在政策导引下，教师教育一体化进一步优化的策略有以下四个：建设好教师教育改革实验区，促进教师教育的全方位协同；深化理论与实践课程融合，促进教师素质全维度培养；完善专业成长的制度设计，实现教师职业全过程发展；形成共同体长效发展机制，实现教师教育全天候合作。

（一）全方位协同：建设教师教育改革实验区

当前，建设教师教育改革实验区，是政策导引下实现教师教育全方位协同的重要路径。教师教育是一个系统工程，建设包括政府、高校、教师发展中心、中小学在内的"四位一体"的改革创新实验区，则是将参与教师教育工作的四个基本主体构成互相支持、协同共促的教师教育发展系统。其中，各个主要机构的角色和功能在实验区的区域之中得以实现充分的扮演和发挥。政府通过一系列教师教育一体化的相关政策制定，为各方开展有关行动确立政策保障，同时提供开展教师教育一体化相关行动所需要的经费和人力支持，并在各方机构主体参与的行动中统筹进行资源分配、协调各方利益冲突、管理总的人力物力资源。因此，政府在改革实验区中扮演管理者与协调者的角色，对协同机制的实现起着举足轻重的作用。而高校，掌握着先进的教师教育理念和信息技术，并且有着庞大的专家智库支持，科学地开展教师教育一体化工作，高校还具有丰富的师资和科研团队支撑，在改革实验区扮演着培养者、引领者和智库角色。中小学则是作为师范生提升实践能力的实习基地，承担着协同培养师范生的职责，同时也是专家开展科研工作的一线平台，扮演着实践者和培养者的角色。教师发展中心则利用自身的培训资源，为教师提供进修培训，帮助教师提升教学能力，并在实践中接受教师的问题咨询，为教师诊断教学问题，担任培训者的角色。通过角色扮演与配合，各方发挥各自所长，形成教师教育机构一体化合力，促进教师质量提高。

（二）全维度培养：深化理论与实践课程融合

理论课程与实践课程是促进教师专业发展的"一体两翼"，实现理论与实践深度融合，全维度地发展教师专业素养，需要对课程内容做出以下变革和改进。一是建立"模块化"课程内容体系，使课程内容更注重"情境化"与"实际问题"，更贴合复杂的教育教学场域。例如，整合课堂教学中的典型课例，将之模块化为一个个完整的教学场景或事件，使学生在类似的"事件处理"中，灵活运用理论发展实践，在"仿真问题"的处理中培养理论联系实际、适应教学情境的素养。二是实现理论模块和实践模块各自领域的整合。例如，将教育学、心理学、学科课程与教学论融合成综合性的教育理论课程组，将课堂教学、课外辅导、学生管理、学生德育等实践内容融合为综合活动课程，通过各自内部整合促进课程理论与实践的一体化。三是在课程变革中深入融合现代信息技术，打破教师教育课程实施中的时间、空间等方面的固有限制。当前，我国正在发展的人工智能、虚拟现实、增强现实等新技术有助于情境化、高度交互化的教师教育课程资源开发，学生甚至能借助这些新技术在教室里身临其境地分析、解决各种真实的教学情境问题。此外，网络技术的发展也为教师教育资源的汇聚提供了可靠的平台，可以借由构建互联网资源库，建立短视频形式的、有助于学生深度分析思考的各式各类中小学教学优秀课例库，为教师专业发展提供丰富的学习资源。

（三）全过程发展：完善专业成长的制度设计

在终身教育理念下，教师专业发展是终身的、可持续的，教师教育一系列制度设计需要不断保障专业发展的可持续和终身性，由于专业发展本身的多阶段性，实现各个阶段的衔接也成为一体化过程中需要关注的焦点。首先，在起始的招生阶段，需要充分吸收教师教育一体化思想，从源头上就必须努力择选出一批具有从教意愿和从教资质的学生进入教师培养过程，这要求在政策上不断完善多元化的考核筛选机制，多方面立体式历史性地考查学生是否具备了适教乐教的相应素养，走出"唯分数"的考评误区。其次，考虑到初次选拔的局限性，可进一步探索入校后的二次选拔机制，完善师范专业进退机制，保持一定的开放性，使不适合从教的学生可以及时调整专业，适合从教的学生可以如愿接受教师的专业培养。再次，在职前培养过程中积极探索本科与研究生阶段的培养衔接，打造"本+硕"或"本硕博直通"的教师教育培养模式，真正实现培养高层次高素质教师的目标。而且，要注重学生的就业教育，从学生接受专业培养开始就必须通过开展各项活动（如支教实习、专门课程、专题讲座等）帮助学生陶冶乐教品质，涵养师德师风，树立长期从教、终身从教的信念，建立合格的专业认同。同时，不断完善教师资格认证制度，提高教师入职门槛，注重考查实践能力，筛选高素质专业化教师进入岗位，继续开展定期注册制度改革，持续保障教师专业性，彻底打破"一次通过，终生免考"的局面。最后，在培训方面，需要持续优化培训内容，在制度上建立自主选学机制和精准帮扶机制，精准锚定每位教师存在的发展问题并加以解决，不断促进培训人员的全覆盖，建强建优县域培训力量，提高县域培训者、教研员队伍的教育教学水平。

（四）全天候合作：形成共同体长效发展机制

共同体（Community）是社会学的基本概念，强调人与人之间所形成的亲密关系和共同的精神意识以及对共同体的归属感、认同感，表现为直接自愿、和睦共处的、更具有意义的一种平等互助关系。[①] 教师教育一体化需要教师教育师资队伍的一体化，而师资队伍一体化又取决于共同体的构建及有效性，这需要政策加以引导，促进共同体的长效发展，实现教师教育力量的全天候合作。首先，教师教育师资队伍共同体需要各方认真学习关于教育及教师地位功能的一

---

① 孟繁华. 构建指向欠发达地区教师培养的教师教育共同体［J］. 教育研究，2021（06）：28 - 33.

系列学理，以习近平总书记关于教育的重要论述为统领建立共同培养培训教师的价值使命认同，完善共同体的精神目标和内核。其次，在机制上要有助于多元化的教师教育者之间开展充分交流、协作，共同致力于教师现实问题的解决，鼓励"协同教研"，解决情境问题和现实挑战，倡导"双向互聘""岗位互换"，增加相互间交流与学习，提高教师教育者彼此的专业水平，实现专业互补，促进各自的专业成长。最后，要建立长期的、可持续的、稳定的合作机制。我国目前教师教育队伍中不仅有专职教师，更有一大批来自其他机构的兼职教师，如果不能建立稳定的合作关系，频繁流动会干扰教师教育工作的正常运转。因此，需要有一套稳定的合作机制，保证实现长期的、全天候的伙伴关系，实现共同体可持续稳定发展。

第六章　教师教育一体化的责任关系

教师教育作为一项重要的公益事业，涉及不同群体和个人的核心利益，其中最为主要的利益主体是：地方政府、高等院校、中小学校、一线教师和乡村社区。教师教育的利益主体必须承担相应的教师教育责任和履行教师教育义务。根据利益主体的不同，教师教育责任又分为：地方政府的教育责任、高等院校的教育责任、中小学校的教育责任、一线教师的教育责任和乡村社区的教育责任。研究教师教育责任是研究这些利益和责任主体所承担教育职责和义务的责任来源、责任内容和责任完成。厘清每个利益主体所要承担的责任及相应的责权划分，是营造良好教师教育发展生态环境的前提。

第一节　地方政府"管理服务者"的教育责任

地方政府作为教师教育一体化工作中的"管理服务者"，其责任定位的划分依据是什么？地方政府在教师教育一体化中的职责有哪些？地方政府落实教育管理责任时应遵循的行动准则是什么？这是本部分需要探讨和阐明的问题。

一　地方政府责任定位的划分依据

在现代社会，地方政府具有向社会公众提供公共服务的基本要责。教育作为一种面向人民群众素质发展的公共服务，自然也是现代政府在履行职能和责任时应当注重发展的方面。而教师教育不仅是教育事业的重要组成部分，同时也深刻影响着基础教育事业的蓬勃兴盛。因此，不论是发展教师教育本身还是发展地方基础教育事业，地方教育行政部门都要在教师教育一体化工作中肩负重要职责。

（一）现代政府承担着公共服务职能

教育是一种准公共产品。现代政府的职能定位包含公共服务，具有向社会公众提供公共产品服务的要责。教师教育是教育事业的重要组成部分，教师教育自然也是一项准公共产品，地方政府作为公共产品和服务的提供者，自然具有对教师教育一体化工作的管理职责和服务责任。

（二）地方政府发展本地教育的要求

地方政府提升当地各级各类教育质量，推动教师教育一体化，是实现教育公平政策的基本要求。推动教师教育一体化，有助于地方政府统筹教师职前、入职、职后培养培训的资源，使教师教育资源配置和效益最优化，促进当地教师队伍素质提升，进而提高教育质量，缩小区域间教育差距，促进教育均衡发展，助力全社会教育公平。

（三）地方政府促进社会和谐的要求

国外大量实证研究表明，教师素质是与学生学习成效关系最为密切的变量之一，而学生的学业水平又与社会稳定有密切联系，例如辍学率升高导致青少年犯罪率提高。[1] 地方政府组织开展教师教育一体化工作，出台促进教师素质提升的政策和计划，有助于提高学生学业水平并降低辍学率，提高国民素质，维护社会稳定和谐发展。

（四）地方政府推动经济发展的要求

从人力资本理论视角来看，提高教师素质有助于提升地区整体教育水平，继而提高地区整体人力资本水平，这对经济的高质量发

---

[1]　李锋亮，康小明.教师教育培训财政体制中的政府职责［J］.教师教育研究，2008（01）：33.

展具有促进作用。此外，地区教育水平的提高也有助于吸引其他地区生源流入，促进当地教育消费，拉动经济内需。可见，地方政府推动教师教育一体化工作是实现经济高质量发展的需要。

（五）政府贯彻中央决策部署的要求

我国教师教育政策明确强调，促进教师教育职前、入职、职后一体化，主流价值对提高教师专业素质的期待也越来越高。因此，地方政府必须按照教师教育一体化改革目标和任务，积极承担改革发展的责任，贯彻落实国家教育意志和主流价值期待。这是地方政府贯彻国家教育意志和回应主流价值期待的需要。

二　地方政府在教师教育一体化中的职责

萨缪尔森在《公共支出的纯理论》中指出，在公共产品方面，市场机制无法有效运作公共产品的提供。[①] 根据这一观点，地方政府在调控"教师教育"这一准公共产品方面的作用十分关键，其主要职责可以归纳如下。

（一）完善相关的政策体系建设

完善促进教师教育一体化的相关政策体系，为开展政策导向的教师教育一体化工作明晰行动的目标和指南，主要包括明晰助推教师教育一体化工作的相关主体及各主体之间的关系、不同主体之间的外延界定和特征定位，明晰各方主体权责，完善相应的失职行为追责办法。

（二）加强相应的制度规章保障

制度规章是实现教师教育一体化工作有效运行的根本保障，出台与制定规约教师教育的有关规则，能够为教师专业发展明晰相应权责。作为教育的主要管理者，地方政府需要不断完善教师教育一

---

① Samuelson P A. The Pure Theory of Public Expenditure ［J］. Review of Economics and Statistics，1954，36（04）：387－389.

体化的相关制度，例如教师资格制度、教师聘任制度、教师进修制度、教师教育问责制度等。

（三）推动教师的专业标准构筑

在国家教师专业发展标准的指导下，地方政府贯彻教师专业标准，可以为开展教师教育一体化工作提供明晰的专业发展方向。在实施教师专业标准过程中，可以结合当地实际进一步超越专业主义的限制，探索教师作为"社会中的人""发展中的人"的相应标准，在专业基础上实现立德树人目标。

（四）为工作提供物质财政支持

地方政府具有建立坚实的物质支撑条件的职责，包括教师教育的经费投入、场地提供、设备支持、设施完善，以及其他财政投入行动等，为教师教育一体化工作的开展提供物力保障。

（五）发挥好教师教育督导职能

当前，我国各级政府都设立教育督导机构，加强政府部门的教育监督职能，发挥好教师教育的督导作用，不断加强教师教育专业化评估本领，对教师教育机构办学进行质量甄别与教师行为引导。总体上，地方政府应当从政策立法、经费支持和组织管理上充分出力，保障监督教师教育一体化工作稳步推进。

（六）宣传和引导优质生源从教

由于教师教育的主要职能是培养教师，而教师"以教育的方式"实现人才的"再生产"，间接地实现生产力发展，这一过程具有潜移默化的特征。在市场主导的社会中，教师的"不事生产"使其处于资源竞争的劣势地位。为此，需要政府充分发挥行政力量，引导更多优质生源选择教师职业，吸引更多的社会资源，扭转市场对教师教育资源分配的不利局面，如中央和地方政府出台师范生补贴政策、免费师范生政策就是政府履行这一责任的行动。今后，地方政府还应该根据教师教育供给侧原理、生源具体情况进行必要的调整，不断提高教师的社会地位，使教师成为社会职业选择的热点。

（七）直接或间接提供教育服务

地方政府还承担提供教师教育服务的主体职责。地方政府提供教师教育服务的方式可以是政府直接生产，也可以是政府补贴或购买。直接生产的方式通常指政府直接使用财政资金创办公立性质的教师教育学校或培训机构，继而对学生和在职教师提供免费或低收费的教师教育服务；购买方式则是通过委托非公立性质的教师教育机构或组织来为教师提供培养培训服务；补贴方式则是对提供教师教育服务的机构组织，或参与培养培训的学生、教师提供财政补助，从而促进教师教育工作，提升教师专业素质。

（八）鼓励引导社会力量的参与

教师教育是一项攸关教育事业发展的伟大事业，牵涉多元的利益主体，也是一项需要由政府、社会、高校、中小学校共同协作完成的伟大事业。政府作为地方教师教育工作的领导主体，理当鼓励和促进、引导和规范社会各界力量有序参与教师教育一体化的建设工作。例如，高校与中小学的合作交流协同培养机制的创立就离不开政府的鼓励和支持，就是政府鼓励和促进社会各界力量参与教师教育一体化工作的体现。

（九）组织和落实教师培训工作

2016年教育部办公厅《关于印发乡村教师培训指南的通知》（教师厅〔2016〕1号）对省市教育行政部门如何落实好乡村教师培训进行了规定，包括：推动开展送教下乡培训；牵头做好国培、省培、市培等工作；做好培训工作的指导、监管和评估；及时发掘先进做法和经验，做好总结推广。同时，对区县教育行政部门具体落实好乡村教师培养工作做出明确规定，要求区县教育行政部门根据上级要求履行好落实乡村教师培训工作的相应职责，包括：制定好送教下乡计划和实施方案；有效整合本地教师教育资源，建立送教下乡培训支持服务体系；组建高水平的送培团队，制定激励政策，鼓励送培工作；落实培训经费；健全管理制度，明晰各方的职责；做好培训过程中的过程监管和绩效评估；发掘先进做法和典型经验，予以宣传和推广。①

三　地方政府落实相应责任的行动准则

地方政府要履行好教师教育一体化建设责任，做好"管理服务者"，应遵循以下行动准则。

（一）转变管理理念：化"管制型"为"服务型"

教师教育一体化工作具有很强的专业性，涉及教师的素质发展和专业能力的培养培训，需要专业的教师教育专家团队进行设计、实施，而地方政府过多的管制和束缚可能干扰教师教育一体化工作的正常运行，影响教师教育者和教师在这一过程中主体能动性的发挥，且可能由于管制所带来的权力扩张形成"权力寻租"的问题。例如，部分地方政府在组织教师培训工作时将其"政绩化""指标化"，忽略教师发展的基本规律，盲目开设一堆重复、烦琐的教师培训项目，造成教师教育资源浪费，更有甚者，将教师培训项目作为一种牟利手段进行"权力寻租"，严重危害教师教育的健康发展。因此，地方政府应当积极树立服务型管理理念，将以管制和束缚为主的传统公共管理方式转变为以服务为主的现代公共管理方式，做好制度的供给服务，为教师教育一体化工作的有序开展建立健康合理的制度体系，建设好教师教育一体化的政策服务体系，统筹规划好区域内教师教育资源均衡合理配置，促进教师教育一体化工作良序进行。

（二）成为各方信息的接收者、传递者、协调者

通常来说，地方政府人员并非教师教育专业的专家和学者。首先，如果政府对教师教育的管理服务主要基于已有的经验和兴趣偏好进行，就容易导致教师教育一体化工作产生狭隘性和盲目性，缺

---

① 中华人民共和国教育部．教育部办公厅关于印发乡村教师培训指南的通知［EB/OL］．（2016－01－26）［2023－03－03］．http://www.moe.gov.cn/srcsite/A10/s7034/201601/t20160126_228910.html.

乏一定的专业水平。因此，地方政府要充分意识到自身的"有限理性"，做好各方信息接收者的角色，广泛吸收外界的有益建议，特别是专业人士建议，提高决策和治理的专业化科学化水平。其次，由于教师教育一体化工作是一个系统性工程，牵涉高校、中小学校等多元利益主体，在各方进行交流对话的过程中，信息不对称、传递渠道不流畅会导致教师教育一体化工作的开展与预期目标相悖或出现偏差。地方政府应当处理好各方利益主体之间的关系，做好各方信息传递者和冲突协调者的角色，助力教师教育一体化工作的有效开展。

（三）明晰各级各类管理部门和人员的权责范围

我国教师教育管理体制实行中央和地方两级管理体制。中央政府承担义务教育优质均衡发展中的规划和保障等职能，教育部对部属师范院校和地方教师教育行政部门实施管理，主要负责方针、政策的制定，发展规模的调整，学科建设的指导，培养质量的监控，培养经验的推广。① 地方政府承担义务教育优质均衡发展过程中的管理和发展等职能。地方由省（区、市）教育部门统筹管理，负责本地区教师教育发展规划，审核和批准教师教育机构设置，指导教师教育机构工作及质量检查，负责领导本地区教师资格的授予工作和检查工作。省级教师教育行政部门对本省师范院校和其他教师教育机构实施管理。② 而县级政府及其教育职能部门才是教育方针政策的具体执行者，承担了辖区内推动义务教育均衡及优质发展的主要职能。从这一点上讲，地方县级政府作为执行方，负责协调教师教育一体化过程中各个部门、组织的工作开展，在落实有关方针政策方面发挥了关键作用，更应该在具体工作中明晰各个执行方的权责，保障工作的合理有序推进。一方面，县级政府要严格遵守上级文件

---

① 孙梦阳. 中国义务教育优质均衡发展过程中的政府职能研究［D］.东北师范大学，2021.

② 王赛扬. 政府和大学在教师教育制度变迁中的作用［J］.中国高教研究，2005（06）：43 - 44.

中规定的权责划分；另一方面，县级政府要在具体工作开展中，明晰各单位部门的权责分工，总结优秀的组织和管理经验加以推广。

第二节　高等院校"利益提供者"的教育责任

高等院校作为教师教育一体化工作的"利益提供者"，主要承担着严格落实国家教师教育一体化政策、为我国教育事业培养师资和提供教师培训、进行相关学术研究、积极联合中小学搭建协同创新平台、提供合乎教师需求的培训内容等职责和任务。

一　高等院校责任定位的划分依据

长期以来，师范院校是我国基础教育师资培育的主体。教师教育体制开放后，一些综合大学和地方性文理学院也开设师范专业，承担了基础教育师资培养任务。总体上，高等院校在教师教育一体化工作中的角色定位是"利益提供者"，作为教师教育一体化利益的提供方，高等院校履行教育责任主要源于下列考虑。

（一）高等院校履行其基本职能的必然要求

从职能上讲，高等院校具有人才培养、科学研究、社会服务、文化传承创新和国际交流等五大职能。结合教师教育一体化工作要求，无论哪一职能的发挥，都意味着高等院校尤其是高等师范院校承担着为社会培养合格师资、探索研究教师教育一体化发展理论与现实问题、为社会提供教师培养与培训服务的职能。

（二）院校师范类专业生存发展的必然要求

过去，高等教育以闲逸好奇追求知识，以质疑批判传播真理。当前，教育与社会经济发展的紧密性越来越强，过去闲逸好奇地追求知识的传统高等教育观逐步被"积极服务社会发展"的现代高等教育观所取代，高等院校的师范专业与教育工作休戚相关，师范专业要不断取得生存发展空间，就需要积极提供教师教育的社会服务，这要求高等院校扮演好教师教育一体化利益提供方的角色。

二 高等院校在教师教育一体化中的职责

高等院校特别是高等师范院校履行教师教育一体化的有关职责时，需要着重关注和履行以下方面职责。

（一）为我国教育事业培养师资和提供教师进修培训

高等院校作为开展教师培养培训工作的主体，其教师教育职能贯穿于教师职前、入职与职后整个过程。包括在职前阶段提供师范生未来入职教师岗位所需要的专业课程，帮助师范生建立初步的专业认同，打牢专业知能基础，为师范生顺利入职适应岗位提供实习机会与能力培训；为在职教师提供培训，促进其专业的持续成长。要履行好上述职能，需要高等院校通过多种途径和方式，加强对教师教育者的再教育，不断更新教师教育者的教育理念及相关的教育知识和能力，使其得以胜任不断变化的教师教育培养培训工作。

就教育影响而言，要将目标设定、课程选择、课程实施与学业评价建立在伦理学、教育学和心理学及社会服务理念的基础上，不断增强教育影响的科学性、合理性和实用性；就学习者而言，要深入做好他们对教师的职业认同，帮助他们树立远大的职业目标，不断增强他们的职业自信心和自豪感。例如，闽南师范大学在师范专业教育类课程设计方面，以教师教育一体化为指导，以培养和培训高素质、专业化教师为核心，在职前教育（师范本科和教育硕士）、在职教育（教师继续教育）上，按照师范生个性化需求和在职教师专业发展实际，构建有所侧重、相互衔接、综合培养的教师教育课程体系[1]，为农村培养合格中小学教师是高等院校师范专业特别是地方师范院校的重要责任。农村中小学教师的特殊身份，决定了其除了具有普通教师的素质外，还应有适应农村特殊教育环境的素质，

---

① 李建辉. 高师院校构建"一体两翼"教师教育课程体系的思考 [J]. 现代教育论丛，2013 (06)：41-45.

但我国教师教育师资培训在这方面投入的精力和财力却十分有限。不过，也有些师范院校在这方面进行了探索与实践，如闽南师范大学自 2009 年以来实施师范生实习支教与在职教师校际交流和置换培训同步改革，提出将留守儿童教育纳入实习支教体系，把实习驻地主要定在农村学校，培养献身基层教育的教师专业态度和价值观。①这为其他地方院校培养农村中小学教师适应农村教育环境的特殊素质提供了借鉴和参考。

（二）为开展教师教育一体化改革进行相关学术研究

"没有革命的理论就没有革命的实践。"任何实践的改革和发展都是以理论的改革和发展为前提的。教师教育实践的改革和发展同样离不开教师教育理论的指导。高等院校进行教师教育改革和发展学术研究，也为政府的教师教育提供决策，为社会的教师教育选择和评价提供专业咨询。高等院校聚集了一大批资深专家学者，他们积极进行科学研究所产生的成果是教师教育改革和发展的主要理论供给。政府和社会的有限理性决定了其对教师教育的认识和理解都必须诉诸对高等院校的咨询。高等院校除了通过产生教师教育的科研成果、科研报告等为政府的教师教育决策、社会的教师教育选择和评价提供专业咨询外，还通过直接参与政策的制定、社会宣讲等形式，为其提供足量的信息。

（三）严格落实执行国家教师教育一体化的政策要求

高等院校必须严格落实国家的教师教育政策。改革开放以来，高等院校一直立足时代背景，积极探索并完善教师教育课程体系，使得师资培养模式发生变化，由师范院校单一培养转向综合类院校复合培养，课程设置走向师范性和学术性二者的融合统一。2011 年10 月，教育部颁布《关于大力推进教师教育课程改革的意见》和《教师教育课程标准（试行）》，明确要求高等院校"强化师范生教

---

① 李建辉. 关注农村留守儿童教育 拓展高师实习支教功能——以协同创新教师教育机制为视角 [J]. 闽南师范大学学报（哲学社会科学版），2015（01）：140－146.

育实践环节，加强师范生职业基本技能训练，师范生到中小学和幼儿园教育实践不少于一个学期；大力开展教育实践活动，深入农村中小学，积极开展师范生实习支教和转换培训，服务农村教育"①。但在现实中，有些高等院校存在变相缩短实践时间和降低实践质量的现象。

（四）积极与中小学合作搭建教师教育协同创新平台

"实践是检验真理的唯一标准"，高等院校可以通过这类项目检验其理论的真伪，师范专业也可以据此判断所培养学生的就业竞争力和职业适应力，以便调整和修改理论研究和师资培养的方向和内容。由于中小学在教师教育知识和理论方面较为薄弱，高等院校要积极承担起与中小学搭建教师教育新平台的主要责任。合作搭建教师教育平台，是高等院校与中小学互利共赢的项目，也有利于解决师范生的实习问题。中小学则通过与高等院校共建新平台，获得丰富的教师教育资源，彻底解决教师业务素质提高和理论水平提升等方面的短板问题。

高等院校与中小学合作搭建的教师教育新平台包括实习基地、实训基地和教师教育发展学校等。例如，闽南师范大学自 2009 年以来，开创高校、地方政府、中小学合作培养师范生的新机制，构建师范生"实习支教"与在职教师"校际交流""置换培训"互相衔接的方案，实施校内配套改革举措，促进"一体两翼"教师教育课程体系的建构与实施。② 此外，高等院校也可以通过参与一线教学增强自身的社会服务能力和扩大自身的社会影响力。

（五）为有关培训活动提供合乎教师需求的教育内容

教育者必先受教育，教师教育活动内容不同，因此从事教师教

---

① 中华人民共和国教育部．教育部关于印发《幼儿园教师专业标准（试行）》《小学教师专业标准（试行）》和《中学教师专业标准（试行）》的通知［EB/OL］．（2012-09-13）［2022-12-16］．http://www.moe.gov.cn/srcsite/A10/s6991/201209/t20120913_145603.html.

② 李建辉．高师院校构建"一体两翼"教师教育课程体系的思考［J］．现代教育论丛，2013（06）：41-45.

育的教师要具有适应活动特殊要求的素质。2016 年《教育部办公厅关于印发乡村教师培训指南的通知》指出，送培团队职责如下：①积极参加培训学习，切实提升送教下乡培训能力。②按照培训实施方案，高质量完成送教下乡培训任务。③梳理、研究乡村教师课堂教学的突出问题，提出解决方法策略。④创新培训方式方法，提升送教下乡培训实效。⑤及时总结送培经验，有效推广送培成果。[①] 高等院校必须根据这些职责，制定符合教师专业发展需求的培训内容和方式，选派符合教师教育要求的师资，承担培训教师教育师资的责任。

三　高等院校落实相应责任的行动准则

高等院校在履行教师教育一体化职责时，要遵循下列行动准则。

（一）不断拓展教师教育综合性办学

过去，由于单一的教师教育模式，学科基础偏狭，办学形式封闭，学科交叉难以进行，办学竞争力和活力不够，难以培养文理兼备的复合型人才。进入新时代，高等院校必须深刻认识到教师教育综合化办学是历史发展的必然趋势，不断拓展教师教育办学的综合性。既要着眼于教师教育一体化的学理指导，又要符合学术性和师范性的高度融合要求；既要基于教师专业素质标准，又要拓展教师教育机构的办学功能；既要考量校内办学各种系统之间的管理关系，也要通过校地共建、院校联盟，强化高校与社会之间、高校与高校之间、高校与企业单位之间的协同创新。

（二）始终坚守教师教育的办学底色

2018 年，《中共中央 国务院关于全面深化新时代教师队伍建设改革的意见》提出：教师是"教育发展的第一资源"，把教师队伍

---

① 中华人民共和国教育部. 教育部办公厅关于印发乡村教师培训指南的通知［EB/OL］.（2016 – 01 – 26）［2023 – 03 – 03］. http://www. moe. gov. cn/srcsite/A10/s7034/201601/t2016 0126_228910. html.

的建设上升为国家战略；"加大对师范院校支持力度，建立以师范院校为主体、高水平非师范院校参与的中国特色师范教育体系"，在办学活动中表现出与众不同的个性特征，如办学理念、培养模式、学风教风、人才特征等。① "强化教师教育特色不是在原来的理念上强化，而是在重新定位教师教育理念上的强化；从根本上讲，要重新理解教师和教师教育的内涵，以及如何培养专业化的教师。"② 这是坚守教师教育办学底色，"固本培元"的关键所在。

（三）整合与优化教师教育内外资源

教师教育结果的滞后性和教师教育作用发挥的潜在性，决定了教师教育在增强学校影响力和获得教育资源方面，相对于其他学科处于劣势地位。联合校内外各种力量，共享教师教育资源，是所有高等院校教师教育的一个重要指导思想。校内教师教育资源整合的目标是将校内所有与基础教育有关的教师教育资源整合到校内专门机构（如教育学院），承接教师职前培养和职后培训的一体化功能，而校外资源的整合则面向校外与基础教师教育有关的资源整合，如校外的教师进修学校、中小学校、其他师范院校中的教师教育资源。校外的资源整合可以有效解决校内某部分资源不足的问题，如师范院校之间教师教育课程的共享，使师范生可以享受到多个师范院校的课程资源，就体现了教师教育资源校外的优化组合。

（四）高度重视教师教育的发展规划

2018 年，教育部等五部门联合印发的《教师教育振兴行动计划（2018—2022 年）》，具体擘画了新时代教师教育改革发展的国家战略与实施路径。在国家大力推进重点建设的背景下，很多综合大学为了提高学校的排名，使教师教育专业在学校专业布局中被边缘化，目标定位存在理想主义与实用主义两极化倾向问题，课程体系结构

① 中华人民共和国教育部. 中共中央 国务院关于全面深化新时代教师队伍建设改革的意见［EB/OL］.（2018 - 01 - 31）［2022 - 03 - 22］. http://www. moe. gov. cn/jyb_ xwfb/moe_ 1946/fj_ 2018/201801/t20180131_326148. html.
② 许祥源. 建设高水平师范大学 推进教师教育改革［J］. 中国高等教育，2004（07）：29.

失衡，教师教育学院甚至被解构。① 同时，非教师教育专业的学生数量与规模已远远超过教师教育专业，学校的主要精力及人力、财力、物力等各种重要资源的配置与重要机会的分配都日益向那些可望为提高学校学术水平与综合实力添砖加瓦的强势学科集中，而原本在这些学校的工作中占据中心地位的教师教育则不断被弱化，甚至在相当程度上被边缘化。"从事教师教育工作的教师在学校组织中的地位也相应地不断弱化以及被边缘化，这在这些教师经费申请、机会争取、职称评审等各个方面都有明显反映。"② 因此，高等院校应该理性认识教师教育的社会效益，高度重视教师教育的专业发展，切实保障教师专业的师生权益，利用规划调节手段使教育资源向教师教育专业适当倾斜。

第三节　中小学校"直接受益者"的教育责任

中小学校作为教师教育一体化工作的"直接受益者"，应当积极配合政府落实好教师教育一体化政策，支持政府和高校开展教师教育改革试验，承担建设教师教育实践创新平台的责任，积极引导鼓励教师参与一体化培养培训，落实好本校教师教育培训活动的任务。

一　中小学校责任定位的划分依据

根据权利与义务对等原则，作为教师教育的直接受益者，中小学校在教师教育一体化中应该具有更大的责任。中小学校对于教师教育的这种责任主要基于以下依据。

（一）接受优质师资提高教学质量

教师教育直接惠及中小学校，帮助其提高教学质量和社会声誉。

---

① 曹大宏. 综合性院校举办教师教育须解决十大制约性问题［J］.江苏高教，2011（06）：34－36.
② 吴康宁. 地位与利益：教师教育改革的两大制约因素［J］.当代教师教育，2009（03）：1－6.

对教师职前、职业适应期和职中的教育或再教育，有利于整体提升教师的教学水平和促进学校教育质量的提高。教师的教学水平和学校教育质量的提高，又使得学校产生良好的社会声誉，并以此为基础获得更多的教育资源，吸引更多的优质生源入学。后者反过来又继续促进前者的发展，学校发展进入良性循环。

（二）组织开展在职教师校本培训

"基于学校，为了教师，为了学校"，是校本培训的基本理念。当前，城乡师资配置不均衡，许多农村学校教师存在工学矛盾，且外出研修机会相比城镇教师而言较少，教师专业能力提升多源自校本培训。但由于基层学校在专业引领和理论指导方面得不到充分保障，农村教师的校本培训容易出现培训方式单一、培训内容不够科学等问题，需要中小学校组织培训专家发挥专业引领作用，指导农村中小学校科学地开展校本培训，促使校本培训内容更为精准，形式更为多样，程序更为科学。

（三）推进实施区域教师轮岗交流

在县域内城乡教师校际交流和轮岗过程中，中小学校是教师教育一体化的直接受益者。要推进教师职前培养和职后培训的有机衔接，中小学校之间应该建立教师教育联盟，集中当地优质的教师教育资源，通过项目合作、教改联合、结对帮扶等形式，有力推动区域内学校的教学、科研与服务有机统一，通过积极的轮岗交流和教师置换培训，在高校专业引领下提高教师专业素质，实现教师专业发展。

二　中小学校在教师教育一体化中的职责

（一）积极配合政府落实教师教育一体化政策

作为教师教育一体化的"直接受益者"，中小学校具有全面而彻底落实国家和政府教师教育政策，保障教师教育政策经过层层传达不走样、不缺失信息的责任。教师教育政策发布后，中小学学校领导层和专家组要组织解读，将政策具体化为学校的规章制度，并通过职能部门进行层层落实。若遇到解读困难时，要及时求助高等院校专家和政府政策咨询部门，以保障教师教育政策解读的正确性。

（二）积极支持政府和高校开展教师教育改革

无论是地方政府，还是高等院校抑或中小学校，进行教师教育改革都是为了提高教师素质，提升教学实践的有效性。因此，教师教育改革只有获得中小学支持才具有生命力。同时，教师教育改革的目的也是惠及中小学校教师和学生发展。因此，中小学有义务支持教师教育改革，应积极为教师教育改革提供实验基地，勇于尝试新理论、新方法，并及时将改革的结果反馈给改革方，实现教师教育发展与改革的相互促进。

（三）积极承担教师教育实践创新平台的责任

国家、政府、高校和社会为了促进教师教育一体化发展，与中小学校合作建立了大量教育实践平台，并给予技术和财力上的大力支持，直接受益的就是中小学校，但其却付出较少的成本。所以，中小学校应该配合教育教学创新改革，更加重视教育实验和接收先进教育理论，把学校打造成为优质的教育实践基地。

（四）积极组织本校教师参与一体化培养培训

中小学教师接受教师教育的积极性和主动性主要源自学校的鼓励和支持。中小学校应该制定具体的管理制度、考核制度、保障制度、奖惩制度和实施制度等，积极组织本校教师参与一体化培养培训，促使本校教师接受培训成为一种常态，使得人人愿意乃至乐于接受教师教育。

（五）积极协助落实教师教育培训活动的任务

2016年1月发布的《教育部办公厅关于印发乡村教师培训指南的通知》指出："（1）将送教下乡培训纳入校本研修规划，制定本校实施方案，实现送教下乡培训和校本研修有机整合。（2）会同送培团队做好诊断示范、成果展示和总结提升等环节的实施工作。（3）负责研课磨课环节的实施工作。（4）做好培训生成性资源的汇聚整理工作，向区县推荐代表性成果。将区县培训资源包和本校资源纳入校本研修课程。（5）做好本校学科组和教师研修的过程监管和绩效评估。（6）做好本校实施工作总结，督促指导乡村教师做好总结提升。"[1] 明确规定了中小学校要严格按照规章制度行事，履行好在具体的教师教育活动中应尽的职责。

三 中小学校落实相应责任的行动准则

为担负起应承担的责任，中小学校领导和教师应高度认同教师教育一体化的理论价值和实践意义，深入理解教师教育一体化对于学校提高教学质量、提高社会影响力和获得社会资源的重要意义。

（一）制定教师教育一体化相关的规章制度

要根据实际制定宽严相济的教师教育制度。教师教育制度要维持常态性的科学发展，必须要有科学合理的教师教育制度来保障。中小学校应根据本校教师的实际需要和地区资源配置情况，从教师教育目标确定、课程组织、过程实施和教育评价等方面具体规定本校教师教育规章制度。教师教育制度既要体现刚性，以保障其参与度，也要体现一定的弹性，反映地区特色和个别教师的特殊需要。

（二）营造教师教育一体化良好的文化氛围

文化是维持群体认同的主要心理要素，这是中小学校生存和发展的软实力。无论是物质文化、制度文化还是价值文化建设，从微观层面而言，校园文化的形成和积淀对一所中小学的办学和发展极为重要，中小学校应把教师教育一体化发展上升到教育文化的战略地位，使教师专业发展教育成为一种校园文化的核心，以文化人，带动全校教师为学校办学发展积极奉献。

---

① 中华人民共和国教育部. 教育部办公厅关于印发乡村教师培训指南的通知 [EB/OL].（2016 - 01 - 26）[2023 - 03 - 03]. http://www. moe. gov. cn/srcsite/A10/s7034/201601/t20160126_228910. html.

（三）校领导示范引领教师教育一体化工作

学校领导做好带头示范作用。"火车跑得快，全靠车头带"，中小学教师教育成功与否的关键在于学校领导能否发挥带头示范作用。中小学校领导应杜绝忙于学校政务而忽视教学任务，脱离教师教育培训队伍，流于形式走过场的现象，应该参与教师教育培训整个过程，并严格要求自己。特别是在参与教师教育一体化培训过程中，校领导要多与学员进行讨论交流，及时将学员的最新需要和最迫切要求反馈给培训方，在具体的培训中做好组织和后勤服务保障工作。

第四节　一线教师"主体利益者"的教育责任

教育者必先受教育。从教育的构成要素来看，教师作为教育活动主体，也是教师教育一体化的"主体利益者"，需要主动树立正确的教师教育一体化观念，在教师教育中主动提升素质，潜心提升科研能力与职业道德水平，积极配合教师教育一体化有关工作的开展。

一　教师责任定位的依据：自身的专业发展需要

教师作为一门古老的职业，在新时代肩负着传承和发扬中华优秀文明、创造社会主义精神文化财富、培养德智体美劳全面发展的社会主义建设者和接班人等重要职责。随着新时代以来基础教育的蓬勃发展，教师的职业地位与社会声望也与日俱增，这映射出的是国家对教师专业发展的深切期许和教师专业素质的不断提升。

教师是教育事业的第一资源，教师教育是基础教育的工作母机，对于乡村教育振兴而言，大力加强面向乡村的教师教育，是提高乡村教师专业化水平、巩固基础教育质量、促进城乡教育均衡发展、实现乡村振兴的重要保障。2020 年教育部等六部门发布的《关于加强新时代乡村教师队伍建设的意见》中指出："乡村教师是发展更加公平更有质量乡村教育的基础支撑，是推进乡村振兴、建设社会主义现代化强国、实现中华民族伟大复兴的重要力量……必须把乡村教师队伍建设摆在优先发展的战略地位。"①

在教师教育一体化工作中，教师的责任定位是主体利益者（或直接利益者），主要有以下原因：一是教师教育的对象是教师，教育的目的是促进教师的专业主体发展，包括教师的专业主体意识与主体能力的相应发展；二是教师在教育发展中的地位和作用举足轻重，教师素质深刻影响着教育质量的高低，是高质量教育的基础支撑。可以说，判断教师教育一体化工作的好坏时，教师专业素质是否得到显著发展是关键的指标，离开了教师主体的专业发展讨论教师教育的一体化，教师教育一体化工作就成了无根之萍、无源之水、无本之木。

二 教师在教师教育一体化中的职责

习近平总书记十分注重教师队伍建设，将教师视为人类历史上最古老、伟大、神圣的职业之一。他指出："一个人遇到好老师是人生的幸运，一个学校拥有好老师是学校的光荣，一个民族源源不断涌现出一批又一批好老师则是民族的希望。"② 广大教师要牢记习近平总书记的殷殷嘱托，履行好教师教育一体化的相关职责，主要包含以下方面。

（一）树立正确的教师教育一体化观念

习近平总书记要求教师"牢固树立中国特色社会主义理想信念""牢固树立终身学习理念""牢固树立改革创新意识"。③ 这意味着教师在教师教育一体化工作中要树立正确观念，坚定理想信念，在教师职业生涯中"不忘初心"地终身学习，提高自身业务素质和道德情操，保持改革创新的意识，不断在一体化中寻求专业的自我突破，

---

① 中华人民共和国教育部. 教育部等六部门印发关于加强新时代乡村教师队伍建设的意见 ［EB/OL］.（2020 – 09 – 04）［2022 – 08 – 24］. http://www.moe.gov.cn/jyb_xwfb/gzdt_gzdt/s5987/202009/t20200904_485110.html.

② 习近平. 做党和人民满意的好老师——同北京师范大学师生代表座谈时的讲话 ［N］.人民日报，2014 – 09 – 10（1）.

③ 习近平向全国广大教师致慰问信 ［N］.中国青年报，2013 – 09 – 10（1）.

而不是将接受教师教育扭曲为获得培训资历、评职称、完成规定任务等的途径，防止将教师教育"功利化"，更不可"三天打鱼，两天晒网"，应当树立终身学习的职业态度，严肃对待教师教育一体化工作。

（二）在教师教育中主动提升业务素质

习近平总书记对教师的业务素质赋予了很高要求，希望广大教师"做学生锤炼品格的引路人，做学生学习知识的引路人，做学生创新思维的引路人，做学生奉献祖国的引路人"，同时强调"党和国家事业发展需要一支宏大的师德高尚、业务精湛、结构合理、充满活力的高素质专业化教师队伍，需要一大批好老师"[①]。因此，教师在教师教育一体化工作中，应当主动履行通过教师教育提高自身业务素质的责任，对照教师专业标准，形成清晰准确的自我认知和定位，完成自我设定的教师专业发展目标任务；加强谋求专业成长的进取意识，在教师教育相关活动引导下，逐步明确自我发展的有效路径，将专业的自主学习、专业交流和专业培训视为一项重要的使命和责任；自主消解传统认知中的知识垄断者和强行灌输者的角色，努力吸收先进的教育教学理念，积极成为现代教育理念的践行者和现代教育变革的探索者；在专业活动中积极开展自我反思，审视自己的教学活动是否从知识、能力、情感、方法等方面促进了学生的发展，组织的教学是否适应当下学生的学习现状和认知发展规律，是否有效兼顾到不同学生个体的发展差异，是否在课程组织上反映了课程内外部要素之间的联系。

（三）在教师教育中潜心提升科研能力

习近平总书记认为教师专业发展要做到"四个相统一"，即"坚持教书和育人相统一，坚持言传和身教相统一，坚持潜心问道和

---

① 霍小光、张晓松．习近平在北京市八一学校考察时强调，全面贯彻落实党的教育方针，努力把我国基础教育越办越好 ［EB/OL］．（2016－09－09）［2020－12－31］．https://www.gov.cn/xinwen/2016－09/09/content_5107047.htm.

关注社会相统一，坚持学术自由和学术规范相统一"①。由此可见，科研能力同样是新时代教师的重要素质，教师应当努力在教师教育中潜心提升科研能力，加强自我学术规范建设。调查显示，无论动机是提升专业素质还是晋升职称职务，中小学教师都普遍具有搞科研、发论文的强烈愿望。教师教育一体化强调大学和中小学合作的"U-S"模式，打破了大学和中小学之间的樊篱，为中小学教师提升自身业务素质找到了良好的平台。中小学教师应该充分利用这宝贵的机会，多参加大学开设的关于基础科研方法的课程，多向大学教师请教，积极参与大学和中小学的课题项目，并争取与大学教师合作或在大学教师指导下独立发表论文，著书立说。

（四）在教师教育中积极提升职业道德

习近平总书记十分强调教师的职业道德建设，认为"教师不能只做传授书本知识的教书匠，而要成为塑造学生品格、品行、品味的'大先生'"②。因此，教师应当在教师教育一体化中积极提高职业道德水平。近年来，各大媒体报道的中小学教师利用教师岗位之便性侵学生、强迫家长送礼和体罚辱骂学生等事件，都说明中小学教师的道德情操正在面临着重大考验。同时，不作为之风、享乐之风和奢靡之风也开始出现。造成这种现象的原因是多方面的，但一个重要的方面是中小学教师道德情操弱化。2021 年 10 月 21 日，教育部部长怀进鹏介绍，教师法修订将突出师德师风第一标准，将党中央、国务院关于师德师风建设的要求转化为法律法规。③ 中小学教师要转变把业务素质提高当成教师教育培训唯一目的的观念，要正视道德情操问题，做到"吾日三省吾身"，通过教师教育培训不断净化心灵、提升自身道德水平，不断增强自身抵御外界诱惑的能力。

---

① 习近平谈治国理政（第二卷）［M］.北京：外文出版社有限责任公司，2017：379.
② 人民网.习近平眼中的"大先生"［EB/OL］.（2019-09-09）［2022-08-24］.http://politics. people. com. cn/nl/2019/0909/c100131345095. html.
③ 中国网.教师法修订将突出师德师风第一标准 明确教师权利义务［EB/OL］.（2021-10-21）［2022-06-21］.http://henan. china. com. cn/m/2021-10/21/content_41710427. html.

三　教师落实相应责任的行动准则

习近平总书记提出了好老师的"四有"标准，即有理想信念、有道德情操、有扎实学识、有仁爱之心。[①] 教师应当严格对照"四有"好老师的标准，在教师教育一体化过程中落实相应责任，主要包括以下几点。

（一）在教师教育中坚定理想信念

教师应当在教师教育一体化工作中树立正确的理想信念，明确自身的历史站位，"一个学校能不能为社会主义建设培养合格的人才，培养德智体全面发展、有社会主义觉悟的有文化的劳动者，关键在教师"[②]。教师要肩负起为中华民族伟大复兴和社会主义现代化强国建设培养人才的光荣任务，在接受培养培训过程中做好教书育人、立德树人的工作，能时刻在职业反思中不断提醒自己"不忘初心，牢记使命"，始终以社会主义世界观和方法论武装自己的思想，肩负起为未来的社会主义建设者和接班人传道授业的光荣职责。

（二）在教师教育中锤炼道德情操

教师不仅要在教学上具备一系列专业素质，更要以自身的人格力量和魅力去感化每个学生，真正做到立德树人。因此，教师需要在教师教育中积极锤炼自己的道德情操，成为道德上的合格者，落实"师德为先"的职业要求，"学高为师，身正为范"，积极成为社会和学生的道德楷模，在教师教育中不断完善自我的道德修养，弘扬社会主义文化道德和中华传统美德，并以自身的模范行为影响和带动学生的改变。

（三）在教师教育中培养扎实学识

扎实的学识是教师赖以施教的基础。一个教师如果有过硬的教

---

① 习近平. 做党和人民满意的好老师——同北京师范大学师生代表座谈时的讲话［N］.人民日报，2014 - 09 - 10（2）.

② 邓小平. 邓小平文选（第二卷）［M］.北京：人民出版社，1994：108.

学能力、勤勉的教学态度和科学的教育方法，但却没有扎实的学识，教育教学便失去了基本的"原材料"，教师的教育教学活动便成为无源之水、无本之木，甚至会"误人子弟"。因此，教师要在培养培训中积极丰富自己的学识，学好学科专业知识、综合基础知识、教育科学知识、政治理论知识，巩固好从事教育教学活动的学科专业知识基础。

（四）在教师教育中孕育仁爱之心

教师在教育教学中应当恪守"仁爱之心"，现代教育观下"学生中心"理念践行的关键就在于教师对学生的关爱之心、关怀之情，即"一切为了学生，为了学生的一切"。对学生的仁爱之心是教育的灵魂，因为教育本身是育人的活动，教师需要关爱每一位学生，始终以学生为中心去考虑问题，尊重和理解每位学生，唯有如此才能受到学生的爱戴和尊崇。

第五节　乡村社区"利益相关者"的教育责任

全社会都应该尊重人才，尊重教师，关心教育。乡村社会是教师教育一体化工作中重要的"利益相关者"，应为教师教育一体化创造良好的社会生态，提供相应的物资保障，协助做好教师教育一体化监督工作，在行动中提高工作责任意识，提升工作服务能力，满足教师发展需要。

一　乡村社区责任定位的划分依据

教师教育一体化直接影响乡村教师队伍的整体质量，而乡村教育发展的关键又在于乡村教师队伍的专业性，乡村教育发展在促进乡村生产力提高、赋能乡民自组织能力、形塑健康的乡风文明、完善乡村公共服务体系、推动生态价值探索等方面的作用发挥，有利于乡村的全面振兴。因此，乡村社区在教师教育的一体化过程中成为重要的利益相关者。

（一）乡村教育发展促进乡村生产力提高

"产业兴旺"和"生活富裕"是实现乡村振兴的两个关键目标，而两个目标的实现与生产力发展息息相关，生产力的提升又取决于劳动者基本素质的提高，高素质高质量的乡村劳动力可以更好应用现代科学技术从事生产工作，推动农业现代化，实现农村产业的振兴，使老百姓生活富裕。教育在劳动者的素质提高方面发挥着举足轻重的作用，教育有助于乡民掌握先进的科学文化知识和现代生产生活技术，继而推动乡村社会生产力的提高，使乡村产业兴旺、人民生活富裕，而教师教育一体化工作又内在影响着乡村教育的质量提高，间接影响了乡村的社会生产力发展。

（二）乡村教育发展赋能乡民的自组织性

推动乡村振兴实现的主体力量是广大的乡民，乡民要拧成一股绳，就必须摈弃过去在传统农业生产生活方式影响下形成的小农思想，增强政治意识和组织意识，由过去的一盘散沙凝聚成建设乡村的强大力量。乡村教育振兴实质上有助于乡民改变传统的小农思想，形成现代生产生活的思维方式，学会合作、互助、团结，增强自组织性，充分激发参与乡村建设的主体意识和主体能力，形成高效的乡村社会治理和建设格局。而教师教育一体化与乡村教育发展存在紧密联系，因此对乡民的自组织意识和能力建设具有深远影响。

（三）乡村教育发展形塑健康的乡风文明

乡风文明是实现乡村振兴的重要内容，同时也是推动乡村振兴的有力保障。乡风文明的建设涵盖多个方面，如弘扬传统美德、移风易俗、文化建设等方面。这些内容实质上都指向了乡村价值观的重塑问题，乡村教育发展有助于通过教育加强乡民公德心，使乡民形成正确的文化价值观，弘扬乡村优秀传统文化风俗，推动形塑健康的乡风文明，促进乡民增强乡村文化自信心和信念感、归属感。

（四）乡村教育发展助推公共服务的完善

乡村教育本身是乡村基本公共服务体系中的一个方面。因此，推动教师教育一体化发展本身有助于乡村教育发展，实现高质量的乡村教育体系建设，健全完善乡村基本公共服务体系。同时，从内外比较来看，发展乡村教育，也有助于缩小城乡教育差距，促进城乡公共服务质量的均衡发展，推动城乡融合发展。

（五）乡村教育发展推动生态价值的探索

生态宜居是乡村振兴工作的另一重点目标。乡村与城市相比，有着相对较好的生态环境，坚持人与自然和谐共生是促进乡村绿色发展的必由路径。因此，乡民要重视保护生态环境这一农村的最大优势和宝贵财富。然而，受城镇化工业化思想的冲击，"生态"这一乡村独特的优势资源正在被不断忽视和破坏，需要通过教育使广大乡民再次意识到维护乡村生态健康发展的价值，探索人与自然的和谐共生之路。

二 乡村社区在教师教育一体化中的职责

乡村社区是指一定乡村地域上具有相对稳定和完整的结构、功能、动态演化特征以及一定认同感的社会空间，它是乡村社会的基本构成单元和空间缩影。① 乡村振兴离不开乡村社区振兴，乡村社区的振兴又取决于其内部功能相对完整有效地运转和发挥。在乡村社区功能与结构的完善中，人口素质是重要影响因素，因此，乡村社区在教师教育一体化中的职责就在于支持教师专业发展，使教师的专业发展符合乡村教育振兴的需求，主要包括以下职责。

（一）不断改善和加强乡村教师的薪资待遇和生活保障

教师教育一体化工作有序有效开展的前提是保障每位教师职业生涯发展的连续性和可持续性。乡村教师，尤其是部分欠发达社区的乡村教师稳定性较弱，职业生涯停滞中断、退出职业生涯的概率较高。因此，为增强乡村教师队伍的稳定性，助力教师教育一体化，

---

① 冯健，张小林．苏南小城镇发展与现代乡村社区变迁研究［J］．地理科学进展，1999（03）：222．

乡村社区应努力改善和加强乡村教师的薪资待遇和生活保障，让乡村教师得以安心从教，避免教师在一体化培养培训中提前离开教岗，造成教师教育资源的损失和浪费。

（二）不断加强乡村教师专业培训组织监管工作

培训是促进乡村教师教育一体化发展的重要途径，培训活动的组织和监管需要得到乡村社区教育管理者和行政单位的有力支持。从属地管理的角度看，乡村社区的教育管理者和行政单位总是不可避免地根据上级安排和本地区发展需要协助组织乡村教师的专业培训活动，并协助做好培训过程中的监管工作。因此，乡村社区在教师教育一体化中的另一职责就是加强教师专业培训的组织工作和监管工作。首先，在组织上，要协助确保培训内容和培训形式的针对性和多样性。有调查发现，"西藏和南疆教师培养培训多为理论性内容，并不适用实际教学工作，与教师现实需求存在偏差"①。鉴于不同乡村社区发展的差异性，乡村教师培训也应当尽可能做到形式多样化，如西部深度贫困的"三区三州"教师培训多为集中培训、网络研修，形式较为单一，不能充分满足教师多样化的发展需求。其次，在监管上，乡村社区需要建立和完善培训过程和培训效果评价监管跟踪机制，保障对专业培训的全程监控，以及对培训效果的持续追踪，判断培训是否实际促进了教师的专业发展，从而为改进教师专业培训、促进教师教育一体化发展提供参考。

（三）不断协助参与乡村教师本土化培养工作

乡村教师教育一体化高质量发展需要在培养培训上符合乡村教师专业发展的本土化需求。乡村教师培养培训内容切合乡村本土特征时，能够提高乡村教师服务乡村振兴的质量与契合度，从而促进乡村社区的振兴与发展。因此，乡村社区需要不断总结乡村教师本土化培养的重要经验，包括对乡村社区本土的政治、经济、文化、

---

① 任玉丹. "三区三州"教师队伍建设的路径分析——基于教师教学胜任力的视角［J］. 当代教育与文化，2019（05）：112 - 116.

社会、生态等方面的系统调研，并在此基础上将其转化为本土化的乡村教师课程内容，遵循教师专业成长的基本规律，进行科学合理的内容设计。这就需要乡村社区积极与地方师范院校、教师进修机构等协同，在专业引领下配合乡村教师教育课程开发的资源搜寻和整理工作。

（四）不断探索社区多元力量协同合作的有效路径

教师教育一体化是一项长期性和复杂性的事业，需要乡村社区的多元力量协同参与，形成教师教育的系统合力。乡村社区教育的主要管理者需要发挥好组织者和协调者的职能，结成教师教育一体化工作共同体，组织社会各界力量参与教师教育一体化工作，解决由缺乏协同联动导致的资源投入实效性差和信息交流不够流畅等问题，以增强教师教育工作决策的科学性。

三 乡村社区落实相应责任的行动准则

社区作为乡村社会基本的构成单元和空间缩影，发挥着基础的行政、经济、文化、治理、生态等功能，对属地的教育发展发挥着不可忽视的作用。乡村社区要落实好相应职责，应认真遵循以下行动准则。

（一）转变主体认知：提高工作责任意识和使命意识

乡村社区在开展属地教育管理，组织教师教育工作的过程中容易受行政惯性影响将教师教育工作简单地"行政化""指标化""报表化"，甚至"政绩化"，大搞"形象工程"，忽视本土教师教育的客观现实和需要，造成教师教育工作的"教育性"缺失。为此，当地社区教师教育的相关组织部门作为乡村教育振兴直接行动者，在工作中应遵循教师专业成长发展的规律，听取各方意见，提高责任意识和使命意识。乡村社区行政管理部门不仅需要从内部实现整体的认知转变，还需要辐射乡村社区内部其他与乡村教师教育利益相关的行为主体，例如乡村学校领导、乡村教师、乡村家长等，具体辐射形式包括政策宣讲、动员大会、师德培训等方面，推动社会整体对乡村教师地位的认知重塑，以高度责任感和使命感共同开展教师教育一体化工作。

（二）加强工作能力：深化乡村教师与地方政府交流

教师教育一体化成效的基本判断标准是教师培养培训质量。乡村社区的有关部门和单位在组织和监管乡村教师培养培训工作的过程中，必须切实加强组织和监管工作，提升相应工作能力。其中，深化与乡村教师的交流是确保组织与监管工作实效性的重要方略。只有充分与乡村教师沟通，借助乡村教师之口了解乡村振兴面临的现实困境与问题、教师在教育教学中所面临的能力问题和处境挑战等，乡村社区才能在此基础上与地方师范高校、上级教育行政部门协调开展教师教育一体化工作。为充分畅通交流渠道，乡村社区可以参照互联网智慧教育模式，建立起联动乡村振兴办、地方教育部门、学校、家长、教师的"家校政一体化"互动平台，及时掌握教师在一线乡村振兴教育行动中遇到的困境和难题，提高教师教育一体化的工作实效。

（三）促进外部交流：鼓励与支持乡村教师向外互动

要实质性地提高乡村教师教育一体化工作与乡村教育振兴工作间的融合度，需要作为关键变量的乡村教师保持开放性，积极走出校园，参与乡村振兴工作，提高自身支持乡村发展的一系列专业本领。这需要乡村社区鼓励与支持乡村教师的向外互动。主要分为两个方面：一是积极融入乡村社区，鼓励乡村教师主动地走出学校参与乡村振兴活动，增强乡村教师与社区的社会交往，发挥乡村教师的育人功能和文化优势，增强乡村教师对社区文化的认同感与归属感；二是要支持乡村教师到城镇学习交流，提升专业能力，乡村社区有关管理部门要在组织乡村教师外出交流培训时做好台账记录工作，跟踪记录接受培训后乡村教师在师德师风、教学理念、教学业绩、教研能力等方面的成长，对于成长显著的乡村教师应当及时予以物质与精神奖励，提高乡村教师学习积极性。

（四）弘扬尊师重教：为乡村教师发展创造良好氛围

教师教育一体化工作深受社区文化氛围影响，当乡村社区整体的文化氛围不利于教育生态时，处于不良文化场域的乡村教师会因此丧失专业发展动力，遑论积极接受教师教育。因此，乡村社区应当积极重构我国传统尊师重教优秀文化，建立起尊重教师自我价值和现实需求的社会共识，使教师成为社区中人人向往的职业，从而增强乡村教师职业自我认同，切实巩固教师教育一体化质量。

在体系构建过程中，教师教育一体化形成了一个庞大的、涉及范围广泛、结构成分复杂、性质特点各异的教师教育利益群体。由于教育活动本身具有复杂性，诸多要素促使教师教育一体化体系中各个相对独立、分割出来的利益群体形成了密切联系，它们分别是地方政府、高等院校、中小学校、一线教师和乡村社区。根据利益相关理论的观点，教师教育一体化过程中每一个相对独立的群体都在教师教育一体化过程中相互影响着，各个群体之间具有复杂的联系。例如，地方政府的行为影响高等院校、中小学校、一线教师和乡村社区的教师教育行为。一线教师是被影响的中心，同时也作为关键的利益主体影响着乡村中小学校的教学质量、乡村社区的文明发展、高等院校的科研实践、地方政府的教育治理。此外，各个不同的利益主体又彼此存在"利益共享"和"风险共担"的关系，在乡村教师教育一体化的进程中，每个重要利益主体的行为所带来的社会效益都可以反馈和作用到其他利益主体，给其他利益主体的发展带来积极、正面的影响。可见，教师教育一体化的利益主体之间不是"零和博弈"的关系，而是互利共赢的关系，一旦某个利益主体在工作中发生了重大失误，便会给教师教育一体化的整个系统带来巨大的负面影响。例如，地方政府在组织教师培养培训工作时出现重大疏漏，便会直接给一线教师、中小学校、乡村社区乃至参与服务的高等院校带来消极影响。因此，必须严格明确地方政府、高等院校、中小学校、一线教师和乡村社区这五个不同利益相关群体之间的利益性质和责任界限，通过明确其各自的职能定位，约束其权限，维护各个利益主体之间的利益边界，明确共同一致的利益方向，如此才能使各个主体成为推动教师教育一体化进程的良性发展力量。

第七章　教师教育一体化的模式选择

　　我国重视提升教师从教能力的专业化，必然带来教师教育一体化模式的变革。从现实和未来看，教师教育一体化的模式选择，可以从专业招生一体化、培育过程一体化、供求关系一体化、教育管理一体化、体制改革一体化、专业人员一体化、学科教育一体化这七个方面展开分析。专业招生一体化介绍高等师范院校或综合大学的师范院系探索和实施提高师范生从教能力的新模式。培育过程一体化探讨我国职前师资培养和职后继续教育的现状和必要性，提出职前职后衔接的基本途径。供求关系一体化从我国目前企业与高校合作培养人才产生的问题出发，借鉴国外优秀的人才培养模式，分析我国订单培养模式的现状及不足，提出相应的建议。教育管理一体化是从教师教育一体化的内涵及成因入手，分析当下普通院校与成人院校的合并融合存在的问题及突破策略。体制改革一体化探讨公办院校与民办院校在教师培养上协同合作的必要性，提出推动公办院校和民办院校协同培养教师的对策与建议。专业人员一体化从师范生教育实习面临的现实困境出发，深入探讨"顶岗实习"和"双导师制"两种模式的利弊，提出构建师生学习共同体新模式"三师讨论小组制"，并论述了其价值。学科教育一体化主要以教育硕士培养改革为例，根据复合型教师的内涵与时代特征，从改革供给关系、创新培养模式、激活院校资源等方面提出深化复合型教育硕士人才培养改革、推进高层次教师教育一体化的思路与措施。

第一节　高校内中小幼教师专业大类招生培养

专业招生是教师教育工作的初始环节，对后续职前培养影响深远。研究教师教育一体化问题不可避免要触及专业招生问题。探索教师"专业招生一体化"的产生背景和基本原则，分析浙江省师范类专业"三位一体"综合评价的典型招生做法，旨在为推动师范专业的招生模式变革，助力教师教育一体化工作提供一种思路。

一　师范专业招生一体化的产生背景

我国师范专业招生制度大体经历了三个阶段：封闭定向期（1949—1998 年）、转型发展期（1999—2006 年）、创新开放期（2007 年至今）。封闭定向期对应我国传统的封闭定向师范教育体系，中小幼教师由不同层次的师范院校进行招生和分级培养，小学教师和幼儿园教师由中等师范学校培养，生源为初中毕业生；初中教师由师范专科学校培养；高中教师由师范本科学校培养。在分级定向培养体系下，各级师范学校的专业招生是独立进行的，且各自的培养目标清晰，为了充分吸引优质生源报考师范专业，国家还制定了一系列政策鼓励优秀毕业生尤其是农村优秀毕业生报考师范专业，例如师范生免费教育、户籍"农转非"、助学金、统分统配等政策，提升师范专业的吸引力。

（一）传统分级的招生方式不利于教师专业化

封闭定向的招生模式是计划经济体制下的产物。在我国深化社会主义市场经济体制改革的背景下，传统招生模式的弊端逐渐显露出来，首先是中小幼教师分级分离招生培养与教师专业化发展趋势之间的矛盾，给提高教师专业素质，深化教师教育改革造成诸多障碍。在终身教育思潮影响下，各国政府为赢得 21 世纪的人才竞争，纷纷采取一系列政策举措推进教师专业化，其中便包括提高教师的学历层次，让中小幼教师通过更加系统专业的理论学习和实践，成为"终身学习者"和"教学研究者"。这意味着对幼儿园教师、小学教师专业能力的要求并不低于对中学教师专业素养的要求。从这一点来审视，幼儿园教师和小学教师由于缺少高等教育的系统培养，尽管他们的教师职业技能相对合格，但教育教学理论水平和教育科研能力相对不足，不能充分适应未来学习型社会对教师成为"研究者"的要求。为了改变传统分级分离招生培养的弊端，应当推动中小幼教师专业招生内部的一体化，使幼儿园教师、小学教师、中学教师在招生上处于同一层次，适用同一标准，保证生源质量的相对平衡，继而缩小中小幼师资队伍的质量差距。

（二）传统的定向招生不能充分适应市场经济需求

传统的定向招生模式不能充分适应我国社会主义市场经济体制改革的需要。前文提到，定向招生是计划经济体制下的产物，其优点在于能够保证教师教育具有相对稳定的生源，但弊端也显而易见，既形成"师范专营"的惯性思维，也导致"读师即师"的就业保障，学生毕业以后即取得从教资格，内部缺乏竞争，这就容易导致各级师范学校缺乏改革的主动性，造成教师教学与科研的动力不足，学生学习与研究的劲头不够，长此以往，必然影响师范教育培养质量，不利于满足学习化社会对研究型教师的要求。因此，需要对封闭、独立、定向的招生模式做出变革，建立开放的教师教育招生体系，实现专业招生的外部一体化，鼓励其他有条件的综合性大学或学院进行师范专业招生，倒逼师范院校在竞争压力下做出变革，推动教师教育质量提升。

（三）高校扩招和综合化要求传统招生方式变革

20 世纪末，我国高等教育进入大众化发展进程。教师教育进入高等教育系统之后，经过 20 年的改革，相应的高校扩招和师范院校综合化也要求对传统的定向招生模式做出相应的变革。在转型发展期间，国家为满足人民日益增长的文化教育需求，为人民提供更多的教育机会，出台了大学扩招政策，支持高等教育的规模扩张，鼓励一些综合大学举办师范教育。同时，师范院校先后开办非师范专业，也开始朝综合化方向发展，不再是单一的师范专业院校。而传统专业招生模式是计划经济体制下的产物，对招生人数有较为严格的限制，这与高校扩招和师范院校综合化发展的需求已经构成矛盾关系，因此必须改变封闭式专业招生方式，实行开放式师范专业招生模式，为人民提供更多接受师范教育，成为人民教师的机会。

二　师范专业招生一体化的基本原则

专业招生一体化要求对传统分级分离招生模式进行变革，使之契合教师教育一体化需要。师范专业招生作为教师教育工作的一部分，助力教师教育一体化时同样要坚持终身教育理念和教师专业化理论，遵循下列基本原则。

（一）保证生源层次的一体化

基于教师专业发展要求，为保障各级各类教师的专业性，应努力打破分级招生格局，实现生源层次"同层化"。传统招生模式存在初中毕业生和高中毕业生"混合二级招生"现象，生源质量标准差异大，后来因为中等师范学校在"撤并挂升"中退出教育历史舞台，这种"混合二级招生"培养也消失了。但中小幼教师生源层次的差距依然存在，特别是幼儿园教师仍然主要由专科学校负责培养，专科层次与本科层次的生源素质还有一定差距。而在一些发达国家，如芬兰教育法律规定幼儿园教师必须具备硕士以上学历，法国要求学生接受3年大学基础教育和2年师范专业教育，为幼儿教育工作做准备。根据国外的教师发展经验，我们也应努力缩小中小幼教师招生标准的差距，保证中小幼教师生源质量相对均衡。

（二）确保生源素质的一体化

根据终身教育理念和教师专业发展要求，专业招生改革应当关注报考生适应未来教师专业成长的一系列关键素养。在"师德为先"和"加强思想政治教育"的时代要求下，除了大学招生考试录取的分数要求外，修养品德和思想政治素养应当被作为考查的重要方面；教育情怀，考查学生的从教动机，用以判断报考生是否具有强烈的教育愿望，愿意为教育事业奋斗终生；适应终身学习社会的教师专业潜质，包括终身学习的能力，教育的探究精神、创新精神等方面。

（三）实现招生考查的一体化

通过构建更加综合、系统、全面、客观的考查方式，保证在招生环节尽可能整体、全面判断学生是否具备接受教师教育的条件和资格。师范生是教师队伍的预备军，为了确保这支队伍的专业性，必须在招生端着重考查学生是否具备成为人民教师的潜质，学业成绩只是其中一个衡量标准，不是唯一标准，以分数判断生源是否优质，就会陷入"唯分数论"的重大误区。因此，考查不应当只局限于笔试，可以尝试笔试与面试结合，注重学生的过程性考查和评价，了解学生整体发展轨迹，探索多元考评方式，使考查更加客观、整体地反映报考生的教师职业发展潜质，并为将来设计规划学生职业发展，促进教师教育一体化奠定基础。

三 师范专业招生一体化的模式选择

以浙江省师范专业"三位一体"招生模式为例，所谓"三位一体"招生模式，是指融高中学业水平测试（会考）、综合素质评价和统一考试（高考）于一体，共同构成学生综合成绩，并以此为录取依据进行招考录取的一种新模式。① 2011 年杭州师范大学首批试点这种新的招生模式，全面、综合考查与选拔生源有利于促进教师教育一体化工作，提升教师教育培养质量。其优势表现在以下方面。

（一）有力撼动"一考定终身"的招生模式

强调考查学生的综合素质，符合我国对教育实现人的全面发展的要求，高考成绩不再被视为衡量师范专业报考生录取与否的唯一

---

① 冯成火.浙江省"三位一体"招生模式改革的思考和探索［J］.教育研究，2014（10）：152.

指标，这种撼动传统高考"一考定终身""唯分数论"的招生模式，取得了较好的招生效果。浙江省师范类专业试点有关研究结果表明，尽管师范类录取的"三位一体"学生在高考成绩上相对落后于"非三位一体"学生，但对学生入学后情况进行跟踪调查和比较分析后发现，"三位一体"学生相比于"非三位一体"学生而言，专业学习潜力大、综合能力强、师范技能扎实、专业对口率高、就业质量高。①

（二）赋予报考生更多的专业自主选择权

赋予报考生更多的专业自主选择权，有利于吸引一批真正有志于从教，对师范专业忠诚度高、专业学习兴趣大的学生。专业招生是一个院校"择生"、学生"择校"的双向选择过程，二者适配性强时，学生往往对专业忠诚度较高、专业学习兴趣较大，院校也能根据专业需要筛选到合适生源。从教师教育一体化的视角看，"三位一体"招生赋予师范院校更多的招生自主权，其可以结合自身的师范专业建设要求和社会需要科学制定招生方案，选取符合学校需要的学生，对报考生而言，这一招生模式消除了"平行志愿"规则下的"被退档"风险，他们可以充分遵从自身意愿报考心仪的师范专业，对专业忠诚度更高、专业对口率更高、专业学习兴趣更大。

（三）提升教师教育者招生的主体性与主导性

在传统的招生模式中，高校教师教育者作为培养师范生的主体，却在专业招生中缺乏话语权，长期处于"失声"状态，不能表达自己想要招什么样的师范生。在"三位一体"招生模式下，综合素质评价环节赋予师范院校"择生"自主权，赋予教师教育者在专业招生过程中更多的主体性和主导性。以浙江师范大学2022年"三位一体"综合评价招生章程为例，学校十分重视综合素质评价，成立"三位一体"综合评价招生工作领导小组，并组织专家对报考生进行资格评审和专业面试。教师教育者在这一过程中可以充分考查学生

---

① 翁灵丽.师范类专业"三位一体"综合评价招生模式的探索与实践——以浙江省高校为例［J］.中国成人教育，2017（11）：89-93.

的仪态仪表、思维品质、语言表达、教师才艺等内容，了解考生专业素养、专业潜质，这有助于学校选拔到具有教师专业素养和潜质的学生接受教师教育，提升教师教育工作质量。

（四）通过完善制度设计保障招生公平公正

在扩大师范院校招生自主权的同时，完善制度机制是保证招生过程公平公正的前提。主要包括以下方面：一是相互制约机制，要求对招生的重大事项进行集体商讨、研究，防止某个部门一家独大，出现"一言堂"情况，发挥各个部门相互监督的功能，促进师范专业招生过程中的公平性；二是随机匹配机制，通过随机抽取匹配的方式防止"走后门"现象；三是处罚退出机制，对专业招生过程存在违规现象的学校，视情况予以警告甚至取消试点资格；四是对结果进行公开公示，接受全社会监督；五是对命题进行严格的保密，防止"泄题"现象，实行利益相关人员回避政策；六是进行面试全程录像，保证在接受社会公众监督的过程中有据可查。

总之，"三位一体"招生模式作为一种创新的专业招生举措，有助于更全面考查师范专业报考生的综合素养，更为立体地了解报考生是否具备在未来成为一名教师的专业素养和专业潜质，也有利于加强师范专业报考生和教师教育者双方的联动。这一制度设计在一定程度上规避了学生"被退档"的风险，能使学生更加自主地遵从自身意志报考心仪的师范专业，提高专业忠诚度和对口率。这一模式还通过一系列制度设计，最大限度地保障了专业招生过程中的公平公正，从源头上更加有效地筛选符合优质教师标准和具有发展潜质的师范生，对促进教师教育一体化工作具有推动作用。

第二节　师范生培养和教师继续教育过程衔接

教育指向人内在素质的成长与发展，而教师作为对个体施加培养行为的基本主体，是决定我国教育事业成败的关键变量。师范院校作为我国基础教育师资供给方，承担着为基础教育培养合格教师的重要职责，扮演基础教育工作母机的角色。长期以来，我国教师教育体系呈现职前职后二元分离培育的格局，这种断裂式的培育人为割裂了教师专业成长的连续性，对教师教育质量提升带来负面影响。在学习型社会中，追寻教师教育"培育过程一体化"，是践行终身教育理念，保障教师终身专业成长的本质要求。因此，需要积极探索有利于师范生培养和继续教育相衔接的培育模式，促进教师教育过程一体化承接。

一　我国职前师资培养和职后教师继续教育的现状

（一）职前师资培养的现状

作为教师专业发展的起始阶段，职前培养应确保师范生以一名合格教师身份走上教学岗位，以此来保障职前职后的有效衔接。这对师范生培养提出三方面基本要求：一是保证师范生在入职前具备一定的专业知识和技能，尤其是专业实践方面的能力，因为教学活动能否熟练展开是判断一名教师是否合格的基础指标，教师如若无法熟练开展教学工作，即使具备极强专业理论素养和教师信念，也难以通过实践教学有效影响学生；二是提高教育教学的科研能力，从终身教育的立场来看，教育的现代化发展需要有一批研究型的专业教师队伍，在日新月异的社会中，教师掌握教育教学科研能力可为他们适应多元变化的教育情境，实现专业可持续发展提供重要支撑；三是具备基本的教师信念，立德树人，承担好教师职责和使命，具备奉献精神。这既是教师专业化发展的本质要求，也是实现教师可持续专业发展，推动构建终身学习社会的重要要求。

当前，高等师范院校是承担我国基础教育师资培养任务的重要主体，职前教育的组织和实施很大一部分由高等师范院校开展。因此，促进师资培育过程一体化时，高等师范院校的师范生培养现状是需要着重关注的领域。一项基于全国 11 个省（区、市）27 所高等师范院校师范生培养状况的大规模调查显示，高等师范院校在教学技能、方法和策略上存在重理论轻实践现象，且师范生科研水平和能力有待提升。① 教学方面的重理论轻实践，将直接影响师范生教学实践能力的养成，而科研水平和能力的滞后发展更是对未来职后可持续专业发展带来负面影响。在职前职后培育衔接上，师范生教育实习由于聚焦师范生实践经验累积和成长，是促进师范生培养和继续教育衔接的关键环节，但师范生教育实习面临着实习基地数量不足、指导力量薄弱、教学实习资源缺乏、针对性不强、实习质量管理手段落后、过程控制不够等问题，这也对职前职后的一体化衔接带来了不利影响。

（二）职后教师继续教育的现状

教师继续教育是指针对取得国家规定的合格学历的教师进一步提高其政治思想素质和教育教学能力的再培训、再进修、再学习。② 在过去，教师教育进行的是"一次性终结教育"，职前培养成为教师教育的全部，教师接受系统的职前教育进入教师岗位后，就在持续不断的教育教学实践中累积经验，提升教育教学本领，锤炼教育智慧。信息化革命以来，知识生产的速度激增，更新迭代加快，获取知识的途径和方式愈加便利，这冲击了传统确定的知识观、学习观、职业观，知识不再是长期确定的知识，这就需要信息化社会的人们获得终身学习能力，以应对现代化社会的多元性和不确定性，这也要求每个职业不断更新知识和技能，适应日新月异的社会。

时代的变化要求我们持续不断地发展教师的职后继续教育，以保障教师在整个职业生涯中的连贯性，持续地坚守专业性。我国自21 世纪以来就在积极构建支持教师终身学习的职后继续教育体系，并开始灵活地应用互联网技术开展教师网络研修，促进教师个性化的专业成长。如今，从教育空间来看，形成了高校模式、校本模式、基地模式和网络模式四种主要类型；教育方式也十分多样，如学术会议、讲座、长期进修、短期集训、网络研修等。但总体来讲，教

---

① 丁钢，李梅. 中国高等师范院校师范生培养状况调查与政策分析报告 [J]. 教育研究，2014（11）：95.

② 曾洁珍. 终身教育与教师的继续教育 [J]. 现代教育论丛，1998（03）：28－31.

师职后继续教育仍存在一些突出问题，如教育对象复杂、教学内容较零散、管理不够规范、教学形式单一、教育效果难以控制。[①] 特别是在职教师受到工学矛盾的影响，接受在职培训的愿望和积极性强烈，培训机构由于专家数量不足、培训场所缺乏、技术设备落后等，培训质量一直受到在职教师和社会的怀疑。

二　师范生培养和教师职后教育衔接的必要性

（一）终身教育思想指导下教师教育改革的理论践行

20 世纪下半叶以来，终身教育理念是人类社会对第三次科技革命带来的信息化生产模式和生活方式做出的教育领域的回应。过去，人们把整个一生按照年龄大致分为儿童和青年期的学校教育阶段、中年期的职业活动阶段和老年期的退休阶段，这种定义方式遵循了传统的知识观、学习观和职业观，即知识的更新迭代速度相对较慢，人在儿童和青年期所学的知识足以终生受用，职业相对稳定，可以一辈子从事一门职业直至退休。进入信息时代后，学校教育不再是人生唯一的受教育阶段，教育活动应当贯穿于人的整个一生。世界各国积极构建终身教育体系，教师职前教育不是教师教育工作的全部，教师教育贯穿于教师的整个职业生涯。因此，教师职前教育和继续教育的统合与衔接，一方面要求不断完善教师继续教育体系，为实现教师终身学习提供基本支撑；另一方面也要求对师范生培养工作进行"再定位"，使其具备可持续的专业进修培养的关键能力，这揭示了推进师范生培养和继续教育衔接的必要性。

（二）解决我国教师教育发展问题实现内在机制改进

自 1897 年南洋公学师范院设立以来，师范教育已有百余年的发展历史，在很长一段时期，我国教师教育被分为职前教育和职后教育两个体系，二者互不统属，各自为政，缺乏有效的沟通和协作，

---

① 孙迎武. 中小学教师继续教育存在的问题及发展策略［J］. 继续教育研究，2012（02）：94.

管理上未能充分实现一体化，这就造成教师教育工作职前培养和职后进修二元分离，教师教育资源严重浪费。而且，由于很长一段时间我国重职前教育而轻继续教育，对教师继续教育方面的财政投入十分有限，支撑教师职后继续教育的一系列外部保障机制不健全，存在继续教育机构数量有限、师资缺乏且素质不高、对参加进修教师的配套保障制度不完善等问题。不管是教师教育资源的优化配置，还是继续教育支持体制机制建设，都需要从培育过程一体化的视角入手，推动师范生培养与继续教育的充分衔接，科学合理地统筹职前职后教师教育的资源配置，避免资源浪费。

（三）推动我国教师队伍专业化发展提升教师的素质

尽管国际上已经将教育工作确立为一种专门职业，但教师本身的专业性长期以来备受质疑。一方面，这反映了社会公众尚没有完全意识到信息化时代下教师教育没有得到长期特别的重视，另一方面这也反映了目前整体的教师专业发展程度依然较为有限，尚未完全建立起备受公众信赖的专业形象。而教师专业形象与其专业知识和能力休戚相关，这种专业知识和能力是教师在教育教学理论与实践方面的高度融合。而职后教育是进一步深化理论应用于实践，培养教育教学实践智慧，铸就教师不可替代的专业性的重要阶段。"实践也证明，教师在职教育中形成的一些教育理念和相应行动理论，只有在后继的在职教育中可能得到巩固、发展或者修正，其结果可以成为教师职业专业化水平提高的动力。"① 因此，推进师范生培养与继续教育的有效衔接，促进培育过程一体化，是实现教师专业化发展的必然要求。

（四）遵循教师专业成长与发展内在规律的本质要求

以形形色色、具体现实的人为对象开展教育活动，帮助不同的人实现内在素质成长与发展，是教师职业的特殊性所在。这意味着教师一系列专业素质需要在不断的教育互动中得到成长与发展，要

---

① 黄永刚. 教师职前培养与职后培训的一体化建设 [J]. 天津师范大学学报（社会科学版），2001（03）：78.

科学地改革教师教育，就必须立体全面地观照教师职前培养和职后继续教育的整个过程，实现二者的有效衔接，促进培育过程的一体化。国外对教师专业发展的阶段进行了许多探索，揭示了教师的专业成长有内在的规律性，职前教育并非教师专业发展的全部，要基于教师的内在成长规律和职业发展的外在特点，科学地规范教师整个培育过程。

三　师范生培养和教师继续教育衔接的原则与方法

（一）根本前提：坚持终身教育思想和教师教育一体化理念

教师教育一体化理念主要是针对长期以来地方高师院校在师范生培养的过程中实行"一次性终结教育"，忽视职后教育，以及当前中小学一线教师对在职培训的功利化或消极应付的错误理念或做法而提出的。大学四年的师范教育只是作为其教师职业生涯的一个知识和技能存储的阶段，并不意味着教师职业生涯的终结。关于教师职业生涯阶段理论有各种划分方式，有学者在以专业品质、专业知识、专业能力为标准的基本框架基础上，进行了层级化的独特表达，把我国中小学专业成长阶段划分为准教师、合格教师、骨干教师、卓越教师、教育家型教师。[1] 在每一个阶段或者周期，教师在其和教学环境的相互作用下都有不同的职业问题和需求，教师要想解决这些问题，必须通过教师的继续教育。

教师专业发展是一个持续的过程，终身教育也认为教育并不是一次性完成的。因此，地方高师院校在师资培养的过程中要本着终身教育和教师教育一体化理念，不仅重视师范生的职前教育，也要加强职后教育，努力促进职前教育和职后继续教育的衔接。对于教师职后培训机构而言，必须充分考虑到前来培训的一线教师群体在年龄、学历、层级、教学需求方面各有不同，应该有针对性地提供

---

[1]　崔杨，蒋亦华. 中小学教师专业成长的阶段划分及相应标准建构 ［J］. 湖南师范大学教育科学学报，2020（03）：80－86.

不同的教育内容和教育方法，以帮助他们更好地适应教师岗位工作。

（二）合作方式：深化高师院校与进修机构的教师交流互聘

长久以来，师范院校在教学资源、办学水平、国家政策上的优势得天独厚，远远超过教师职后培训机构，这已经是公认的事实。师范院校的教师科研实力较强，教师队伍中有较多对某门学科理论研究较深入的专家，职前师资培养的优势明显大于职后继续教育。但是，职后培训机构的教师在长期的教育实践过程中形成了丰富的教学经验，有较为成熟的教学技能，对教育的实际状况有更深的了解和感触，这是师范院校的教师比不了的。因此，倘若在职培训机构能够把学科专家聘任到机构中讲学，师范院校的老师能够下到地方中小学进行教学调研，这种资源互补的优势就能很快显现出来。学科专家把当前教育教学领域的最新改革动态传递给一线教师，帮助一线教师改进教学实践；一线教师也能把教学实践领域中遇到的问题反映给对方，师范院校的教师进而把所获取的信息映射到职前教育中，反映在师范生的教学上，间接促进教育资源的流通和职前职后培养机制的一体化。

（三）改进手段：根据地方中小学反馈的问题进行内容革新

时代在变化，教育环境在变化，传统师范院校的教育学理论却一直未能得到翻新，理论空洞且与教学实际情况脱轨，加之师范生实习周期短，新手教师常常在入职时难以适应教学工作，容易产生厌教情绪，因此，师范院校的教师应该在与职后培训机构教师建立安全沟通渠道的基础上，将其反映的实际教学问题与需求作为教学的重点部分，同时根据其所提供的素材，研究出新的能够有效促进中小学教学实践的理论方法。

（四）核心策略：推进职前培养课程与在职进修课程一体化

由于职前师资培养和职后继续教育体系的分离，师范院校的职前课程和在职培训课程体系不连贯、相互独立。在职前教育方面，强调学科知识本位，以学科主义思维实行非专业化刚性管理，理论教学过多，技能训练不足，较少采用模拟课堂、情境教学、案例分析等方式，学生积极性低，教师言传有余身教不足。在职后教育方面，多数课程安排与职前教育脱节，培训效率低下，高校学科专家与当地教学名师缺乏共同备课和互动研讨等。[①] 这对于教师教育一体化的发展是极其不利的。所以，要在职前培养阶段的课程突出学科专业知识优势的同时，增加师范类教育实践课程的学分比重，强化师范生的教育实践能力；增设教育类课程供师范生选修，帮助师范生了解学科研究前沿动态和教育现状；职后继续教育阶段的课程设置既要与职前教育相沟通，也要根据每一阶段的教师专业发展特点设置课程。

在职培训机构的课程设置，应该从职后培训的三阶段进行。一是对于入职初期的新手教师，要考虑到其在教学岗位的适应能力、其与合格教师之间的素质差异，通过设置学校环境适应课程和课堂教学训练课程帮助他们更好地适应教师角色，胜任工作岗位。二是教师在职提高阶段，因为前来培训的是那些已经在工作岗位上从教数年的教师，他们是最容易产生教师职业倦怠的群体，所以在课程设置上应该加设职业理想课程，帮助他们加强对职业的认可度；还要注意到前来培训的教师在年龄、层级、任教科目上的差别，培训课程设置应多样化，以满足教师的不同需求。三是对于取得一定教学成就的专家型教师，可以通过开设教育研究课程，加强他们对教育理论的理解和内化。

第三节 地方需求与高校订单培养的供求关系

社会不断进步和改革对人才的需求提出新的要求。在教师教育供给侧结构性改革的背景下，教师教育一体化涉及教师"供求关系一体化"问题，可借鉴国外企业与高校合作的培养模式，从我国目前普通本科高校所面临的人才培养质量不高、就业率低与高等职业

---

① 李建辉. 教师专业化视域中的教师教育综合改革问题 [J]. 福建师范大学学报（哲学社会科学版），2015（01）：125 - 131 + 170.

教育竞争激烈等问题出发，分析我国师范院校订单培养模式的现状及不足，提出教师供求关系一体化改革的建议。

一　师范生订单培养的基本内涵

订单培养是人才培养单位根据用人单位需求组织课程内容，进行教育和培训的精准人才培养模式。在市场化、技术化浪潮的冲击下，用人单位对人才的知识技能要求越发精准化、个性化，传统的人才培养方式已不能充分适应日益精准化、个性化的用人单位需求，加强培养培训机构与用人单位需求对接的"订单培养模式"在当前人才培养中的地位越发凸显出来。本研究所指的"订单培养"是学校与当地组织或企业共同合作，以培养学生理论知识和专业技能为主要目的，以解决学生就业为最终目标的办学方式。

二　国外师范生订单培养的主要模式

由于国外市场化、技术化成熟的时间较早，订单培养的形式最早在一些发达国家出现，较为典型的有德国的"双元制"办学，澳大利亚、美国和日本的校企合作办学。

（一）德国"双元制"办学模式

德国的"双元制"办学模式，为年轻人提供了很多正规或非正规的学习机会。德国15岁青少年参加实习的比例较高，近90%的学生表示，他们通过实习进一步获得教育和专业学习的机会。[①] 德国的"双元制"办学是一种典型的校企合作，一元代表职业院校，一元代表企业（工厂），学生在职业院校和企业（工厂）两个场所接受教育和培训，获得专业知识与专业技能的成长。通常来讲，学生具有双重身份，既是学生又是学徒，既接受理论教师的知识传授，也接受实训教师的工作指导，每位学生在专业理论和专业实践两方面都能获得协调发展，并适应企业（工厂）的场域，同时满足了企业

---

① 黄旖旎. 德国：双元制助力学生终身学习［J］. 人民教育，2022（02）：11.

（工厂）的用人需求。

（二）澳大利亚校企合作办学模式

澳大利亚校企合作办学模式是在政府主导下，高校同相关行业企业合作，按照统一的教育培训要求和标准，围绕综合能力和素质而进行的一种终身教育培训模式。[①] 这种模式被称为"校企门路项目"（Gateway to Industry Schools program，简称"GIS 项目"），GIS 项目产生的直接原因是澳大利亚人才培养的供需矛盾突出，一些岗位出现大量人才缺口，而传统的培养模式不能充分地填补这一缺口。20 世纪 80 年代后，澳大利亚政府管理方式向新公共管理方向的转变以及日趋完善的法律法规，为 GIS 项目的建立提供了重要的政治和法律基础。在 GIS 项目中，政府负责校企合作平台建设，成为校企合作项目的倡导者、协调者。在这样的模式下，学生可以获得终身的职业成长和受教育机会，由于政府在其中的协调作用，学校与企业在培养上的共同利益可得到充分的诠释与合作，内在的利益冲突可以在政府的协商介入下得到一定消解，这提高了校企合作的质量，有助于加强学校与行业间可持续发展的合作伙伴关系。

（三）美国校企合作办学模式

美国校企合作办学模式的机制特色在于其适应了知识生产模式 Ⅱ 的转型，"知识生产模式 Ⅱ"这一概念源于迈克尔·吉本斯在《知识生产的新模式：当代社会科学与研究的动力学》（*The New Production of Knowledge: The Dynamics of Science and Research in Contemporary Societies*）中的表述。[②] 与传统的生产模式 Ⅰ 相比，这种新的知识生产模式要求美国高校在人才培养上注重"能力本位主义"的培养，关注学术研究知识的情境性和应用化，鼓励跨学科、跨领域、跨平台的融合，这些实际上都催生了美国当前校企合作办学模式的

---

① 曹梦婷，方展画. 公私伙伴关系：职业教育校企合作体制机制创新模式——对澳大利亚校企对接计划的分析［J］. 外国教育研究，2018（05）：117－128.
② 周国平，李艺璇. 知识生产模式 Ⅱ 视野下美国校企合作机制研究［J］. 宁波大学学报（教育科学版），2019（04）：89－94.

新变革。主要具有以下特色：一是在适应知识生产模式Ⅱ的美国新型校企合作模式下，联邦政府出台相应法规明确了校企合作中知识产权和技术转让的问题；二是制定具体清晰的计划帮助高校与企业开展相关合作事项；三是由于模式Ⅱ下的知识生产过程伴随着多元的生产空间（政府、高校、企业等）和生产者，在校企合作的过程中注重建立有效的信息协调沟通机制；四是建立了更为完善的监督评估机制和经费保障机制。

（四）日本校企合作办学模式

日本作为与我国毗邻的东亚文明国家，其校企合作模式同样值得我国学习借鉴。日本在探索校企合作改革方面的共性化特征包括两个方面：一是注重优化传统的课程结构，更加强调课程的"实践取向"，校企合作目的在于让培养的人才充分适应企业要求，在知识与技能的掌握上更加强调对工作场域的适应度，课程改革更注重市场需求；二是重视"产学官合作"，政府通过颁布一系列政策，引导和鼓励校企之间开展产学合作，并实施一系列产学官合作项目。如，专修学校"双元制"教育推进事业、高等专门学校4.0计划、短期大学改革综合支援事业等。① 通过政府强有力的支持，帮助企业和学校明晰彼此的权责分工，提高校企合作质量。

三　我国高校开展师范生订单培养的内在动因

（一）市场经济深度发展和技术革新下的"用工荒"

社会改革进程的深入促使企业每年需要新增招收的岗位激增，逐步展现出对多层次、全面性、综合性、复合型人才的需要，然而高校培养的学生与企业对人才的需求存在一定差距，致使企业存在大量的人才缺口，造成学生就业难和企业招人难。与此同时，高等职业学校转变思路，积极引进与企业合作共同培养学生的模式，达

---

① 李梦卿，陈竹萍. 雇佣环境变化背景下日本不同类型高职院校校企合作特征、发展趋势及启示［J］. 教育与职业，2021（08）：66－72.

成双方共赢，很好地解决了高等职业学校学生就业问题，而这对普通本科高校仍是个挑战。

（二）毕业生能力无法适应单位需求形成"就业难"

自 1999 年扩招以来，高等教育经历了跨越式的发展。2021 年全国普通、职业本专科共招生 1001.32 万人，其中，普通本科招生 444.60 万人，占普通、职业本专科招生人数的 44.40%；职业本科招生 4.14 万人，占普通、职业本专科招生人数的 0.41%；高职（专科）招生 552.58 万人，占普通、职业本专科招生人数的 55.19%。[①]高校毕业生数量越来越多，就业问题就成了一个难题，其中一个原因就是一些普通大学本科毕业生达不到用人单位的要求，如理论与实践相结合的能力太差、动手能力太弱、综合素质不强等，这些看起来需要实践操作的能力成了很多人的"拦路虎"。

（三）高校人才培养越发要求同地方发展需要结合

普通院校在师资、物资、生源、国家的重视程度等各方面一般不如 985、211 等一些重点大学，这导致了普通院校的毕业生质量颇受社会用人单位的质疑，再加上一些地方性院校总是走在社会改革和转型的末端，更加导致了地方性院校的发展远远落后于重点大学。截至 2021 年，全国共有普通高等学校和成人高等学校 3012 所，较上年增加 9 所，同比增长 0.3%。其中，普通本科学校 1238 所，占全国高等学校的 41.10%；本科层次职业学校 32 所，占全国高等学校的 1.06%；高职（专科）学校 1486 所，占全国高等学校的 49.34%；成人高等学校 256 所，占全国高等学校的 8.50%。各种形式的高等教育在学总规模 4430 万人。[②] 本科层次职业学校的出现及发展，表

[①] 中华人民共和国中央人民政府.2021 年全国教育事业统计主要结果 ［EB/OL］.（2022 - 03 - 01）［2023 - 08］. http://www. moe. gov. cn/jyb_ xwfb/gzdt_ gzdt/s5987/202203/t2022 0301_ 603262. html.

[②] 中华人民共和国中央人民政府.2021 年全国教育事业统计主要结果 ［EB/OL］.（2022 - 03 - 01）［2023 - 08］. http://www. moe. gov. cn/jyb_ xwfb/gzdt_ gzdt/s5987/202203/t2022 0301_ 603262. html.

明社会的经济转型需要大量高级技术人才，未来高校人才培养趋势将会有一定的倾向性。

四 教师教育供求关系一体化的订单培养策略

（一）政府支持引导教师教育一体化培养转型

实现教师教育供求关系的一体化，需要得到政府尤其是当地政府的有力支持和引导。政府部门尤其是教育行政主管部门负有监督指导区域内教育发展的职责，地方中小学校在发展上深受当地政府影响。要实现教师教育一体化培养转型，高校必须积极同政府建立合作关系，以政府为纽带寻求中小学的支持、配合、协作，实现教师教育培养培训向符合地方政府和社会公众需求的方向转型。

（二）注重"实践取向""学校本位"的培养

订单培养模式十分强调人才在岗位上表现出的职业胜任力尤其是实践能力，而教师职业在面对复杂的课堂教学场域时，同样要求其具备灵活的课堂管理和教学能力，这些能力又是"情境化"的和"实践取向"的。因此，要为地方培养合格的订单型教师，就必须在培养过程中注重"实践取向"和"学校本位"，加强师范生的教育见习、教育实习工作，积极参与地方中小学校教育教学事务，培养其适切当地学校发展所需的特殊化的教育知识技能。例如，在一些针对民族地区的教师订单培养过程中，不仅要掌握一般性教学知识技能，更要习得或适应当地民族的语言、惯习、思维，在此基础上保障教育教学的流畅有序进行。

（三）建设理论与实践融合的教师教育者团队

实现契合地方需求的订单培养，同样离不开一支高水平的、理论与实践高度融合的教师教育者团队的支持。高校在培养过程中应当有意识地从高校、教育科研所、教师进修学校、中小学校等聘请、引进高水平的教学法教师、教育研究者、骨干教师等组成专家团队，强化课堂教学理论与实践的融合。围绕教学能力、科研能力等核心素质的提升，专家团队从理论深化、教学训练、科研提升等多方面共同完成师范类专业建设、教务管理和学生培养，保障培养过程中理论与实践的联系，遵循教师专业成长的教学规律，实现订单培养理论与实践、能力与地方需要的契合。

（四）完善订单培养过程中的考核评价机制

为了促进订单培养工作的持续改进，使之不断契合地方教育的发展需求，需要不断完善订单培养过程中的考核评价机制，师范生最终考核应由高校和所服务的中小学共同参与，考核应当充分关注过程中的持续改进而非只侧重最后的结果判定，当师范生与中小学校签订合同成为一名正式教师时，高校有义务为当地中小学提供持续的跟踪服务，在师范生从入职到成熟的过渡期间进行相应的专业指导和监督，保障师范生在工作后继续稳定实现专业发展。

第四节　普通院校与成人院校教育资源的整合

一体化培养培训师资，是世界各国师范教育改革发展的共同趋势。从教师教育一体化理论的内涵及成因入手，分析当下普通院校与成人院校的合并趋势，以及合并之后的领导体系，是全面实现教育管理一体化的目标要求。

本研究所谓普通院校与成人院校资源整合是一种"实质性合并"。所谓实质性合并，可以理解为两个机构真正意义上的融合。针对有的教师教育院校内设成人教育机构而言，即教师职前培养任务与职后培训工作完全统合起来，由全校各院系、各部门来共同完成，就像在教育学院内部基本上不分学历教育和继续教育两套班子一样。[①] 这种模式就是同一主体承担教师教育职前培养、入职培训、在职进修三阶段的不同任务。

---

① 李建辉. 教师教育实行"一体化"模式的探讨——兼谈高师院校在不同模式中的发展策略 [J]. 高等师范教育研究，2000（06）：17.

一 普通院校与成人院校资源整合的背景

（一）高校整合教育资源促进自身发展

普通院校与成人院校的合并一方面是政府行为，另一方面也是院校增强竞争力、提高自身发展后劲的自主选择。合并与整合，对于不同院校来说是一次新的发展机遇，对于教师教育来说是一个新的发展起点。从 1993 年开始，一些高校经过相互协商和国家有关教育行政主管部门批准，合并组建成新的大学。例如，云南省玉溪师范高等专科学校、玉溪师范学校、玉溪成人教育培训中心合并为玉溪师范学院；江西省宜春师范专科学校、宜春农业专科学校、宜春市医学专科学校、宜春市职工业余大学合并为宜春学院；广东省广东石油化工高等专科学校、茂名教育学院、茂名石油工业公司职工大学合并为茂名学院；黑龙江省哈尔滨师范专科学校、哈尔滨大学、哈尔滨市教育学院、哈尔滨市成人教育学院合并为哈尔滨学院；等等。

（二）教师教育职前与职后一体化的客观要求

如今，科学知识和科学技术迅速发展，知识陈旧周期逐渐缩短，"一次性终结教育"的观念已经过时，教师在职前培养过程中所接受的知识和技能已经不能在未来漫长的教育教学生涯里"终身受用"，教师在职继续教育的重要性和地位越发凸显出来。

现在的教师不仅仅是接受职前的学历教育，入职阶段以及职后的非学历教育同等重要。但在之前的教师培训过程当中，职前职后教育分属两个不同的教育系统，缺少一定的联系，以至于一些接受过普通高等师范教育的老师反映，在职后教育中又接受职前教育内容，出现"水平倒挂"现象。而一些在职教师经验丰富，成人院校也不能满足这些教师群体的继续教育需求。总体上讲，普通院校与成人院校尽管在受教育主体和教育职能上存在显著的差异，各有侧重，但若从教师教育一体化来看，它们都有着教师教育的共性且存在主体、内容、形式、方法等方面的相互渗透。如今，我国一些普通师范院校也承担着职后教师培训任务，而一些教育学院也招收普通高中毕业生进行教师职前培养，为了进一步在主体、内容、形式、方法等层面深化教师教育职前与职后的互融，普通院校与成人院校开展合并有一定的必要性和可行性。

（三）实现普通高校和成人教育机构合作共赢

在普通高校和成人教育机构合作培育教师过程中，首先，地方教育部门制定"骨干教师培养计划"，列入高校实习指导教师培养计划，双方建立培养农村骨干师资责任共同体；其次，制定教师"置换培训计划"，为师范生腾出实践岗位，解决教师培训工学矛盾，并为师范生提供学习和交流平台；最后，制定教师"校际交流计划"，实行县域优质学校与农村学校或薄弱学校"结对子"帮扶，优秀教师在进行"支教交流"的同时兼顾指导师范生实践，承担校本培训任务。① 这样，既有助于师范生在入职后更好地发展，也实现了普通高校和成人教育机构合作共赢。

二　普通院校与成人院校资源整合的意义

成人院校有别于普通院校，主要服务对象是在职从业人员。对教师专业发展而言，成人院校既是教师参与职后继续教育、获得专业成长的重要机构，也是提升专业综合素质、教育专业能力的重要平台。普通院校指向教师的职前教育，成人院校指向教师的继续教育，二者以此共同构成教师教育一体化发展的机构保障。目前，服务教师发展的成人院校主要包含开放大学、教育学院和普通高等师范院校设置的继续教育学院。随着互联网信息技术的飞速发展，现代远程教育已成为成人教育，也就是教师继续进修的重要途径。为探索构建教师终身学习成长的发展体系，以现代远程教育为着力点，

---

① 李建辉. 协同创新教师教育改革 服务县域师资均衡发展——地方高师院校教师专业人才培养模式改革的研究与实践 [J]. 中国大学教学，2014（11）：50-52.

积极壮大成人院校教育力量，推动普通院校与成人院校互融共促，对教师教育一体化具有重要的现实意义。

（一）弥合教师职前职后教育分离

在小学教育大专化或本科化之前，有相当一部分的小学在职教师是中专毕业。在终身学习型社会中，一些在职的教师必须与时俱进，更新自己的知识体系与教学方法。教师只要在岗位上一天，在职进修教育就应该继续。虽然现在观念上已经做到了职前职后并重，但是在实施过程当中，多数地方教师职前教育和职后教育呈割裂状态。其中主要表现在师大、师院、师专负责教师的职前培养，教育培训学院和教师进修学校承担教师职后培训的任务。在推进教师教育一体化进程中，整合普通院校与成人院校教师教育资源，实现教师教育过程实质性的联系和衔接显得尤为重要。

（二）形成和提升培养的规模效应

地方教育培训学院与普通高等师范院校的合并，至少能从以下几方面形成培养的规模效应。首先，在空间层面，二者的实质性合并优化了教师培养培训的平台，有利于盘活教育培训学院和地方普通高等师范院校闲置的空间，更有利于重新分配和调整教师教育所需的空间资源。其次，在人员层面上推动职前教育师资与职后教育师资的相互渗透与融合，加强了培养培训的规模效应。过去，普通师范院校长期存在理论与实践脱离的问题，其中一个因素在于学校中的实践教师数量不足，地方教育培训学院与普通高等师范院校的合并能够促进职前职后师资的内部流动与融合，缓解过去二者在教师教育师资配置上的结构性矛盾。最后，在物力资源的分配上，也有利于二者提高各自教师教育设施设备的利用率。如：福州教育学院和福州师范学校等合并组建新的福州教育学院，漳州教育学院和龙溪师范学校、云霄师范学校合并组建漳州城市职业学院等。

（三）缓解经费紧张改善办学条件

增加教育投入，改善教师教育机构办学条件一直是我国教育改革发展的难题。过去，教师教育职前培养与职后进修的"两套班子"容易造成教师教育资源的重复投入和浪费，由于两套体系之间互不统属、各自为政，重复建设教学实验室和教学设施设备，对地方财政带来巨大压力，造成教师教育经费紧张，院校合并后可以根据需要进行针对性的经费投入，减少资源重复投入和浪费，提高教师教育资源的利用效率，促进教师教育的优化配置，留出更多经费来改善教师教育办学条件。

（四）集中资源力量提高培养质量

地方师范院校的优势在于教育教学理论与教育科研能力方面，教师进修学院侧重教师实操教学技能的训练和掌握，二者正对应教师专业发展过程中的专业理论和专业技能。普通院校和成人院校合并，可以统筹集中发挥二者的优势力量，形成教学合力，提高整体教育教学水平，继而提高教师教育质量。

三　普通院校与成人院校资源整合的问题

（一）院校盲目合并带来管理困难

当前，一些院校在组织合并扩张的过程中，没有进行充分科学合理的合并评估，如未对两个机构的人员信息、财产信息进行充分的交流与分享，未在合并前确立好不同机构人员未来的归属及合并后财产信息的分配、使用、变卖和清算，最终可能导致合并后机构过于庞大，内部人员多样性、复杂性增强，资产数量扩张带来管理问题。同时，盲目合并没有较为清晰的发展规划，可能导致机构内依旧是"两套班子"，人财物、教学科研和管理依然互不统属，只是"改了个名""换个单位"，没有做到实质性合并与重组，管理难度不减反增。

（二）管理制度问题带来权责不清

合并以前分属两套不同的领导班子、两个不同的教学机构、两种不同的管理制度、两套不同的财务体系、两种不同的发展规划，合并后未能在管理制度上充分确立领导班子权责、教学任务分配、财务体系、发展规划，导致合并后形成权责不清的问题。因此，成人院校的改组、普通院校的统合，应由并校各系、各部门、各学院来共同完成。在领导班子的统合下，合并后的成人院校和普通院校形成一套新的教师教育职前职后教育管理制度，完全统合职前培养任务与职后培训工作，在教师职前职后教育过程当中实现连续性和阶段衔接性。

（三）人员冗余复杂带来效率低下

目前，一些合并后形成的高校人员冗余化、复杂化问题，容易导致新的利益冲突。利益冲突导致高校内人员或部门之间互不统属、相互掣肘、互踢皮球，不仅没有提高整体的工作效率，实现教师教育资源的优化配置，反而造成效率低下，各个合并的部门尾大不掉。

四 普通院校与成人院校资源整合的策略

（一）科学定岗定编防止过度扩张

普通院校与成人院校在资源合并过程中必然涉及重新定岗定编，而这一过程并不是岗位和编制的简单相加，因为机构合并过程中必然涉及对原有部门的调整和重组，科学定岗定编目的在于防止人员安排上出现过度扩张，带来工作效率低下问题，只有科学合理地分析机构合并后新的部门构成与职能安排，在此基础上评估人员配比的需求，进行权责分明的重新定岗定编，以此提高合并后人员配置层面的科学性，使各部门能正常乃至高效开展重组后的教师教育工作。

（二）完善管理制度促进权责清晰

对于合并后的成人院校和普通院校来说，最主要的是要有一套合适的管理制度，使合并后的新整体有统一的指导规范，从宏观上对教师职前职后的教育进行把控，加强教师教育一体化的管理规范，实现合并后教育管理一体化。从国家层面的管理体系来说，合并之前，普通院校和成人院校或分属不同的管理层，或属部、省、市、县等。但合并之后就需要从总体上统一整合，使之从属于同一级管理。从学校内部管理体制改革来说，也就是合理利用人力资源。

（三）干部竞争上岗提高工作效率

在部门合并与人员重组的过程中，必将伴随着一系列"优胜劣汰"，这是提高教师教育质量时必将经历的"阵痛"，教师教育机构在合并过程中应建立科学有序的竞聘机制，通过公平、公开、公正的干部、员工竞聘上岗制度，让真正适合从事教师教育专业工作的人员和干部"上得来"，让浑水摸鱼、滥竽充数的人员和干部"下得去"，在实现机构部门和人员精简的同时，提高工作效率。对于教师教育一体化发展而言，并校后的人员在经过优胜劣汰后留下了最优秀的一套班子，经过磨合筛选出了一批能够有效完成教师教育工作的人员，提高教师教育的工作效益和管理质量，促进并校后的教师教育一体化工作继续有序开展。

综上所述，在教师教育一体化的背景下，普通院校和成人院校合并时，要同时从国家领导和学校内部管理体制入手，做到真正的教育管理一体化，从而为我国当前的教师教育做出新贡献。

第五节　公办院校与民办院校联姻的体制改革

依据教师专业化理论，对教师职前、入职和在职教育进行全程规划设计，建立起教师教育各个阶段相互衔接，既各有侧重又有内在联系的教师教育体系，还必须从教师教育"体制改革一体化"的角度进行探讨。我国目前建立了公办院校与民办院校并存的高等教育体系，这使教师教育不仅是公办师范院校的主要事业，一些民办院校也参与到教师培养培训工作中，但当前公办院校与民办院校在教师教育事务方面的合作不足，未能充分发挥各自办学特长和优势进行通力协作，共同促进教师教育质量提升。本节从公办院校和民办院校联姻的角度来说明教师教育体制改革一体化问题。

一　公办院校与民办院校联姻的内涵

高等教育体制是高等教育机构及其相应制度规范的结合体、统一体，包含机构体系与规范体系两部分。我国高等教育机构从财政拨款和办学体制角度，可以分为公办院校和民办院校两类。

（一）公办院校与民办院校的定义

1. 公办院校的定义

公办院校是指那些接受中央或地方政府财政拨款并服务于国家和地方发展需要，具有"学院"或"大学"性质和特点的教育机构。非营利性、服务国家和地方社会需求是公办院校的主要特点，由于受政府财政支持，公办院校的教育教学设施往往较为完善，且学费相对于具有营利性质的私立院校而言比较低。总体来讲，我国公办院校在规模、质量上都显著优于民办院校，一些重点公办院校如北京大学、清华大学的入学门槛较高，竞争激烈，只有学业成绩和综合素质顶尖的学生才能进入优秀的公办院校接受费用低但质量高的教育。

2. 民办院校的定义

与公办院校相对，民办院校尽管同样属于具有"学院"或"大学"性质和特点的教育机构，但其办学主体不是政府，没有政府财政拨款，是由政府以外的个人或社会组织利用非国家财政经费从事人才培养工作，为满足办学运行要求，学费总体相对高昂。我国民办院校起步较晚，无论是总体规模还是质量与公办院校比仍有很大差距，但民办院校也是我国教育体系中的重要组成部分。尽管办学主体与公办院校而言有所区别，但民办院校同样可分为学历教育和非学历教育。民办院校的学历教育是一种全日制教育，拥有独立颁发学历证书、学位证书的资格，此外，学生同样可以参与国家奖学金、助学金评选，参与公务员考试、事业单位考试、研究生招生入学考试等，在这一点上，民办院校与公办院校的学生基本无二。另一种类型为非学历教育，没有独立颁发学历证书、学位证书的资格，但因为其指向素质发展以及适应市场化需要，在民办教育体系中的地位和作用越发突出。

（二）公办院校和民办院校联姻的含义

联姻原意为通婚缔结姻亲关系，通过建立新的血缘纽带关系来产生新的社会合作关系和利益共同体。在管理经营领域则隐喻两个部门或单位间通过签订协议、合同、契约等方式建立起高度捆绑的利益关系，这种利益关系使得二者携手进退、通力合作。这里所讲的公办院校与民办院校联姻，意指让公办院校和民办院校通过签署协议、合同等方式建立利益高度捆绑的合作模式，促进二者的共同发展、交流、协作。因此，要推动教师教育体制机制方面的创新，就必须推动公办院校与民办院校在教师教育工作方面通力合作，凝聚公立机构与民办机构的教师教育力量，形成二者的协同互促与进步，助力教师教育工作体制改革创新。

二　公办院校和民办院校联姻的意义

公办院校与民办院校联姻，有助于推动教师教育一体化体制机制创新，实现公办院校与民办院校在办学上的优势互补，解决民办教师教育力量相对薄弱的问题。

（一）推动教师教育一体化体制机制创新

为了大力支持民办教育的发展，教育部提出"公办名校扶持带动民办学校发展提升，为社会提供更多优质教育资源"[①]。公办院校和民办院校协同培养教师的逻辑理路在于，公办院校在学科建设和研究平台建设上处于优势地位，是教师教育理论研究的高地；民办院校与市场、行业的融合度较高，更注重教师专业技能的培养，学生具有更加出色的教育教学实践应用能力。公办院校与民办院校进行协同育人改革，试点教师联合培养，有助于整合公办院校理论科

---

① 丁秀棠. 义务教育阶段"公参民"学校：问题与治理——基于合法性与合理性的视角［J］. 教育科学研究，2020（11）：17－22.

研优势和民办院校实践应用优势，发展教师专业理论和实践素养，促进教师教育质量提升。从教师教育一体化角度，建立民办院校与公办院校的联姻关系，有助于推动教师教育体制机制创新，使公办教师教育资源与民办教师教育资源得到交流和共享，推动公办教师教育机构与民办教师教育机构相互学习、取长补短，在教师培养目标、课程设置、师资队伍、评价机制等方面相互促进，共同提高教师培养培训质量。

（二）通过合作办学实现优势互补与双赢

公办院校与民办院校协同合作进行教师教育，至少可以从三方面互相促进。一是目前公办院校由于科研能力、师资队伍显著优于民办院校，专业建设较为领先，二者的联合，一方面能够让公办院校的科研能力、师资队伍为民办院校相对薄弱的专业建设服务，另一方面也有助于通过合作使公办院校在专业上更加符合社会、学校需求。二是有助于加强双方教师教育培养的实践性和理论性。三是有助于优化教师教育管理，民办院校由于注重市场导向和社会导向，关注形成工作效益，会注重探索如何通过改革管理来推动教师教育的质量提高，而公办院校由于依靠政府财政拨款，市场竞争压力较小，在管理上往往欠缺革新的动力，公办院校与民办院校合作，可以吸收彼此在管理上的经验，促进管理模式的创新和改进。

（三）解决民办教师教育力量薄弱的问题

教师教育师资力量是确保教师教育质量的重要因素，如果没有一支实力雄厚且结构合理的教师教育师资队伍，教师教育的课程改革、科学研究、教学改进等都将面临困难。当前，民办院校教师教育队伍主要存在以下问题：一是队伍偏年轻化，开展教师教育课程改革、科学研究、教学改进等方面的经验、资历不足；二是结构不够合理，许多民办院校的师范专业设立时间不长，师资存在结构性紧缺，例如学科教学法教师不足，且许多青年教师刚刚进入高校开展教师教育工作，普遍存在理论强、实践弱的问题；三是师资队伍不稳定，民办院校由于缺乏稳定的政府财政支持，发展前景也十分有限，教师待遇保障也不如公办教师，这导致教师流失率较高，教师教育师资队伍一直难以稳定。通过合作办学，一方面，民办院校可以返聘退休、经验丰富的公办院校教师教育师资，缓解队伍的年轻化问题，解决队伍结构不合理问题；另一方面，建立稳定的合作关系也可以促进公办教师到民办院校进行支援，帮助民办院校建立一支相对稳定的教师教育师资队伍。

三　公办院校与民办院校联姻的策略

为有效推动教师教育公办院校与民办院校之间的合作交流，结成互利共促的联姻关系，应当从制度和政策层面加强顶层设计支持，联合组建教师协同培养委员会，构建公办院校与民办院校"分工—合作"的工作机制，推动教师教育一体化工作开展。

（一）加强顶层政策引导和制度支持

一方面，地方教育行政主管部门要加强顶层政策引导，制定和出台政策鼓励引导公办教师教育院校援助和支持民办教师教育院校，完善二者合作办学、交流学习的制度细则和激励政策，通过规章制度促进以公办教师教育为主体、民办教师教育有序参与的教师教育体系建设；另一方面，要建立公办教师教育与民办教师教育可持续的合作伙伴关系，帮助双方明晰教师教育一体化过程中各自承担的责、权、利，加强对民办教师教育的规范和管理，提高区域内的教师教育整体发展质量。

（二）联合组建教师协同培养委员会

联合组建教师协同培养委员会的目的在于协调教师教育各方主体的利益与冲突，通过"共同讨论、共同协商、共同管理、分工实施"的"三共一分"原则，妥善解决各方在参与教师教育过程中产生的问题，化解矛盾冲突，凝聚各方智慧，取得一致共识，从而使各方都能提高工作效率。具体来说，教师协同培养委员会应当包括公办教师教育院校的代表、民办教师教育院校的代表、地方教育行政部门的代表、地方中小学校的代表四个主体，下设委员会负责公办与民办教师的协同培养工作，对教师的培养方案、课程安排等内容进行管理，持续关注合作的质量与教师培养成效。

（三）构建"分工—合作"的工作机制

公办院校和民办院校联合培养教师的模式初步实现了教育条件的整合，引领了教师培养"实践取向"的改革走向。从教学模式创新的视角看，教师教育一体化培养有效地突破了公办院校和民办院校教师教育教学之间的边界，有力地促进了教师专业素质的养成，通过多主体协同培养，毕业生能够具备坚实的教师专业基础。以闽南师范大学为例，为推进教师教育一体化，学校构建高等院校、地方政府、中小学校"三位一体"教师教育联盟，实施师范生实习支教与在职教师置换培训、校际交流的同步改革，并与校内相关改革措施相配套，建立协同育人的长效机制，确保师范生培养和在职教师培训实施的过程中，既有分工，又有协同，既关注重点，又突出特色。

第六节　师范学生与教师专业人员学习共同体

从教师专业发展角度，高校教师、师范生、中小学在职教师三者是教师教育一体化发展的主体，应该建立学习共同体。从"专业人员一体化研究"的视角，针对目前师范生在教育实习上存在的流于形式、学生与双导师（高校教师、中小学在职教师）互动不足等问题，深入分析"顶岗实习"和"双导师制"两种模式的利弊，并在这两种模式的基础上提出构建师生学习共同体理论的新模式。构建师生学习共同体，是实现教师教育变革、促进教师专业发展、达成专业人员一体化的重要途径。

一　学习共同体的内涵及构成

"共同体"一词最早由德国社会学家滕尼斯（F. J. Tönnies）在

《社区和社会》一书中提出，用以形容人与人之间形成共同的精神意识、归属感和认同感。此后，"共同体"这个社会学概念逐渐进入教育教学领域，1995 年博耶尔（E. L. Boyer）在《基础学校：学习的共同体》中首次提出"学习共同体"（Learning Communities）概念，指的是一个学习型组织，在"学习共同体"中所有人拥有共同的使命和愿景，共同分享学习的兴趣，共同寻找获得知识的途径和理解世界运作的方式。

学习共同体是指一个由学习者及助学者（包括教师、专家、辅导者等）共同构成的团体，他们彼此之间经常在学习过程中进行沟通、交流，分享各种学习资源，共同完成一定的学习任务，因而在成员间形成相互影响、相互促进的人际关系。[1] 将该定义置于教师教育研究中可以发现，学习者分为职前教师（师范生）和在职教师两个主体，而助学者的类型则相对多样。因为教师专业发展的复杂性，许多教师的专业成长是在一线教育教学场域中生成的，这表明，带领师范生不断学习专业知能、培养专业信念的骨干教师以及教师培训专家等构成的教师教育者队伍，必然扮演着"助学者"的角色。

学习共同体主要由助学者、学习者、共同目标、活动任务四个要素构成。其中，助学者主要包括教师、学科专家、辅导者等；学习者主要指进行合作学习、个性化学习的学生；共同目标则是将助学者和学习者连接在一起的纽带，双方在共同愿景的推动下，积极寻求减少冲突与对立、增进合作与交流的方式方法；活动任务是学习共同体得以运行的物质载体，双方在解决问题或完成任务的过程中，通过相互交流、探讨和支持，使全体成员都能有所收获和成长。

二　构建师范生与教师学习共同体的意义

教师专业发展具有一定的情境性，学习环境也是多元化的，师

---

[1]　薛焕玉. 对学习共同体理论与实践的初探［J］. 中国地质大学学报（社会科学版），2007（01）：1-10.

范生和在职教师构成学习共同体，在师范生实习期间，大中小学教师对师范生进行不同方面的教育，中小学教师对实习师范生进行教学实践上的指导，促进大学教师和中小学教师之间的沟通、交流和相互影响，促进教师共同成长。

（一）增加师范学生教学的"临床实践"机会

首先，师范生作为高校大学生群体的一部分，与普通的大学生相比具有相对明确的职业指向性，他们之中很大一部分人毕业后将成为教师，从事一线的基础教育教学工作；其次，师范生以"准教师"的身份归属于教师群体，因其尚未摆脱"学生"身份，尚未完全涉足一线教育教学工作，在教师群体之中具有显著的特殊性。换言之，师范生既是"准教师"又是学生，这种双重身份的特殊性，要求我们在对师范生进行培养时：一方面，要为师范生打好理论基础，提高师范生的学术性，使其在以后的工作中能有正确的理论对其教育行为进行指导；另一方面，由于教育是一项充满复杂性的工作，教师需要像医生一样，充当"临床医生"角色，必须经历无数的实践练习，最终才能上"手术台"教书育人。因此，教师职业的复杂性要求我们不仅要提高师范生的学术性，还要提高师范生的教学实践能力，即提高师范生的师范性。这就要求师范院校作为培养师范生的重要主体，必须为师范生提供一系列的"临床实践"机会，开展广泛的教育实习活动，包括一系列情境化的、现实的、职业性的教师体验，让师范生进入真实的教师职业工作中，体认自身未来的职业角色，促成理论知识与现实体悟的交融，帮助师范生专业知识和技能在现实教育教学的土壤中扎根。

（二）改善师范生教育实习"流于形式"问题

教育实习是师范生走向专业教师道路的一个重要环节，是对自我专业知识技能的检视与完善，教育实习要让师范生真正参与到专业实践中，架起专业理论与教育实践的桥梁，促进师范生理论性知识与实践性技能碰撞与磨合，最终适应乃至超越一般教育教学工作需要，使师范生成为真正的合格教师。但目前有些师范院校由于某些原因，在师范生教育实习这方面的工作极其敷衍。一些调查访谈师范生的研究发现，师范生在本科时并没有真正地进行教育实习，教育实习仅仅是一纸证明，师范生并未真正参与到教育实习的岗位。这些师范生教育实习方面的问题，一定程度上反映出当前我国师范院校在师范生教育实习环节需要进行改进。

（三）提高师范生与在职教师"主体互动"效果

师范实习生到实习学校后面临很多杂务、上课等事情，与在大学校园的学习和活动是完全不同的。实习生突然面对有别于大学的环境，在时间调控上难以把握，会将时间大把地投入繁杂的任务中去，很少主动地去和自己的大学教师交流。同时，面对陌生的实习指导教师，实习生也很难开口向其请教问题。另外，大学教师面临着科研和教学的双重压力，很少过问自己的学生在实习期间的情况，也很少主动与实习学校指导教师交流，共同探讨学生、教育和教学的发展情况。另外，中小学教师自身工作任务繁重，很少主动干预实习生的学习情况，只是简单地指导一下学校管理和上课流程方面的问题，双方之间缺乏深入的交流。这种流于表面没有深入建构的学习和实践，使师范生无法整体感知教学过程及教学环节，最终导致实习效果不尽如人意。

三　构建师范生与教师学习共同体的模式

师范生想要提高自己的教学能力，不能老是停留在理论学习上，而是要走出"书斋"走向教学一线，在实践中打磨自己的教学技能，提升教师教育的专业性。前文提到，目前师范院校在组织师范生教育实习方面存在的问题，已经在教师教育领域引起了众多学者的热议。针对师范生和教师构建学习共同体，不少专家和学者提出了一些新模式和新措施，其中较有代表性的是"顶岗实习"和"双导师制"。

（一）"顶岗实习＋置换培训"模式

"顶岗实习"是一种加强师范生实践能力的培养模式，通俗来讲，"顶岗"有顶替岗位之意，就是让师范生顶替原本在工作岗位中的在职教师开展相关教育教学活动，继而使师范生得到专业实践能力的提高，并深化对教师专业理论的理解和运用，增强教师的专业信念。与传统的实习方式不同，"顶岗实习"的可取之处在于，"顶岗"的师范生真正参与到了实际的教育教学工作中，接触最真实的教育教学场域，这使得他们未来的职业适应力得到提高，填补了传统实习师范生教育教学参与不足的问题。

"置换培训"的目的在于让在职教师从原有的教育教学岗位中解放出来，全身心参与到教师提升专业水平的专门培训活动中。长期以来，工学矛盾是多数学校和教师培训无法取得显著效果的一大制约因素，通过"置换培训"的方式让在职教师摆脱教育教学工作束缚，有助于他们更好地参与培训，获得实质性的专业成长和提高。

"顶岗实习＋置换培训"的混合模式，对师范生和在职教师的专业成长来讲是一种"双赢"。师范生通过"顶岗实习"的方式得以接触最真实的教育教学情境问题，并且在解决问题的过程中锤炼专业本领，增强专业信念，深化专业理论理解，使他们未来能充分胜任教育教学工作。对在职教师而言，师范生顶替了他们原有的教育教学岗位，能使一部分教师得以从教育教学岗位中解放出来，全身心地投入教师培训中，获得有效的专业成长。

（二）"学业导师＋实践导师"模式

"学业导师＋实践导师"模式又称"双导师制"。这一制度是在高校培养人才与社会需求的紧密性与联系性不断加强的背景下形成的，也是为了解决长期以来高校人才供给与市场需求不匹配的矛盾而建立的。传统的"单导师制"是指主要由学业导师负责学生的培养，学业导师也称校内导师，这种培养模式的局限在于，导师仅对学生在校期间的学业结果负责，学生是否能适应未来的职业生活，并不太受到学业导师的关注，这就造成"重学业轻职业"的问题，可能导致学生学业成绩优秀但无法充分适应职业生活。

为加强高校人才培养职业适应性和社会适应性，一些高校引入了"实践导师"（又称"校外导师"）的模式，实践导师的基本职责就在于帮助学生培养适应实际工作环境的一系列相关业务能力与实践能力，突破高校在人才培养上"重理论轻实践""重学业轻职业"的弊端，从而进一步优化高校人才的培养质量。在教师教育领域中，所谓"双导师制"要求打破传统"单导师制"培养的硬性壁垒，即师范生有两名导师，一名是主要负责教授理论知识的校内导师，另一名是在实习期间由实习所在的学校选配的负责指导学生教学等的实践指导教师。

"双导师制"中，师范生虽说可以接受两名导师的指导，但"大学与中小学之间的文化排斥也影响着双方合作的主动性与积极性，长期以来形成的大学'权威文化''学术文化'与中小学之间的'实践文化'产生了冲突"[1]。另外，大学教师承受着沉重的科研压力，中小学教师面临着烦琐复杂的实际教学工作，双方都比较忙碌，这在一定程度上影响了双方之间的交流，进而导致"双导师制"培养模式效果大打折扣。

我国教师教育一体化工作一直在探索中前行，专业人员一体化是其重要组成部分。目前，关于教师教育中师范生的实习问题，专家学者们提出了较有代表性的"顶岗实习"和"双导师制"模式。对于这些新模式的理念支撑、运行机制和效果评价等，还需要深层次的研究以及在实践中进行检验。

第七节　教育硕士与学科教育复合型教师培养

基于"学科教育一体化"发展的理念，本节主要介绍复合型教师的内涵与时代特征，以教育硕士培养为例，讨论了复合型教育硕士人才培养存在的问题，并从改革供求关系、拓展培养模式、激活

---

① 赵可云，陈武成，何克抗. 混合式教师专业发展学校（B－PDS）的思考与实践［J］.电化教育研究，2014（05）：98.

院校资源三方面提出深化复合型教育硕士人才培养改革、推进高层次教师教育一体化的思路与措施。

一　复合型教师的内涵与时代特征

培养基础教育实用性、应用型的高层次教师是教育硕士专业学位研究生教育人才培养目标的基本定位。新时代教师教育的综合性改革、教师资源配置的结构性矛盾、教师"一师多能"的素质诉求，都要求培养复合型教师以应对教学多元性、不确定性任务以及日新月异的教育信息化发展环境。

（一）复合型教师的知识、能力及素养

复合型教师是基于对复合型人才的培养需求而产生的教师类型。在讨论复合型教师的内涵以前，首先需要对复合型人才的内涵进行解析。所谓复合型人才，是指具有两个或两个以上专业（或学科）基本知识和基本能力，把握不同专业领域知识及思维方法的人才，具有知识集成性、能力复合性、素养全面性的特征。① 有学者认为，复合型人才还应具有知识面广、知识交融度高、思维辐射范围宽、社会适应能力强等特点。②

基于对复合型人才的一般认识，结合中小学教师专业培养，可以从学科教学和教育能力两方面阐释复合型教师。从学科教学角度，复合型教师指可以胜任两门科目及以上学科教学的教师；从教育能力角度，复合型教师应具备多学科融合教学的能力、适应多种教育任务要求及复杂多变的技术和环境的能力。

从专业化角度，复合型教师在知识、能力、素养三个维度上也有具体的内涵。一是知识的复合，它不是将多种学科知识简单相加，而是不同学科领域知识的有机结合，相互交叉、融合、渗透，从而

---

① 辛涛，黄宁. 高校复合型人才的评价框架与特点 [J]. 清华大学教育研究，2008（03）：49－53.
② 金一平，吴婧姗，陈劲. 复合型人才培养模式创新的探索和成功实践——以浙江大学竺可桢学院强化班为例 [J]. 高等工程教育研究，2012（03）：132－136.

形成有合理层次的整体性和综合性的学科知识以及对学科教学本质的理解；二是能力的复合，综合运用复合型知识从多方面、多角度、多层次发展学生思维和解决教育教学问题，即"从以前的仅仅注重教学能力到关注学生发展、关注教育智慧，再到教育体验能力、研究能力、开发能力"[①]；三是素养的复合，即"学科素养"与"师范素养"的复合，在思想道德素质、文化素质、业务素质及身心素质等方面得到全面综合发展，具有良好的教师职业道德及规范的行为方式等。[②]

（二）复合型教师培养的时代特征

2018 年，习近平总书记在全国教育大会上的重要讲话中指出，高校要"着重培养创新型、复合型、应用型人才"。[③] 当前，知识生产模式由学科主导转向在应用环境中利用交叉学科研究的方法生产更加强调绩效和社会作用的知识[④]，"不同层次、类型学科之间的综合已逐渐成为学科知识进步的必要条件"[⑤]，新技术、新产业、新模式对高等教育人才培养模式改革提出强烈需求，教师教育业已形成学科专业素养与教育教学素养并重的共识，复合型教师培养日益显现出鲜明的时代特征。

1. 学术性和职业性融合中丰富专业化内涵

学术性和职业性是高等教育的两个基本价值取向，教师教育是"学科 + 师范"的双专业教育，师范专业本质上具有学科专业的学术性和教师职业的专业性两者互为目的和手段、融合发展的特征。[⑥] 一

---

① 占峰. 教师专业能力发展的再思考——基于义务教育优质均衡发展的视域 ［J］. 教育发展研究，2013（08）：19 – 23.

② 廖嗣德，赵风雨. 复合型教育人才培养模式及途径的探讨 ［J］教育科学，2004（05）：13 – 15.

③ 习近平. 坚持中国特色社会主义教育发展道路，培养德智体美劳全面发展的社会主义建设者和接班人 ［EB/OL］. （2018 – 09 – 10）［2022 – 03 – 21］. http://www.moe.gov.cn/jyb_xwfb/s6052/moe_838/201809/t20180910_348145.html.

④ 安超. 知识生产模式的转型与大学的发展——模式 1 与模式 2 知识生产的联合 ［J］. 现代教育管理，2015（09）：46 – 50.

⑤ 石中英. 知识转型与教育改革 ［M］. 北京：教育科学出版社，2001：196.

⑥ 李建辉. 教师专业化视域中的教师教育综合改革问题 ［J］. 福建师范大学学报（哲学社会科学版），2015（01）：125 – 131 + 170.

方面，在教师专业化运动中，偏重职业性（师范性）成为教师教育大众化和多样化的实际追求。另一方面，在新时代信息化、智能化深度介入教育教学及学生生活的背景下，教师既要具备多学科、跨学科的知识框架和视野，还应具备较高的信息素养、信息能力，能够综合运用信息技术解决教育教学实际问题。因此，师范专业学术性和职业性的融合不仅体现在专业化知识和能力的高度复合，更体现在教学主体与智能化教育环境的深度交互融合。而且，我国大学进入"双一流"发展新时代，大学学科专业发展更是体现出交叉融合的显著特征，如多数院校教师教育学科构建"学科＋专业"的发展理念，在教育学院或教师教育学院试行"双学科"或"双学位"的培育模式，意在丰富教师专业化内涵，培养"一专多能"的复合型教师。

2. 统一性与多样性共存中强调个性化培养

2011 年以来，我国通过建立和完善以教师教育课程标准、教师专业标准、教师资格制度、师范类专业认证机制为代表的教师专业发展规范，逐渐强化教师培养质量。在统一性的教师教育目标前提下，强调师范专业办学特色和学生个性发展，适应不同区域、城乡需求特点和校际资源配置的实际差异，试行学科专业与教师教育相分离或分段培养模式。其中，文科突出通识教育与专业教育融合，强调科技素养和专业特色培养；理科突出科学素养和人文素养融合，强调动手实践能力培养；小学、幼儿园教师按照全科型的要求，采取"综合培养，有所侧重"模式，探索通识教育与教师教育融合的综合培养模式，提高实践能力[①]，教育培养模式异彩纷呈。有的师范大学师范本科专业采取"4＋0"模式，实施教师培养本硕连读；多数地方院校师范专业按一级学科（或专业大类）进行招生，采用"学程分段、方向分流"的培养模式；一些院校师范本科专业实施

---

① 李建辉. 教师专业化视域中的教师教育综合改革问题［J］.福建师范大学学报（哲学社会科学版），2015（01）：125－131＋170.

"2+2"或"3+1"模式，通过加强教师通识教育和强化学科专业教育来挑选品学兼优的学生，适应基础教育多样化的教师需求。

3. 大众化和精英化并举中实现高质量发展

21世纪以来，随着高等教育大众化，我国教师教育也逐渐大众化了。据统计，2000年普通高校师范生在校生数为36万人，到2018年全国师范生培养院校达到589所、在校生数达到225.9万人，我国教师教育已经走向大众教育。① 教师教育大众化并不意味着教师教育质量的降低，而是为了适应教师职业市场竞争的要求，拓宽教师需求来源渠道，招聘更高质量"适教乐教善教"的教师，进而推进基础教育高质量发展。从教师教育的层次看，多数院校师范本科专业开展"名师班""卓师班"培养，推进师范本科与教育硕士衔接；多数"双一流"高校教育硕士实施"学科领域+"复合培养模式，一些培养教育专业博士的精英型大学试行"推荐+统考"模式等，都旨在借助大众教育平台践行精英教师教育理念，培育高层次专业化的基础教育复合型教师。

二 复合型教育硕士人才培养中存在的问题

教师是教育发展的第一资源，深化教育改革的过程亦是教师资源配置不断优化调整、解决结构性矛盾的过程。当前我国教师队伍存在不少结构性问题，需要从供给侧入手开展教师培养改革。② 从教师市场需求的外部关系和院校培养的内部关系两方面看，复合型教育硕士人才培养存在不可回避的问题。

（一）外部关系：基础教育改革发展中的教师供给问题

以构建学生核心素养培养体系为统领的新一轮课程改革，强化

---

① 教育部网站. 2018年全国各类高等教育在学总规模达3833万人［EB/OL］.（2019-02-27）［2020-10-31］. http：//www. moe. gov. cn/fbh/live/2019/50340/mtbd/201902/t20190227_371430. html.

② 宋萑. 构建教师培养供给侧改革的新三驾马车［J］. 华东师范大学学报（教育科学版），2018（04）：42-43.

了学生全面发展素养清单中的"关键素养"，突出了育人目标的整合性。① 核心素养首先具有跨学科性，应用于不同情境并连接学科知识与生活世界；其次具有综合性，是对知识、能力、态度的综合与超越。② 这体现出当今交叉学科发展与教育硕士人才培养注重复合型素质的必然性相吻合。但是，目前中小学校教师供给中存在以下不容忽视的矛盾。

1. 教师综合素质培养与基础教育分科教学

培养复合型教育硕士人才，必须突破学科界限和壁垒贯通各学科知识。一方面，通过各学科间的渗透融合来指导学生构建综合知识和能力网络并注重将学科知识置于应用场景中，提升学生的综合能力，创造出更多的学科运用价值③；另一方面，要将学生的思维能力、创造能力和高尚价值观培养有机结合起来，提高解决问题的综合能力以适应复杂且不确定的未来社会发展的趋势④。

但是，目前中小学校实行分科教学，多数教师限于单科知识教学，只能呈现相对狭隘与孤立的局部知识图景，很难培养学生综合分析和解决问题的能力。学科融合教学不是简单的跨学科教育，而是对学科教学更高品质的追求。如果教师为了综合而综合，把相关知识信息机械甚至牵强地拼合，就只能呈现碎片化、相互割裂的知识拼图，同样无法促使学生建构知识全景。因此，学科交叉需要教师具备融合教学的复合型能力，以主题为中心整合多学科知识，以问题解决为目标培养学生跨学科综合思维能力。

2. 事业单位岗位定编与师资需求弹性配置

教育从基本均衡走向优质均衡的核心任务是合理配置资源。在深化高考综合改革和推进高中课程改革中，部分学科出现学生选择

① 周旭. 核心素养视野下提高区域教育质量的思考——以重庆市基础教育探索为例 [J]. 人民教育, 2016 (24): 42-45.
② 张华. 论核心素养的内涵 [J]. 全球教育展望, 2016 (04): 10-24.
③ 贺克春. 学科融合教育：目标指向、核心要义与实践路径 [J]. 江苏教育, 2019 (51): 26-29.
④ 黄宝权. 中小学生核心素养培养路径探析 [J]. 教育探索, 2016 (11): 14-16.

偏好"冷""热"交替的"潮汐式"年度变化。原先较为固定的学科师资配置和现有的动态需求不匹配。同时，县域内教师校际轮岗交流、小学"双班主任"包班改革试点、青年教师"二孩""三胎"的客观现实等都容易引起各科在岗教师的不规则波动。

在教育供给侧，中小学教师岗位刚性定编与资源优化调整、弹性配置产生了矛盾。但是，事业单位"凡进必考"的政策，意味着师范专业（含教育硕士）招生培养数量并不可能与毕业就业数量等同，部分师范专业（含教育硕士）毕业生不可能一毕业就进入相应的教师岗位。从近几年全国各地公布的教师需求计划和实际招聘情况来看，往往是一个教师岗位有近百人参加招考竞争。因此，在教师增量有限的情况下，一些中小学学科教师结构性短缺更多只能依靠存量调整，这必然要求教师具备开展跨学科教学"一专多能"的复合型专业能力来适应岗位的变化和职业的转换。

3. 乡村基础教育振兴与教师队伍弱化缺失

2015 年以来，国家先后出台《乡村教师支持计划（2015—2020年)》和《新时代基础教育强师计划》，旨在把乡村教师队伍建设摆在优先发展的战略位置，全面提升乡村教师能力素质。在乡村教育振兴中，乡村社会"空心化"造成乡村师资"下不去""留不住""教不好"问题。针对乡村生源流失、班级学生数量少且年级分布广的特点，"全科教师"的需求成为地方教育主管部门的现实选择。据安徽省的一项调查，由于多数乡村教师工作量低于城市教师，一些乡村学校普遍出现"一师多课"的现象，1/3 的被访教师教授课程超过 4 门，超过 1/2 的教师教授 2—3 门课，不到 1/10 的教师只教 1 门课。[①] 可见，培养"全科教师"或"一专多能"教师是符合乡村学校的教学实际需求，因地制宜、对症下药的有效措施。[②] 推行乡村小学全科教学、乡镇中学双科教学，适当减少教师编制，较大幅度

---

① 张莹.《乡村教师支持计划（2015—2020)》政策执行效果分析——基于安徽省国培计划教师的调查 [J].当代教育论坛, 2018 (06)：9 - 16.
② 邬志辉.破解乡村教育发展症结的良药 [N].中国教育报, 2015 - 06 - 10 (1).

提高乡村教师待遇，成为当前解决阶段性问题的应然措施。

另外，"乡村学校做改造乡村生活的中心，乡村教师做改造乡村生活的灵魂"①，乡村教育既承担着传播现代文明与先进文化的时代使命，更肩负着传承传统文明与乡土文化的历史责任。② 在城市文化和外来文化的强势冲击下，传承和发展乡村文化需要复合型教师开展学科教学与乡村文化充分融合的"乡本教育"，教师可以结合家乡历史、本土文化、风情地理等资源进行乡村文化传承教育，也可以将课程教育向乡土社会生活领域延伸，还可以渗透农业职业技能与乡村生活实践技能。但是，目前一些乡村教师"下不去""留不住""教不好"，尚未在这些方面真正发挥应有的教育作用。

（二）内部关系：学科交叉融合背景下的院校培养问题

我国教育硕士培养始于 1996 年，截至 2022 年，全国 15 批 191 所院校培养教育硕士，除需要加强建设的院校外，培养院校规定修业年限 2 年的 87 所，占比 45.5%；3 年的 90 所，占比 47.1%；2.5 年的 10 所，2 年与 3 年并存的 4 所，共占比 7.3%。其中，67 所为师范院校，占比 35.1%；107 所是地方院校，占比 56.0%；部属院校 17 所，占比 8.9%。③ 一些院校不同程度存在人才培养定位模糊、课程计划实施不力、实践能力培养不足等问题，培养质量并未达到"适应新课程改革和教育发展需求的教育人才"的标准。④ 从学科交叉融合的角度进一步分析，复合型教育硕士培养主要存在以下问题。

1. 践行培养目标中的学术性与职业性融合问题

在学术性与职业性融合的高等教育价值取向中，教育硕士人才培养定位于高层次，定性于应用型。但在学科交叉融合的趋势中，多数院校热衷于学科专业素质培养，忽视教师专业素质发展；有的

① 陶行知文集 [M].南京：江苏人民出版社，1981：144.
② 邹慧明.推动乡村学校教育融入乡村文化振兴 [N].中国教育报，2021－10－21（7）.
③ 此处数据由全国教育专业学位研究生教育指导委员会秘书处提供，特此致谢。
④ 林媚珍，杨志梅，李文翎，滕丽.基于卓越教师视角下的教育硕士培养模式创新与实践——以广州大学为例 [J].高等理科教育，2018（04）：82－87.

院校实行教育硕士"双学科、双专业"培养改革,但院校内部学科和专业之间往往产生学科壁垒,"井水不犯河水",难以进行学科交叉和专业融合;那些实行 2 年制培养的院校,受制于修业年限,研究生忙于规定的 36 学分修读也谈不上学科之间交叉融合;有的院校尝试教育硕士"主辅修"或"双学位"培养,但受到毕业就业压力影响,学生选择再读第二学位的积极性很低。

2. 实施课程计划中的理论课与实践课衔接问题

在制定培养方案和实施课程计划时,多数院校遵循全国教育专业学位研究生教育指导委员会的指导性方案,实施"校地共建,院校联盟,协同创新,实践育人"模式。但落实到具体的教育硕士学科领域,大部分院系和专业按照学术性研究生培养模式,注重学科理论课程教学,教育调查见习走过场,教师技能考评流于形式;有的院系没有建立稳固的专业实践基地,实践环节任由学生自主选择,未能集中安排组织,实践质量较低;有的院校试图增加交叉学科选修课程供学生选读,但受到学时学分限制,选修学生寥寥无几;有的学科领域导师数量有限,课程开发能力较低,也无法设置系列课程,被动安排"一师多课"教学,也无法培养学生的复合型知识、能力和素质。

3. 联合培养机制中的主导师与副导师协同问题

实行双导师培养是专业学位研究生教育的一个显著特征。在科教结合和产教融合的人才培养改革中,多数院校强调导师第一责任人角色,通过联合培养安排中小学校副导师共同指导教育硕士生。但多数中小学校副导师科研水平不高,且照搬师范本科生教育实习指导模式,未能对教育硕士生给予学术支持;一些中小学校关注中考和高考升学指标,不太乐意安排教育硕士生的课堂教学,教育硕士生的教学技能训练不足,实践质量较为薄弱;一些中小学校副导师自身没有主持教改或科研项目,指导教育硕士生学位论文创作能力不足;有的院校没有建立主副导师和研究生学习共同体,有的副导师自身教学和管理任务繁重,也无法抽出时间与主导师协同培养。

三 复合型教育硕士人才培养改革的思路与措施

经过长期发展，我国教育硕士业已形成全日制培养、在职攻读、推免培养并举的局面。2020 年以来，为了响应国家"双一流"建设中对复合型人才培养的强调，浙江、福建等部分省份及其高校先后推出"高素质复合型硕士层次高中教师培养"的改革措施。因此，应超越一般教师培养组织与实践来看待复合型教育硕士人才培养改革，从结构、制度与资源三个方面进行系统分析[①]，提出适应基础教育的复合型教育硕士人才培养改革思路与措施。

（一）改革供求关系，优化教育硕士生源的多维结构

培养复合型教育硕士是基础教育改革的迫切要求。解决当下城乡师资队伍结构性矛盾，优化复合型教育硕士生源的多维结构，既要考虑到硕士学苗自身的发展需要，也应鼓励培养院校办学差异性和个性化发展。

1. 以培养院校招生计划调整生源结构

2007 年前，全国四批教育硕士 59 所院校实行全日制和在职攻读两种并行培养模式，2010 年后全国新增的 120 多所院校基本实行全日制培养模式。针对高层次的学科融合教育以及跨学科教学所需要的综合知识、能力和素养，复合型教育硕士培养改革试点应该首选 6 所部属师范大学和各地省属师范大学。这些院校具备扎实的文理学科基础和教师教育学科特色，积淀了丰富的教育硕士培养经验，在招生计划政策范围内，其教育硕士生源可以尝试采用"三三制"分配方式：1/3 计划为统考录取，1/3 计划以"推荐—审核制"进行招生录取，1/3 计划以订单培养、委托培养、定向培养方式招收在职教师，以体现教育硕士人才培养具有更强的整合性、原创性和灵活性。

2. 以考生初试入围成绩调整生源结构

教师职业进入市场竞争的现实，进一步凸显教育硕士人才培养

---

① 宋萑.构建教师培养供给侧改革的新三驾马车［J］.华东师范大学学报（教育科学版），2018（04）：42－43.

的多样化和个性化。有调查显示，近年来报考教育硕士的生源主要
包括应届本科毕业生、往届毕业的待业青年和中小学在职教师。其
中，教育硕士新生中22—25岁考生占80%，大多是应届本科毕业学
生或毕业不久的"考研族"，30岁以上群体占比仅为4.3%；纵向数
据对比显示，2011年教育硕士新生中有21%为中等教育教师，到了
2019年这一比例下降到11%。[①] 可见，教育硕士在教师队伍素质提
升中的作用以教师增量为主，对存量教师素质提升的贡献较小。基
于这一现实，教育硕士新生招生计划可向2011年后新增培养院校倾
斜，且宜以应届本科毕业生攻读全日制为主。

3. 以区域教师实际需求调整生源结构

从教师供给侧结构性改革的视角看，当前提升教师队伍素质主
要有两种途径，一是存量改革，二是增量改革。据统计，2020年我
国初高中专任教师存量约为600万人，增量不足20万人。[②] 从区域
对比看，存在东部地区教师存量较多、无须较大增量，西部地区教
师存量不足、需要较大增量的现象；从城乡分布看，存在城镇中小
学校教师存量有余、乡村中小学校教师增量有限的现象。因此，在
有序扩大教育硕士培养规模时，一方面，改革同等学力攻读教育硕
士研究生政策，提高在职教师攻读复合型教育硕士生源的占比，鼓
励现有存量教师提升复合型素质；另一方面，每年国家招生初试分
数切线时，可将B区院校的初试分数再调低至比A区院校低5—10
分。这样，既可促进A区院校进行复合型教育硕士培养多样化改革，
也可避免因B区普通院校生源不足而影响西部地区中小学校教师增
量需求。

（二）拓展培养模式，强化适应弹性学制的质量监控

按照教育硕士培养的初衷，标准学制为3年，2010年修订培养

---

① 中华人民共和国教育部. 2020年全国教育事业统计主要结果［EB/OL］.（2021-03-01）
［2022-02-16］. http://www.moe.gov.cn/jyb_xwfb/gzdt_gzdt/s5987/202103/t20210301_516062.html.
② 安雪慧. 师资供给侧结构性改革 满足新时代教育新需要［N］.中国经济时报，2017-11-14（A05）.

方案后，全国 190 多所培养院校存在学制 2—3 年不一的现象。那么，复合型教育硕士如何在规定的培养周期内达到胜任至少两门学科的培养标准？解决这个问题的基本路径应该是创新弹性学制。实行弹性学制改革是研究生教育适应经济社会快速发展、产业变革与技术革命快速演进的应然举措，是在多样化经济环境与复杂化国际竞争条件下提升研究生培养质量的增量化改革路径。① 在教育硕士标准学制统一调整为 3 年的前提下，可以进行与弹性学制相匹配的复合型教育硕士培养模式改革。

1. 深化本硕连读制度改革，实施"4 + 3"培养模式

在教育硕士培养院校或区域联盟高校，针对有意向报考教育硕士的本科生，可以在本科三、四年级开始安排教育硕士课程，作为教育硕士复试的考核内容，鼓励品学兼优的本科生攻读教育硕士，本科生考取硕士正式入学后，按照 3 年修业年限设计多学科交叉融合的系列课程供学生修读，并在弹性学制内强化教师教育理论学习、教育技能训练和教学实践能力，进行复合型教育硕士培养。在众多非师范本科生考取教育硕士的现实下，这种模式与目前推行的培养学科交叉融合的人才模式较为吻合，且对非师范本科毕业生而言更加有利于复合型知识、能力和素质培养。

2. 实施"农村硕师计划"，探索"1 + X + 1"培养模式

一是实施农村教育硕士培养计划，定向或委托培养教育硕士。即按照"农村硕师计划"从公费师范本科生中推选优秀毕业生免费攻读，经过签约在农村基层学校工作三年后，第四年回到培养院校集中进行课程学习，最后 1 年边工作边撰写学位论文，获得教育硕士双证书。二是在职教师或以同等学力定向培养教育硕士，可以探索"1 + X + 1"的"双学科"培养模式：第一年在培养院校学习以某学科为主的学分课程，X 年在工作单位同时学习以第二个学科为主的学分课程，其后返回培养院校再进行一年的以学科融合为主的

---

① 邹红. 弹性学制：我国研究生教育的现实选择 [J]. 教育理论与实践，2013 (21)：6 - 8.

课程学习，完成学位论文并通过答辩获得教育硕士双证书。这种模式较为适合于在职教师的双学科教育教学能力培养。

3.尝试分阶段进阶培养，实施"主修+辅修"模式

研究生教育学科归属和学位授予具有严格的质的规定，各领域人才的专业性也很强。基于教师教育人才培养模式改革的多样化和各类院校教育硕士办学特色的个性化，为了培养复合型教育硕士，可以尝试通过"主修+辅修"模式分阶段进阶培养。可行的措施有三个：一是同一学院教育硕士相关学科教学领域实行主辅修培养，如教育学院内的小学教育和学前教育两个学科领域；二是文理学科门类实行院系之间联合开展主辅修培养，如人文学院之间的"语文+历史"、理工学院之间的"物理+生物"等；三是专业硕士类别之间的主辅修培养，如"学科教学物理+电子信息""学科教学英语+汉语国际教育"等。在教育硕士弹性学制内，这些培养模式改革的共性是实现学位教育与职后教育的实质性整合，为复合型教育硕士生培养提供"主修学科良好+第二学科合格"—"主修学科优秀+第二学科良好"—"双专业融合发展"的分阶段进阶路径。

（三）激活院校资源，促进学科交叉融合的协同培养

在学科交叉融合发展的新时代，复合型教育硕士人才培养如何实现跨学科学习广度与深度的平衡？这不仅要在培养结果即毕业生质量上体现鲜明的复合型特征，也应该在教育全过程中建立科教结合和资源共享的协同培养机制。

1.高校学科专业之间建立学习共同体

如果复合型教育硕士生来自不同的本科专业，那么他们原有的学科教学基础可以成为对方的学习资源。同时，高校各专业学院具备学科交叉融合资源，特别是研究生社团组织是形成学习共同体的重要平台。无论教育硕士各学科领域之间还是本硕博之间，在不增加课程门数和学时学分的同时，学习共同体在交流碰撞中更能有效掌握跨学科知识和能力，发展复合型教师专业能力。特别是博士生与硕士生朋辈互学，能够引发高层次的学习互惠，它不只是跨学科

知识的习得，更重要的是在吸收多学科知识过程中形成复合型思维、意识和学术研究素养等。

2. 高校与中小学校建立互惠培养机制

教育硕士培养一般都建立稳固的中小学实践基地，建立双导师培养模式。朋辈学习的本质即费曼提出的"学习法的精髓"——以教促学，对于教育硕士生而言，成人学习的最好方式是发生在相互尊敬和安全的氛围中的对话，尤其是植根于他们现实生活的对话。[①]中小学实践基地具备开展多学科教学研究和实践经验分享资源，特别是在职教师（含副导师）这一更有价值的教学资源。因为，实践基地在职教师也具备至少一门学科的教学能力、经验和问题解决意识，他们将跨学科教学法课程由教师教学转变为朋辈互学，更能促进教育硕士生积极地在教育实践中尝试、探索并验证教学理论。

3. 高校与高校之间建立联合培养机制

如今，除了已有资质院校之间建立合作关系之外，有的培养院校还通过帮扶形式与申硕院校建立联合培养机制，这为教育硕士培养扩展了更为丰富的学科专业资源。其中，高校之间多种生源带来的差异化知识和能力结构，通过院校联盟、协同创新和实践育人机制，并配以弹性学制将学科交叉融合的真实问题不断带入复合型教育硕士培养的视野中，形成结构优化、制度有效与资源共享的教育硕士培养共同体。这种共同体不仅在教育硕士在学期间发挥有效作用，还可能转化为在学习型社会终身学习的支持体系，既可改变教育硕士生毕业后因工作而疏离母校的"断奶"现状，也可为促进复合型教育硕士持续深造和专业成长搭建合作交流平台。

---

① 毛菊. 教师学习力：核心要义、受限表征及培育路径 [J]. 课程·教材·教法，2018（07）：106 – 111.

第八章 教师教育一体化的课程改革

作为促进教师专业成长的重要途径，教师教育一体化的课程体系与模块构成应始终以终身教育思想为指导，适应基础教育课程改革的要求，依据教师专业化理论来建构。打造教师教育一体化课程模块，要顺应教师教育高等教育化趋势，协调好职前课程与在职课程的沟通，加强本专科培养与研究生（教育硕士）的对口衔接，整合教师教育"学术性"与"师范性"的两种价值取向，促进理论课程与实践活动课程的结合，在更新理论内容的同时加强实践能力的培养，在注重学科本身发展逻辑的同时，高度重视教师专业性，突出教师教育特色，突破高等教育阶段教师培养的层次樊篱，丰富教师教育一体化课程类型，打造教师教育一体化课程体系，从而促进教师教育全面深化发展。

第一节 教师教育的课程体系与模块构成

一 教师教育课程体系与模块的内涵、地位与功能

（一）教师教育课程体系与模块的内涵

教师教育课程体系是基于教师专业化发展的课程设计理念和逻辑，按照师范专业所需掌握的不同课程门类，依循教师专业发展的理论与实践进行组合而形成的，能够系统促进教师各方面专业能力提升的教学内容和整个进程的总和。教师教育课程模块则是构成系

统、全面课程体系的要件，模块通常会结合教师专业素质发展的不同方面，如知识模块、技能模块进行细分，组合成为不同的课程模块。也可以按照专业发展的阶段或层次来进行分级分段的课程模块设计，但其最终的目标都是通过一个个科学合理的课程模块设计和运行推动教师教育课程体系功能的系统运转和实施，实现教师专业素质的整体发展，服务教师专业化的发展目标。在本科教育过程中，根据师范类本科教育的专业要求和培养方案，就可以将不同方面的专业要求划分为不同的课程模块，如多数师范专业将本科师范教育课程划分为通识教育模块、教育专业模块和教育实践模块三大基本模块。

（二）教师教育课程体系与模块的地位

课程是组织和开展教师教育活动的基本依据和蓝图。师范院校作为培养和培训师范类人才的主体机构，通过系统化、体系化的教师教育课程设计来保障教育教学活动的有序有效开展，继而实现教师专业化发展目标，为社会输送源源不断的卓越教师。因此，教师教育课程体系是实现教师教育一体化的坚实保障，在教师教育中具有核心地位。而课程模块在教师教育中则居于基础地位，是构成教师教育课程体系的基本要件，任一模块的课程在实施和设计中发生问题，都会影响到教师教育课程体系的系统运作，造成培养质量的下降。

（三）教师教育课程体系与模块的功能

从功能的角度上讲，教师教育课程体系发挥着以下功能。一是为教师教育一体化提供内容和标准依据。教师教育职前培养与职后培训的一体化是非抽象的、具体的，涉及教育教学内容的结构安排、知识的设计与重组，这些都无法绕开课程体系的设计和内容的筛选。二是作为教师教育者开展和组织教学活动的参考依据，有助于教师教育者立足整体的规划科学进行教师教育活动的设计与实施。三是有助于指导政府、高校、中小学有效开展教师教育一体化的协同培养工作。因为，教师教育课程体系的一体化是将职前与职后体系相统合，这一过程经过一定的科学论证与实践，能够用以引导教师教育的各利益相关者了解教师培养培训的整体内容进程，继而科学地开展协同合作。四是能够促进内部多元复杂的教师教育者协同合作与交流。课程体系是培养师范类人才的整体蓝图，内部涉及职前教师教育者和职后教师教育者具体的教育内容和任务，这有助于加强职前与职后教师教育者对对方及自身教育教学内容和任务的理解，继而也有助于推动二者之间的有效交流与协作。

对教师教育课程模块而言，它的主要功能在于促进教师教育体系的科学化，主要包括两方面内容。一是通过科学的模块设计促进教师教育职前课程体系与职后课程体系的一体化。课程模块是构成体系的基础单位，通过科学的模块设计建立教师教育课程模块之间的密切联系，能促进教师教育职前职后课程体系的衔接。二是科学的模块设计可以促进教师专业素质的全面提升，因为课程模块是根据教师不同专业素质进行的科学划分，例如，将教师的综合素质、教学知识和教学实践分为通识教育模块、教育专业模块以及教育实践模块，有助于聚焦教师专业发展的不同方面进行内容的聚焦设计。

二　教师教育一体化课程体系与模块的改革构想

为推动教师教育一体化改革，课程的体系构建与模块构成应当突出"实践取向"，以整体性、全局性的思维建设教师协同培养机制。具体来说，就是将关涉教师教育工作发展的地方政府、师范院校和中小学校联合在一起，建立"三位一体"的协同培育机制，在这样的机制下，师范生与在职教师通过"实习支教"和"置换培训"相互促进、共同发展，形成师范生与在职教师的"教师成长共同体"，课程建设也围绕着共同体发展进行"科学化""一体化"的设计与实施。教师教育一体化课程体系与模块构成如图8-1所示。

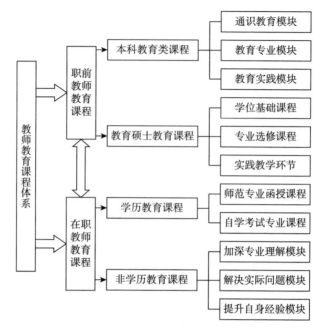

图 8-1　教师教育一体化课程体系与模块构成

根据教师教育一体化理论，课程体系构建依据《教师教育课程标准（试行）》，在师范院校师范专业教育类课程的设计方面，以培养和培训高素质、专业化教师为核心，在职前教育培养（师范本科和教育硕士教育）、在职教育（教师继续教育）"两翼"，按照师范生个性化需求和在职教师专业发展实际，构建有所侧重、相互衔接、综合培养的教师教育课程体系。

（一）师范本科教育阶段

第一学年：注重教师情意态度培养、基本的技能训练。教师情意态度的培养需要建立在对教育教学有关工作实践认识逐步深化的基础上。对刚进入校园的师范生而言，对"如何当好一名老师"，甚至"为什么要当一名老师"的认知都是模糊的。师范生专业情意态度的养成必须要以建立起对教师职业的初步认知为前提。这个过程需要潜移默化、循序渐进，要初步培养学生一系列师范生基本技能，防止学生在没有充足技能准备的情况下参与教学，造成工作困难，产生畏难情绪和消极状态。因此，学校和院系可以通过师范生的技能竞赛和各类学生社团建设，在较为轻松的社团氛围和有挑战性的技能竞赛中潜移默化地培育教师专业情意，营建尊师重教的教师文化。如，定期开展优秀教师表彰大会、优秀实习支教生表彰会、师德先锋事迹宣讲会等活动，在师范院校中形成"尊师重教"的氛围。开设教师口语、汉字书写、现代教育技术选修课程，供学生选修，赋予通过者学分，举办"三字一话"大赛和微课竞赛、翻转课堂竞赛，巩固师范生教学基本技能和现代教育技术应用能力。

第二学年：开设教育类课程，供有意从教的学生修读，从而在学校内部实现"二次选择"。第三学期末，教师教育学院与教务处共同组织"教师能力测试"（水平考试＋面试），开展"分流培养"工作，水平考试主要包括学科专业知识和教育专业知识两部分，面试结合师范生平时成绩进行筛选，专业成绩不合格者测试不及格，面试过程中注重考查学生从教潜质和从教意愿，并且结合辅导员、任课教师、学生评价进行综合判别，确定分流培养名单。

第三学年：上学期开足开齐教育类理论课程，并组织学生到教育有关部门、中小学校开展教育见习活动，熟悉教育生态和教学环境，通过听课、评课，进行课堂观察，撰写见习报告，使师范生深化对教育实际的了解并积极开展理论反思。此外，在理论学习和教育见习过程中，开展教师职业技能学习和训练，为下学期进一步强化教学实操能力做准备。下学期，通过校内外结合、选修与必修结合、专兼职教师配合，强化教育能力与实训环节，学生在实践指导教师带领下进一步学习适切教师工作情境的技能，适当协助中小学教师进行一些教育教学辅助工作，如作业批改、班级管理、学生一对一辅导等。

第四学年：在上学期组织各师范专业学生到合作学校开展一学期"顶岗实习"，置换出来的在职教师接受专业培训，让学生在实习支教过程中进一步强化专业情意，锤炼专业本领。下学期，鼓励师范生从自身支教实习过程中发掘研究课题，深化理论与实践的融合，做好就业指导与教师招聘考试辅导工作，帮助师范生顺利完成入职过渡与适应，强化教育硕士报考课程培训，使师范生有更多机会接受更高层次的职前培养，增强教师专业化素质。

（二）教育硕士培养阶段

为构建本科师范教育与教育硕士培养衔接方案，培养具有"个性化、针对性、适应性"的高学历、研究型教师，师范院校可根据教育硕士招生情况，由研究生处和教师教育学院统筹，采取"应届班"和"在职班"两种模式。应届班主要面向接受本科师范教育培养后尚未进入教师岗位，希望进一步深化教育理论学习和提高科研水平的应届师范毕业生；在职班主要面向已经在中小学从事教学工作，渴望在学历上进一步提高、在理论知识技能和科研素养方面进一步深造的中小学教师。课程应根据"应届班"和"在职班"学生的不同特点进行针对性设计。如，由于应届班学生缺乏中小学校工作经验，需要在课程设计中关注实践技能的进一步巩固和提高；在职班需要关注学生如何建立自身教学经验与教育理论之间的联系，进一步提高科研素养。其中，教育类课程由教师教育院系实施。各学科领域根据《全日制教育硕士专业学位研究生指导性培养方案（修订）》，实施学科领域（专业方向）课程计划，开足教育类学位基础课程，处理好教育类课程与学科专业课程（门数、学时和学分）、理论教学和技能训练、课堂教学与基地实训、校内导师与校外兼职等的关系，注重专业实践训练和应用型人才培养（见表8－1）。

表8－1　全日制教育硕士教育类课程计划

课程类别	课程名称	学分（分）	学时（个）	开设学期（个）	考核方式
学位基础课	教育学原理	2	36	1	考试
	课程与教学论	2	36	1	考试
	中小学教育研究方法	2	36	2	考试
	青少年心理发展与教育	2	36	1	考试

课程类别	课程名称	学分（分）	学时（个）	开设学期（个）	考核方式
专业选修课	现代教育技术应用	2	36	1	考查
	中小学心理健康教育	1	18	1	考查
	基础教育课程改革研究	2	36	2	考查
	中外教育简史	2	36	2	考查
	教育政策与法规（专题讲座）	1	18	1	考查
实践教学	教育见习（包括微格教学、课例分析）	4	不少于一学年	结合课程学习和学位论文进行，在答辩申请前结束	考查
	教育实习（包括教育调查、班级与课堂管理实务）	4			考查
补修课程	教育学	不计学分	54	随本科师范生（学习非师范专业毕业考取的）	考试
	心理学				考试

（三）教师继续教育阶段

分为学历教育课程与非学历教育课程两个部分。其中，函授、自学考试等学历教育课程方案的制定以教师教育课程标准为依据，考虑学校师范专业函授和自学考试的培养目标、学习者的性质和特点，并且参照在职教师教育课程设置框架；继续教育、置换培训、学科培训等非学历教育课程的制定，采取"校本"和"院校"两种方式，针对教师在不同发展阶段的特殊需求，由成人教育学院和教师教育学院提供灵活多样、新颖实用、针对性强的课程，以促进在职教师持续而有效的专业学习。课程模块根据基本的功能指向，可分为加深专业理解、解决实际问题、提升自身经验三种类型。加深专业理解的课程主要以高等院校为培训主体，介绍当代教育思潮、儿童研究、认知科学方面的新成果，帮助教师及时更新专业知识，同时开展一系列通识性课程，扩大教师的人文视野和科学视野，使教师具有广博的见识和专业的素养。解决实际问题的课程主要由中小学校、进修学校组织，针对教研员对区域内教育教学现实问题的调查，科学制定有针对性的培训课程，例如青少年发展问题专题研究、学科教学改进研究等。提升自身经验的课程旨在充分发挥广大中小学校教师主体性，通过相互之间的经验交流与研讨提高专业素养，采取"院校培训"与"校本培训"结合的方式（见表8-2）。

表8-2　中小学教师继续教育（非学历）课程模块

课程功能指向	培训专题（模块）	实施方式	培训专家
加深专业理解	当代教育思潮、教师专业伦理、学科教育新进展、儿童研究新进展、学习科学新进展等；哲学、人文、科技等研究领域相关专题	以高等院校为基地的"院校培训"为主	以高校教育学、心理学等方面专家为主
解决实际问题	学科教学专题研究、青少年发展问题研究、校本课程开发、综合实践活动设计与指导、档案袋与学业成就评价、学生综合素质评定、教学诊断、课堂观察与评价、信息技术与课程的整合、校本教学研究制度建设等	以假日新实验区进修学校的"校本培训"为主	高校学科教育专家，实验区教学名师、学科带头人
提升自身经验	教师专业发展专题研究、教育经验研究、反思性教学、教育行动研究、教育案例研究、教育叙事	"院校培训"与"校本培训"相结合	高校教育学科教学专家，中小学教学名师、学科带头人

资料来源：教育部. 教师教育课程标准（试行）［S］. 2022-07-29.

三　教师教育一体化课程改革应处理好的几对关系

教师教育一体化课程体系改革，应当深刻把握教师培养中教师职前课程与在职课程的关系、本专科课程与研究生课程的关系、学术性课程和职业性课程的关系、理论课程与实践活动课程的关系、专业课程与资格招考课程的关系，解决其中存在的内部矛盾，推动课程之间的联系与衔接，深度推进教师教育一体化建设。

（一）教师职前课程与在职课程的关系

职前课程是以师范院校为主体、以培养专业化卓越教师为目的的一系列教育教学内容的安排及进程的总和。职后课程是为保证在职教师持续不断的专业性，依循教师专业成长规律和教育教学现实需要开展的一系列培训活动的总和。推动教师教育一体化的课程体系变革，需要仔细区分职前课程体系与职后课程体系的内在联系与差异，科学地进行整体规划设计，促进职前职后课程的有序衔接，保证教师教育培养与培训的连续性。

（二）本专科课程与研究生课程的关系

根据培养层次的高低，教师教育课程可划分为专科课程、本科课程和研究生课程，随着时代发展，人们对教师专业化的呼声越发高涨，教师培养层次不断提高。我国已经由过去中专、大专、本科"旧三级"培养层次向大专、本科、研究生"新三级"培养层次转化。不同的培养层次必然体现出不同的培养规格，培养规格又受课程设置的影响，因此需要认真探索研究生课程与本专科课程的差异，推动教育专科—本科—硕士—博士相衔接的教师教育课程培养模式变革。

（三）学术性课程与职业性课程的关系

课程的学术性与职业性之分源自教师教育史中学术性与职业性的论争。学术性课程体现为教师学科专业知识的前沿性与专业性，要求教师教育遵循"大学学术主义取向"，旨在提高学生学科研究的学术素养，发展从事学科研究的能力，并预设通过师范生的学科专业化能够带来教学的专业化；职业性课程指向教师从事教育教学职业活动所需掌握的具体内容，包括教师的职业道德、与教育学科相关的专业知识和教学基本技能，强调提高教师的职业适应性。学术性课程与职业性课程是教师教育的双重学科基础，明晰二者的内在联系并探索二者有机融合的路径是推动教师教育一体化的重要保障。

（四）理论课程与实践活动课程的关系

教师教育理论课程是将促进教师专业化的一系列具有不同专业

门类背景的知识，按照教师发展的基本规律和学科知识的构建逻辑，进行重组的知识内容和实施进程的总安排。教师教育实践活动课程是聚焦教师教育教学经验积累与能力提升而设置的一系列实践活动总的进程和安排。在教师教育一体化改革过程中，理论与实践是教师专业发展的一体两面，二者相互联系、相互促进、缺一不可。没有深厚的专业理论支持，教师教育课程便失去了重要的学理支持，沦为简单的职业培训和技能训练，丧失教师的专业性。没有实践活动课程补充，理论便沦为无根之萍，逐渐脱离教育教学实际需求。因此，在教师教育一体化课程改革中，需要仔细探索理论课程与实践活动课程的联系与区别，实现二者的深度沟通与融合。

（五）专业课程与资格招考课程的关系

通过教师资格考试和招聘考试是准教师得以入职从教的基本前提。随着我国教师资格招考制度不断完善，教师准入标准不断提高，师范院校作为职前教育的主要负责机构，要适应教师资格招考制度的改革需要，就必须在教师教育一体化课程改革中关注专业课程向教师资格招考制度改革方向的拓展，推动教师职前、入职、职后过程的有效衔接，使教师职前培养紧密贴合资格要求、招聘要求，提高教师职前培养的社会适切性，满足教师招聘单位和社会对教师的素质要求。

第二节　教师职前课程与在职课程的沟通

前文已述，职前课程以师范生为主要教育对象，旨在帮助师范生在入职前培养专业教师的合格素质。在职课程针对已经在岗在编正式从事教育教学工作的教师，目的在于实现教师专业的终身成长，帮助教师解决教育教学中的现实问题。职前课程与职后课程在目标上是前后衔接的关系，在内容上是互为补充的关系，共同促进教师职前职后的衔接与一体化发展。

一　职前课程与在职课程的内涵及关系

（一）职前课程与在职课程的内涵

1. 职前课程的内涵

职前课程是由高等师范院校设计、组织与实施，以师范生为主要教育对象，旨在为师范生入职前培养教师的合格素质，使其顺利入职从教开设的一系列教育教学活动内容及整个进程的总和。职前课程是教师发展终身学习有关素养和实现专业持续成长的重要基础，主要包括通识教育课程、学科专业课程和教育类课程三种类型。通过通识教育课程的学习，师范生可以获得广博的文化知识，有利于他们在不同学科间建立联系，培养学科复合能力与创新能力；通过学科专业课程的学习，师范生可以获得扎实的学科背景知识，这是他们在未来胜任任教科目教学的重要基础；通过教育类课程的学习，师范生可以掌握学生的心理和教育规律，提高教学职业技能，胜任教育教学的业务工作。这三类课程缺一不可，共同促进师范生整体的教师专业素质发展。

2. 在职课程的内涵

在职课程是指针对已经在岗在编，正式从事教育教学工作的教师，为保障其在职业生涯中专业知识与能力的继续发展并适应社会与教育不断变化和改革的需要而组织实施的一系列促进教师专业发展的培训内容及其进程安排。在职课程一般可分为学历教育课程和非学历教育课程。学历教育课程是一种针对学历未达标的教师进行的补偿教育。如今随着教师培养层次的不断提高，在职教育硕士课程和在职教育博士课程已经逐渐成为在职教师提升专业理论和科研水平的热门选择，非学历教育课程是指不以学历提高为目的的其他教师继续教育课程，通常有一定主题，为解决教育教学中某些突出的现实问题、发展某方面专业知能，或适应某阶段课程改革需要而开展。

（二）职前课程与在职课程的联系

1. 职前课程与在职课程目标的联系

从教师专业发展的历史看，职前课程与在职课程是前后衔接的关系。二者都是促进教师专业发展过程中不可或缺的重要内容，也是教师教育一体化课程体系中必不可少的关键构成，是基于教师专业成长和发展不同阶段及呈现的不同特点和规律划分的两种不同的课程体系，但二者又共同回归和落地于教师的专业发展和教师队伍质量的提高。因此，从目标上讲，职前课程与在职课程的共同点与联系在于聚焦教师专业素质的发展和成长，共同强调课程目标设计中要紧密与教育教学的现实需要结合，强调教师专业知识与技能的现实应用，注重教师反思性、研究性、创新性等方面能力的提高，要求在课程实施中注重教师专业自主性的充分发挥。

2. 职前课程与在职课程内容的联系

教师职前课程与在职课程设置的目的共同指向教师一系列专业素质的提升，因此，职前课程与在职课程内容的联系涵盖了教师专业成长各方面的关键知识。如美国推动教师专业化运动的卡内基教学促进基金会主席舒尔曼（L. S. Shulman）将教师知识分为学科知识，一般教学法知识，课程知识，学科教学法知识，有关学生及其特征的知识，关于教育脉络的知识，有关教育的目的、目标、价值及其哲学与历史渊源的知识。① 这些知识的获取不仅需要职前课程的系统学习，也需要在职课程的进修提升。职前课程与在职课程统摄了教师专业素质发展的全部内容，并在阶段性、顺序性的课程学习中得到渐进式发展，职前课程与在职课程共同构成教师专业成长过程中的知识内容基础，教师要想实现可持续的专业发展与成长，不能忽视其中任何一类课程的学习和掌握。

---

① 教育部教师工作司. 教师教育课程标准（试行）解读 [M].北京：北京师范大学出版社，2013：23.

（三）职前课程与在职课程的区别

1. 职前课程与在职课程目标的区别

职前与在职分别对应着教师发展过程中两个不同的关键阶段。根据两个不同阶段呈现的特性，课程目标在具体设计上也会有所区别。首先，对职前教师而言，刚接受教师专业培养的师范生如同一张白纸，缺乏开展专业教学工作赖以支持的基本知识与技能，以及一系列能有效支持教师终身成长的关键素养和综合素质。因此，职前课程目标是要为师范生未来良好胜任教育教学工作服务。如果师范生在入职后依旧无法胜任教育教学工作，而是需要进一步接受入职培训，职前课程的实施效果便值得怀疑。其次，对在职教师而言，教师入职后会有一个较漫长的职业发展阶段，课程目标的设计应根据教师入职后不同发展阶段的特点加以具体细化。例如，对初任教师而言，课程目标要能促进其适应教育教学工作环境，建立能够胜任教育教学的基本信心。对已经熟练进行教育教学工作的教师而言，则需进一步提升他们的综合能力，帮助他们逐步形成自己的教学风格。总之，实现教师教育培养目标的一体化，需要明晰教师专业发展的各阶段呈现的不同特点，按照循序渐进的原则逐层提升培养目标。当然，课程的目标设计不仅有一般情况也有特殊情况，有些初任教师没有遇到一些现实问题，而有些入职很久的教师也会出现班级管理问题，这就需要根据现实情况及时、动态调整课程目标，与此同时，课程的具体内容也应同课程目标的调整保持同步。

2. **职前课程与在职课程内容的区别**

由于教师专业发展各阶段存在显著的差异性，教师职前课程与职后课程内容也存在区别。具体来讲，职前课程以理论性知识为主，知识体系较为系统完整，有较为严密的、符合学科逻辑特点的组织设计。职后课程更为侧重实践性知识，往往聚焦某一特定问题、主题，更贴合教育教学改革的现实要求，但目前的职后课程体系在知识的组织上相对较为零散，不够系统化、一体化，这是教师入职后个体之间个性化的、不同的职业发展需求和特点决定的。总体上，教师职后课程内容与职前课程内容的区别是由教师职前与职后发展不同特点和情况决定的，与职前相比，教师职后发展的时间跨度更长，内在所划分的阶段特点更加复杂，所呈现出来的教师发展特点和发展需求更为多元，因此，职后课程内容建设要求就更加系统、全面、丰富、复杂。一方面，这是为了满足长周期的教师职后专业发展的需要；另一方面，也是希望通过丰富的职后课程资源引导教师根据自己的需求、经验、特点和优势加以学习吸收，深化自身的专业理解，解决实际问题，提升自我情境化的经验，促进个性化的专业成长。

二　深化职前课程与在职课程沟通的重要意义

根据《全国教师教育课程标准（试行）》的要求，教师的身份定位和发展模式有了新的转变："教师是幼儿、中小学生发展的促进者，反思性实践者和终身学习者，在研究和帮助学生健康成长、研究自身经验和改进教育教学行为以及持续学习和不断完善自身素质的过程中实现专业发展。"① 这意味着当代社会对教师的要求已不再满足于纯粹的知识传授，更要求教师在纷繁复杂的信息化社会中，率先成为终身学习者，在教育教学活动中强化实践意识和探究精神，反思自我的教育教学经验，在自我经验的吸收与理论知识的汲取之中持续得到专业成长。此外，教师需要承担好促进学生全面发展的功能，而不单纯是增加学生知识储备和提高学生的认知能力，也要求学生养成良好的道德品质，发展相应的审美能力，保持身心的健全发展。

为了实现上述目标，教师教育课程"一体化"改革就需要积极吸收诸如认知科学、儿童学等方面的最新研究成果，在内容设计上体现时代对幼儿、中小学生发展的新要求，课程设置要根据教师的发展特点循序渐进，理论与实践结合，具有一定的层次性和开放

---

① 教育部. 教师教育课程标准（试行）［S］. 2022 - 07 - 29.

性，引导未来的准教师逐步树立起正确的儿童观、学生观、教师观与教育观，培养社会责任感、创新精神和实践能力，也要强化实践意识，关注现实问题，体现教育改革与发展对教师的新要求，引导未来教师发现和解决实际问题，创新教育教学模式，形成个人教学风格和实践智慧，课程设置还需要将师德师风养成教育贯穿于整个课程体系和学程安排，注重在校园物质文化和精神文化建设中融入和渗透教师的精神理念，发挥隐性的课程功能，从而在持续的潜移默化当中引导未来的教师树立正确的专业理想，掌握必备的知识与技能，体现学习型社会对个体新的要求，培养终身学习和应对挑战的能力，实现职前课程与在职课程的一体化。

三　教师职前课程与在职课程衔接存在的问题

课程是教学活动的素质载体，也是学生素质发展的核心内容。从学理上，教师教育职前课程和职后课程的衔接，是教师教育一体化的内在要求。但从现实看，教师教育课程实施和运行过程中，受到这样或那样因素的影响，总是存在一定的问题。

（一）职前课程与教学存在的问题

一是在课程性质和地位上，教师教育课程性质是"必修课程"，但地位还是"公共课程"，这主要是受苏联教师教育模式和改革开放后的师范院校"综合化"影响。教师教育课程尽管多次进行内部改革和重整，但其基本的课程性质定位却未能发生根本性改变，依然有许多学校将教师教育课程定位为与大学语文、大学英语同等性质的公共课程。这将直接导致教师教育"重学术轻师范"，为以后无法有效适应教师岗位埋下祸根。此外，教师教育课程虽强调"以生为本"，但实施中更多的是"以师为本"，存在"因师排课"现象。这就导致在课程制定和实施过程中学生主体性"缺位"的现象，课程内容的选择和组织缺乏学生的话语表达和有效参与，不能充分根据学生需要制定适切学生发展的教师教育课程，造成学生厌学，缺乏学好学精教师教育课程的主动性和积极性，影响教师教育培养质量。

二是在课程形态和功能上，根据"学科化管理"思维，由教务处统一实行"让位于学科专业课程"的"非专业化"刚性管理模式，这导致教学单位和任课教师在排课教学、学时学分认定、课程考核方式等方面缺乏自主权，柔性不足。由于教师教育相关单位和教师教育者在课程制定、管理、考核等方面的自主性缺失，整个教师教育过程处在一个僵化固定的控制型课程框架下，承担教师教育教学任务的老师主动性和积极性受挫，出现"厌教"的情况。三是在课程结构和内容上，以"学科"形式开设相关科目，理论性教学过多，技能训练不足，导致师范生缺乏教育教学的实践意识与实践能力，师范生对"三字一话"等基本技能掌握得不牢固，应用现代教育技术的能力、课堂管理能力等方面的准备也不足，不能良好适应未来的教育教学需求。课堂传授过多，课外思考不足，导致教师反思性实践的相关素养提升不够。交叉重复过多，前沿背景不足，课程内容的设置不尽科学，交叉重复的内容较多，以"老三门"为主，内容陈旧，未能良好结合与融入最新的教育科研成果，不能较好适应新时代教师教育课程改革的新需要。照本宣科过多，个性创新不足，导致教学效果不佳，学生兴趣消减。四是在教学方式和手段上，以专业混合大班组织进行，较少采用模拟课堂、情境教学、案例分析等多样化方式，学生不能通过情境化、案例化、写实化的教学方式初步形成对教育教学场域和工作的适应性，主体能动性在集体主义的大班环境下受到压制，导致学习积极性锐减，教育信念不能在有效的教学中得到充分升华。五是在课程价值和文化上，强调学科本位知识体系，教师言传身教不足，尤其是在身教上，教师教育者作为"教师的教师"，其一言一行、一举一动更应当为人师范，体现"身正为范"的教育属性，潜移默化地感染学生，使其养成教师职业品德。学生修读学分的功利思想突出，教师专业情意态度培养不足，缺少整体、系统的教师专业情意培养课程。

（二）职后课程与实践存在的问题

教师职后培训按培训类型可分为学历教育和非学历教育，按实施主体可分为以中小学为主体的"校本培训"和以高校为主体"院校培训"。总体上，目前在职教育在课程设计上存在教育类课程安排与职前教育脱节的问题，缺乏衔接性。具体表现为：课程设计不是基于受训教师需求来考虑"教什么"的问题，而是基于承担培训主体任务的机构"有什么"来进行课程内容的选择与设置。此外，以中小学为主的"校本培训"计划缺乏统筹，没有充分结合教师职前教育已有的知识背景进行内容设计，缺少针对不同发展阶段教师精心设计的课程内容，以解决当前教育教学问题的集中培训为主，缺乏对教师专业长远发展的统筹规划。以高校为主的"院校培训"专题安排也缺乏规划性，课程内容存在重复、分散、缺乏阶段衔接等问题，造成教师教育资源的浪费；课程价值基于功利主义思想，学术报告、专题研究、案例分析等流于形式，远程或网络教育的效率低下，教师接受培训后将成果转化为课堂实践的转化率低；高校学科专家与当地的教学名师缺乏共同备课和互动研讨等，导致学科专业教学和师范专业教学的割裂，教师教育师资队伍力量被分化切割，学科专业和师范专业的矛盾难以得到切实有效的解决。

四　职前课程与在职课程衔接的改进策略

在信息化时代，教师教育职前课程和职后课程的教学运行，受到现代教育技术和课程资源整合问题的影响。尤其是在职后教育课程的实施方面，一些教师教育机构受到技术和设备的限制，加上教师教育专业教师队伍的不足，导致课程资源的开发和利用存在的问题更为突出。而且，近几年受到疫情防控的影响，线上、线下教学以及混合教学流于形式，教师教育课程的衔接与教学质量的提高都面临许多挑战，有许多需要改进的地方。

（一）以教师教育课程标准为依据，贯彻课程改革理念

不论是职前课程还是在职课程，都是教师教育课程的组成部分，都坚持"一个标准"，即以"教师教育课程标准"为基本前提。如果职前与职后课程奉行两套"不同标准"，二者的融合与沟通就会产

生标准不一的阻碍。因此，标准的一致性是职前课程与在职课程沟通的重要策略，教师教育要坚持课程标准中"育人为本、实践取向、终身学习"的课程理念，贯彻落实课程标准中规定的要求和原则。这是沟通职前与职后课程实践的重要基础，无论是职前课程还是职后课程，都应该仔细审视在育人过程中是否实现了以人为本，是否有助于提高受教育者实践能力，是否有助于提高受教育者的终身学习能力。只有严格贯彻课程标准之中的理念和价值取向，教师教育的职前职后课程才能实现深度的融合与一体化。

（二）以教师教育一体化为指导，全程设计教师教育课程

对过去职前课程与职后课程在结构和内容上的"两张皮"现象，要进行调整，使二者在结构和内容上趋向于一体化，这是沟通职前职后课程的关键。为此，在课程的结构调整和内容变革过程中，要以教师教育课程标准为基准，根据教师职前职后不同的专业发展特点和规律，结合培养培训单位的现实情况，参考教师内在需求，按照教师职前职后专业发展的不同阶段进行分级分类设计，解决每个发展阶段可能出现的关键性"壁垒问题"，破除过去二元化的课程体系，打破"学科主义"课程壁垒。同时，根据教师现实的教育教学工作情境，探索和建立模块化情境化的课程内容和结构，从而系统地统合教育教学多学科内容的联系性，提高课程内容理论与实践的整体驱动性。例如，本科生在课程知识的选择上要追求教师教育知识的广博，而研究生阶段的课程知识要注重研究能力与实践的发展。

（三）强化教师教育课程组织实施，建立课程管理运行机制

对职前与职后课程结构和内容进行调整和重组后，需要从课程组织和管理层面入手，确保改革后的课程得以有效运行和实施。实际上，对课程结构内容的规划和调整更多的是一种"施工前的宏伟蓝图"，蓝图真正落地还要靠组织与管理层面的机制构建及流畅运行。尤其是在信息化时代，面对信息技术和课程资源的整合要求，广大师范院校要加强教师教育管理和组织的统筹，依托专门的教师

教育学院，学校教务处、研究生处、其他学院等部门或单位配合教师教育学院的工作，积极开发教师教育课程资源，采用线上和线下混合教学的方式，保障教师教育课程的推进和实施，在实践中完善教学管理制度和组织机制。

（四）树立具有实践智慧的教师专业价值观，增强教师实践能力

教师的实践智慧直接关系到教师专业化程度和教育水平的提高。无论是职前课程还是职后课程，最终的落脚点都在于促进教师实践能力的提高。因此，职前与职后课程的相互沟通是以"实践智慧"为教师专业发展的基本融合点，师范院校的一切教师教育工作都要以"实践取向"的教师教育为中心，发展教师的专业实践能力。具体来讲，可积极与地方政府和中小学协同建设教师教育创新实验区，建设一支稳定的、融合职前培养与职后发展的教师教育师资共同体，全面提高教师的理论水平和实践能力。对教师的职前教育而言，必须确保课程有助于学生理论知识系统全面的吸收、掌握和应用；对教师的职后教育而言，必须确保课程的实效性，即能够切实推动教师自身在教育教学工作上的改进，切实促进教育教学工作的改善。

第三节　师范生本专科和研究生课程衔接

目前，我国小学教育教师和学前教育教师的职前培养主要由少量的高等师范专科学校承担，多数中等教育的职前教师培养主要由本科院校承担，有的地区高中教师的职前培养已经提升到研究生教育层次。分析师范生本专科课程、研究生课程的结构、特征及存在的问题，提出师范生本专科和研究生课程的衔接策略，是推进教师教育一体化建设的重要内容。

一　本专科和研究生课程的内涵及关系

过去，我国教师教育体系由中专、大专、本科三层级构成。随着教师专业化运动的开展，"旧三级"教师教育体系逐渐被大专、本科、研究生所构成的"新三级"教师教育体系所取代，教师培养层级的提升带来课程培养规格、要求的提升。如今，教师教育已基本实现"高等教育化"，即专科、本科作为教师职前教育的一般起点，已经逐渐将学程贯通到教育硕士乃至教育博士层级。这种不断延长教师职前培养年限、提高教师学历层次的趋势，反映出社会对教师专业性的更高要求。因此，探索本专科与研究生课程衔接是教师职前教育内部一体化的重要途径，需要研究本专科与研究生课程的内涵及关系，把握一体化课程建设内在的规律，提出一体化课程改革与整合的现实策略。

（一）本专科和研究生课程的内涵

这里讨论的本专科课程与研究生课程，指的是教师学历教育层次的专、本、硕相互贯通衔接的职前教育课程体系，它能促进师范生在一所教师教育机构内接受一体化、连续化的课程培养，最终进入中小学成为一名正式教师。如此界定的考量在于，倘若本专科课程和研究生课程本身就是完全独立、几乎没有关联的两种课程体系，就失去了研究其内在实现一体化的必要性。如果师范专业本专科课程和研究生课程由两所全然没有统属关系、相互独立的教师教育机构分别开设，师范生通过研究生入学考试考入其他教师教育机构接受教育硕士或教育博士的课程学习，由于培养单位的切换，学校的培养方案截然不同，这也失去了讨论职前教师教育内部课程一体化的可能。故而，此处讨论的本专科课程和研究生课程必然是在同一教师教育机构（如师范院校），或者至少具有联合培养关系的师范院校所开设的课程，根据培养层级的不同划分出专科、本科、研究生三层级的职前课程体系。

（二）本专科和研究生课程的联系

根据教师教育高学历、专业化和复合型教师培养趋势，师范生在接受完本专科阶段系统的课程学习后，尚需要接受系统的研究生课程学习，方可成为一名正式从教的教师。教师职前培养年限的延长、培养层次由本专科向研究生的延伸，是教师发展成为卓越专业人员的要求。根据这一逻辑，可以进一步归纳与分析本专科课程和研究生课程的联系。显而易见，二者最显著的关系在于其内在固有的衔接性。假设师范生只有完成研究生阶段的课程学习，其所接受的职前教师教育才算到达"终点"，那么，在相对统一的培养方案下，鉴于本专科课程和研究生课程在目标和内容上的互通关系，本专科课程内容是学习研究生课程的重要基础，研究生课程内容是对本专科课程内容的进一步完善、升华和补充。

（三）本专科和研究生课程的区别

过去，人们将教师定位为职业技术工人，教师只需要把规定好的课程内容教给学生即可。随着社会进步，现代信息技术的发展冲击着传统的知识观，教师已不再是一般的职业技术人员；而且，研究生课程的设置从起源上讲，是社会公众对高层次专业人员的现实要求。这就导致本专科课程和研究生课程在目标与内容上的区别在于，本专科更多的是为教师成为专业人员做准备，要求师范生掌握所教学科知识和基本的教学技能，开展一定的教学实践；研究生课程则更进一步要求师范生掌握理论知识和教育科研知识，从而帮助师范生获取成为"研究型教师"所必备的素养，为成为高层次的卓越专业人员做准备。可见，本专科课程与研究生课程的分段培养，体现出现代社会对教师通识知识、学科知识、教师知识三方面立体全面的高质量要求，也是教师高水平专业化培养现实的发展趋势。

二　加强本专科与研究生课程衔接的重要意义

既然我国对教师的身份定位是"专业人员"，就应当保证师范生进入教师岗位后成为一名能够熟练驾驭教育教学工作，独立或合作开展教育科学研究的专业人员。如果师范生在从业前没有学习专业知识技能，其专业人员的身份也会因此受到质疑，而一名专业人员的培养需要经过十分复杂、系统的课程学习，绝非简单的职业技能培训可以比拟。故而，将师范生的培养年限延长至研究生阶段，是培养高层次专业型教师的客观要求。但师范生教师专业素质的培养绝不仅仅是靠职前培养年限上的延长便可成功的，还需要科学系统的、贯通本专科与研究生阶段的课程设计和实施作为支撑，使培养过程能够有条不紊地让师范生从一名准教师成长为合格的职业教师，再到最终成为一名专家型、研究型教师。由此可见，加强本专科与研究生课程衔接十分有必要，这不仅是促进职前教育课程内部系统化、培养阶段连续化的客观要求，也是从实质上提高教师培养规格，加强教师专业性和研究性，为社会输送真正的专业型教师，满足社会公众对高素质卓越教师要求的必然选择。

三　本专科与研究生课程衔接存在的问题

目前，许多师范院校都在探索本专科与研究生课程衔接的培养上做出了有益探索。如华东师范大学 2006 年起试点的 "4 + 1 + 2" 课程模式，即 "4 年本科教育 + 1 年中学教育实践 + 2 年硕士培养"①；北京师范大学 2007 年起以培养卓越教师为目标的 "4 + X" 模块化课程体系②。总体上，本专科课程与研究生课程在衔接上依然存在一些问题。

从本专科课程上看，目前本专科师范教育课程包括学科专业课程、教育类课程、通识类课程、教育实践。长期以来，课程改革都力图突破传统的教育学、心理学和教学法的 "老三门" 格局，但实际上还是局限在 "老三门" 内的调整。③ 不少学校的教育学本科课程结构仍然存在 "重专业轻通识、重必修轻选修、重理论轻实践" 的问题，与近年来相关文件要求的课程设置与时间安排依然有较大差距。尽管不少师范院校在本专科课程改革方面进行了积极探索，调整课程结构，消除以往弊端，但有研究表明，地方师范院校教师教育课程的学科专业课程仍受重视，其学分占总学分的 45.26%，在

---

① 李世讴. 教育硕士课程体系构建研究 [D]. 西南大学，2010：120 - 122.
② 马健生，张弛，孙富强. 构建模块化课程体系 造就卓越教师——北京师范大学教育硕士研究生教育综合改革试点工作的经验 [J]. 学位与研究生教育，2013 (10)：1 - 6.
③ 张西方. 教师教育类课程体系建构探析——关于贯彻落实《教师教育课程标准（试行）》的思考 [J]. 课程·教材·教法，2013 (11)：107 - 112.

课程学分的结构中仍然排在第一位。通识教育课程也被置于较为重要的地位，学分占比为 26.65%，在课程学分结构中排第二位。教育专业课程学分占比为 13.43%，虽呈现出明显的上升趋势，但比重依然偏低。[①] 这表明，本专科课程设置依然没有凸显出师范性和实践性。

从教育硕士课程上看，尽管大部分院校根据 2017 年发布的《全日制教育硕士专业学位研究生指导性培养方案（修订）》设置了学位基础课、专业必修课、专业选修课和实践教学四个课程模块，但其内部学分比重差别较大。学位基础课包括政治理论和教育原理等 6 门课程，每门课程 2 学分，共计 12 分；专业必修课包括 2 门指定课程（每门 2 学分）和 3 门自设课程（6 学分），共计 10 学分；专业选修课包括理论知识、专业技能和教学管理三类，每类至少 2 门课程，每门课程 1—2 学分，共计 6 学分；实践教学包括校内实训（2 学分）和校外实践（6 学分），共计 8 学分。从课程结构上看，虽贯彻了将理论与实践相结合的原则，但在具体实施过程中，有些学校会压缩实践课程的时间。如，实践教学课程的设置比较笼统，缺乏实践操作性，尤其缺乏有效监管和评价机制。[②] 从本科到硕士阶段，重理论轻实践的问题依然存在，这也成为这两个阶段课程衔接的一个重要思考点。而且，研究生阶段的选修课程并没有受到重视，有些学校虽然名义上要求开设多种多样的选修课程，但实际上并没有开设。[③] 此外，教师专业理念与师德方面课程设置较少，教师职业道德教育包含在政治理论课程内，不利于学生专业情意的培养，而且多数院校未能开设大量的教师教育选修课程，一定程度上限制了学生的个性化发展和多样化复合型教师的培养。

---

① 万东升，赵倩.“新师范”背景下教师教育课程改革进展与反思——以 15 所地方师范院校人才培养方案为例 [J].黑龙江高教研究，2021（11）：113 - 117.

② 张秀峰.我国教师专业标准与教育硕士课程体系协同对接的探析与反思 [J].当代教育科学，2017（12）：17 - 21.

③ 徐红玉.全日制教育硕士的课程设置现状分析及完善建议——以某师范大学为例 [J].当代教育科学，2014（23）：33 - 36.

四　加强本专科与研究生课程衔接的策略

（一）重视教育课程，保持师范本色

教师教育课程是促进教师"能教"和"会教"的重要基础，教育教学作为教师的本职工作，只有坚守师范底色，在课程设计和组织中重视教师教育课程，保障教育课程的实施效果，才能切实发展教师的教育教学能力，为中小学基础教育输送源源不断的合格师资。因此，本专科阶段应该适当提高教育类课程的比重，探索除教育学、心理学等传统课程之外的新型课程，使师范生所学的学科知识能以恰当的方式传递给学生；硕士阶段应该在深化本科所学教育学科知识的基础上，注重学科教学法研究、学科教学设计、教育研究方法等课程的组织和实施，提高研究生的教学改革意识和教育科学研究能力。

（二）贯彻实践课程，推动技能提升

从现有课程设置和实施上看，多数教师教育机构都存在本专科和硕士阶段师范生课程"重理论轻实践"的问题。教育类课程是让学生知道"怎么教"，而实践类课程则是实现从"知道'怎么教'"到"会'怎么教'"的关键环节。实践类课程，在本专科教育阶段，如教师口语、"三笔字"片段教学、说课以及教育见习、实习等，是师范生必备的教育教学技能，必须切实保证技能课程和实践教学质量；在教育硕士培养阶段，如课程与教学设计、教育研究方法、教学技能考评、微格教学、慕课和翻转课堂、混合式教学转换以及教育研习等，是高层次教师人才准备从教的重要技能课程和实践教学内容，应努力推动教育技能实践类课程设计和实施的规范化、严格化和常态化。

（三）完善选修课程，深化知识基础

选修课程是为了尊重专业与兴趣差异，拓宽学生的视野，拓展学生的知识面，以及加强学科交叉、文理渗透，突出复合型人才培养而设置的课程类别，通常按照系列模块进行开设，供学生个性化选择。无论本专科阶段还是研究生教育阶段，在通识课程、学科专

业课程部分，有条件的教师教育机构都结合学科特色、教师专业资源和学生兴趣特点，充分发挥教师开发课程资源的积极性和创造性，开设人文社会科学、理工技术科学、思维行为科学等具有交叉学科和专业融合性质的大量选修课程系列，设置广泛的课程门类，供这两个阶段的师范生修读，为培养专业化教师做准备。

（四）创新培养模式，加强阶段衔接

为确保师范生学科知识与教育知识的平衡性，根据师范生发展的阶段性特点，在师范生本专科和研究生课程衔接方面，目前不少大学都尝试"4+2"分段方式，如陕西师范大学、东北师范大学、南京师范大学、华中师范大学等。2006年，华东师范大学构建了"4+1+2"的培养模式，4年本科学习后，需到中学执教1年，再进行2年的硕士学习。这种课程分段的培养模式，通常在本科阶段教授学科专业知识，并在四年本科学习中观察学生是否有从教资质，使真正适宜从教并愿意从教的师范生获得扎实的学科专业知识后在研究生阶段进一步深化教师教育类课程学习。

此外，在统一的教师教育课程目标下，各个阶段除了加强对教育类课程、实践课程、选修课程与师德课程的重视程度之外，在每类课程的具体开设科目、学习时间、学生特点及变化等方面的考量上应有所不同。如教育类课程的设置，本专科和硕士阶段都会涉及，但两个阶段的内容不应简单重复，而应在硕士阶段有所拓展和深化，这需要在教材选择、学习方式等方面进行深化研究和实践。

第四节 学术性课程与职业性课程的融合

从高等教育的价值观角度看，学术性与职业性是教师教育课程的两种价值取向，新时代卓越教师的发展要求消解课程学术性与职业性的历史纷争，实现教师教育学术性课程与职业性课程的高度有机融合。这要求教师教育机构构建一体化的协同培育体系，保障教师教育课程体系的开放性和结构层次多样化，力求课程目标设计的

全面性与实施模式的多元化，增强教学科研互动性与专业发展自主性，为融合学术性课程与职业性课程提供实践基础。

一 学术性课程与职业性课程的内涵及关系

（一）学术性课程与职业性课程的内涵

明确"学术性"与"职业性"的区别，是清晰界定学术性课程与职业性课程的前提。从高等教育的视角看，"学术性"是指高等院校对高等教育中理性、学术与知识等目标追求的一种倾向，其价值取向着重于增进人类科学文化知识，培养学生进行高深学术研究、从事学术性工作的能力；"职业性"则指高等院校对高等教育职业功能偏好的一种倾向，其价值取向着重于为满足经济、政治和社会发展需要服务，培养学生从事专业实际工作的能力。① 由此，教师教育的学术性课程和职业性课程可以这样界定：教师教育学术性课程，是旨在增加教师具有通识性的科学文化知识、学科专业知识和教育教学知识，帮助教师发展教育理性，实现独立发展，培养教育教学学术研究和学术工作能力而设计和组织实施的一系列课程安排；教师教育职业性课程则是旨在培养从事教育教学实际工作的相关能力，为促进教师职业发展而设置和实施的系列课程体系或模块。

（二）学术性课程与职业性课程的联系

从高等教育整体发展看，学术性与职业性互为目的和手段。没有职业性的充分发展，学术性就不可能最终实现；而没有学术性作为目标，职业性同样会失去前进的方向。② 教师教育是培养师资的高等专业教育，是现代教育的产物，其产业与变革标志着教师职业经验化、随意化的消解以及教师专业发展的发轫。现代社会既不希望教师是纯学术型的理论研究人员，也不欣赏只会教书不会研究的

---

① 田建荣. 关于高等教育学术性、职业性问题的思考 [J]. 厦门大学学报（哲学社会科学版），1999（03）：55－56.
② 田建荣. 关于高等教育学术性、职业性问题的思考 [J]. 厦门大学学报（哲学社会科学版），1999（03）：56.

"教书匠"。时代和教育改革要求教师成为"研究者"，不仅要研究高深学问，具有精深的学术性知识和理论水平，站在任教科目的学科知识前沿，还要掌握教育科学的发展规律，具有娴熟的教育技能和教学技巧，具备教书育人的职业性素质，善于反思，成为学生发展的"促进者"。因此，"既需要专业方面的高深学问，也需要研究方面的高深学问"[①]，这是高等教育质量观在教师教育课程取向上的现实反映。对教师专业发展而言，教育科学研究和学术工作方面的能力是其实现专业可持续发展的必要条件。如果教师缺乏对自身所处教育教学场域的研究力，则难以突破职业瓶颈，获得更进一步的专业发展，教师"专业人员"的定位自然也无从谈起，依然是将经验化、随意化的教育教学实践作为支撑的教书匠。如果教师具备深厚扎实的教育教学理论知识、学科知识和通识知识，但不能将所学知识系统传授给学生，不能充分引导学生发展，无法胜任教育教学实际工作，则会使其学术能力失去了支撑。因此，学术性课程和职业性课程作为发展教师专业能力的两个方面，是相互补充、相互促进的关系，二者缺一不可，唯有二者兼备，教师培养才真正称得上专业化的培养，其课程体系才是专业化的课程体系。

（三）学术性课程与职业性课程的区别

根据高等教育的两种价值取向，学术性课程与职业性课程起源于两种不同的教育价值观。以个人为中心的价值观强调，教育的目的在于促进作为个人的每个学生在人性或理性方面的发展，这种崇尚高深学问、追求学术的价值观，通常被称为理性主义的"本体论"价值观；以社会为中心的价值观把社会需要作为全部教育工作的出发点和归宿，认为高等教育的价值首先是为了促进国家经济、政治和文化的发展，造就社会需要的各方面人才，这种醉心于职业训练所带来的实惠的价值观，乃是功利主义的"工具论"价值观。两种不同的教育价值观反映出两种不同课程观，对教师专业发展而言，

---

① 约翰·S. 布鲁贝克. 高等教育哲学 [M].杭州：浙江教育出版社，1987：27.

专业知识水平就是学术性课程着力的基本点，专业技能则是职业性课程设置和实施的聚焦点，这是二者的区别所在，二者共同指向教师专业性的高度融合发展。

二 学术性课程与职业性课程深度融合的重要意义

从教师专业发展的角度来看，学术性课程与职业性课程深度融合是教师走向专业自主发展的前提条件。教师专业发展是一个复杂的社会化过程，同时是个体不断形成专业自我的过程，必须有专业的基本要求为依托。著名学者叶澜、艾伦等认为，决定教师专业发展水平高低的，概括起来包括三方面：专业知识、专业技能和专业情意。[①] 在这里，对于教师专业发展而言，专业知识水平就是我们所探讨的"学术性"要求，专业技能就是我们要揭示的"职业性"素质，专业情意是我们所谓的"专业伦理"。从教师专业化到教师专业发展，旨在加强教师专业性。这一过程中，教师专业化的基础和前提是"专业知识和技能"，核心和灵魂是"专业理想和理念"，特征和标志是"职业的研究性和自主权"。[②] 教师职业被认可为专业，要具有不可或缺的社会功能，只有以高深的专业理论和成熟的专业技能为依托，才能拥有高度的专业自主权。

"教师专业既包括学科专业性，也包括教育专业性，国家对教师任职既有规定的学历标准，也有必要的教育知识、教育能力和职业道德要求。"[③] 因此，在专业发展过程中，如果说"专业知识""专业技能"强调的是教师会不会、能不能的学术性和职业性要求，那么，由"专业理想、专业情操、专业性向和专业自我"[④] 等方面构

[①] 教育部师范教育司. 教师专业化的理论与实践（修订版）［M］. 北京：人民教育出版社，2003：54.

[②] 吴玲，郭孝文. 论教师专业化的拓展与推进策略［J］. 安徽师范大学学报（人文社会科学版），2001（04）：605－609.

[③] 袁贵仁. 加强和改革教师教育 大力提高我国教师专业化水平［J］. 人民教育，2001（09）：24－26.

[④] 教育部师范教育司. 教师专业化的理论与实践（修订版）［M］. 北京：人民教育出版社，2003：64－66.

成的"专业情意"，强调的是教师爱不爱、愿不愿的心理境界和价值精神，它彰显着教师专业发展的社会伦理，主导了发挥学术水平与提高职业素质的方向和态度。现代教师教育质量观表明，教师教育一体化课程改革只有在终身教育思想指导下，按照教师专业发展的不同阶段构建课程目标，总体设计职前职后课程，才能培育符合专业化建设要求的高质量高素质师资，促进教师专业自主发展。

此外，根据"反思实践"和"实践智慧"取向的专业观，"教师的专业化程度是凭借'实践性知识'来保障的"[①]。因此，教师专业化过程的首要任务是密切结合教育理论与实践，而教育实践活动的智慧结晶（教育科学理论）便与实践活动的承担者（教师）结下了不解之缘。

17世纪夸美纽斯《大教学论》奠定了近现代教育科学的基础，促使教师职业走出经验化、随意化的传统倾向；18世纪中后期卢梭、康德、赫尔巴特等著名教育家在进行教育教学改革的同时，力求使教学科学化和心理学化，为教师的专门训练提供了科学内容和理论依据。尤其是康德首次提出"教育的方法必须成为一种科学"，唤起了人们对教育的理性认识和科学意识。师范教育自其产生就被划进群众性学校制度的轨道，造成职业性与学术性的严重对立与分离。一战后至二战期间，在师范教育由中等升格为高等过程中，涌现出杜威、马卡连柯等著名的教育理论实践家，他们在哲学、社会学和心理学的基础上构建起教育理论大厦，给教师教育注入了"学术性"血液，教育学科终于步入了学术殿堂，学术性大学也纷纷开设教育专业。自此，职业性与学术性开始整合，教师培养体系也逐步开放。二战后，凯洛夫、皮亚杰、布鲁纳、苏霍姆林斯基等卓越教育家促使教育科学进一步走向分化、融合与反思，成为一座宏伟的理论大厦，并促进教师教育在学术性与职业性不断对立统一过程中进一步融合，既使教育科学获得了不断发展的生命力，也使教师

---

① 洪明. 教师教育的理论与实践［M］. 福州：福建教育出版社，2002：150.

职业逐渐向专业化方向发展，使教师日益成为专业人员。在知识经济社会，科学技术进步和教育事业发展为教师教育学术性与职业性在更高水平上的均衡发展提供了条件。各国都已普遍认识到："教师教育理念的形成，教育学科理论体系的完善，是未来教师专业化的主旨所在，以此为基础的师范性将更能体现教师教育的本质特点。"①"师范性是指具有高度学术水平的师范专业特色，学术性则是指具有强烈师范专业特色的学术水平"②，二者本身并不矛盾。因此，提高教师的专业化水平，必须实现高学术水平（学术性），二者高度融合、相互促进。对教师教育机构来说，不存在离开职业的学术性，也没有离开学术的职业性。

三 学术性课程与职业性课程融合存在的问题

教学工作的双重学科基础和双专业特性，使得教师教育在和其他专业教育在相同时间内达到同等学术水平的同时，必须掌握必备的教育学知识和技能。这显然是一种"鱼和熊掌兼得"的要求，两者在有限的时间内不可能同时得到满足，由此导致教师教育学术性课程与职业性课程融合存在一定的问题。

（一）促成课程融合的双学科基础存在结构性矛盾

由于知识的庞杂性和修业年限的有限性，教师职前教育难以有效保证学生既在学术能力方面取得高深造诣，又能娴熟灵活地掌握教育教学技能，在课程"学术性"与"职业性"的冲突上，只能在有限课业时间内调整已有的课程结构。但无论如何调整，最终都会影响其中一方面的学习。而且，由于教师"教什么"与"怎样教"两方面素质的形成，并不是构成非此即彼的对立关系，而是处于一种不均衡发展的链条型联系之中，在实际教学中也不可避免地面临

---

① 谢安邦. 中国师范教育改革发展的理论问题研究 [J]. 高等教育研究，2001（04）：55－59＋71.

② 安文铸. 我国高等师范院校办学方向刍议 [J]. 高等师范教育研究，1994（06）：10－14＋20.

"以怎样的方式组合这两种学科课程"的困境。有人认为"既然是教师教育，那么这种教育的特色应该是'师范性'，即教师教育性"①，应当"直接把'如何教'的知识和能力作为教师专业的基点"②，其理由一是"如何教"的知识和能力作为教师专业的基点可以包含"教什么"，二是教师职业是以各个年龄阶段的学生为对象的，必须掌握和研究人的身心发展规律，才能有效地实施心理影响。这种观点实质是强调职业性而忽视学术性。

（二）课程融合中教育类课程建设科学化程度不高

在学术性课程与职业性课程融合失衡的问题中，偏重学术性的一方认为，中小学教师在社会上所处的地位不利，职业声望尚未得到高度认可，是无须相应专业理论与技能武装的职业，只要具备科学文化素质特别是学科知识就可以从事教学；强调职业性的一方认为，教师作为一门职业应具有自己的理论与能力、技能系统，只有学科方面的知识与能力而没有或缺乏职业训练，将直接影响中小学教育质量。在我国教师教育史上，教师职业性比较弱，导致专业化程度不高，除了与教师地位相关的社会心理等因素外，教育理论体系不成熟也是一个重要原因。"在现实情况中，师范性的一面往往更容易成为学术性的牺牲品，其原因是人们对教育学科性质的认识还存在分歧"③，"导致职业性常常处于下风的重要原因是，就教育学科本身来说，'教育是一门科学'的命题仍受到了人们的质疑"④。

（三）教师教育理论与实践之间存在一定的"鸿沟"

教师专业发展需要教育理论支撑，更需要教育实践检验。根据"理论运用于实践"原理，教师必须先学习教育科学理论，然后把理

① 龚友德. 关于教师专业化的理性思考与建议 [J]. 常熟高专学报，2002（06）：10 – 14 + 87.
② 孙阳春. 教师专业化：以何为基点 [J]. 教育发展研究，2003（01）：58 – 59.
③ 教育部师范教育司. 教师专业化的理论与实践（修订版）[M]. 北京：人民教育出版社，2003：39.
④ 哈里·道. 教学：一种表演艺术 [A]. 瞿保奎. 教育学文集·教师 [C]. 北京：人民教育出版社，1991：76 – 77.

论应用到实践活动中。但罗塞尔等学者质疑这一假设。因为理论与实践是一个活动的两个相互作用的方面，而不是两个相互独立的领域。舍因也认为，专业知识不能与专业经验分离。但是"实际情境中所面临的问题往往非常复杂，而理论知识则往往是单纯的、概括的、简化的。这两者之间无法直接一一对应，教育实践工作者无法把先前所学的知识直接拿来一一应用"①。以我国职前教育为例，师范院校课程体系中，教育学科课时比例偏低、实践活动时间偏少、职业技能训练薄弱、理论与实践脱节尤为严重的现象，正充分说明了这一点。

四　深度融合学术性课程与职业性课程的对策建议

基于时代发展强烈呼唤"教师教育专业化"的现实，在高等教育普及化过程中，我国教师教育课程改革应以学术性与职业性融合的质量价值观为导向，树立既体现高等教育的内在逻辑又服务于社会发展与个体需要的新观念，促进教师群体专业化，实现教师专业自我发展。

（一）教育体制发展的开放性与机构层次类型的多样化

教师教育学术性课程与职业性课程的有机融合涉及两种不同类别的课程系统之间内部要素的交流与互动，因为教师专业发展本身就要求个体在学术能力和职业能力两方面齐头并进，这是实现教师全面、完整发展的内在要求。因此，必须摆脱学术性课程与职业性课程分属两个独立体系，以及彼此互不统属甚至相互割裂、排斥的局面。这需要教师教育课程体系的"开放性"，既包含内在学术性课程与职业性课程二者积极地开放交流、有序互动，也包括外部积极吸收、学习有益于教师专业发展的研究成果。这要求在教师教育课程改革中保障外部体制发展的开放性和机构层次类型的多样化，既

---

① Schon D A. The Reflective Practitioner：How Professional Think in Action ［M］. New York：Basic Book Inc. ，1983.

要注重学术水平，培养教育系统所需的"精英教师"，也要注重专业的社会适应性，培养各种"职业性"的师资。

在教师教育开放、多样的体系中，在层次、类型、结构等的调整上可以设想分为三类：第一类是研究型大学"强强联合"或重点建设部属师范大学，建立教师教育研究院，代表教师教育学术性形象，主要培养高层次教育研究人员和高等学校教师；第二类是在综合性大学中创建教师教育学院或把学术（科）水平和师资力量具有比较优势的省属高师院校发展为综合大学，学术性与职业性并重，培养理论和实践相结合的高校和中等学校骨干教师；第三类是省属文理学院或地方高师院校，以职业性为主，培养基础教育师资。同时，调整地区师专，或发展为职业技术高师院校，或并入地方性大学，以职业性、实用性为主，培养中小学职前师资，从而建立起纵向衔接、横向渗透的普通高师教育和职技高师教育协调发展的新体系。当然，也可以设想以科研院校为一方，以高师院校为另一方，或者在高等院校内以研究院所为一方，以教学单位（院系）为另一方，分工合作，使学术性和职业性在地区或一校之内达成宏观协调，造就"教育社会"所需的学术性为主或实用性为主的人才。对教师个人来说，既应忠实地服务于其所在的工作岗位，体现出职业性，又必须致力于本专业领域的学术研究，也可考虑在人生的某一阶段，使学术性与职业性各有侧重、相得益彰。

开放、多样的教师教育意味着，师范院校与综合大学将在专业教育方面并轨，而在职业教育方面分离。这有利于提高教师的学科专业学术水平，进行教育理论和实践的专业训练，促进师资培养专业化、多元化和综合化。但必须强调的是，在进行结构性调整的同时，国情决定了独立设置的师范院校在相当一段时期内仍是我国教师教育的主体。

（二）教师专业目标的全面性与师资培养模式的多元化

我国一直以知识掌握得多寡深浅为标准衡量高等教育质量，偏重学术性质量观。同时，大学专业课程设置也与社会联系不够紧密，导致一些毕业生找不到合适工作的结构性失业问题。当代，许多国家提出，教师教育应重视师范生个性品质、社会能力、理智行为、渊博知识、独立思考能力、对儿童的热爱和了解、对学校和社会的责任感、对教育事业的忠诚和对美好生活的向往等。这样的专业目标涵盖了教师作为社会人、未来人的所有方面。在我国教师专业化建设进程中，教师教育目标业已发展到包括思想政治、道德品质、科学文化修养、专业知识、教育理论水平、教学能力乃至健康体魄等方面。在教师专业培养目标指导下，学术性和职业性主要作为教师职业可参照的条件，将通过严格的教师资格制度来规范执行，并由专业情意来判定教师专业发展的社会伦理，主导每一位教师发挥学术水平与提高职业素质的方向和态度。

另外，基于能否从精英走向大众，分辨横向层面的不同质量标准，是大众化能否顺利发展的关键的现实[①]，教师教育模式改革呈多元化发展。目前，世界范围内的教师教育模式主要有定向型、开放型、混合型三种。就开放型模式而言，主要采取"在综合大学接受专业教育的 4+1 或 3+1 模式、综合大学和师范学院合作模式 2+2、综合大学内设置教育科目学分的选修模式"[②] 三种做法。我国一些部属师范院校（如北京师范大学、华中师范大学等）通过借鉴国外开放化的经验，实行"3+1""4+1""4+2"等培养模式改革，促使一些地方高师院校纷纷向师资培养的"分流""嫁接""混合""交叉"[③] 等个性化方向发展，逐步解决教师教育双重学科基础所形成的结构性矛盾，促使学术性与职业性相得益彰或各得其所。就学术性课程与教育类课程的组合看，一些高师院校跳出了传统的训练模式，发挥教育学科优势，在课程开发上建立完整体系，逐步缓解了原有的学术性与职业性分离局面，培养各级各类学校师资；一些高师院

---

① 潘懋元. 高等教育大众化的教育质量观 [J]. 清华大学教育研究，2000（01）：6-10.
② 教育部师范教育司. 教师专业化的理论与实践（修订版）[M]. 北京：人民教育出版社，2003：272.
③ 荀渊. 国外师范教育层次结构的变革及其启示 [J]. 高等师范教育研究，2000（05）：71-75.

校增设非师范专业，增强综合办学实力，也为非师范大学毕业生开辟了进入基础教育领域的渠道等。这些都为促进学术性与职业性融合积累了丰富的经验，为国家宏观控制社会对教师的需求创造了条件。

（三）职前专业规格的超前性与终身培训体系的一体化

从逻辑上说，教育者必须先受教育，教师教育处于先导地位。目前，许多国家从事教师工作必须有两个证书：一是大学教育证书，二是职业资格证书。前者注重学术性，后者强调职业性。20世纪60年代前，世界各国幼、小、中教师由不同水平的教育机构培养。半个世纪以来，发达国家教师教育机构的演变经过了师范学校，师范（教育）学院，综合大学中的教育学院、研究生院三个阶段。尤其是美国的卡内基小组和霍姆斯小组相继发表《国家为培养21世纪的教师做准备》《明日之教师》两个报告，把教师培养提高到研究生阶段，对美国乃至世界教师教育的发展产生深远影响。如今，我国基础教育师资培育由以前的"中、专、本"逐步过渡到"专、本、硕"，各级各类教师职前培养在专业规格层次上都呈现出超前性特征，促使教师教育培育机构逐步趋于同化，强化了教师专业的学术性要求。这既反映了未来人才培养对教师提出的要求，也是教育民主化的呼声，预示着教师职业整体的专业化发展。

在提升专业规格的基础上，教师教育一体化内容也得到拓展：一是职前培养、入职教育、职后提高的一体化，即学历教育与非学历教育一体化；二是幼、小、中教师培育的一体化；三是教育研究与教学实践的一体化，即师范大学与中小学建立伙伴关系。依据终身教育思想和教师专业化理论，教师专业发展是在学校教学和课堂实践中产生的，中小学校必须成为教师专业化培养的重要基地。针对我国当前的实际，促进教师教育学术性与职业性融合，应关注一体化建设的重点、关键和难点。首先，一体化建设的重点是在调整教师教育布局结构中真正实现普通高师院校与成人高师院校的实质整合、优势互补、资源共享；其次，一体化建设的关键是师范院校与中小学建立合作伙伴关系，可借鉴英国的"校本教师培训"和美国的"教师专业发展学校"模式，建立教师行动研究制度，通过教育理论与实践的结合，提升教师学术素质与职业水平，促进教师教育制度创新；最后，实现一体化的难点是对职前、入职和在职教育进行全程规划设计，构建各个阶段相互衔接、既各有侧重又内在联系的教育体系，强化教师在职研修中的学术性内容和职业性水准。不过，一体化不是单一地垄断教师教育，一体化是与开放化同步进行的两个互动促进的过程，在一体化过程中，开放的教师教育将更加多样灵活。

（四）高师教学科研的互动性与教师专业发展的自主性

就研究高深学问的内在逻辑而言，高等教育的独特地位和大学的重要价值之一，就体现在学术性上。教育学科专业建设和理论研究是教师教育学术性与职业性融合的理论与实践基础。高师院校具有教育科学研究的传统优势，教师同样肩负着教学科研和自主创新的双重使命。作为以培养各级各类师资为己任的高师院校，走学术性与职业性协调发展的道路，关键在于全体教师队伍。因此，唯有每一位教师具备热爱教师职业的崇高境界和奉献教育事业的高尚精神，着力履行高校教学、研究和社会服务等职能，为教育学科建设和理论研究发展贡献力量，实现教学与科研的互动提升，促进自身学术水平和职业素质融合，才能为未来教师的专业发展树立榜样。

教师专业发展理论研究也表明，对于教学工作来说，教师专业发展是个体对从事教学的感受、接纳和肯定的心理倾向，显著地影响着教师的教学行为和效果。因此，在社会提供的外部条件的基础上，高师院校推动教师专业发展的另一策略是强化教师职业自主性。这要求高师院校重视对教师工作的全方位研究，通过实行民主管理，激励教师参与学校改革与发展研究等，促进教师明确"专业理想"，学习"专业知识"，掌握"专业技能"，锻造"专业情意"，培养"专业性向"，实现"专业自我"，成为教育研究的先行者、学生发展的促进者。尤其在以反思性教师教育思潮为主题的我国新课程改革凸显教师自身反思与研究的过程中，高师院校每一个教师只有树立"教师既是教育活动的实践者，更是自身教学行动的研究者"的新理念，不断深入中小学实践基地，与广大一线教师合作教学与研究，才能促进自身学术水平和职业素质的互动发展，并在实践中成为中小学教师专业发展的推动者。

第五节 · 理论课程与实践活动课程的协调

从课程论研究角度，"实践课程"与"实践活动课程"是同一意义的。西方课程论专家所谓的"实践课程"中含"活动课程"，而我国课程论专家通常把"实践"和"活动"并在一起，统称为"实践活动课程"。在教师教育类课程中，教育理论课程和教育实践活动课程的关系备受关注，如何将理论课程与实践活动课程有机结合、相互协调，科学有效地安排理论课程与实践活动课程显得尤为重要。

一　理论课程与实践活动课程的内涵、联系与区别

（一）理论课程与实践活动课程的内涵

所谓教育理论课程，是指那些为优化教师（师范生）教育的学理逻辑、知识结构和发展认知结构而设置的课程，这些课程以"教育事实"为依据，采用学生自主学习、课堂教学、教师辅导答疑等方式进行。[①] 对刚进入师范院校接受专业培养的学生而言，他们还没有形成系统化的教育知识结构和科学的教师专业发展认知结构，因此需通过系统科学的理论课程完善师范生认知结构，促使他们用科学的教育知识指导未来的教育教学实践，用科学的发展认知不断引导自身的专业成长。对已经在中小学开展教育教学工作的在职教师而言，他们需要与时代接轨，接受最新的教育理论课程以不断更新

---

① 张西方. 教师教育类课程体系建构探析——关于贯彻落实《教师教育课程标准（试行）》的思考 [J]. 课程·教材·教法，2013（11）：110－111.

教育知识结构和发展认知结构，获得终身化的发展与成长。从类型来看，教育理论课程可以被划分为三个层级：上层的教育理论，如教育哲学、教育社会学、教育史和教育心理学等；中层的教学论和学科教学理论；下层的教学设计、组织学习和学生行为与课堂策略的教学法。[①]

所谓教育实践活动课程，主要是指那些为丰富教师（师范生）个人实践知识，规范其教学行为，提高其教育实践能力设置的课程。[②] 实践是教师直接获取教育事实，从而深化与融合自身所学教育理论知识，以便更好指导自身教育教学工作的重要途径。根据"实践智慧"的教师教育发展观，教师的职业活动往往涉及复杂多变的社会情境与丰富多元的个体精神世界，具有极强的实践性。因此，发展教师的实践能力是在教师教育一体化改革中不可忽略的关键要素。教师培养培训质量的检验最终也需要在实践中得到印证。教师的教育实践活动课程按照阶段可以划分为职前实践活动课程和职后实践活动课程，按照类型可划分为微格教学、实验室经验、见习、学生教学、实地体验、实习、实践等种类。[③]

（二）理论课程与实践活动课程的区别

理论课程与实践活动课程存在诸多区别，从课程目标上讲，理论课程旨在优化学生意识层面的知识结构和发展认知结构，提高学生的教育理论水平；实践活动课程则聚焦发展学生的教育教学技能，提高学生适应中小学教育教学要求的教师实践能力。从内容与形式上看，理论课程以间接经验为主，主要通过讲授的形式获得，知识体系较为系统完整，具有一定的通用性；实践活动课程以直接经验为主，主要借由活动的形式取得，知识体系较为零散、碎片化，具

---

① 苗学杰. 融合的教师教育——教师职前教育中理论与实践关系研究 [D]. 东北师范大学，2012：8.
② 张西方. 教师教育类课程体系建构探析——关于贯彻落实《教师教育课程标准（试行）》的思考 [J]. 课程·教材·教法，2013（11）：111.
③ 苗学杰. 融合的教师教育——教师职前教育中理论与实践关系研究 [D]. 东北师范大学，2012：9.

有个性化、情境化的特点。从评价上讲，理论课程易于量化，实践活动课程不易量化。

（三）理论课程与实践活动课程的联系

　　教师教育理论课程与实践活动课程相互渗透、互为一体、彼此融合。"相互渗透"意指教师教育理论课程蕴含实践活动的要素，实践活动课程渗透着理论的要素。理论课程本身是结合众多教育教学实践经验，科学化、理性化地分析、归纳和总结后形成的知识内容和体系，是教师实践成果的结晶；实践活动课程内容本身也是教师教育理论和教师专业化理论指导下所做的科学设计。"互为一体"是指理论课程和实践活动课程分别指向教师专业素质结构中意识层面和行动层面的提升，是教师专业素质全面发展不可分割的两大板块，二者缺一不可、互为补充。只有实践活动课程，教师教育便成为纯粹的技工训练；只有理论课程，教师教育便成为纯粹的"纸上谈兵"，教师便无法良好适应现代教育教学的工作需求。"彼此融合"意指二者相互耦合，共同促进教师专业素质养成。系统、科学的理论课程学习能够帮助教师形成教育理性，科学地指导教师的教育教学实践行动，发展实践理性；实践活动课程能帮助教师检验所学理论，形成个人化的实践性知识，同时深化对抽象理论的把握，也有助于促进教育理论的进一步发展。

二　合理协调理论课程与实践活动课程的重要意义

（一）合理协调理论课程与实践活动课程符合教师专业成长规律

　　从实践教育学的角度看，人的发展遵循着"实践、认识、再实践、再认识……"如此循环往复的上升规律。教师在漫长而有限的专业成长过程中学习教育理论，进行教育实践，不断地在这样循环往复的过程中深化教育理论和教育实践体悟，最终成为一名专家型教师，实现了自我的专业成长。在这样的过程中，理论与实践是催化教师专业成长不可或缺的两个关键核心要素，任何一名教师的可持续专业发展都不能脱离其中任一要素。因此，理论课程与实践活动课程在教师专业发展过程中不可或缺。同时，二者在设置上又需要具有一定科学性。对于教师专业发展而言，当教师掌握了一定水平的教育理论知识，就需要通过实践来深化和巩固理论知识，当其在教育教学实践中遇到问题、困境或瓶颈时，需要回溯理论，从教育理论中获取行动的方向，不至于通过经验化、盲目的"试错"来摆脱困境，影响教师专业发展的效率。故而，修读理论课程与实践活动课程是遵循教师专业成长规律，促进教师专业发展的关键。

（二）合理协调理论课程与实践活动课程是教师专业化培养的要求

从专业社会学的角度看，教师专业化必然要求专业化的教师教育，专业化的教师教育必然需要理论与实践的高度融合，这就需要作为教师专业教育重要载体的理论课程与实践活动课程二者的协调。教师教育一体化的最终目标就是要培养培训出能够专业从事中小学教育教学活动的实践者。教师专业化呼唤着教师成为专业的实践者，专业实践者的能力特质不是显现在系统的理论知识上，而是显现在有效解决现实中存在的纷繁复杂、各式各样的情境化的教育教学矛盾和难题，处理和化解外行人解决不了的教育教学矛盾上，这也是教师外在专业权威与专业威望的直接体现。这就要求教师不仅要掌握系统的专业知识，更要有与之匹配的专业实践能力，即教师专业化需要教育理论课程与实践活动课程的科学平衡。

三 理论课程与实践活动课程协调中存在的问题

（一）教育理论课程设置与实施中存在的问题

教师教育理论课程设置的目的在于帮助教师更好地开展教育教学实践，并且提升工作的专业性，这就要求理论能帮助教师智慧地识别和解决外行人难以处理的教育矛盾。然而，目前教师教育理论课程却存在以下问题：一是教师教育理论课程类型陈旧，一些地方性高师院校尽管已经进行了课程改革，但总体上仍然没有摆脱"老三门"（教育学、心理学、教学法），知识没有及时得到更新，不能充分适应新时代教育发展要求和教学实际，导致理论指导实践功能"失效"；二是理论课程之间融合度不够，理论课程要有效指导实践，需要化繁为简、返璞归真，教学实践客观存在的复杂性无法用单一理论加以解释和应对，这就需要对原有教育理论课程进行重组，使其"模块化"和"统整化"，但由于对课程具体的交叉融合不足，加之学科话语体系的不统一，理论指导实践功能有待加强；三是课程实施方式变革缓慢，导致理论课程修读质量不高，承担教育理论课程实施任务的教师教育者应当注重将理论活用于实践，变"教师中心"的教学模式为"学生中心"的教学模式，但目前许多师范院校的课程实施依然以讲授为主，甚至存在"满堂灌"现象，"讨论展示、体验式教学、小组合作学习、项目式学习等方式在课堂中虽有所体现，但还未能普遍推广……大学生被动学习、接受学习和个体学习等现象，依然比较普遍"①。

（二）教育实践活动课程设置与实施中存在的问题

"实践取向"是教师教育课程设置的基本理念之一，旨在累积实践经验、提高实践能力的教师教育实践活动课程在一体化课程体系当中的地位举足轻重。但目前，实践活动课程的修读还存在以下问题。一是实践活动课程的类型、形式单一。以往是将实习等同于实践活动课程，近年来，全国高师院校寻求见习、实习、研习一体化，在实践活动课程的设置上大同小异，师范生基本没有选择性可言。为了应对师范生课程选择局限这一问题，高校的做法也多是增加学科类课程或是教育理论课程的选择性。② 这就使得学生获取教育教学实践经验的来源单一，可能会给其适应复杂多元的教育教学环境带来挑战。二是实践活动课程内部融合度不足，教育见习、实习和研

---

① 董新良，闫领楠，赵越．教师教育课程一体化构建：问题、理念及对策——以地方高师院校为例 [J].教师教育研究，2020（01）：3.
② 成云，周涵，陈家俊．教师教育实践课程建设的时代诉求——基于三个"标准"解读 [J].教育理论与实践，2022（12）：47.

习之间缺乏一体化的统整和设计，内部各个模块之间缺乏有效的沟通和协调，存在内容的离散化、碎片化问题。三是实践活动课程与理论课程之间的沟通欠缺，教师教育实践活动课程绝非单纯的经验累积，更要使学生学会将所学理论应用于实践，但目前实践活动课程从设计上依然与理论课程之间存在脱节的问题，这一方面是由于理论课程本身与实践相脱离，另一方面是由于在实践活动课程的设计上没有充分结合教师教育理论进行科学的设计和统筹。

四 合理设置理论课程与实践活动课程的策略建议

（一）更新理论课程内容

随着信息网络技术、智能技术的快速发展，教育理论"教什么"面临挑战。传统的教育理论知识教学已经难以适应时代发展的要求，教学模式要适应网络时代的教学与学习。如，线上教学、在线教学和线上线下混合教学，需要教育理论课程更新内容，紧密结合时代最新发展，适当吸收国际最新的教育思想与学术信息，进一步完善内容编排的逻辑体系，增强科学性、准确性，根据时代发展需要，不断调整与改革所教内容，进一步增强理论与实际的紧密联系，在理论课程中增加中小学教育教学实践的各种鲜活问题或案例。

（二）延长实践活动课程时间

教师教育实践性课程以提高教育教学能力为核心，包括教育见习、教育研究、假期社会实践活动等。目前，师范生实习大多遵循教育部提出的一学期实习要求，进一步密切了理论与实践的联系，尤其是与基础教育实际的联系。师范生能够在教育理论的指导下反思教育实习中存在的问题并加以改善，从而使其在教育实习中内化所学的教育理论知识[1]，这体现了教师专业化发展的导向和"实践取向"的基本理念。一学期的教育实习，既能保证师范生有充足的实

---

[1] 何菊玲. 教育现代化背景下教师教育一体化目标与课程体系研究 ［J］. 陕西师范大学学报（哲学社会科学版），2020（03）：149-160.

践时间，有利于提高师范生教育基本技能，也可以通过观摩实践、参与实践和研究实践等方式，提升师范生的师德践行能力、教书育人能力以及专业自主发展能力。

（三）加强实践能力训练

目前，许多师范院校在保证一学期实习基本得到落实的情况下，还需做到以下三点。一是需要进一步丰富职前教育实践的形式，可采取实际案例分析、中小学课堂教学技能训练、教育教学经验交流、实习与见习等形式，使集中实习与见习、分散练习相结合，及时发现并解决师范生在教学中遇到的问题。二是加强教育见习、实习、研习的一体化衔接，结合理论课程学习进行教育实践体验和教育反思，重视对师范生知识结构中情境性的、个体的实践知识的构建。三是要增加教育实践的经费、增加实习基地数量，提高教育实践基础质量。特别要注意的是，教授"教师教育课程"的高校教师要密切联系中小学教育，到基层中小学校挂职能增加其对基础教育的认知，强化具有基层意识的教育情怀。

第六节　专业课程与资格招考课程的拓展

1995 年，我国颁布《教师资格条例》，试行教师资格证书制度。经过一段时间的过渡，2000 年后我国全面实施教师资格制度，并按照教师专业化建设要求，对有意向从事教师职业的人员实行省级考试和国家考试并行结合的办法。2015 年后，教师资格考试由国家统一组织，按照中小学教师科目、类型和能级为国考通过者颁发教师资格证书。根据教师教育供给侧结构性改革，各地新进教师参照"县管校聘"原则，由地方教育行政部门组织实施教师招聘入职考试。

一　专业课与资格招考课的内涵及关系

（一）专业课与资格招考课的内涵

如今社会日新月异，教师所掌握的专业知识和专业技能已经不能一劳永逸地处理漫长职业生涯中的教育教学问题。从教师职前教育角度看，教师专业课程是指根据师范专业学科特点，设置和安排一系列有助于教师专业发展的课程及其经验的总和。根据教师专业化要求，教师专业发展至少需要三个方面的准备：意识层面上专业知识的准备，行动层面上专业技能的准备，持续发展层面上专业研究的准备。这分别对应三种课程：专业知识课程、专业实践课程和学术科研课程。专业知识课程包括广博的科学文化课程、学科专业课程和教育专业课程。专业实践课程是通过一系列教育见习、实习等活动使学生获取有关教育教学的直接经验，帮助其获得像专业医生一般的临床实践能力。学术科研课程是促进教师可持续专业化的重要保障，新时代教师需要具备学术科研能力，培养反思性实践的素养，以便实现专业自主，不断聚焦现实的教育教学问题，在问题解决中得到专业的持续发展。

从教师职前教育角度看，教师资格招考课程是指能够帮助有志于从事教师职业的人员通过教师资格考试和招录考试的学业内容及学程安排。它一般是根据教师资格证书考试科目和地方教师招聘考试内容而设置。既有教师教育的综合知识和能力笔试内容模块，也有教师教育的技能实践训练模块，如面试过程中的片段教学、说课和情景模拟等部分。教师教育机构的教师资格招考课程设置和实施的有效性体现在促进教师通过资格考试和招录考试，顺利入职成为一名正式教师。

（二）专业课与资格招考课的区别

专业课程与资格招考课程之间的区别体现在以下方面：一是从内容上讲，专业课程涉及教师全方位能力的培养，而资格招考课程主要面向教师资格证书的考取及教师招聘考试，具有较强的应试取向，对于教师专业知识、专业实践、学术科研方面的考查不如专业课程全面，尤其是目前在制度设计上依然存在"应试主义"倾向，对实践、科研发展方面的考查较为不足。二是专业课程主要聚焦职前教育阶段，资格招考课程处于衔接职前与在职的入职教育阶段，前者反映出更强的理想化、理论化要求，后者反映出当前政策制度要求下教师资格认定和入职入编的专业门槛要求。

（三）专业课与资格招考课的联系

教师专业课程的学习成效关系着教师专业素质的总体建构，教师资格和招录课程关系到教师成为一名正式教师的应试倾向。从教师专业发展的要求看，教师资格招考课程是教师专业化过程中的重要内容。教师资格招考课程的专业性决定了入职教师的专业性。而教师资格招考课程的专业性又取决于多种因素，它既受开设课程的培养培训单位的专业性影响，也受当前教师的职业资格和招录制度影响。无论如何，根据教师专业化的发展要求，资格招考课程都应该竭力朝着有助于发展教师专业能力的方向前进，从这个角度来讲，专业课与资格招考课存在包含与被包含的联系。资格招考课程应当成为系统化的教师专业课程的组成部分，朝有益于教师专业素质发展的方向拓展和深化。

二　资格招考课程向专业课程拓展的重要意义

（一）促进高等院校通识课程与选修课程建设

教师的职业性质要求教师本身既要具备广博的科学文化知识储备，又要培养个性化的专业教学风格和教育人格，这样教师才能充分适应学习型社会的要求，成为德智体美劳全面发展的教育者。目前，多数教师教育院校为了应对教师资格证书考试和教师招聘考试，在教师专业课程体系中设置通识课程与选修课程，具体可分为必修通识课程、选修通识课程、专业选修课程等模块。在教师专业课程中拓展教师资格考试和招聘考试课程，有助于改善师范生的知识结构，使其拥有广博的知识面，发展独立思考的能力，培养创新能力和创新意识，有助于促进师范生内在知识结构和教育教学能力融合，增强社会适应力，发展成为专业素质完整而又全面发展的卓越教师。

（二）促进教育学科、专业、课程一体化建设

在教师专业课程方向拓展教师资格考试和招考课程，能够促进

教育学科、专业、课程一体化建设。首先，高师院校会在学科建设上更加注重教师教育应用型学科专业建设，为适应教师专业发展需要推动师范专业与非师范专业"合流"，鼓励一些地方性本科专业办学朝着应用型发展方向转变，使学生不仅具有专业知识基础，更兼具实践能力。其次，资格招考课程向专业课程方向的拓展有助于强化师范本科教育在大学中的地位，调节完善专业结构。因为，教师专业课程不同于传统资格招考的重理论、重应试，而是注重理论与实践的一体化，不仅强调知识的掌握，同时强调知识的实践与应用，这有助于本科教育加强教师专业实践能力的培养。最后，教师资格考试和招考课程向专业课程方向拓展还有助于加强师范专业评估认证，提升高校办学水平和竞争力。近几年的师范专业认证实践表明，构建学科、专业、课程一体化的教师教育科研、教学团队，形成科学合理的一体化组织体系，最终形成一种系统的一体化管理形式和带有一定刺激性的一体化体制环境①，既可以保障教育学科人才培养的需要，又能凸显出教师教育的专业性特征。

（三）促进教育类课程体系和教学方式改革

在教师资格证书国考的背景下，学生对考试的关注度较高，这将使教师教育机构为应对考试变革的要求，进行相应的课程体系调整和教学方式改革。如，"国考"强调教育知识的掌握，注重对教育教学情境性知识的考查，这就会对原有的教育类课程体系和教学方式形成变革的动力，教师教育者需要在课程设计和教学方式上改变传统"教师中心"的授课方式，更加关注学生教育教学知识的系统掌握，关注情境性知识的传授，减少记诵性知识，开展启发性教学，达成"学生中心"的教学模式。同时，根据师范专业认证的"产出导向"和"持续改进"理念，在学科交叉和专业融合、培养复合型教师的趋势中，教师资格证书考试和教师招聘入职考试两类课程向

---

① 张杰. 应用型本科院校学科、专业、课程一体化建设的探析［J］. 山东青年政治学院学报，2014（06）：7 - 12.

教师专业课程体系拓展，更加强烈地呼唤着教师教育课程体系改革必须进一步调整课程结构，更新教学内容，改进教学模式，朝着通识课程和专业课程并举、必修课程和选修课程并进、理论课程与实践课程结合、职前课程与职后课程衔接的方向发展。

三　专业课程与资格招考课程拓展存在的问题

教师专业课程与资格招考课程的拓展，需要高校在教师教育学科建设、专业建设和课程建设上系统发力。教师教育学科、专业、课程的融合，契合了教师专业素质结构发展要求，是提高教师培养质量的重要支撑。就教师专业素质而言，既需要有相对广博的科学文化知识，又需要具备教授特定内容所需的前沿专业学科知识，还需要教育教学方面的专业知识。这必然要求教师教育学科建设实现教育学科与其他学科的融合、教育专业与其他专业的融合，以及各类课程教学内容的交叉融合。

（一）高校对教师通识课与选修课的建设力度不够

首先，在通识教育课程体系中，公共选修课和普通选修课占比不合理，即公共选修课占比较高，普通选修课占比较低。对师范生的全面发展而言，公共选修课与普通选修课的比例应该保持动态平衡，以满足师范生多元化、个性化的发展要求，当两种课程的比例出现失衡时，便会对师范生的全面发展带来一定的限制性影响，长期来看，也会对师范生的专业发展带来负面作用。其次，在通识教育课程体系中，根据具体发展目标所做的课程类型划分不合理。例如，师范生的发展应当包括德智体美劳等方面的平衡，但目前通识教育课程的划分不够清晰具体，哪种类型课程划分为德育部分，哪种类型课程划分为美育部分等，没有得到清晰的界定，这容易造成课程与课程之间的内在联系难以厘清，导致师范生"片面化"发展。再次，开设通识教育课程的主观性与随意性问题较为突出。学校开设课程往往并不根据师范生的专业素质结构发展要求和教育教学现实要求，而是在极大程度上参照了学校现有的人力资源和物力资源，这就意味着"有什么老师才开什么课""老师想教什么课才开什么课",存在一定主观随意性,这种"教师中心"的模式会使师范生通识素质得不到充分的发展。最后,师范生对通识课程的重要性认识不充分,主体学习动机不强、动力不足。尽管现在师范院校开展综合素质测评,需要修习一定的通识性课程,但通识课程与师范生专业知识的紧密关系并不被一些师范生认可,他们往往将通识课程视作"刷分课",哪门课学分容易得到就修读哪门课,课程学习的"形式化"现象较严重,而且学习通识课程往往纪律散漫、学习动力不强。

(二)教师教育学科、专业、课程之间的融合不够

目前,我国众多高校在实施学科、专业及课程建设时都只重视三者之间的差异,对三者交叉融合问题的探究也较少,这就影响了资格招考课程向专业化方向的进一步拓展。主要表现出以下问题:一是学科之间的交叉融合不够,我国目前有 14 大学科门类,教师要走向专业化,必须以加强学科之间的融合为依托。譬如,历史教师要加强教育学与历史学学科的融合,语文教师要加强文学与教育学的学科融合;而对跨学科、双专业的教师而言,又需要加强学科之间、专业之间的融合,成为复合型教师。但目前,教育学学科与其他学科融合形成交叉学科,以此培养专业型复合人才的实践在高校中还总体偏少。二是教师教育专业之间的融合不足,如教育学专业与心理学专业本身存在很大联系,心理学知识是帮助教师正确识别、判断、疏导学生学习心理,激发学生学习动力的重要基础,教师工作的专业化也需要教师提高心理学知识水平,这就需要两个专业之间的深度融合,但目前在师范院校中,这两个学科、专业之间的课程交叉融合也不够。三是各类课程之间教学内容融合不足,表现为教师教育中教育学、心理学、教学法等内部课程中的必修课程与选修课程、理论课程与实践课程、基础课程与主干课程、职前课程与职后课程等之间的教学内容交叉融合不足等问题。

（三）教师教育课程体系和教学方法改进力度不大

现今，我国主要仍沿用师范教育的方式进行教师教育。尽管我国的教师教育体系已经实现开放化，但相应的教师教育一体化体制机制改革却相对滞后，主要表现如下：一是重理论知识讲授，轻实践技能训练；二是已有的知识传授相对有余，对前沿知识的吸收不足；三是专业主干课程设置偏多，选修拓展课程开设偏少；四是以教师讲授为主，学生探究合作较少。许多院校的教师教育课程与教学依然摆脱不了"老三门"的影响，教学的组织形式未能充分体现当前教师教育"实践取向"的要求，依然不同程度地存在"应试取向"、"理论取向"和"教师中心"的问题。这些问题会导致师范毕业生出现基础知识不牢固、实际教学能力差、专业性不强等现象。[①]有学者通过问卷调查发现，97.63%的学生觉得课程设置陈旧，87.2%的学生觉得教学乏味单调，74.5%的学生认为课程的实践性不足。[②] 实践是教师教育的重要生命，学生如果不能在职前培养过程中接触最新鲜、最前沿、最能反映当代教育教学现状的课程知识，不能通过新颖、有效、丰富的教学手段和方式系统地掌握这些知识，发展自我的教育教学实践能力，突破传统师范教育在课程设置、教学方式等方面的局限性，我国建设一支高素质专业化基础教师队伍的目标就会受到挑战。

四 拓展专业课程与资格招考课程的策略建议

（一）加强教师教育专业和课程改革研究与实践

推行教师资格"国考"的目的在于改变教师专业培养标准不一的现状，从教师的资格招考上加以规范，继而反向助推教师教育培养端做出相应的变革回应。对于广大师范院校而言，"国考"的改革

---

① 徐志梅. 教师资格证"国考"下地理教育课程改革探究 [J]. 地理教育，2015（11）：4-6.

② 李悄. 教师资格证全国统考背景下体育教育专业人才培养模式的改革 [D]. 湖南师范大学，2015.

要求它们将加强教师教育专业和课程改革的研究与实践作为未来教师教育改革的重点内容，使之契合教师资格招考改革后新的价值取向，推动教师培养的专业化。具体的策略如下：一是根据"国考"规定的考试科目、考试内容和考试重点，进行课程内容方面的相应变革。例如，开设广泛的通识课程，保障课程设置贴合教师资格招考中"综合素质"招考的内容要求，加强对教育知识中情境性知识、操作性知识的考查，以适应教师资格招考科目"教育教学知识与能力"强调的"实践取向"等。二是在课程的设置和内容的编排上，要严格根据教育部颁发的教师教育课程标准和各级各类教师专业标准要求进行改革，使课程的设置更加规范化、科学化。三是面向现有的课程体系，认真审视学校教师教育课程理念、目标、性质、功能、结构、内容、评价等方面的问题并加以变革，不断优化师范专业人才培养模式，使之更加契合教师招考要求和未来教师培养要求。

（二）深化教师教育院校本科专业教育类课程改革

首先，在课程体系和课程模块的建构上，可以将课程类型按照教师专业素质结构划分为三种类型：知识课程、技能课程和实践课程。知识课程包含教师开展教育教学活动所需要的一系列知识，不仅包括学科知识、教育教学知识，还包含广泛的科学文化知识，使学生通过知识课程的学习成为知识面既广又专的高素质教师。为此，不仅要加强专业必修课建设，还应该加强通识必修课、通识选修课建设，保障师范生获得丰富的课程知识资源。技能课程包含师范生成为一名教师之前必须掌握的一系列技能，这也是师范生在毕业后成为一名合格教师的基础保证，如"三字一话"基本技能、多媒体信息技术技能、学生管理技能、学生心理疏导技能、课程组织和设计技能等，这需要师范院校通过外聘形式邀请一线中小学教师入校讲授，帮助学生获得技能学习和提高的机会。实践课程要求培养学生反思性实践能力和教育教学科研能力，可以安排学生参与广泛的教育见习、教育实习，使学生到教育行政部门和中小学现场学习、观摩、感受教育教学的生态和运行，并组织学生撰写调研报告或反思性教学案例，从而增强学生对教育教学实践的情境体验和反思研究能力。

其次，在课程计划和教学安排的布局上，要符合青年人的认知特点和最基本的认知发展规律，即课程的设计要遵循由浅入深、由简单到复杂、由具体到抽象的规律，以符合学生认知发展基本规律，帮助学生科学地逐步实现教师知识、能力的专业化。同时，教师教育课程不仅要面向职前教育中的师范生，也要面向在职中小学教师，满足专业继续进修的需要。无论是师范生还是非师范生、职前教师还是在职教师，都可以接受课程学习并得到学分，实现教师专业成长。

最后，组建师范院校和中小学校之间的教师教育联盟，加强教师教育课程资源库建设。通过师范院校和中小学校建立"院校联盟"，在联盟里协同开发教师教育课程资源，进行课程资源的共享，实行学分互认。这就要求教师教育师资队伍建设不仅包含学科专业教师队伍建设，也要包含教育专业教师队伍建设，不仅包括大学教授、专家，也要包括中小学校教学名师，建立涵盖高校内的理论教师队伍和高校外的实践教师队伍的"教师教育者发展共同体"，在共同体中通过广泛的交流协作，协同进行教师教育课程资源的开发和利用，共同促进师范生培养和在职教师培训，促使教师教育一体化建设得到巩固和提高。

第九章　教师教育一体化的实践探索

教师教育一体化的实践，需要各地教育部门与高等院校的统筹协调、师范生实习支教与在职教师继续教育的置换共赢、师范生教育实践与优秀教师教育引导的结对指导、大学教师与师范学生建立学习共同体的合作帮扶、大学教师与中小学教师开展项目研究的专业引领，共同形成培育高素质师资的长效机制。

第一节　统筹协调：地方教育部门与高等院校的协调配合

教师教育一体化的统筹协调发展，以地方政府为主体，对本区域教师教育系统内各个要素、组成部分和各子系统进行统一筹划、综合协调和全面安排，处理教师教育系统内外部之间各种利益冲突和矛盾，从而使区域内教师培育系统的整体效益达到最优化。

一　政府统筹与教师教育一体化发展

在推进教师教育一体化改革实践中，政府作为教师教育的举办者和法律赋予权力的实施者，以履行地方政府职责为代表的地方教育行政部门应与高等院校和地方教师专业发展机构、中小学校密切配合，发挥统筹作用。

（一）政府统筹教师教育一体化发展的应有之义

1.法律和政策赋予政府统筹协调的权力

教师教育一体化发展是地方政府教育工作的组成部分，法律赋予政府对其进行统筹协调的权力。1998 年颁布的《中华人民共和国高等教育法》规定："省、自治区、直辖市人民政府统筹协调本行政区域内的高等教育事业。"① 《国家中长期教育改革和发展规划纲要（2010—2020 年）》和《国务院关于加强教师队伍建设的意见》（国发〔2012〕41 号）中都提出要加强省级政府的教育统筹。2015 年《中华人民共和国高等教育法》修订后，省、自治区、直辖市人民政府具有设立高等专科学校与其他高等教育机构的审批权。2018 年教育部等五部门联合发布的《教师教育振兴行动计划（2018—2022年）》中提出："在地方政府统筹下，教育、发展改革、财政、人力资源社会保障、编制等部门密切配合，高校与中小学协同开展教师培养培训、职前与职后相互衔接的教师教育改革实验区。"② 这些政策规定都强调了在地方政府统筹下协调各主体共同推动教师教育一体化发展。在 2022 年发布的《新时代基础教育强师计划》中，教育部再次提出"鼓励支持地方政府统筹，相关部门密切配合，高校、教师发展机构、中小学等协同，开展区域教师队伍建设改革试点，内容包括师范生培养、教师专业发展、教师人事管理制度改革、教育教学研究与改革等"③，并对政府统筹协调的内容再次做了较为清晰的划定。

2. 地方政府是公立教师教育院校的举办者

教育是国家层面开展的一项公益事业，而为这种公益事业培养人才的教师教育自然地具备了公益性。地方政府有权利参与公立教师教育院校的发展规划。依据出资人权益学说，政府是公立高校的出资人（举办者），基于出资行为应享有出资人的相应权利。具体来

---

① 中国法制出版社．中华人民共和国高等教育法［M］．北京：中国法制出版社．1998：2．

② 中华人民共和国教育部．教育部等五部门关于印发《教师教育振兴行动计划（2018—2022 年）》的通知［EB/OL］．（2018 - 03 - 23）［2021 - 10 - 11］．http://www. moe. gov. cn/srcsite/A10/s7034/201803/t20180323_331063. html.

③ 中华人民共和国教育部．教育部等八部门关于印发《新时代基础教育强师计划》的通知［EB/OL］．（2022 - 04 - 14）［2022 - 06 - 26］．http://www. moe. gov. cn/srcsite/A10/s7034/202204/t20220413_616644. html.

说，有选择与考核高校管理者、参与关系出资人权益的重大决策（如高校合并、分立、变更名称、对外重大投资等）及参与制定或修改章程等权利。[①] 政府在享有举办者权利，参与学校发展事务管理的同时，也要注意参与程度的问题，防止出现滥用举办者权利而侵害高校办学自主权的行为。此外，地方政府还要履行相应的义务，依法为地方高校提供办学经费以及相关的政策扶持等。

3. 教师教育改革发展需要地方政府予以保障

教师教育是一项复杂性、公共性的事业，教师教育的复杂性主要指参与主体多元化，教师教育一体化的发展离不开地方政府、高等院校、中小学校和教师等各个主体间的密切配合。由于各主体间的组织运行方式、权属关系、文化不同，难免会产生矛盾和冲突，需要地方政府在其中进行统筹协调，保证相关主体各司其职、各尽其责、相互配合、协同推进，形成建设合力，共同推动教师教育一体化发展。政府作为公共产品的提供者，有责任和义务对教师教育一体化发展进行筹划和部署，防止举办教师教育的大学受到资本、市场的校际影响而偏离既定目标或失去控制，陷入无序混乱的状态。

（二）地方政府统筹协调的内容

1. 宏观层面的统筹协调

地方政府宏观统筹协调的内容可以分为政策统筹、资源统筹、主体统筹、机制统筹。所谓政策统筹，指的是地方政府要根据本区域教师教育发展实际，制定、完善本地区教师教育事业改革与发展的方针、政策和规划，确定教师教育事业发展的重点、规模、速度和步骤，起草有关法律规章和管理办法并监督实施。所谓资源统筹，主要是指地方政府对本区域的人、物、财等办学资源进行合理配置，缓解各级各类教师教育机构发展不平衡的现状，从而提高区域内教师教育发展的整体水平。所谓主体统筹，就是在地方政府的统筹下，明确不同参与主体在教师教育管理中的权责范围，构建起多主体协

---

① 申素平，左磊. 论省级政府高等教育统筹权 [J]. 中国高教研究，2019（05）：13-18.

同联动机制。它包括内部主体和外部主体的统筹：内部主体主要是地方政府内部与教师教育一体化有关的责任部门，包括教育、财政、人事、编办等部门；外部主体主要指地方政府、大学、中小学、教研机构、社区等。所谓机制统筹，涉及统筹教师教育一体化体系的主体责任机制、运行和保障机制、资源调控机制、质量评价与监督机制等，可为区域教师教育一体化发展创设良好环境。

2. 中微观层面的统筹协调

教师教育一体化是建立在终身教育理论的基础之上，强调职前培养、入职教育和职后培训三阶段的连续性。无论是高等院校举办师范专业培养师范生，还是地方政府举办中小学校促进在职教师专业发展，均需要省级人民政府的统筹协调。所谓中观层面的统筹协调，是指地方政府对职前培养、入职教育和职后培训全过程进行统筹规划和综合协调，包括对师范生入学招生、教育实习、教师资格认定、教师招聘、中小学教师岗前培训和继续教育（含国培、省培计划）、教师教育改革实验区建设等进行统筹规划。

所谓微观统筹协调，是指"省级政府还需要参与教师教育目标、课程内容等微观载体的设置和管理"[①]。地方政府需要在充分调研的基础上，广泛征求意见，根据不同学科的教师专业标准，设计教师教育一体化发展的长远目标和不同发展阶段的次级目标；要根据教师专业发展阶段性特征，设置彼此衔接、各有侧重的职前培养和职后培训课程；要既富有渐进性、接续性，又能反映出不同发展阶段课程设置的独特性。

二　地方政府与高校的协调配合

在教师教育一体化的具体实践中，需要地方政府的统筹协调和高等院校的合作配合。闽南师范大学"高校、政府、中小学'三位

---

① 燕学敏．省级政府统筹下的教师教育一体化发展研究［J］．教育科学，2019（06）：64－70.

一体'教师教育创新实验区"（G－U－S）建设，对地方政府和地方高校很有借鉴意义。

（一）统筹建立相关保障机制

2019 年，闽南师范大学先后在永安市、洛江区、云霄县、平和县和漳浦县建立"高校、政府、中小学'三位一体'教师教育创新实验区"。为确保与地方政府在教师教育合作事项上的一致性、协调性，双方统筹建立起一系列保障机制。首先，从管理层面上，强化高校和地方政府的共同领导关系，闽南师范大学为加强实验区管理与当地政府领导共同成立小组，管理教师教育创新实验区的有关活动和项目，实验区的主要领导干部来自各个教师教育利益相关单位，如教育局、师范院校、进修学校等单位的负责人。同时在管理上出台一系列的实施意见、管理办法、合作协议等，明确共建教师教育创新实验区，开展教师教育一体化过程中的具体细则，帮助各方教师教育利益相关主体明了自身的主要职责、义务和具体的任务分工，提高实验区教师教育的协作效果和工作效率。其次，地方政府和高校提供财政支持，促进教师教育创新实验区各项工作的有序开展。交流平台的创建、实验区设施设备的购入、师资队伍的建设，都需要相应的资金和物力。为此，在合作项目中，地方政府和师范院校划出一定资金改善教师教育创新实验区的办学条件，为参与教师教育创新实验区建设的教师、师范生提供补贴。例如，2009—2012 年闽南师范大学专项投入 600 多万元用于教师教育实验区的建设，同时地方教育部门为在职教师培训划拨专项经费（教师工资的 2.0%—2.5%）[①]，为教师教育创新实验区活动的有效开展提供了重要资金保障。

（二）统筹制定并实施同步改革计划

地方政府和高校根据上级部门出台的教师队伍建设文件，协同

---

① 李建辉. 协同创新教师教育改革 服务县域师资均衡发展——地方高师院校教师专业人才培养模式改革的研究与实践 [J]. 中国大学教学，2014（11）：50－52.

制定并实施四项同步改革计划。一是"骨干教师培养计划",学校和地方政府(教育行政部门)围绕教师专业素质发展,实施多元化的培养培训形式,旨在为基础教育培养一批适应当地发展需要的优秀骨干教师。为此,闽南师范大学积极与政府形成共同培养乡村骨干教师的责任共同体,共同承担县域内乡村骨干教师的培养工作,并将骨干教师培养纳入实习指导教师培养计划中。二是"置换培训计划",高校与地方政府建立长期稳定的"实习支教 + 置换培训"双向流动模式,高校选派师范生进行顶岗实习,地方教育局选派教师从岗位置换出来全身心接受培训,实现互助双赢,使师范生和在职教师都得到专业成长。三是"校际交流计划",在教师教育创新实验区内,县域优质学校与农村或薄弱学校进行结对帮扶,以确保县域内师资队伍配置相对均衡,提高整体办学质量,更好促进教育公平。四是"实习支教计划",安排师范生到以农村或薄弱学校为主的实习点实习,承担一定顶岗支教和留守儿童教育引导工作,促使中小学校置换出一些教师,有的教师在当地接受校本培训,有的教师到高校接受提高培训,并使这两部分培训有机结合。

(三)统筹建立教师教育学习共同体

实现教师职前职后培养的一体化,离不开地方政府、高校、中小学"三位一体"的协同合作。教师教育一体化牵涉职前教师与在职教师两个发展主体,而大学教师则是促进二者发展的重要群体。因此,教师教育创新实验区建立起大学教师、师范生与在职教师"三员一体"的学习共同体,有效促进了三方各自的专业成长。在职前培养方面,地方教育部门通过"置换培训计划",举办各类教学设计、说课比赛,安排优秀教师为实习生开设片段教学观摩,以提升实习支教的质量。在职后培训方面,高校通过"国培计划"和"中小学校长(教师)研修计划"等项目,定期为实验区中小学校长、教师培训。此外,高校与地方教育部门联合招收攻读教育硕士的在职教师,由高校导师与实验区副导师共同培养,促进在职教师的专业发展。

（四）统筹高校内部相关配套改革

为配合教师教育创新实验区深入开展教师教育一体化，闽南师范大学内部主要进行了以下改革：一是结合师范生与中小学在职教师的发展定位、学习特点等方面的差异和要求，高校对原有注重学历教育的课程体系进行变革，建立学历与非学历相互补充、沟通的"一体两翼"课程体系；二是高校投入专项资金建设教师职业技能实训中心，制定教师职业实践技能训练体系方案和师范生教学技能考评制度，聘请中小学教师指导师范生教育教学技能训练，扎实提高教师专业教学能力；三是推进人才培养模式改革，在本科阶段试行"大类招生、分流培养"，在 1—1.5 年后实行"双向选择"，以提升师范生准入标准。同时，高校还开展"2＋2＋3"的"卓越教师培养改革"试点，推进本科与教育硕士衔接，以满足实验区中小学校对高学历高质量师资的需求。

第二节　置换共赢：师范生实习支教与在职教师继续教育

21 世纪初，在推进城镇化发展进程中，一些贫困落后地区中小学校特别是小学和幼儿园先后出现"撤点并校"和"流生走师"的现象。为了促进义务教育均衡发展，我国一些高师院校在推行一学期教育实习、强化师范生教育实践的同时，实施师范生"顶岗支教"模式，与在职教师"置换培训"模式相结合，取得较好的成效。这种实践教学方式有利于实现师范生实习支教和在职教师继续教育的双重目标，是对教师教育一体化和开放化进程中切实变革实践教学诉求的回应。

一　顶岗支教与置换培训改革的实践

在推进教师教育一体化实践中，为了实现师范生培养和在职教师培训的衔接，将师范生的"顶岗支教"和在职教师的"置换培训"进行同步改革,实现置换共赢。基本做法是:高师院校师范教育专业大三或大四本科生在教学实习期间,完全承担农村中小学任课教师的职责,将原任课教师置换到高校接受专业培训,从而提升双方专业发展素质。

(一)师范生顶岗支教方面的实践

以闽南师范大学为例,早在 1992 年,该校就率先在泉州地区开展顶岗实习试点,开创了福建省高师院校教育实践改革先例,形成以集中定点为主、以自主分散为辅、委托实习与顶岗实习相结合的多样化模式。在师范生顶岗支教方面,高校安排师范生在大三或大四进行顶岗支教,原则上不少于一学期,每个实习支教点以专业混合编队为主,并安排相关学科专业的指导教师团队。师范生在顶岗支教期间,要完成岗位上具体安排的任务,包括课堂教学工作、班主任职责、教育调查、教学反思及支教日记等。

在教师教育创新实验区内,高校和支教学校为顶岗支教师范生提供的学习机会包括两方面:一是"跟班学习"和"双导师制"。"跟班学习"是指师范生到农村实习、进行顶岗支教之前,要先去城区师资力量强、教育教学工作规范的中小学跟班学习两周。"双导师制"是指在乡镇实习的每位师范生都有两位实习指导教师对其负责:一位是所在实习学校的指导老师,负责解决平常的教学问题,交流机会较多;另一位是城区的优秀教师,以电子邮件、电话等方式进行沟通,分享好的教育教学做法和经验。二是为师范生提供三个阶段的培训。首先是由高校负责师范生支教前的岗前培训,主要包括实习支教安全教育、优秀校友经验交流、中小学生心理特点、实习支教前的心理干预、中小学班主任及教学工作等内容,邀请经验丰富的一线教师、参加过支教的优秀校友及心理学专家,为师范生讲解中小学的实际情况,以便其更好地了解实习支教的任务及意义。其次是顶岗培训,各支教学校邀请一线优秀教师为师范生开办专题讲座,涉及班主任工作、心理健康教育、中学生潜能开发等,为师范生正式顶岗进行心理准备。最后是教学技能培训,为满足师范生招聘面试及教学技能需求，各实验区邀请当地优秀中小学教师开设"说课"和"片段教学"专题，实地进行"片段教学"案例展示以及一些相应的讲座，涉及教学设计、师生关系、班主任工作、课堂教学问题等。① 这三个阶段的培训促使师范生综合运用所学基础理论与基本技能，在顶岗支教实践过程中，培养独立分析和解决教育教学问题的能力，也为毕业后缩短教师入职适应期打下良好的基础。

（二）置换在职教师培训方面的实践

多年来，多数高校以置换培训为教师职后促进专业发展的手段。以闽南师范大学与地方政府共建的教师教育创新实验区为例，中小学在职教师置换培训由高校和地方教师专业发展中心（教师进修学校）负责。2010年以来，闽南师范大学一学期安排在职教师进行两期的集中培训，每期5天左右，分为对骨干教师的培训和对学科教师的培训。对学科教师的培训，主要邀请一线优秀教师及高校相关学科的教授，从理论和实践的层面解读教育改革理念，讲解新课程与学科教学理论。双方通过互动形式，共同分析课堂教学问题，提高解决教学问题的能力。对骨干教师的培训，主要邀请相关教授专家开设教师专业化理论及学科教学知识讲座、开展教育专题研讨交流等。教师进修学校的培训内容包括观课、评课、研课、教学探索性特征和案例研究、指导教师对实习支教学生的指导内容及方法、教师专业发展的相关内容等。

置换培训既可以为中小学校造就业务精湛的教师，也可为师范生的实习提供优秀的指导教师团队。中小学一线教师专业水平的提高、专业素养的发展，也能更好、更有效地解决师范生在实习支教工作中遇到的困惑，提高师范生的班级管理能力和效率，促进教学技能的发展。截至2019年6月，闽南师范大学参与实习支教的师范生达8203人，置换培训在职农村教师5000余人，提升了农村基础

---

① 李智英. 师范生顶岗支教与中小学在职教师置换培训同步改革研究［D］. 闽南师范大学，2015.

教育师资水平。[①] 师范生顶岗支教与在职教师置换培训同步交互促进，解决了实验区农村部分学科教师短缺的问题，分担了部分中小学教师较重的教学任务，帮助在职教师腾出了参加培训的时间和空间，解决了专业发展的工学矛盾。

二 顶岗支教与置换培训实践中的问题

目前，顶岗支教与置换培训在实践中依然存在一些问题，如：高校教师对基础教育缺乏深入了解，导致实习生的岗前培训内容与教育实践联系不够紧密；高师院校与实习学校的指导合力还有待加强，师范生顶岗支教的内容缺乏专业适切性；在职教师接受置换培训的机会不均衡，参与培训的在职教师效能感较低等。这些都影响了顶岗支教与置换培训互促发展的质量和效果。

（一）师范生顶岗支教实践中的不足

1. 实习生岗前培训与教育实践联系不够紧密

实习是帮助师范生检验自身专业实践能力、深化专业理论认识、沟通理论与实践、达成教师教育"知行合一"的重要环节，这一活动要取得显著成效，就需要师范生在教育实习以前，接受充分的专业理论知识学习和实践技能训练，同时还要对即将开展的实习内容、场所、环境等有一个清晰、明确的认知，消除实习之前的"畏难"情绪。职前教师培养过程中存在一个显著的问题，即实习生的岗前培训与教育实践联系不紧密。例如，师范生在高校接受的是集中的专业理论知识，与教育教学实际存在一定的脱节，同时师范生在高校所培养的教育技能不能完全有效地适应实习需要，被安排到从未接触过的"学校"进行实习也诱发了师范生强烈的"不安"心理，从而影响了实习效果。因此，高校要进一步细化、具体化实习前期的动员和指导工作，帮助师范生顺利度过实习迷茫期，尽量减少出

① 方江振. 农村基础教育"三维一体"精准扶贫实践研究 ［J］. 教育评论，2020（03）：42 - 46.

现实习效果不佳的情况。

2. 高师院校和实习学校的指导合力有待加强

在教师教育一体化中，高师院校主要承担理论知识教育任务，实习学校主要负责进行实践指导，二者能否有效形成合力，是师范生践行理论与实践一体化专业知能的关键。目前，一些高师院校与实习学校的指导合力还有待加强，原因包括一些主客观因素。首先，多数院校实习采用"混合编队"模式，不同学科实习生被编到一个实习队伍中，尽管每个队伍都有带队指导老师，但实际上，指导老师因专业受限而不能给不同学科专业的实习生精准、恰当的指导。其次，一些高校教师长期从事科研活动，与来自中小学的实习指导教师交流不足，甚至存在"素未谋面"的情况，这直接影响了双方在师范生专业理论和教育实践指导上合力的形成。最后，促进双方进行交流合作的激励机制不健全，尽管高校教师和实习学校教师都能够清晰认识到双方共同协作指导的重要性，但大学和中小学的管理特点不同，双方对师范生教育实践都缺少相关的激励举措和保障制度，导致不能充分激发彼此开展协作指导的积极性。

3. 师范生顶岗支教内容缺乏专业适切性

一般而言，师范生顶岗支教的学校以县级及以下的公办中小学为主，这导致师范生顶岗支教的机会存在不均衡，一些师范生受限于多方面原因也不能完全胜任顶岗任务。根据对实习基地实际顶岗的师范生人数的调查统计，在农村地区实习支教的师范生有一半可以实现完全顶岗，而在县区顶岗支教的师范生能够完全顶岗的人数还不及一半。[①] 此外，师范生顶岗支教还存在缺乏专业适切性的问题。由于顶岗支教活动多在农村地区开展，师范生接受专业知识和技能训练主要在高校内，城乡之间在教学环境、社会文化、学生素质、技术设备等方面的差异，容易造成一些师范生不能充分适切农

---

① 李智英. 师范生顶岗支教与中小学在职教师置换培训同步改革研究 [D]. 闽南师范大学，2015.

村教育教学场域的需求。例如，一些农村地区音体美科目教师较为紧缺，且专业素质相比城市教师较弱，师范生进入支教岗位后往往不能较好适应当地教育教学需要，加上得不到优质教师的充分专业指导，甚至有一些地区出现让师范生"代多门课"的现象，造成师范生顶岗支教压力增大，不仅影响了师范生的教育实习效果，也挫伤了其以后从教的积极性。

（二）在职教师置换培训实践中的不足

1. 教师接受置换培训的机会不均衡

目前，县区与乡镇之间、学校之间、学段之间的在职教师的置换培训，在机会、层次、年龄等方面都存在不均衡问题。据调查，农村教师的学习培训仅局限在片区之内，城镇教师比较愿意参加培训，希望走出去看看其他学校一些好的做法，但实际培训机会不多，而城市中小学教师有更多的机会外出培训。[①]影响教师置换培训机会分配的因素主要有三个。一是教学量，一些学校为保证正常教学秩序，使任课教师因"工学矛盾"而放弃参训机会。如，高中学校通常安排高一、高二年级的教师参与置换培训，而高三年级教师面临着高考压力，教学任务繁重，往往会失去置换培训的机会。小学、初中教师教学任务和压力相对较小，获得置换培训的机会较多。二是学校质量，通常教育部门会倾向于将名额分配给发展势头较好、办学综合质量较高、教师数量较多的学校，从而忽略小规模学校。三是教师年龄，多数学校通常倾向于分配青年教师或骨干教师接受置换培训，而一些临近退休的教师则未能获得接受培训的名额分配。

2. 高校教师对基础教育缺乏深入了解

目前，高校安排的中小学教师置换培训中，一些培训内容的深度和广度不能满足中小学教师专业发展的实际需要，有的院校培训甚至存在培训内容同质化的现象，忽视参训教师的地域、专业、文

---

① 李智英. 师范生顶岗支教与中小学在职教师置换培训同步改革研究［D］.闽南师范大学，2015.

化程度、任教时间等的差异性，使得培训效果大打折扣。此外，有的高师院校开办的面向中小学教师的继续教育课程没有传统师范教育的框架，只是在已有师范教育课程结构的基础上对教学内容和课时比例等方面进行局部调整，课程门类、内容的变化不显著，也存在部分课程与职前教育课程重叠的现象，职前教育与职后培训未能做好衔接，这些问题使得参训教师产生重复训练的无聊感，影响了在职教师参与培训的热情。

3. 参与在职培训的教师效能感较低

目前，中小学校教师培训方案和课程大多由组织者和承办者制定，培训对象反而未参与其中，参加培训的教师只能根据预设的课程体系进行学习，将职前教育中"教师如何教、教什么"，以及"学生怎样学、学什么"的单向教育模式渗透进职后教师继续教育培训中，主要体现为：培训形式以灌输式的讲座为主，虽然这种培训方式能提高教师继续教育的时效，满足教师培训对量的需求，但培训者与参训者之间为单向的"输出—接收"关系，导致参训者与培训者之间的交流和互动较少，参训者的活动参与感和收获感都处于较低的水平，很多教师只是流于表面的"听"，并没有进行深入的总结和反思。

三　顶岗支教与置换培训的改进策略

为切实改进顶岗支教和置换培训的实施效果，实现职前教师与在职教师"双赢"的发展局面，可以建立由地方高校负责人、地方政府（教育行政部门）领导、中小学校校长组成的互助合作管理机构，形成以完善机构和制度为依托的导师和师范实习生的良性互动，做好指导教师和实习生考核评价工作，以共同愿景筑牢师范生、高校教师和中小学在职教师三类人员构成的学习共同体。

（一）建立互动合作学习的管理机构

实现教师教育一体化的合力驱动，首先需要从管理层面实现有效的互动合作。具体说，就是与教师教育工作有关的利益相关者要在管理层面达成共识。如在机构设置上，可以在县区教师进修学校组建地方高校、政府、中小学校"三位一体"共同合作的机构，实行高校校长、政府分管领导、中小学校校长共同在机构中进行"顶岗支教＋置换培训"的互动改革。在这个互动改革的过程中，各方要联合提高顶岗支教和置换培训的质量，尤其是地方高校和中小学校要开展全天候合作，协力帮助师范生和在职教师在顶岗支教和置换培训中获得切实的专业成长。落实到具体的场域上，中小学校是师范生通过顶岗支教获得专业成长的主要场所，中小学校校长要在"校本培训"中承担主要培养职责，而高师院校、进修学校则是在职教师成长的主要场所，地方政府、高师院校领导要在"置换培训"中承担主要培训责任。同时，三方要尽可能为师范生与在职教师的专业发展提供一切必要的人力、物力支持，包括为师范生顶岗实习提供一定的生活补助，为参与置换培训的教师提供交通、住宿等方面的补贴，确保师范生和在职教师能够安心获得专业发展。

（二）导师和师范实习生良性互动

首先，高校在实习指导过程中可以积极探索"导师群指导"，以打破传统高校指导教师和师范生"一对多"指导关系所带来的局限，形成"多对多"的新型指导关系。具体讲，就是由来自不同学科（如心理学、教育学、学科教学法等）的高校教师组成导师组，根据实习师范生的不同需求，让相应的专业教师进行科学指导。师范生所在实习学校也要派遣经验丰富的优秀骨干教师与实习生"结对子"，通过"传帮带"的学徒指导方式，让师范生在"面对面""手把手"的指导中发展教学技巧，良好地完成顶岗实习的教学任务。而且，高师院校、中小学校、教育行政部门要开展专门的监督工作，可以委派学区的主要负责人或教育局督导机构人员在实习学校巡回督导，检查高校和中小学的指导教师是否切实履行指导职责，深入了解师范生在支教过程中遇到的各方面问题，维护和保障师范生的合法权益。同时，为保证指导教师之间交流的流畅性，三方可以积极借助互联网技术进行远程的交流协作，完善教师教育者网络协作平台建设，高校教师和中小学教师可以共同讨论问题、解决问题，为师范生成长集思广益，更好促进在职教师专业成长。

（三）做好导师和实习生考核评价工作

提高指导教师和实习生考核评价的有效性，有助于推动师范院校和中小学不断提高实习指导质量，提高师范生的专业知能。对于统筹地方教育事业发展的教育行政部门而言，严格落实好实习过程中的督导工作，避免师范生实习支教"形式化"十分重要。当地教育督导小组应当根据实习内容确定清晰详细的考查指标和对应的评价标准，派遣专业人员收集师范生、指导教师的反馈信息，形成对实习指导效果的立体式评价，对指导优秀的教师进行物质、精神等方面的奖励，并将相关反馈信息分类归档，用于改善教育决策，开展教师教育研究。在具体评价工作的开展上，要积极探索多元主体和内容的评价模式改革，改变"唯结果主义"的评价方式。如，在对导师的指导效果进行评价时，不能仅仅参考师范生和指导教师本人的评价，可以进一步结合指导教师同事、学校领导、班级学生、学生家长等其他主体的评价，使评价更为立体、系统。评价的内容要能够贯穿师范生实习整个过程和各方面的素质提升，不仅包括实践效果，还包括师范生专业情意与价值观、理论应用水平和研究能力等多个维度。

（四）以共同愿景筑牢学习共同体

在师范生顶岗支教与在职教师置换培训同步改革中，高校教师、师范生、中小学在职教师构成一个以教师专业发展为共同愿景的学习共同体，三方在共同愿景一致的条件下相互学习、相互帮助，实现共同进步。内容包括：建立学习共同体的前提是各方形成共同利益驱动下的奋斗目标，打破过去在设置目标上"自上而下"的思考逻辑，优先了解各方的内在需求和愿景。① 对师范生而言，消除入职前教学面临的挑战是他们所关注的内容，如果他们无法在入职前娴

---

① 李智英. 师范生顶岗支教与中小学在职教师置换培训同步改革研究 [D]. 闽南师范大学，2015.

熟掌握并且适应现实的教育教学，就会影响他们以后的从教积极性。而高校教师和中小学教师更加关注他们自身专业发展愿景的差异，高校教师重视科研成果累积，中小学教师重视评职评优、从教的荣誉感和获得感。

尽管高校教师、师范生、中小学教师的愿景似乎各不相同，但三者之间实际上存在重要的契合点，那就是理论与实践的结合。高校教师需要主动走出在高校里构筑的理论大厦，来到实践的沃土上吸收新鲜的养分，修复和完善自身的理论研究；中小学教师需要不断吸收前沿的教育教学理论，用以指导自身实践，并与高校教师共同开展科研项目合作，提高自己的专业能力；师范生一方面要不断提高实践能力，另一方面又要提升理论水平，更好地改进实践。因此，学习共同体的构建应当致力于以教师教育理论与实践的结合为突破口，汇集三方的智慧，交流彼此的思想经验，在各自的理论与实践领域获得提高，这本身就体现了教师教育一体化的真谛。

第三节　结对指导：师范生教育实践与优秀教师教育引导

在探索实践教师教育一体化进程中，中小学校一线优秀教师是师范生培养和在职教师培训的榜样，应通过开发和建立资源互用的共享合作平台、教学名师或特级教师工作坊等，使优秀教师形成教育引导合力，对师范生的教育实践进行结对帮扶指导。

一　结对指导的形式、内容及意义

所谓"结对指导"，是指以结对子的形式，在教育实践过程中对专业理念、专业知识、专业技能、专业规范等进行全方位的指导，以促进结对双方实现共同成长和发展的目标。结对指导可以从建设高质量的结对指导教师队伍、完善结对指导工作的相关细则、建立和谐平等的指导关系等方面进行建构和实施。

（一）结对指导的形式

结对指导的参与主体，主要包括结对指导教师和师范实习生，其中结对指导教师又可以分为学科教学教师、班主任工作教师、大学专业教师。参与主体的多元化促成结对指导形式多样化，主要有：一个中小学教师配对一个或多个师范实习生，一个中小学学科教师和一个班主任教师配对一个或多个师范实习生，中小学教师和大学教师组成"双导师"配对一个或多个师范实习生。结对指导形式的选择，主要考虑师范实习生数量和中小学、大学可调用的师资储备量，同时结对要建立在平等自愿、双向选择的基础上，以便后续教育实践工作的顺利展开。目前，在相关政策的引导和一些大学先行经验的影响下，大多数师范学校"全面落实高校教师与优秀中小学教师共同指导教育实践的'双导师制'，为师范生提供全方位、及时有效的实践指导"[①]。这种结对指导形式，将师范生人才培养主体由一元向多元转变，构建高校和中小学共同培育未来教师的整体环境。

（二）结对指导的内容

从时空维度看，结对指导主要对师范生教育实践全过程进行指导，包括教育见习、教育实习、教育研习。教育见习是从教育理论到教学实习之间的过渡环节，师范生通过学校体验、教学观摩、课堂参与等形式，初步了解基础教育的课堂教学、班主任工作、课外活动组织、教学研究等内容。教育见习期间，结对指导的教师要让师范生进入课堂观摩、参与课后讲评等，以便学生初步了解学校、学生、教师及职业岗位用人需求等，为教育实习做初步准备。教育实习则是在结对教师指导下，师范生进入中小学进行几个月的学科教学、班主任工作、教育调查研究等综合实践。教育研习贯穿于教育见习、教育实习全过程，配对教师需要引导师范生对亲身经历过

---

① 中华人民共和国教育部. 教育部印发《关于实施卓越教师培养计划 2.0 的意见》办好一批高水平有特色的教师教育院校和师范专业 ［EB/OL］. (2018 - 10 - 11) ［2022 - 04 - 11］. http://www. moe. gov. cn/jyb_xwfb/s5147/201810/t20181011_351107. html.

的教学问题、教学事件进行总结反思，将在实际教学中遇到的有价值、有意义的问题作为研究课题，在校内外导师的指导下将课堂教学与教育研究相结合，掌握相关研究方法和学术论文写作技巧，将杂乱、具体的日常经验上升到系统、抽象的科学理论层次，为今后从熟练型、执行型教师向专家型、研究型教师发展打下基础。

从专业素质维度来看，配对指导的内容主要包括专业理念、专业知识、专业能力和专业规范四个方面，指导的内容也从这四个方面展开。专业理念包括体现专业自我的教师观、以学生为本的学生观、动态生成的课程教学观，专业知识包括本体性知识、条件性知识和实践性知识，专业能力包括教学能力、交往能力、研究能力、反思能力、评价能力。[①] 在结对指导中，专业规范主要指教师职业伦理规范，即师风师德。结对指导的内容要超越简单"技术理性"的束缚，由简单专业知识、专业能力的传授转向更加深层次的专业理念、专业规范，要避免出现片面的不健康的发展现象，使师范生得到立体的、多方位的、全面的指导。配对指导教师在与师范生的日常相处中，用自己精湛的教学技艺、高尚的师德师风产生潜移默化的影响，使师范生在教育实践中提高自身的专业素质。

（三）结对指导的意义

实施教师教育一体化的目的之一是实现教师个体的专业发展，最终促进全体教师队伍的专业化发展。这里的教师既包括未来教师（师范生），也包括在职教师（结对教师），通过结对指导实现二者的共同发展。

1. 结对教师的有效指导能为师范实习生发展奠定基础

师范生由学生身份向教师职业身份转变的过程，是专业知识、技能和情意不断成熟的过程。师范生通过教育见习、实习和研习等实践形式，在校内导师和校外导师的合作指导下，加深对理论知识的理解和融会贯通，在真实的教学环境中培养和锻炼教学设计、课

---

① 李建辉，王晶晶．教师专业素质结构新探 ［J］．当代教师教育，2010（01）：11－14.

堂教学、教学反思、班级管理等实践教学能力。校外导师对师范生进行指导,不仅会帮助师范生弥补大学教师未曾教导的一些理论知识,还会给师范生分享自己多年教学和班级管理的实践经验,以帮助师范生完善教学实践知识。早期的教师职业认同,是师范生在教育实践体验中逐步形成的,教育实践经历的丰富与否直接决定和影响其职业认同感。① 在与结对教师相处的过程中,指导教师对教师职业的认同与热爱,会潜移默化地影响到师范生从教的信念,坚定其成为教师的信心。

2. 师范生教育实践指导过程也是一个教学相长的过程

师范生在实习过程中,其富有活力的精神状态也会直接影响到结对教师,激发结对教师的职业热情。师范生也会从大学课堂中带来最新的教育教学知识与技能,如信息网络技术在课堂中的运用,在日常的相处和交流中帮助结对教师更新教育教学理念,掌握最新的教育信息技术,促进结对教师的专业化发展。指导教师以参与者和旁观者的双重身份,帮助师范生修正教育实践过程中所犯错误,也是教师审视个人职业成长生涯的过程。他们结合师范生当前的现实情况,回顾自己初为人师期间的困惑和疑问,既能与师范生产生思想和情感上的共鸣,也能总结个人的职业发展经验,发现自己的不足和缺陷,进而加强相关的学习和训练,提升自己的业务水平。

二 结对指导的相关配套制度建设

在结对指导过程中,高校和中小学校双方借助学习共同体,建立师生之间、教师之间的双向课堂交流平台,或利用现代信息技术搭建线上和线下结合的教学环境,必须依托教师教育创新实验区,在制度建设和经费投入上给予支持和保障,确保指导师范生实习和在职教师继续教育一体化衔接发展。

---

① 任永灿,郭元凯.教育实践满意度对师范生职业认同感的影响——心理资本和心理契约的链式中介模型[J].教师教育研究,2022(01):86-93.

（一）建设高质量的结对指导教师队伍

结对指导的实施效果如何，关键在于指导教师的质量。其中，加强结对指导教师的队伍建设（包括遴选、培训、评价和激励）是关键的一环。

首先，结对指导教师的遴选。结对指导教师对师范生专业理念、专业知识、专业技能、专业规范等方面进行全方位的指导。因此，指导教师本身要具备较强的事业心和责任心，主动并积极地担任导师对师范生进行专门培养，是教育教学能力突出、师德高尚的优秀教师。对大学教师而言，不仅要熟悉高等教育，富有学术性，也要了解中小学基础教育实际，具有一定的实践能力。

其次，对结对指导教师的培训。结对教师中，不乏具有丰富教育教学经验的优秀教师，但他们更多停留在熟练教学技能的操作运用上，无法将杂乱的教学经验提炼成系统的教育理论进行传授和推广。因此，中小学校要为结对教师的专业发展提供渠道和机会，可以邀请校内或聘请校外的名师对结对教师进行专业培训，提高"教"和"学"的技能。同时，学校要为结对教师提供各种外出培训及教学比赛的机会，使其不断接收新的教育教学理念、教学技巧、教研方法，以便更好地指导师范生的教育实践。

最后，对结对指导教师的评价和激励。结对教师的评价考核与激励，应当有较为清晰的评价标准和分层级奖惩机制，在标准的设置上可以参照人才培养方案的内容，考查的维度应当涵盖结对教师的实践指导、课程安排等各项工作的完成度，也要将师范生综合素质的实际提升纳入结对教师指导工作的成效考核中。评价的方式采取导师自评、校内外导师互评、学生评价、同伴评价等方式，保证评价结果的真实性和公正性。而且，结对教师的考评结果可与职称评审、岗位聘用、年度考核、推优评先、表彰奖励等紧密结合。

（二）完善结对指导工作的相关细则

结对指导工作的相关细则包括责任划分、内容细化、监督保障等方面，让参与主体对结对指导工作的认识更加清晰，从而保证结对指导工作的高质量完成。

首先，确立结对指导的责任范围。师范院校和中小学校建立结对关系之后，在师范生教育实践活动中后期，可能存在师范院校的参与度降低，不能及时回应教育实践过程中的一些诉求。而中小学校在教育实践中也可能会产生"想管而不敢管"的现象，出现指导责任的"真空区"，这对师范生的成长不利。因此，在建立结对关系之前，需要将双方的责任范围以明文规定的形式确定下来。

其次，细化结对指导的工作内容。《教育部关于加强师范生教育实践的意见》中指出，要"构建包括师德体验、教学实践、班级管理实践、教研实践等全方位的教育实践内容体系"[①]。由于概括性过强，结对指导教师对指导内容的认识模糊，在教学实践中主要依赖结对教师自身的经验和对临床问题的判断，这可能会造成一些指导内容的遗漏或重复。而且，由于没有详细界定每一项实践具体的工作内容，每项工作的评价标准难以制定，阻碍后期评价工作的顺利进行。因此，在具体实践中，需要师范院校、中小学校的相关管理者和教师对指导内容进行细化，制定系统性、规范性、可操作性的指导内容方案。

最后，建立结对指导的监督机制。为避免结对指导流于形式，可以建立个人—学校—政府三级监督机制。微观上，师范院校和实习学校形成双向监督的模式，共同监督结对教师的指导工作和师范生的学习效果，而教育行政部门则从宏观层面上对两个协同单位进行监督。在师范生开展教育实践活动期间，高校还可以联合相关教育行政部门组成监督小组，对结对学校进行不定期抽查，及时了解师范实习生在校外的实习情况、结对教师的实际指导情况等，对发现的问题及时反馈，使教育实践监督评价由过去的结果监督向过程

---

① 中华人民共和国教育部. 教育部关于加强师范生教育实践的意见［EB/OL］. （2016 – 04 – 07）［2022 – 12 – 25］. http://www. moe. gov. cn/srcsite/A10/s7011/201604/t20160407 _ 237042. html.

监督转变，确保教育实习指导活动各方参与者的投入度。

（三）建立和谐平等的结对指导关系

结对指导的主体是教师和师范生，建立良好的结对指导关系有利于保证信息传达的准确性和快捷性，实现双方无障碍沟通和交流。这里，可以从结对关系的建立和思想观念的转变两方面来探讨。

首先，按自愿结对、双向选择的原则建立结对关系。当前，指导教师与师范生结对关系的建立基本属于随机搭配，师生双方互不了解的状态可能会阻碍结对指导工作的顺利实施。研究表明，指导老师和师范生在指导过程中呈现角色的一致性、双方保持相同或类似的教学风格，有利于师范生教育实习效率的提高。[①] 因此，在建立结对关系前，要充分考虑指导教师和师范实习生之间的性格特征、兴趣爱好、教学风格等方面的合拍度。可行的办法是，建立指导教师和师范生的个人信息档案库，促进结对教师和师范生双方了解和交流，给予双方志愿选择的空间和权利。

其次，改变错误观念，增强责任意识。目前，不少结对教师将师范生的指导工作视为一种负担，有意或无意用冷漠、疏离的态度对待师范生，导致师范生处于紧张焦虑的状态，更多关注自己的生存状况而不是自己的专业成长状况。还有的结对教师将师范生视为批改作业的免费劳动力，没有认真履行结对指导的责任，使师范生在教育实践结束后没有获得真正的进步和发展。因此，结对教师需要转变这种错误观念，增强自身责任意识，将指导的过程视为一种自我学习、自我提高、自我发展的机会。

第四节　合作帮扶：大学教师与师范学生
建立学习共同体

由于受到主客体"两极化"思想的束缚，人们习惯于将教师发

---

① Pajak E. Honoring Diverse Teaching Styles: A Guide for Supervisors [R]. Association for Supervision and Curriculum Development, 2003: 56 – 58.

展与学生发展的研究分开进行，即以各自的发展为中心，孤立地研究师生发展的一个方面，忽视师生"双主体"共同发展的可能性。在教师教育一体化实践中，教师和师范生之间建立起学习共同体，通过共同目标的激励、持续有效的交流，达成教师专业成长和终身学习、学生认知建构和主体性发展的目标，推动教师与学生间的关系从对立冲突走向融合统一。

一　大学师生建立学习共同体的意义

在教师教育一体化实践中，大学教师与师范生之间通过建立学习共同体，激发双方的积极性和主体性，并借助信息网络技术来建构师生互联网学习共同体，从而实现大学教师对师范生的合作帮扶，这是大学教师培养优秀师范生不可推卸的责任。第六章已有论述，和师范生建立学习共同体的"教师"是广义上的，既可以是大学教师，也可以是中小学教师。而这里所指的"教师"特指大学专业教师。大学教师和师范生建立的学习共同体，要求大学教师和师范生共同致力于某项学习任务的达成，以民主平等的师生关系为基础，通过互动、对话分享彼此的情感、体验和观念，实现师生的共同发展。

（一）有利于激发教师和学生双方积极性

传统的以教师为中心的课堂教学模式，很大程度上忽视了学生在课堂中的地位、权利和认知需求，学生一味接受教师所灌输的知识，对问题解决缺少探究的过程，未能真正建构起自己的知识结构，学习积极性也未能充分得到释放。而进步主义所推崇的以学生为中心的课堂教学模式，同样存在一些弊端。受到学生主体知识储备有限、学习方法不明确、学习目标不稳定等因素的影响，课堂可能会陷入无序混乱的状态，从而降低知识接收的效率，这与当今知识总量呈几何级数增长的时代格格不入。学习共同体的建立能最大限度地克服以上两种弊端，在尊重学生主体地位的同时，发挥教师在教育教学中的主导作用。在学习共同体中，学生内部之间的互动和对话，使得不同的观点和意见发生碰撞和协商，人际沟通表达能力得到了锻炼，在倾听、吸收他人观点的基础上拓宽了看问题的视角，对问题和知识形成更加全面深刻的理解，从而促进自身知识结构建构。

（二）有利于促进教师各方面专业成长

作为构建学习共同体的主要责任人，教师需要有较高的教育素质和能力。在学习共同体中，教师主要承担组织者、支持者、促进者的角色。为了更好发挥学习共同体组织者的作用，教师需要学习组织学相关原理和知识，科学合理地安排活动流程；根据学习任务和学生特点，选择恰当的组织方式，使每位学生都尽可能参与到教育活动中去。在信息时代，学生获取知识的途径由书本和教师拓展到互联网，学习共同体又强调平等对话和问题探究精神。学生可能会在课堂上提出一些超出现有书本范围或教学准备的问题，这就需要教师不断学习和进修，以拥有较为深厚的专业知识和广博的科学文化知识为学生提供知识支持。一些学生可能会感到困惑、迷茫和焦虑，这就需要教师在情感上提供支持。因此，教师还需要掌握与学生对话的技巧，帮助学生缓解学习压力，增强自我效能感，树立学习的自信心。

（三）有利于形成民主平等的师生关系

传统课堂中，教师作为"师道尊严"的捍卫者，一味强调教师的权威性和学生对教师的绝对服从，忽视学生的主体性。实际上，教师和学生都是交往的主体，师生之间应该是一种相互尊重、相互理解、相互合作的关系。在学习共同体中，教师不再是课堂的指挥者，而是参与者、引导者、促进者，在最大限度上尊重学生的主体地位，在共同解决问题的过程中，师生间的荣誉感、归属感和亲切感得到增强，师生关系也由"施令者"与"服从者"的上下属等级关系向"我"与"你"的主体间平等关系转变。在为学生提供支持，帮助学生解决困惑的过程中，教师对学生的想法和思维有了更清晰的认识，这对教师的专业发展具有积极的意义，达到了教学相长的目的。

二 合作帮扶的具体实现形式——师生网络学习共同体

师生网络学习共同体是指学习者和助学者（包括教师、专家、辅导者等）通过网络平台进行沟通交流，分享各种学习资源，共同完成一定的学习任务的共同体组织，主要构成要素大致包含助学者、学习者、网络研修平台、学习资源。将互联网引入学习共同体的建设中，能有效打破时间和空间的限制，汇集各方教育资源，扩大学习共同体的覆盖范围，增加学习共同体的参与人员数量，实现信息资源的传递与共享，促进师范生的高质量培养。

网络研修平台依靠互联网技术建立，旨在为教师研修和学生发展提供便捷、精准、有效的信息交流平台，促进师生的协同合作，为形成网络学习共同体提供重要的技术载体。其优势在于，借助互联网信息传输的特点将更多的助学者引进平台，丰富专业指导内容，让师范生接受更多专家直接的指导和培训。例如，受到新冠疫情的影响，借助线上教学平台，专家可以利用直播、视频互动等形式呈现与教育教学有关的典型案例，带领师生实现专业成长。在多媒体技术的呈现下，师生直观感受到不同的教育教学情境问题和处理办法，提供最新的教学讯息，这是超越传统线下课堂、讲座等培训方式的一种有效教学方式。

同时，网络研修平台也为监测和管理师生的学习提供了便利，助学者可以打破时空限制，通过线上平台发布学习目标和任务，上传学习资料和题库，让师生根据目标和任务进行自主化学习。这一过程是灵活开放的，只要师生完成某一阶段的学习，就可以自主选择进行下一阶段的学习。学习者还可以借助研修平台分享自己学习过程中的经验、收获，学习者之间也可以充分利用平台进行经验交流和沟通，并发展自主学习能力和合作能力。

三 新媒体背景下师生网络学习共同体的构建

新媒体（New Media）一词最早由电子录像发明者美国的皮特·

戈尔德马克（Peter Carl Goldmark）提出，是指利用数字技术，借助计算机网络、无线通信网、卫星等渠道，以及电脑、手机等电子终端向用户提供信息和服务的传播形态。新媒体打破了传统媒介在信息传播中地域、时间、行政等方面的限制，并且具有个性化、受众广、形式多元、信息即时等巨大优势。个人可以根据自身喜好检索和定制自己所需的内容，拥有在信息选择上更大的自由度，可以随时打破时空的限制即时接收需要的信息，并且在内容呈现上具有文字、音频、画面等多元表达的形式。

教育，从本质来讲，是一种发生在两个或多个主体之间信息交互传递、互动影响的过程。新媒体的技术革新深刻影响了信息传递互动，对教师教育也产生了革命性影响。网络学习共同体是基于互联网所形成的学习组织，由学习者、助学者和信息流三个维度组成。[①] 学习者、助学者和信息流是"三位一体"、互相影响、缺一不可的关系。对教师教育一体化而言，至少带来了以下深刻变革。

（一）新媒体网络学习共同体的实践

1. 消解了传统教师教育的时空限制

在教师教育一体化过程中，师范生与在职教师的专业成长是其中的核心任务。师范生需要得到来自一线教师的经验指导和资深教育学者的启发，并且熟知、适应复杂多样的教育教学环境，在接触、体验、学习的过程中得到专业发展。在职教师同样需要不断更新专业知识结构，突破自我闭锁、单调固定的工作环境，接触更加多元的课堂教学环境，得到不同风格的专家教师指导，从而持续不断地形塑自我的专业风格和专业品质。新媒体技术有力打破了传统课堂教学空间与时间的局限，师生可以利用手机、电脑等电子终端，随时随地借助网络直播、录屏剪辑等形式得到远程指导，通过课堂直播等形式感受远距离、多元丰富的课堂情境，深化对课堂本质和课堂教学的理解和认知，提高教师培养和培训的质量和效率。

---

① 况姗芸. 网络学习共同体的构建 [J]. 开放教育研究，2005（04）：35-37.

2. 促进了教师专业素质的个性化发展

新媒体技术下的教师教育，能够根据职前职后不同的发展需求和偏好，推送个性化的线上教育资源，有利于教师个性化的专业自主发展，提高教师专业发展的自主性。新媒体技术下的教师教育受众面广泛，其丰富的线上学习资源，可以满足不同类型的教师发展需求。无论是师范生还是在职教师，无论是新手教师还是资深教师，都能够根据自己的需求找到线上教师教育资源，获得个性自主的专业发展。而且，新媒体的教育载体拥有集文字、音频、影像等多元要素于一体的呈现方式，甚至还有虚拟现实（Virtual Reality）、增强现实（Augmented Reality）等新兴的呈现方式，能够加强教师学习过程中的自主性和互动性，提高教师培养培训质量。由于新媒体下信息传递的即时性和可储存性，师范生和在职教师不仅可以远程和大学教授、资深教师进行交流和接受指导，也可以即时储存交流内容，还可以通过远程终端进行线上交流协作，促进职前职后培养培训的一体化融合。

3. 加强了教师专业发展的网络团体建设

2019 年末新冠疫情暴发后，高校为满足"停课不停学"的要求，保证正常教学秩序，纷纷开启线上网络教学。随着疫情防控的常态化，"线上＋线下""混合式教学"成为学校教育的"新常态"。可以说，教师教育网络学习共同体正是在这样一种特殊的历史背景下逐渐形成并走上历史舞台的。疫情暴发正值春节前夕，多数大学提前谋划，着手应对疫情发生后在线教学的工作方案和各类应对预案，及时发布了在线教学平台和教学方式的选择、在线教学计划与课程大纲的制定、在线教学课程的安排及学生在线学习的指导等内容。① 这些实践丰富了师生线上教学经验，并且将新媒体技术应用于教师培训，实现了教师培养与培训的"线上化"。如 2021 年 8 月，为应对疫情

---

① 洪思颖. 闽南师范大学："三个坚持"扎实推进"停课不停学"［EB/OL］. （2020 - 03 -31）［2022 - 09 - 19］. http://www. fj. chinanews. com. cn/news/fj_ zxyc/2020/2020 - 03 - 31/463680. html.

防控形势的新变化，由福建省教育厅主办、闽南师范大学承办的福建省 2021 年非师范专业新任高中教师规范化培训在线上开班，来自全省各地的近 400 名非师范专业新任高中教师参加此次培训[①]，促进了教师专业发展的网络团体建设。

4. 推进了学校信息化和智慧校园建设

在教师教育网络学习共同体中，教师（含准教师）是主要学习者，教师教育者是主要助学者，新媒体是重要的信息流平台。以闽南师范大学为例。首先在平台建设上，学校依托校内校外资源，如福建省高校在线教育联盟携手爱课程（中国大学 MOOC）、超星学银在线平台、高校邦平台免费提供的国家精品、省级精品线上课程，学校在超星泛雅网络教学平台（学习通）、爱课程上开放的本校教师自建精品在线开放课程、通识尔雅线上选修课程，以及教育部组织的 22 个在线课程平台免费开放的 2.4 万余门在线课程[②]，丰富线上课程资源的内容，为教师自主学习提供强大的内容支撑。其次在助学者维度，学校鼓励各学院以教研室或课程组为单位，组织教师对网上教学方法、甄选课程内容、整合优质资源、遴选技术平台等在线教学问题进行探讨，制定符合学院实际的教学方案，出台线上平台教学指南，帮助学校教师熟练掌握各类教学平台建课、录播功能，进行线上培训及答疑，推动课堂教学模式和方法创新，引导教师教育者不断提升信息媒介素养和线上课堂的教育教学能力，这不仅为引导师范生和在职教师开展自主学习、探究式学习提供了重要支撑，也为今后开展线上教学积累了经验，为线上线下混合式"金课"建设积累了宝贵教学资源。[③] 2021 年学校探索实践的线上通识专题讲座、线下分学科集中研修、线上网络课程自主研修、实践教学与返

---

① 李小霞. 非师范专业新任高中教师首次省级规培在闽南师范大学开班［EB/OL］.（2021 - 08 - 24）［2022 - 09 - 19］. https://www.eol.cn/fujian/fjgd/202108/t20210824_2147011.shtml.

② 内容来自文件《闽南师范大学关于本科生延期开学线上教学工作方案》。

③ 洪思颖. 闽南师范大学："三个坚持"扎实推进"停课不停学"［EB/OL］.（2020 - 03 - 31）［2022 - 09 - 19］. http://www.fj.chinanews.com.cn/news/fj_zxyc/2020/2020 - 03 - 31/463680.html.

修等四阶段混合式培训方式①，为师生网络学习共同体提供了平台保障和模式支撑。

（二）完善新媒体网络学习共同体的思路

高校及中小学智能化、信息化建设和智慧校园建设，已经成为学校内部治理体系和治理能力现代化建设的重要特征和迫切要求。构建、完善师生网络学习共同体，加强、巩固和完善教师教育师生网络学习共同体，主要有以下思路和建议。

1. 提高学习者的信息技术素养，筑牢教师专业发展共同体意识

网络学习共同体以互联网信息技术为重要依托，具备合格的信息素养是实现网络学习有效性的客观前提。作为教师教育师生网络学习共同体的三个基本要素之一，学习者主要是准教师和在职教师。目前，师范生多属于互联网"原住民"，本身已经具备基础的信息技术素养，即计算机基本操作能力和获取知识信息的能力。但是，部分年龄较大的一线在职教师的信息素养相比年轻一代仍有一定的提升空间。只有提升教师专业化的信息素养，包括专业的知识检索能力、知识分析能力、知识归纳与整合能力，才能提升广大教师的学习效率。另外，筑牢学习者的共同体意识，也是实现师范生培养与在职教师培训融合，推动教师教育一体化内涵式发展的关键。当前，我国许多师范院校在教师教育上依然将师范生与在职教师划分为两个不同的学习群体，这与教师教育一体化的内在价值相悖。为此，只有健全和完善师范生与在职教师互联网平台，打破空间、时间等局限，实现内部的交流和互动，才能促进师范生专业适应与在职教师专业成熟的双赢。

2. 加强教师教育者的能力建设，构建网络教师教育者学习共同体

在新媒体技术的支持下，原来分属不同单位的教师教育者借助互联网平台，进行信息的传递与交流，互相增加教育经验，能够提

---

① 李小霞. 非师范专业新任高中教师首次省级规培在闽南师范大学开班［EB/OL］.（2021 - 08 - 24）［2022 - 09 - 19］. https://www.eol.cn/fujian/fjgd/202108/t20210824_2147011.shtml.

高教师的教育能力。网络"云共享"具有信息存储、即时传输的功能，给予不同领域、不同级别教师教育者彼此分享、交流专业知识的条件，教师教育者应当不断提高自身信息技术素养，积极与同行专家进行经验交流，并在线上教学中不断创新多样化的教学方式，利用新媒体内容表现形式多元的特点积极探索和创新教学，突破传统以"教"为主的灌输式学习，探索促进教师形成自主学习、自主探究、主动思考的学习方式。例如，针对课堂直播观摩研讨、教育专题研究等内容，地方政府、高校和中小学校必须建立由师范类院校、中小学校、教育学院、教师进修学校等组成的多元化教师教育者共同体，在互联网平台上共享教师教育专业知识和教学经验。

3. 加强基于新媒体技术支持的教师教育一体化互联网学习平台建设

在信息化时代，教师教育要实现专业化和一体化，就需要适应互联网信息知识"大爆炸"的环境，探索录屏录播、网络直播、虚拟现实、增强现实等新兴互联网技术的突破，增加教师教育一体化过程中师生教学的互动方式。目前，多数学校现代化信息技术条件较为薄弱，智慧校园建设力度不够、智慧教室数量明显不足，难以完全支持教师和学生自主学习、探究学习的需要。为此，地方政府、高校和中小学校必须加强互联网教师教育"云平台"建设，利用数据即时存储和传输功能，实现师生间的实时互动和持续追踪；加强教师教育信息反馈的即时性和精准性，开发慕课等开放型国家优质网络精品课程，让开放的教师教育学习内容资源更加丰富，这不仅是教师专业持续发展的重要保障，也是互联网时代下终身学习社会建立的现实依托。

第五节　专业引领：高校专家与中小学教师开展项目研究

为弥合当前教师教育理论与实践的分离，促成理论与实践的一体化，高校专家与中小学教师合作开展项目研究，便成为教师教育一体化实践探索的必然途径。从国内的"复式教学实践创新与理论研究"项目和"课型教学模式"项目，以及国外的"中小学校与大学教育科研伙伴关系"项目和"创建知识的学校联盟"项目中，总结高校与中小学教师合作项目的共性特征，可为各师范院校探索大学教师与中小学教师的项目合作研究提供经验借鉴，促进教师教育一体化工作的开展。

一 国内高校与中小学教师合作项目案例概述

在推进教师教育一体化实践中，高校拥有丰富的专家教授和较多科研教改项目，通常依托项目研究来促进高校专家对中小学教师发展的专业引领。借鉴国内外高校专家与中小学教师开展项目研究的优秀案例，探索双方建立科研伙伴关系的实践逻辑和条件，有助于促进中小学教师和师范生的共同成长。

（一）甘肃"复式教学实践创新与理论研究"项目

这一项目由兰州大学主导，旨在对甘肃农村地区的复式教学进行实践创新和理论研究，主要分为三个阶段：启动期、运行期和收尾期。

第一阶段，首先取得县教育局支持，教育专家对县域范围内的各个复式教学点进行走访调研，确定开展复式教学研究项目的合作学校。这一过程中，专家和一线教师进行坦率深入的交流，双方共赢的现实需要构成了最终合作的基础；接着，教育专家和复式教师开展项目研讨会，双方明确各自在项目中的职责任务，并交换各自的意见和困难，专家通过一线教师了解当下复式教学的问题和挑战，一线教师也通过专家的项目介绍明了研究的理论意义和现实价值，加强对项目合作的配合度。

第二阶段，基本工作流程包括：复式教师在理论预设指导下独立探究；专家定期下乡开展教学支持；获得一线信息后教育专家的反思与改进；获得支持信息后复式教师的继续实践探究；定期举行教师培训（第一期与第二期）。[1] 整个工作过程既有教育专家和复式教师独立工作的部分，也有双方交流信息开展合作的部分，它们主要发生在第二步和第五步。其中，第二步教育专家下乡的教学支持是项目的主要合作形式，通过教育专家下乡参与完善复式教案、观课评课等形式改进复式教学中的不足；第五步教师培训活动以专家为主导，由不同机构的教育专家针对复式教师的不同需求进行培训，提高教师教学评价、教学反思等方面的能力，过程中要求确保教师的参与度，实现双方平等交流和民主合作。

第三阶段，项目成果的推广和对外发布。将创新的复式教学模式通过第三期、第四期培训向其他复式教学点进行推广，提高其他区域的复式教师教学质量，教育专家团队也在中国教育学会上对外发布项目的理念、特点、方法等，促进国内复式教学研究的经验交流。

总体上，甘肃"复式教学实践创新与理论研究"作为高校专家与中小学教师的合作研究项目，有以下经验可供学习借鉴：一是在项目开展前保证双方具有明确、共同、具体、正确的目的；二是保证双方在合作过程中的民主平等；三是明晰合作过程中各方的权责义务，保障项目开展过程中的有序性；四是实现合作双方的共赢互惠；五是在合作中保证开放性；六是在精诚合作的同时，保证尊重双方的独立自主，防止某一方成为合作附庸，最大限度发挥各方积极性、创造性和自主性。

（二）河南"课型教学模式"项目

"课型教学模式"是由河南郑州九中与河南大学合作开展的项目，与甘肃"复式教学实践创新与理论研究"项目"自上而下"的特点不同，该项目是"自下而上"的合作。基于中学发展的现实需要，由校长引领积极与高校开展合作。该项目研究主要分为三个阶段：初期阶段、探索阶段和深入发展阶段。

初期阶段，为提升郑州九中教师队伍的总体科研水平，学校主

---

① 黄坤. 教育科研背景下的教育专家与中小学教师合作模式研究［D］. 兰州大学，2010：10.

动引高校研究者进课堂，深化教师理论与实践的融合，积极探索发掘不同类型的课型教学模式创新。学校将科研列为教师的职责之一，营造有利于科研发展的氛围，组织高校研究者和教师共同参与听评课活动、研讨会、课程观察活动，学校制定《郑州九中2010年校本课题管理方法》，助力广大中心教师和高校研究者参与学校课题研究。由于这一时期还处在合作的初步探索阶段，高校和中小学教师的信任尚未能完全建立，部分教师对科研还存在一定的抵触心理。①

探索阶段，随着共同研究的深入展开，中小学教师逐渐消除对高校教育专家和科研的抵触心理，充分提高信任度和配合度，良性合作伙伴关系得以构建。双方继续深化课堂教学实践研究，使研讨会、观课、听评课的反思交流更加积极主动，合作研究的领域也不断拓宽。这一阶段，中学成立了校长工作室，实现校长由管理者向研究者、反思者的角色转变，极大地推动了高校与中小学教师科研的合作质量。

深入发展阶段，在高校教师的指导示范下，各学科课型教学模式的研究质量稳步提高，教师整体的科研能力、反思能力变得成熟规范，真正实现了中学教师和高校研究者的双赢，高校研究者通过深入的课堂教学实践研究，深化对教育理论的认识和理解，不断促进理论与实践一体化的良性整合。

总的来讲，河南"课型教学模式"项目，可供借鉴的经验有以下几点。一是合作各方对自身角色定位的清晰认知。中小学教师应当是合作研究中的行动者，而高校专家是研究的引导者和促进者，帮助一线教师规范研究，取得成熟可靠的研究成果，学校领导（尤其是校长）扮演双方教育教学合作研究过程中的组织者和保障者角色。二要建立可持续的合作研究机制。双方从合作研究的组织制度、激励制度以及相关权利保障制度等方面，进行科学合理的制度框架

---

① 刘梦. 理论与实践融合：大学与中小学合作研究——以郑州市九中课型研究为例 [D]. 河南大学，2013：36 – 39.

设计。三是坚持"学校本位",同时注重发展教师的科研水平和学术性。高校专家通过精诚的合作,消除中小学教师的抵触心理,提升一线教师参与科研反思的主动性和积极性。

二 国外高校与中小学教师合作项目案例概述

(一)英国"中小学校与大学教育科研伙伴关系"项目

"中小学校与大学教育科研伙伴关系"项目由英国剑桥大学教育学院与当地学校于 1998 年共同成立,其目的在于实现哈格里夫斯倡导的学校变革:将传统的"知识实践学校"改造为"知识创造学校"。学校不仅是教授传播学科知识的舞台,更是生产教育知识的场所,这就从客观上要求工作在一线的中小学教师具备生产教育教学知识的能力——教育教学的反思与科研能力。考虑到中小学教师在科研创新能力上相对滞后,与高校教师教育者和研究员的协同合作便成为英国中小学校变革的现实需要。

围绕"教师科研能力提升"的核心目标,该项目首先汇聚了大学与中小学校各方力量,共同致力于促进教师科研能力发展。成员不仅包含剑桥大学的研究者、教师教育者,也包括中小学校的一线教师和教研员,他们在其中扮演着不同的角色,并且在项目中发挥着不同的功能:协调教师科研、协调学生声音、协调伙伴关系等。通过各自不同的职能发挥完成促进教师科研能力发展的复杂工程。其次是不断拓宽合作的空间平台。剑桥大学教育学院与当地各类中小学校组成了学校网络,通过发展学校内部与学校之间的合作伙伴关系,筑就牢固的教师实践与科研发展的学校联盟,形成教师实践与科研能力发展的规模集聚效应,为教育学院和各个学校之间的协同合作打下了基础,学校之间互相促进,实现了共同的专业发展、学校改进和知识创造。最后是注重合作伙伴之间的信息交流与探讨。该项目坚持"学校本位",每一所学校都是教师开展行动的场所,所有伙伴学校均参与"核心科研项目",举办专门的年会、讨论会,为参与者聚在一起彼此交流提供机会,使其分享各自关心的议题,形成益友关系。[①]

总的来说，英国的"中小学校与大学教育科研伙伴关系"项目的成功之处在于：首先，项目本身有着清晰、明确、符合时代需要的发展目标，使得教师教育的各利益相关者能够聚集在一起为共同的核心目标努力；其次，各方都有自己相对明确的职权和功能，能够在合作中各司其职；再次，从空间上不断拓展合作范围，形成集团化办学，让教师教育与科研的共同体不断扩大，使资源整合更加全面；最后，注重各方合作者的交流探讨，使其能够直言规劝，表达各自的议题，加强理解和协作。

（二）澳大利亚"创建知识的学校联盟"项目

澳大利亚积极通过高校专家与中小学教师的合作项目，助力教师专业能力尤其是教育研究方面专业能力的提升，其中的典型案例是澳大利亚的"创建知识的学校联盟"项目。这一项目由悉尼大学教育与社会工作学院于 2001 年发起并延续至今。在此之前，由澳大利亚政府官方推动的澳大利亚政府教师质量项目（The Australian Government Quality Teacher Program）由于存在"过度项目化""忽视教师的专业自主"等问题而备受批评。为了革新传统由政府发起高校与中小学教师合作项目的弊端，悉尼大学组织的这一新项目力图为高校与中小学合作开展项目探索新的模式。

"创建知识的学校联盟"项目具有以下特点。一方面，关注合作的"实践取向"。为提升澳大利亚中小学一线教师的教育科研能力尤其是行动研究相关能力，项目具有十分明显的"实践取向"。如，发展新的实践者研究方法、分享适宜实践者探究的方法论、参与成员学校之间的研究、汇报并对研究进行评论、共同写作和反思、有计划地开展专业发展来支持实践者研究、考虑实践者科研中的伦理议题，以期推动以证据为本的实践活动，发展互动的实践共同体，拓

---

① 王晓芳. 构建大学与中小学校科研伙伴关系：西方中小学教师科研发展的新趋势及其启示 [J]. 外国教育研究，2015（04）：81.

宽专业知识基础，提升学校教师和学生的研究能力，促进教师"以探究为本的专业学习"和"探究民主教育"的实现。^① 另一方面，尊重和支持教师发挥专业自主权。为防止行政力量对教育科研和教师专业发展的过多干预，该项目倡导构建的是一种"非资助的学校网络"，更多致力于在高校和中小学之间充当合作、互信、交流、互惠的桥梁，并期望在实践取向的科研活动中，逐步构筑起中小学教师对自身"科研者"身份的认同。

三　高校与中小学教师开展项目研究的经验启示

通过对甘肃"复式教学实践创新与理论研究"项目、河南"课型教学模式"项目，以及英国"中小学校与大学教育科研伙伴关系"项目、澳大利亚"创建知识的学校联盟"项目的简介发现，在推进教师教育一体化实践中，推动高校专家与中小学教师开展项目研究，具有以下经验启示。

（一）确立共同认可的合作目标

对高校与中小学教师共同开展项目研究而言，合作目标的树立是各方开展协同行动的起点。要最大限度地降低在行动中各方的利益冲突和对抗性，保证各方能有条不紊地完成各自应尽的职责，共同助力合作项目的圆满完成，目标的有效确立尤为重要。这需要至少注意以下几点：一是目标的明晰性，目标本身应当清晰、具体、明朗，以保证各方准确理解，避免由目标误读造成行动与观念的错位，导致合作效果大打折扣；二是目标的公正性，目标制定应当充分吸纳各方参与者的意见建议，并在协商中不断增强各方对目标价值的一致性认识，提升各方对合作总体目标的认可度；三是目标的公共性，考虑到教师教育的社会公益性，合作各方不仅要保障内部各个成员都能从中受益，获得成长与发展，还需要注重教育本身的

---

① 王晓芳.构建大学与中小学校科研伙伴关系：西方中小学教师科研发展的新趋势及其启示 ［J］.外国教育研究，2015（04）：82.

公共属性，意识到合作项目本身对社会发展的意义和价值。

（二）明晰各方的具体权责分工

确立共同认可的合作目标后，为保证合作项目的有序运行，需要将原本复杂的项目工程划分为一个个小任务，并由合作团体中的内部各成员进行分工协作，这就要求在合作开展前明晰各方具体的权责分工。例如，在高校与中小学教师的合作项目中，中小学教师是合作中最重要的行动者和实践者，应当在合作中具备一定的独立自主性，积极主动地对自身专业工作进行理性反思，在活动中不断提高自己各方面的专业素养，特别是教学实践性知识的积累和教育科研方法的掌握，积极成为适应21世纪需要的研究型教师；因为有丰富系统的教育理论知识和过硬的科学研究方法，可以成为中小学教师由传统型教师向研究型教师转变的引导者和促进者，在帮助规范教师科研方面提供有效指导，同时虚心观察、理解当前中小学校的教育教学情境，更好深化自身教师教育理论研究；而在高校专家和中小学教师之间，还有充当二者联系纽带的高校领导者、中小学校领导者、教育行政部门人员等，他们需要在大学与中小学教师之间做好组织者和保障者的角色。例如，给双方开展合作研究提供必要时间、空间、资源、资金等方面支持，并且不断从顶层设计上为双方交流合作奠定制度基础，加强有关激励制度和保障制度的建设。

（三）坚持学校本位的协作模式

学校本位的意涵在于，高校专家与中小学校教师的合作项目应当立足于一线教师的学校本位，而非高校本位。从实效性来看，教师教育一体化的最终目标是提升一线教师专业素质，不断改进教育教学质量，并使之能有效服务于学校发展。因此，对于合作项目最终的效果优劣，最基本的判断标准就在于一线学校的教育教学工作是否得到了改进提升，合作项目是否充分观照学校需求和教师专业发展需求。目前，我国大学与中小学教师教育合作项目中，多数项目以高校为主导，对中小学的教育教学改革需要有所漠视，所开展的课题或项目走的是"自上而下"的老路子，并不能充分有效回应中小学现实中的问题解决需要，这就导致中小学校领导和教师对高校的"科研援助"缺乏兴致甚至产生抵触心理，多数一线教师认为开展项目研究对于提高自身教育质量毫无裨益，甚至干扰正常的教育教学秩序。因此，需要坚持学习本位的高校与中小学教师协作模式，立足一线教师在教育教学情境中真实的问题和需要，尊重一线教师主体的话语表达，使项目真正解学校之困，而不是"形象工程"。

（四）尊重教师的相对独立地位

高校专家与中小学教师共同开展项目研究的意义在于：在合作开展项目研究特别是教育科学研究与实验中发展教师的专业素质，继而提高教学和人才培养质量，不断获得教师教育理论与实践一体化的可持续发展能力。而这个发展过程的落脚点在教师，教师是在合作的项目研究中行动和发展的主体，通过参与合作项目，提高自身的科研能力、反思能力，实现教师教育的深度一体化。这需要充分尊重教师的相对独立地位，给予教师行动与研究一定的自主性，使教师在自主的反思与研究中解决自己在教育教学过程中的问题，不断通过专业实践深化各方面专业知能和整体素质。

（五）保障沟通交流的民主平等

长期以来，申报立项课题，开展项目研究，专注著书立说，发表学术科研论文，似乎是高校专家的分内之事；而中小学教师的主要职责是教书育人、把课上好、把学生教好，搞研究做学问是分外工作。现实是，在高校专家与中小学教师合作开展项目研究过程中，大多是中小学教师参与高校专家项目研究，承担其中的子课题工作，这自然导致中小学教师处于一种"下位"。一些教师对科研比较陌生甚至恐惧，认为自己的论文上升不到一定的哲学高度就没有研究意义，甚至把理论者的科研与自己的教育科研相混淆。① 为保证项目的

---

① 李建辉. 教育科研与中小学教师专业发展——基于福建省三市（区、县）的调查［J］. 教育研究，2015（07）：156.

顺利运行，各参与主体应当在整个合作项目进展过程中确保信息传递的流畅性，不仅要定期开展正规的研讨会、交流会，也应当在制度层面上完善团体各成员的沟通渠道和交流机制，确保从制度设计上推动民主平等交流氛围的形成，使高校专家与中小学教师合作项目中的各个主体都成为彼此成长的"诤友"，能够坦率地交流各自在实践中的问题、难处、意见和启发，促进共同项目的圆满完成，促进教师专业一体化发展。

第十章　教师教育一体化的质量保障

从国际教师教育改革与发展的整体趋势来看，建立和完善教师教育标准已经成为世界各国保障教师教育质量的基本共识。因此，建立教师教育一体化质量保障机制也要以构建完善的教师教育一体化质量标准体系为依托。教师教育一体化质量标准体系包括教师教育机构标准、师范专业认证标准、教师教育课程标准、教师资格考试标准、教师招聘任用标准、教师专业发展标准、教师职业能力标准、教育学类教学质量标准等八个标准体系。其中，教师教育机构标准通过提高教师培养培训组织机构的教育资质，保障教师教育机构组织的专业化；师范专业认证标准通过提高师范类人才培养的专业性，促进教师教育专业建设的内涵式发展；教师教育课程标准通过提高教师教育内容体系和教学进程活动的专业性，促进培养培训知识载体的专业化；教师资格考试标准通过提高教师职业入职门槛，保障教师储备队伍的专业性；教师招聘任用标准通过加强招聘和任用过程的专业性，提高新任教师队伍专业性；教师专业发展标准通过规范在职教师专业的基本标准，保障教师持续不断地实现专业发展；教师职业能力标准通过规范各类教师教育机构培养师范生基本能力，为职前教师能力鉴定提供基本依据；教育学类教学质量标准通过规范以教育学科为知识基础的教育专业人才培养，强化职前教师集群的专业性。这八者之间存在相互依存、相互促进、共同发展的内在逻辑关系，共存于教师教育一体化建设相应阶段之中。

第一节 教师教育机构标准：质量管理制度建设的基本原则

教师教育机构标准，是教师教育认证机构为保障教师教育机构质量而制定的衡量和评估指标的细则①，是教师教育一体化质量的重要保障体系之一。有了良好的教师教育机构标准，可以在一定程度上确保和优化教师培养和培训的质量，并为教师的专业成长提供有力的保障，是教师教育一体化质量管理制度建设的基本原则。

一 我国教师教育机构演进简况

教师专业成长必然离不开教师教育机构的建设。在中国古代社会，由于政教合一、官师一体的文教政策，教师多由政府官员担任，没有正式的教师教育机构。到了清末，我国参照日本学制开始创立近代师范教育，1897 年南洋公学成立师范院和 1902 年京师大学堂附设师范馆标志着师范教育制度的开始。② 1904 年《奏定学堂章程》中规定，教师培养分为初等和中等两个阶段，其中初级师范学堂以培养初等教师为主，优级师范学堂以培养初等教师、中等教师和教育管理者为主。民国时期，教师培养制度转向模仿美国，实行师范学校、师范专修科和师范学院（大学）三阶段制，中等学校教师的培养逐渐提高到大学本科水平。

新中国成立后，我国积极模仿苏联的教师教育制度，设立初等师范学校、中等师范学校、师范专科学校、师范学院（大学）四级教师教育机构。20 世纪末，我国开始独立探索本土化多元开放的教师教育体制，形成以独立设置的师范院校为主体，非师范院校参与培养师资的多形式、多层次、系统化的培养培训模式，多渠道、多

---

① 朱旭东，李琼. 教师教育标准体系研究［M］.北京：北京师范大学出版社，2011：198.
② 李进. 教师教育概论［M］.北京：北京大学出版社，2009：4.

形式地为不同阶段的教师提供培养和培训，教师教育除了学历教育外，还涵括教师的学历提升和继续教育工作等。

当前，我国职前教师教育机构主要分为师范类学校和非师范类学校两大类型。其中，师范类学校可以进一步细分为师范大学、师范学院、师范高等专科学校三级；非师范类学校中承担职前教师培养任务的主要是普通高等学校教育学院（系）。对于教师入职和职后培训，除了上述教师教育机构外，还有省级、地（市）级教育学院，市（县）教师进修学校，以及其他教育机构，譬如高等师范学校培训部、函授部，普通高等学校教师函授部、师资培训班等。随着教师教育体系的逐步开放，各级各类教师教育机构纷纷参与教师培养及培训，形成教师来源多样化的竞争格局。

换个角度划分，目前我国的教师教育机构包括普通教育和成人教育两种类型。普通教育机构主要有高等师范院校、综合大学、地方性学院等，主要通过举办师范专业培养职前中小学和幼儿园师资；成人教育机构主要有省级与地（市）级教育学院、市（县）教师进修学校和其他教育机构（如开放大学、函授教育、自学考试等），主要面向各级各类学校承担中小学和幼儿园在职教师培训任务。此外，相关高等院校也内设教师教育学院、继续教育学院、中小学校长培训基地或教师培训学院。教师教育体制开放以来，伴随教师教育一体化改革的不断深入，教师教育机构类型和性质功能也逐渐呈现出相互融合和资源共享的特征。

二　建立统一的教师教育机构标准的必要性

建立统一的教师教育机构标准的必要性，可主要从以下四个方面来展开论述。

（一）教师教育一体化发展需要制定教师教育机构标准

教师教育一体化发展需要充分整合与教师教育工作密切相关的一系列教师教育资源。按时段来看，可以分为职前教师教育资源和职后教师教育资源；按照类型划分，可以分为教师教育人力资源、教师教育物力资源、教师教育财力资源。在教师教育改革以前，教师教育资源是分散的，这使得资源配置得不到充分优化，影响了教师教育的整体质量。出现教师教育机构的合并运动后，以教师教育机构的整合实现机构一体化，进一步对人力、物力、财力资源进行整合，必然提高资源利用率和优化资源配置。在部分教师教育机构重组合并中，如果缺乏相应标准，即使整合了教师教育资源，但没有实现资源配置的最优化，也会造成教师教育质量低下的问题。因此，建立严格明确的教师教育机构标准，有助于引导教师教育机构在重组与合并过程中，最优化自身的资源配置，只有教师教育机构规范化，才能实现"教师教育机构各有侧重，协同推动教师教育的创新发展"[①]。

（二）提高教师专业化素质需要规范教师教育机构标准

在学习型社会和信息化时代，信息技术的扩充对各类教育发展和教师专业素质提升提出了巨大的挑战。如今，教师不仅要掌握施教所需的学科专业知识，更要成为学生发展的促进者、引导者，学生成长路上的合作者。当前，我国教师的整体素质参差不齐，这一方面源于地区间教育发展基础和资源分配差异，另一方面也与教师教育机构培养质量的差距相关。目前，教师的职前教育主要由高等师范院校、综合大学、地方性学院等来承担，在职教育主要由省级与地（市）级教育学院、市（县）教师进修学校和其他教育机构（如开放大学、函授教育等）承担。无论是职前教师培养还是在职教师培训，为了整体提升教师的专业素质，都必须制定相应的教师教育机构标准，防止非专业、低水平的教师进入队伍当中，减少地区之间由教师质量差距大带来的教育质量不平衡问题，这样才能保证教师教育的总体质量，不断提高教师专业化水平。

（三）教师教育机构认证问题需要对教师教育机构标准进行规范

2001年，我国颁布《国务院关于基础教育改革与发展的决定》，

---

① 杨瑞. 论我国现代教师教育一体化实现路径 [J]. 继续教育研究，2016（05）：102 – 104.

确立开放教师教育体系，带来了教师教育机构设置的多样化，不仅由师范院校承担培养工作，其他高等学校也参与到教师教育工作之中。实际上，体系开放化自然会表现出各类教师教育机构性质和功能的不同，以及承担各有侧重的教育职责。但随着教师教育一体化改革的深入推进，教师教育机构类型和性质功能呈现出互相融合和资源共享的特点。如，以往承担教师职前培养的普通教育机构如今设置教师教育学院、继续教育学院、中小学校长培训基地等下属机构，承担教师职后培训工作。这种机构上既相互区分又相互融合的变化，也带来统一规范的教师教育机构认证标准难以确立的问题。首先，多样化增加教师教育机构类型的复杂程度，"各个机构在教师教育理念、课程、师资、经费和设备等方面参差不齐，严重影响了教师培养的质量以及教师教育的可持续发展"[①]。教师教育一体化旨在追求培养与培训的一体衔接，促进教师专业的可持续发展和连续性。多样化带来不同教师教育机构在理念与课程设计上的"去衔接化"甚至"冲突与矛盾"，无论是正式教师还是准教师，在其漫长的专业生涯中都不可能仅仅接受一个教师教育机构的培养，他的教师专业发展必然是在多个教师教育机构的协同培养之中成熟起来的。如果没有规范统一的教师教育机构标准，不同教师教育机构在教育理念和课程设计上就会存在相对异质性，基本的教育资质参差不齐，使得教师专业发展的连续性削弱，甚至发生培养阶段"割裂"的风险。目前，我国已经开始对师范院校进行专业认证，通过分级化认证的方式解决教师培养资质参差不齐的问题，但眼下又产生了新的问题：目前教师教育机构间的协同培养力度增强，在师资、经费、设备等方面整合性增强，在理念、课程、教学、评价等方面的融合度提升，这在无形之中增加了教师教育机构认证标准的指标建立和评价难度。

（四）教师教育质量评估需要依托教师教育机构标准

加大教师教育机构之间的协同创新培养力度是深入推进教师教

---

① 郭赟嘉，闫建璋. 教师教育机构资质认证研究 [J]. 教师教育学报，2017（06）：88.

育一体化的基本趋势。教师教育机构标准建立的初衷在于在开放化
教师教育体系下保障教师培养培训的专业质量，因此"必须对开设
教师教育的学校有无能力培养师资进行考核，考核的内容包括：是
否有一套完整的教师教育课程体系、是否有相应课程的教师队伍、
有没有实验条件和实习基地等，要有专家委员会来审核"①。但最初
教师教育的机构标准面向的是"一校一评估"，这与目前机构之间合
并整合、资源共享融合不断增强的现实是相悖的。随着融合统整程
度的加强，机构中的教师教育人员、课程体系、硬件设备、基地建
设等方面内容就需要重新确立。校外聘请或校外合作参与协同培养
的教师教育者是否算资质认定的内容？应该如何设立指标？对外部
协同机构所订立的课程内容和教学方法如何进行科学的资质判别和
考查？在"三位一体，协同育人"的教师教育模式下，作为评估者
的专家委员会或认证机构又该如何确保专业组织性？这些都有待于
教师教育机构标准的建立与完善。

三　教师教育机构标准的构建

当前，我国教师教育机构标准并无明确的政策规定，而美国已
具有较为成熟的教师教育机构标准。在借鉴美国这方面经验的基础
上，结合我国实情可以对今后教师教育机构标准的构建进行设想。

（一）美国教师教育机构标准的构建

1954 年成立的美国国家教师教育委员会（National Council for the
Accreditation of Teacher Education，NCATE），是美国第一个专门负责
全国教师教育机构和培养方案鉴定的机构。NCATE 对教师教育机构
办学水平的认可主要由两部分构成，一是对教师教育机构实施职前
培养计划和职后培训计划的质量认可，二是对实施这两类计划的教
师教育机构办学能力进行综合认可。

美国 1997 年又成立了新的教师教育机构认证组织"教师教育认

---

① 顾明远. 改革教师教育的 10 点建议［J］. 中国高等教育，2004（09）：22.

证委员会"（Teacher Education Accreditation Council，TEAC）。TEAC 与 NCATE 存在认证理念上的不同，TEAC 更倾向于让教师教育机构 提供证据来证明教师教育项目已经达到自己所制定或采用的标准， 因此 TEAC 本身不制定详细的认证标准，而后者规定申请机构必须 达到 NCATE 已经设定好的标准才能通过认证。

2013 年，美国 NCATE 和 TEAC 两大机构完成整合，组建了新的 教师教育认证机构——"教师培养认证委员会"（Council for the Ac-creditation of Educator Preparation，CAEP），并在同年公布了新的认证 标准，到 2016 年 NCATE 和 TEAC 的传统标准不再用于认证，而是 在全美范围内执行 CAEP 标准。2013 年版的 CAEP 认证标准及其附 加标准的制定，建立在以下两个原则基础上：一是必须有确凿的证 据表明，教师教育机构的毕业生是能干的和有爱心的教育工作者； 二是必须有确凿的证据表明，教师教育机构的教育工作者有能力创 造、保持和增强自身项目专业质量的证据文化。2013 年版的 CAEP 认证标准共包含五个方面：学科内容知识和教学知识（Content and Pedagogical Knowledge）；临床伙伴关系和实践（Clinical Partnerships and Practice）；准教育工作者的质量、招聘和选择（Candidate Quali-ty，Recruitment and Selectivity）；项目影响力（Program Impact）；教 师教育机构质量保证和持续改进（Quality Assurance and Continuous Improvement of Teacher Education Institutions）。

CAEP 章程规定每七年对标准进行一次审查，2020 年美国成立 专门的工作组审查 2013 年标准，进一步整合、澄清和简化标准，并 颁布新的 CAEP 初级认证标准，其主要包括七个方面：学科内容知识 和教学知识；临床伙伴关系和实践；准教育工作者的招聘、发展和支 持（Candidate Recruitment，Progression and Support）；项目影响力；质 量保证系统和持续改进（Quality Assurance System and Continuous Im-provement）；财政和行政能力（Fiscal and Administrative Capacity）；符 合《高等教育法》第四章的规定（Record of Compliance with Title IV of the Higher Education Act，此项仅适用于寻求获得《高等教育法》

第四章中规定的资金的教师教育机构)。① 新版本的标准与 2013 年版相比，主要是合并、澄清相关条例和删除无关语言。此外，由于在线学习的盛行，新的 CAEP 还添加了特定的技术标准。

美国 CAEP 教师教育机构标准主要有以下特点。一是注重与国家、州及其他相关标准的衔接。各教师教育机构的质量保证系统要通过相关的、可验证的、有代表性的、可积累的、可操作的测量手段来保证数据的有效性和持续性。二是建立基于证据的质量保证系统。CAEP 要求教师教育机构要广泛收集证据，借助调研结果和收集的证据，来确定优先事项、确立改进目标并突出创新。三是强调形成性反馈，追求持续改进。检测实习考评，教师资格认证合格率、毕业率，构建有效教学指标，教师自我评价等涵盖职前职后多方面的数据信息，根据反馈信息及时调整教师培养项目和对教师教育机构的等级认证。四是重视教育实践方面的合作。教师教育机构确保有效的合作伙伴关系和高质量的临床实践是准教师培养的核心，合作伙伴共同构建互利互惠的教育临床实践模式，并共同承担持续改进准教师培养方式的责任。

（二）我国教师教育机构标准的构建设想

借鉴美国教师教育机构标准，结合我国教师教育发展实际情况，有学者对我国教师教育机构标准的构建提出了设想。大致框架主要包括教师教育规划、办学能力、准教师的选拔与发展、课程设置与建设、教学计划与实施、培训实效和特色创新、外部合作关系等七方面。②

1. 教师教育规划

教师教育规划是指由教师教育机构所制定的，针对机构未来教师教育发展事业中一些整体的、长远的、基本的问题进行思量和考

---

① 洪明，练栅栅. 美国教师培养质量认证的新近改革——CAEP 认证标准的背景、内容和特点探析 [J]. 教育文化论坛，2015 (05)：1 - 5.

② 汪建华. 教师教育机构认证制度构建的探析 [J]. 教师教育研究，2012 (02)：6 - 10.

察，形成相应的行动方案。内容涵盖对机构自身办学基础和发展现状的考察，总结机构在发展中面临的机遇和挑战，阐明发展规划的指导思想和总体目标，梳理发展事业中的重点内容和工作思路，制定流畅运行的组织领导和制度保障措施。

制定教师教育规划的意义：首先，教师教育事业健康发展需要教师教育机构建立系统思维和全局意识。因为，教师教育事业发展与社会发展的联系愈加紧密，深刻影响着地方基础教育的发展水平，而一个地区的经济活力和精神文化又与当地文教水平休戚相关。而且，教师教育工作牵涉多方利益相关主体，地方政府、师范院校、中小学校、社区等都直接或间接地参与，涉及的资金、人员、设备等多方面的资源配置也较复杂，这都需要以系统思维进行全面、长远的规划，提高教师教育资源配置的整体效率。其次，帮助教师教育机构认真审视办学基础和发展现状，全面、系统地把握自身办学的长处和不足，减少工作和决策过程中的失误率，提高教师培养培训质量。再次，规划具有一定的激励性和鼓动性，其行动方案能够使机构内的教师教育工作者明了未来的工作使命和思路，激发员工的工作动力。最后，将规划作为考查的标准之一，帮助教育行政部门把握教师教育发展脉络，对教师教育机构的发展需求做出支持和反馈，实现相互协同配合。

2. **办学能力**

（1）基础设施：足够的教学场所和教学设备、仪器和教学用具（包括信息技术资源），包括校舍状况、图书馆、运动场及体育设施、实验室、多媒体教室、微格教学室、实习基地建设状况等。

（2）师资队伍：从教师队伍的质量、数量、专业发展等三方面进行考查。质量方面主要考查学科结构、学历结构、师德师风、学术及教学水平等方面；数量方面主要考查生师比、专兼职教师比例是否合理；专业发展方面则是考查教师教育者的在职进修制度、科研状况等方面。

（3）财政能力：教师教育机构所拥有的财政能力要与其办学规

模相匹配，能够支持教师教育机构及其合作学校为培养准教师，在课程、教学、师资、教育实践、学术研究等方面开展高质量的工作，以生均主要教学经费数、年主要教学经费增长情况为考查指标。

（4）组织与管理：包括组织机构的设置、组织人事建设和管理规章制度建设等方面。

3. 准教师的选拔与发展

（1）准教师的选拔：要建立科学合理的录取资格评价体系，公平、公开、公正地制定招生计划并开展招生工作。

（2）准教师的发展：主要考查准教师在学科内容知识、教学知识与技能、专业责任和在实践中有效地整合技术的能力方面的发展，可以将专业必修课合格率、学位合格率、教师资格证合格率、实习单位和用人单位满意度等数据作为主要参考。

4. 课程设置与建设

课程设置与建设主要包括以下四个方面：科学、合理、系统的课程计划和实施方案；教育类课程设置主要参考《教师教育课程标准（试行）》的相关细则；考查教育类课程与学科专业类课程、理论课程与实践课程的结构和比例是否合理；对校本课程资源的开发、管理和评价。

5. 教学计划与实施

（1）教学计划：各类教师培养方案和教学大纲、教学目标明确，可操作性强，教学内容能贴近中小学教学实践，反映最新的研究成果。

（2）教学实施：教学方法和手段多样化、现代化、信息化，以启发性、研究性教学为主。

6. 培训实效和特色创新

（1）培训实效：培训实绩、学员收获、同行评价、社会声誉。

（2）特色创新：优势领域具体表现、特色项及认可度与成效、创新表现及成果。

7. 外部合作关系

（1）与中小学的合作关系：实习基地的数量与质量能满足师范

生教育实践的需求。

（2）与政府的合作关系：政府能为教师机构的发展提供政策、资金、人力等方面的支持，教师教育机构能为政府提供教育咨询服务。

（3）与专业组织的合作关系：教师教育机构积极参加或举办各类教师专业发展学术会议。

（4）与社区的关系：教师教育机构能为社区提供各种教育志愿服务。

（三）制定教师教育机构标准的目的与意义

制定教师教育机构标准的目的在于判别不同教师教育机构的办学资质，规定教师教育基本发展方向，激励机构为提升自身办学资质持续探索改进工作，提高教师教育质量，促进教师教育一体化。

一是通过教师教育规划，教育行政部门可以掌握不同教师教育机构的发展方向，从而进行统筹的规划、管理和支持。二是办学能力的标准明晰化有助于从基础设施、师资队伍、财政能力、组织管理等软硬件方面掌握一所教师教育机构整体的办学资质和能力，并鼓励机构不断加强软硬件建设。三是准教师选拔与发展方面的规定有助于以评估促使机构改进教师（师范生）招生、就业等方面的工作，重视学生的职业规划，促进教师教育一体化建设。四是对课程的设置与建设、教学的计划与实施方面的考查有助于从过程上把握机构教师教育整体的管理组织和实践效果，做到教师教育质量的持续改进。五是对培训实效和特色创新的标准要求有助于机构在教师教育上积极适应当地社会需求，结合不同地区教育发展需要进行特色创新。六是对外部合作关系的标准要求有助于推动机构积极与中小学、政府、专业组织开展教师教育协同合作，推动教师教育协同创新的实现。

第二节 师范专业认证标准：师范专业办学评估的根本依据

师范专业是由普通高等院校或职业院校，根据社会对培养不同种类教育专门人才的需要划分设置的学业门类，主要包括学前教育、基础教育、特殊教育、职业教育四种类型。在国家和省级教育行政机构的协调配合下，师范专业认证是专门性教育评估认证机构依照认证标准，对师范类专业人才培养质量状况实施的一种外部评价过程。[①] 师范专业认证标准是我国师范专业办学评估中的根本依据，是在师范专业办学评价过程中所依据的评估细则。

一 我国师范专业认证标准的出台背景与现实功能

在认证标准出台之前，我国的师范教育已经有较长的发展历史。2017 年，教育部颁布师范专业认证标准，对中学教育专业、小学教育专业、学前教育专业和中职学校教师专业的办学标准，从专业定位与规划、课程与教学、合作与实践、教师队伍、办学条件、质量保障、学生发展等七个方面进行规定。分析考察师范专业认证标准出台的背景，阐明这一标准的现实功能对师范专业办学和教师教育一体化建设很有意义。

（一）我国师范专业认证标准的出台背景

1. 师范专业人才培养开放化和多样化

新中国成立以来的很长一段时间，我国实行封闭定向的师范专业人才培养模式。这种模式具有很强的行政计划性，但不具备市场竞争性。师范生就业包分配，并有较好的政策保障。进入 21 世纪后，随着我国市场经济改革的深入推进，这种传统培养模式已经不能充分适应社会现代化需要，必须加以变革。2001 年，《国务院关于基础教育改革与发展的决定》提出"完善以现有师范院校为主体、其他高等学校共同参与的开放的教师教育体系"，我国师范专业人才培养也因此走向开放化和多样化。顾明远教授曾指出："开放化教师

---

① 中华人民共和国教育部. 教育部关于印发《普通高等学校师范类专业认证实施办法（暂行）》的通知 [EB/OL]. (2017 - 11 - 08) [2022 - 03 - 22]. http：//www. moe. gov. cn/src-site/A10/s7011/201711/t20171106_ 318535. html.

教育的实质是提高教师教育的水平，而不是培养形式的变化。"① 但在由"封闭"到"开放"的转型过程中，一些学校未能充分考虑自身办学实际和条件，盲目增设师范专业，造成师范专业的"无序扩张"，导致师范专业人才培养由"多样化"的初衷变成现实中的"参差不齐"。通过对师范专业培养转型的历史考察，可以洞见"无序"是造成培养"参差不齐"的原因之一，而建立标准是实现师范专业人才"有序"和"多样化"的重要保障。

2. 师范类专业办学走向综合化和边缘化

过去，师范专业由各级各类师范院校独立设置，其他学校没有参与培养师范人才的权利。这种封闭的培养模式造成师范专业办学缺乏与其他专业相对的竞争性，容易故步自封，丧失进步的动力。开放的教师教育体系确立后，师范院校开始往"综合化"方向发展，大量增设非师范专业，使得原来集中支持师范专业建设的资金、设备、人员等资源分流到其他非师范专业，而师范专业又未能从"综合化"的变革浪潮中及时调整理念、思想、观念、方法，缺乏参与专业竞争和市场竞争的思想意识和准备，导致师范专业在"综合化"的浪潮下越来越被推向多学科的边缘位置。师范专业在专业竞争和市场化竞争中迷失了自我，许多师范院校因此纷纷更名，去掉了"师范"二字，丧失了"师范"底色。因此，确立标准的目的还在于帮助已有的师范院校重新树立起专业建设前进的方向和标杆，重新拥有"师范"底色，坚守师范专业人才的培养初心和使命，让师范专业办学走出边缘化的局面。

3. 国际教师教育质量的标准化和体系化

放眼国际社会，通过标准化、体系化的师范专业认证来保障教师教育质量已是许多发达国家乃至发展中国家的普遍行动。以美国为例，1997年教师教育认证委员会与此前的全美教师教育认证委员会构成全美两大外部教师教育质量保障组织，"基本形成了政府行政

---

① 顾明远. 论教师教育的开放性 [J]. 高等师范教育研究，2001（04）：1-5.

机制、专业团体专业机制和教师教育机构的学术机制三种教师教育质量保障机制"①。我国要走向教育现代化,实现中华民族伟大复兴,就需要积极吸收、借鉴国际教师教育的改革发展经验。学习世界各国建立师范专业认证标准,规范和引领师范专业建设发展,这是我国未来融入乃至引领世界教师教育改革的必要之举。

(二)我国师范专业认证标准的现实功能

师范专业人才培养的开放化多样化、院校办学的综合化和专业的边缘化是师范专业认证标准出台的国内背景,教师教育质量的标准化体系化是国外整体的变革方向。立足现实的背景和发展需要,我国出台师范专业认证标准,至少具有以下功能和价值。

1. 判断师范专业人才培养水平的高低

教师教育体系开放化带来师范专业人才培养来源多样化的同时,由于缺乏严格清晰的培养标准和资质认定的程序,造成师范专业人才培养的"参差不齐"。人才培养的"参差不齐"客观上会给用人单位招聘到合格的教师带来难度,因为其很难清晰有效地判别教师所接受培养的机构是否具有优良的教师教育资质。这导致只能从一些表面的、盲目的固定标准来筛选令人满意的教师。这也是许多中小学校招收北大、清华等 985 高校的博士成为教师,而"根正苗红"的师范专业毕业生却被拒之门外的原因之一。学历水平已经变成用人单位在难以判别应聘者是否具有相应专业能力情况下的优先筛选原则。建立师范专业认证标准的意义就在于设定教师教育机构培养资质的最低门槛和高级标配。一方面,它发挥了"兜底"作用,有助于剔除一些资质不合格、办学不达标的师范专业。另一方面,它也能成为用人单位在筛选师范人才时判别其是否具有专业能力的依据。一级标准如同筛子,提高了教师入职门槛,保证教师人才队伍的源头活水,二、三级标准如同模子,帮助用人单位识别和评估师

---

① 朱旭东,周钧. 美国教师质量观及其保障的机制、管理和价值分析 [J]. 比较教育研究,2006 (05):70-75.

范毕业生的专业素质，招收真正具有专业能力的师范毕业生进入教师队伍。

2. 缓解师范专业人才培养局面的混乱

师范专业培养的多样化带来的一个问题就是培养的"混乱"，许多师范院校向综合性、多学科型大学的方向转型，传统的师范专业在转型过程中日趋边缘化，不知自己"路在何方"。同样，一些缺乏师范专业办学传统的综合性大学和职业院校也开始设立师范专业，它们同样对如何培养合格的师范人才存在困惑。方向的不确定、目标的不清晰、标准的模糊不定，造成国内整体师范专业人才培养局面的混乱与无序，有些师范专业的人才培养把师范教育当成通过"教师资格考试"和"教师招聘考试"的应试准备，甚至为毕业生"顺利"入职教师岗位而沾沾自喜，殊不知这种人才培养方式直接忽视了教师专业实践能力的建设和发展，师范毕业生在进入岗位后难以适应日常的教育教学业务，也导致用人单位质疑师范专业的培养资质。当前教师招考培训的火热，从侧面反映出这种混乱无序的培养现实。因此，出台认证标准的另一功能就在于规范教师专业人才培养的质量规格，建立相对统一的教师质量标准和专业培养标准，缓解目前人才培养局面的混乱和无序。

3. 促成师范专业人才培养机构的合力

从教师教育一体化建设的思路来看，教师教育需要实现教师职前、入职、职后培养之间的相互衔接、前后贯通、各有侧重、高度整合。这需要师范专业人才培养机构的充分协作，师范专业认证标准就规定了这一改革方向："要建立权责明晰、稳定协调、合作共赢的'三位一体'协同培养机制，基本形成教师培养、培训、研究和服务一体化的合作共同体。"① 因此，师范专业认证标准的出台有利于高校、地方政府和中小学在教师教育培养培训上，以标准为导向

---

① 中华人民共和国教育部. 教育部关于印发《普通高等学校师范类专业认证实施办法（暂行）》的通知［EB/OL］. （2017 – 11 – 08）［2022 – 03 – 22］. http://www. moe. gov. cn/src-site/A10/s7011/201711/t20171106_318535. html.

开展协同合作与创新研究，形成三方合力、互利共赢，有效提高教师教育质量。

二 我国师范专业认证标准的解读与实施挑战

我国师范专业认证标准出台的目的在于，解决当前师范专业人才培养参差不齐、整体培养混乱无序等现实问题，形成高校、地方政府、中小学校三位一体的协同创新培养格局，促进教师教育的一体化建设。但在实施过程中，理想的方案总会遭遇现实的挑战。这需要对认证标准的理念进行深度解读，阐明师范专业认证标准的基本框架，并为以后思考改进策略做准备。

（一）我国师范专业认证标准的框架与解读

1. 我国师范专业认证标准的基本框架

我国师范专业认证标准根据培养教师类型区别，划分为学前教育、小学教育、中学教育、特殊教育和职业教育五种类型，以满足各级各类师范专业人才培养的资质认证要求。级别上，由低到高划分为一、二、三级认证水平，认证标准根据级别的提高而相应提高，一级定位于师范专业办学基本要求，由课程与教学、合作与实践、师资队伍、支持条件4个维度15个可进行数据监测和量化统计的指标组成，包含生师比、教育实践时间、生均教育实践经费、生均教育类纸质图书等标准，是我国师范专业办学评估的底线。一级认证借由大数据技术对师范专业建设进行常态化监测和动态性调整。二、三级认证聚焦师范专业教学质量的持续改进和创新，二级对应合格要求，三级对标卓越要求，前者旨在引导师范院校加强专业内涵建设，后者旨在不断健全完善产出导向的师范专业人才培养体系和有效的质量持续改进机制。二、三级认证标准在一级认证4个维度的基础上增加了培养目标、毕业要求、质量保障、学生发展4个新的评估维度。通过二级师范专业认证的毕业生可以在达到学校规定的有关毕业要求后视同笔试合格；通过三级师范专业认证的毕业生可以在达到学校规定有关毕业要求后视同笔试、面试合格。同时，认证结果也会成为未来政府进行政策支持和资源经费支持、用人单位招聘的重要参照依据，以此激励各类院校积极投入师范专业的内涵式建设中。

2. 我国师范专业认证标准的理念解读

"学生中心""产出导向""持续改进"是我国师范专业认证标准的三大指导理念，它们是我国师范专业办学评估工作中的"精神内核"。因此，深度解读师范专业认证的三大理念，有助于我们更好明晰当下师范专业认证工作和标准制定要面临的一系列现实挑战。

（1）"学生中心"。强调师范专业教育工作以学生为中心，一切教师教育资源配置活动和课程教学安排，都要紧紧围绕学生的发展进行周密的设计和布局，并将师范生和用人单位的满意度作为评判专业培养工作的重要参考依据。这一理念的实质是对过去师范教育弊端的认真反思与推进改革的殷切呼吁。自 2001 年开展基础教育课程改革工作以来，我国一直强调贯彻"学生中心"的教育理念，"一切为了学生，为了学生的一切"，但现实中依然存在许多"教师中心"的现象，忽视学生德智体美劳的自由全面发展。其原因在于我国师范生培养强调"去学生中心"的教育，不少师范院校的教师教育者嘴上反复说"学生中心"，却在实践中坚守"书本中心""教材中心""教师中心"的古老教条，如此培养出来的教师，又如何能够在未来的教育工作中坚守"学生中心"理念？可以说，"学生中心"是对广大教师教育工作者的一种提醒，要求教师教育者认真、仔细、用心倾听每位师范生的心声，聆听他们的诉求，改进自身课程内容和教学方法，将"学生中心"贯穿于一切师范专业认证的评价活动中。

（2）"产出导向"。强调评价要以师范生接受专业教育后所呈现出来的真实学习效果为导向，更确切地说是师范生毕业后进入教师工作岗位所表现出来的专业教育教学实践能力和岗位适应力。这一理念是对过去师范教育"重投入轻产出"的革新。20 世纪末，高校扩招带来了教育规模与教育投入的不匹配现象。因此，增加教育投入能够在短期内显著提高教育质量。但随着教育投入持续增加所带来的边际成本递增效应，以往粗放式增加投入的方式已不能显著提高产出，师范专业认证评估不能再单纯注重投入，更需要关注投入后的产出。

（3）"持续改进"。强调师范专业必须建立起有效的、常态化的教师教育质量监控机制和专业持续改进的工作机制，从而做到持续跟踪、改进、巩固师范类人才培养质量，实现教师专业的可持续发展。这也是巩固和提高教师教育一体化质量的应有之义。教师教育与社会发展具有高度的紧密性，教师的专业素质结构必须随着社会发展及时更新，这就需要承担教师培养培训职能的师范类专业做到可持续的自我更新、自我改进、自我发展。

（二）我国师范专业认证标准的实施挑战

1. 教师教育机构对"认证标准"的认知偏差和认证过程中的功利取向

出台认证标准的目的在于保障教师教育培养质量，为社会输送合格、专业的教师。这一目标的实现不仅要求认证标准本身的科学性与合理性，也需要承担专业认证评估的相关机构能够全面、恰当地认识标准的意义和内涵，更需要参评的师范专业对认证标准的正确解读。甚至可以说，参评的教师教育机构认真领会、严格落实专业认证标准，是我国师范专业认证标准从出台到具体有效落地的关键。当前，我国教师教育机构在落实认证标准上存在的挑战有两个：一是对认证标准认识的偏差性和片面化；二是在具体落实上存在"功利主义""形式主义"倾向。主要表现为：对认证标准内涵的解读不精准，把核心理念模糊化、简单化，致使在办学过程中出现教师培养目标重叠泛化，没有体现出师范本科和教育硕士的显著差异，对毕业要求的设定存在过于宽泛或过于窄化、过度降低或过度提高等问题；课程与教学实施中依然遵循传统的"教师中心"教学，微格教室、多媒体教室"名新实旧"；学生主体性依然处在被遮盖与忽视的状态，对课程、教材、教学等方面的话语权依然极其有限；实践课程依然存在"放养"问题，缺乏实质有效的实践指导；等等。

有的教师教育机构参与专业认证的目的并非加强师范专业建设，提升教师教育质量，而是瞄准认证结果带来的政策支持、资源配置、经费投入、单位招聘等方面的倾斜性、附加性收益，容易形成"为了认证而认证"而不是"为了发展而认证"的误区，导致在认证评估中存在一些形式主义甚至弄虚作假的情况。

2. 评估专家对"认证标准"认识的主观性和结果判断的有限理性

目前我国二、三级专业认证主要采取专家进校现场考察的方式进行。认证标准的实施是否有效还取决于认证专家是否能够合理认识标准，并在现场考察评估中做出正确的判断，这方面主要面临两个挑战，一是评估专家对"认证标准"的认识存在主观性，二是对结果的判断存在有限理性，这些都会直接间接影响到认证标准的有效落地。影响认知主观性与判断有限理性的因素主要有以下几种。一是针对专业认证知识与能力的相关培训不足，导致认证专家不能充分理解标准传达的深意，从而形成对标准的误读。二是标准本身的模糊性和不具体性也是干扰专家做出有效判断的因素之一，如标准中对合格教师和卓越教师的区分度界定不够具体清晰，导致专家在评估中依循自己的经验主义惯习做出主观性较强的判断。三是外部因素交织作用以及认证专家掌握信息的"不全面性"导致判断的有限理性。如，专家通过材料审核和有限的现场考察，能掌握到的信息和情报实际非常有限；外部存在刻意的隐瞒、人情关系等各种影响专家做出理性判断的因素，都有可能使评价结果的公正性受到影响。

3. "认证标准"本身欠缺性和组织制度依然有待进一步完善

师范专业认证政策从制定到落实经历了由"理想"到"现实"的落差，缩小这一落差一直是政策制定者致力实现的目标。行动学派代表人物琼斯（Charles O. Jones）认为，解释、组织和实施三项活动是政策付诸实施的关键要素。[①] 实施的主要挑战来自认证评估专家

---

① Jones C O. An Introduction to the Study of Public Policy ［M］. North Scituate：Duxbury Press，1977：139.

和教师教育机构两方的主观意识和客观能力，前文已述，解释和组织是二者之外的客观条件，解释意指"认证标准"本身的可解释性，组织则关系到政策执行过程中的相关主体能否被有效充分动员起来。目前，挑战主要是"认证标准"本身的欠缺性和组织制度有待进一步完善。"认证标准"的欠缺主要有两方面，一是部分内容表述较为泛化，不够具体，造成解释力不足，使得认证评估专家和教师教育机构存在解读上的困难；二是一些标准设置与专业实际存在一定偏差，例如"小学教育专业的'学科素养'毕业要求中有关主教和兼教学科的描述比较贴近全科培养模式，但不符合中国小学教育的培养实际；师范专业培养目标与部分毕业生实际入职的学段不匹配"[①]等问题。从现行组织制度上，存在"制度理想化"与"执行困难"的现实矛盾。认证标准的二、三级考查范围较为完整全面，但从全国已有的师范类专业设置情况来看，要在短时间内完成对标准规定的所有指标内容的考查，对于认证评估工作而言，时间相当紧凑，任务十分繁重，专业要求极高；而对于参与认证的教师教育机构而言，准备材料等工作同样十分琐细繁重，且容易造成挤占正常工作时间的问题。如，部分师范院校会为了完成专业认证挤占任课教师正常的工作时间，给任课教师带来额外的任务压力，结果变成"为认证而认证"，反而牺牲了教育时间，违背了提高教师教育质量的初衷，这不仅是教师教育机构面临工作与人力不足的无奈之举，也反映出当前的组织制度尚有待改进，必须往更"人性化"的方向改善。

三　我国师范专业认证标准的改革方向与完善策略

为有效巩固和加强师范专业认证评估工作，促进教师教育一体化，我国师范专业认证标准的完善工作应坚守引导师范专业建设向特色化、标准化、综合化发展的改革方向，并通过积极的线上线下

---

① 黎大志，彭琪珺. 问题与对策：中国高校师范类专业认证实践审视——基于教育政策执行的视角［J］. 现代大学教育，2022（04）：97.

教育宣传促进教师教育机构理解认证标准内涵，教师教育机构主动"走出去""引进来"学习积累认证工作经验，注重明晰机构内部各行为主体在认证工作中的有关职责，完善落实师范专业认证标准工作。

（一）我国师范专业认证标准的改革方向

1. 引导师范专业建设向特色化发展

师范专业认证标准的出台，标志着各高等院校尤其是拥有悠久教师教育办学历史的师范院校在专业建设上要努力引导师范专业向特色化发展。由于过去师范院校综合化，师范专业地位渐渐在专业群建设中被边缘化，加之许多综合性大学参与教师培养，师范专业的特色逐步淡化，甚至存在师范专业同质化的倾向。认证标准颁布后，要求各级各类师范院校改变过去师范专业建设被边缘化的情况，促进各级各类师范院校重视师范专业建设，坚守教师教育特色。同时，标准将认证等级分为一、二、三级，对应基本要求、合格标准、卓越标准，以帮助各级各类师范院校结合自身实际，找准自身定位，进行分层分类发展，并结合自身的办学历史和优势，防止专业建设过程中的盲目化，促进各院校开展特色办学，改变师范专业存在的同质化问题。

2. 引导师范专业建设向标准化发展

师范专业认证标准出台以后，各院校在师范专业认证上有了相对统一的标准，尤其是各院校师范专业建设紧紧围绕"学生中心、产出导向、持续改进"的理念来推动人才培养方式的革新。"学生中心"要求在未来教师教育职前职后课程一体化改革中注重内容，"以学定教"，瞄准教师专业发展，科学合理地设计课程内容，并要在教学方式方法上注重激发学生的主体性，使学生成为"自我教育者"，促进专业自主发展。"产出导向"为师范专业建设规定了总体方向，要求师范类专业培养体系构建按照师范毕业生应达到什么样的标准进行反向设计，师范专业先根据市场对人才培养质量和规格的要求来设计和树立培养目标，再把培养目标分解为具体的毕业要求，根据毕业要求来安排相应课程。"持续改进"要求师范专业建设常态化的专业质量评价和监控机制，定期对师范专业的课程与教学设置内容及实施状况、师资水平、师范生个人成长情况等进行理性分析把握，及时发现专业发展过程中的问题并不断改进，推动师范生培养质量持续改进与提高。

3. 引导师范专业建设向综合化发展

我国师范专业认证标准指标主要包括培养目标、毕业要求、课程与教学、合作与实践、师资队伍、支持条件、质量保障、学生发展8个一级指标，而8个一级指标下又分为数个二级指标。以小学教育专业标准为例，培养目标包括目标定位、目标内涵、目标评价3个二级指标；毕业要求包括师德规范、教育情怀、学科素养、教学能力、班级指导、综合育人、学会反思、沟通合作8个二级指标；课程与教学包括课程设置、课程结构、课程内容、课程实施、课程评价5个二级指标；合作与实践包括协同育人、基地建设、实践教学、导师队伍、管理评价5个二级指标；师资队伍包括数量结构、素质能力、实践经历、持续发展4个二级指标；支持条件包括经费保障、设施保障、资源保障3个二级指标；质量保障包括保障体系、内部监控、外部评价、持续改进4个二级指标；学生发展包括生源质量、学生需求、成长指导、学业监测、就业质量、社会声誉6个二级指标。可见，指标体系内容十分丰富，涵盖了师范专业办学的方方面面，不仅有内在的课程实施机制，也有外在的支持保障机制，各个指标之间相互联系、相互促进。例如师资队伍可以影响到课程与教学，乃至最后能否达到毕业要求和培养目标，而师资队伍本身又受支持条件、合作与实践、质量保障等其他方面的影响。可见，师范专业建设要坚持以指标体系为指导，深入推进专业办学的综合发展。

（二）我国师范专业认证标准的完善策略

1. 通过线上线下教育宣传促进教师教育机构理解认证标准内涵

由于认证标准制定者和执行标准评估、标准改革的主体往往不是同一对象，在不同主体之间，要想确保认证标准的有效落地，首先应当建立相对一致的认知基础，尤其对评估专家和教师教育机构而言，倘若在传达认证标准相关理念、内涵和信息的过程中表述过于宽泛、含混和笼统，便可能导致由认知偏差引起的决策失误和行动偏差。当前，我国师范专业认证评估工作时间紧、任务重，通过标准制定者直接将标准的理念和内涵详细精确地传达给每一所师范院校，显然不切实际。因此，对标准制定者和评估组织而言，要积极拓宽认证标准的理念和内涵解读的宣传途径。例如，不仅要通过线下举办专门讲座、现场指导等形式做好认证标准的教育宣传，也要积极应用线上新媒体等技术，利用直播录屏、典例片段示范等形式做好宣传教育工作。标准制定者和评估组织可以协同合作，积极总结认证过程中的典型优秀案例及问题案例，组成案例库上传到互联网供各教师教育机构学习参考，并在线上做好指导和答疑工作，从而使问题得到及时有效解决，促进师范专业认证工作的持续改进。

2. 教师教育机构主动"走出去""引进来"学习积累认证工作经验

作为认证标准的执行主体和落实者，教师教育机构是否准确理解认证标准的理念和内涵，是改革实践能否有效落地的关键。教师教育机构需要树立积极进取的改革精神，摒除改革中的形式主义作风，真正做到以认证标准为指导推动师范专业综合化改革，促进教师教育一体化进程。这需要教师教育机构积极"走出去""引进来"。"走出去"是指主动参加由认证工作组织者举办的专家讲座和解读会，积极查阅认证工作相关文件、材料，积极到示范单位学习优秀的认证工作经验。"引进来"则是主动邀请认证专家到学校开展指导和讲座，或者对参评成功的专业进行主题宣讲，不断深化对认证工作的理解和认识，了解标准的具体内容和具体的执行方法，以便扎实推进认证标准指导下的教师教育一体化改革。

3. 注重明晰教师教育机构内部各行为主体在认证工作中的有关职责

师范专业认证涉及教师教育的方方面面，是一个复杂浩大的系统性工程。由于教师教育工作的复杂性，教师教育工作者之间所承担的任务职能也各不相同。例如，分管师范专业认证工作的校领导和院领导，可能更注重教师教育的文化内涵建设和对外交流合作、质量保障、支持保障等内容，而作为教师教育者的高校老师则更关注课程与教学、学生发展、教育研究等内容。教师教育机构要有力聚合各方力量，共同推动师范专业认证工作，就必须建立清晰明确的权责和工作运行机制，这一机制的建立过程需要来自各方的教师教育工作者共同参与，通过明晰自身在认证工作中的职责定位，增强决策过程中的自主性，来提高教师教育工作者参与落实认证标准的积极性，防止上层意志施压或集体意志强迫所带来的积极性削减、心生不满乃至消极怠工的情况。

第三节 教师教育课程标准：建构"一体两翼"课程的参照

随着教师教育的大学化转型和教师专业化理念的不断深入，教师教育课程的价值理念从知识本位取向和能力本位取向逐步发展到标准本位取向，建立教师教育标准体系成为我国教师教育改革的一个基本方向。这在本书第八章"教师教育一体化的课程改革"的第一、二节已经做了全面的论述。本章对 2011 年 10 月教育部公布的《教师教育课程标准（试行）》（以下简称《教师教育课程标准》）①从"狭义"的角度进行文本分析和解读，认为教师教育课程是教师教育机构课程设置、实施与评估的基本依据，是教师教育一体化过程中建构和实施职前和职后"一体两翼"课程的重要参照。

一 《教师教育课程标准》制定背景

教师教育课程，广义上包括教师教育机构为培养和培训幼儿园、小学和中学教师所开设的公共基础课程、学科专业课程和教育类课

---

① 中华人民共和国教育部. 教育部关于大力推进教师教育课程改革的意见 ［EB/OL］.（2011－10－08）［2022－12－09］. http：//www. moe. gov. cn/srcsite/A10/s6991/201110/t20111008_145604. html.

程；从狭义的角度而言，专指教育类课程。① 教师教育课程标准与教师专业标准一起，共同作为现代大学教师教育专业课程和教学的依据。教师教育课程标准的研制动因主要有以下几方面。

（一）基础教育课程改革的需要

师范院校的根本任务就是为中小学培育合格教师，教师教育要为基础教育服务。2001 年第八次基础教育改革（以下简称"新课改"）开始推行，新课改以全面推行素质教育为中心，在课程目标、课程结构、课程内容、课程实施、课程评价、课程管理等方面进行了全方位、深层次的改革。这次改革对教师的综合素质提出更高的要求。教师是参与新课改的主体力量，是课程的实施者，只有教师的素质发展满足新课改开发所需要的专业性，新课改方可取得实际成效。因此，要促进教师专业素质发展，对教师教育进行及时的调整和改革，其中就包括对教师教育课程的调整。

（二）改进教师教育课程的需要

随着基础教育课程改革的不断发展和开放型教师教育体系的逐渐形成，传统的教师教育课程中存在的问题也不断暴露出来。首先，课程结构不合理，最明显的是重学科类课程轻教育类课程。在部分"高师改大"过程中，师范院校逐渐放弃对"师范性"的坚守，盲目追求"学术性"，在课程结构上直接体现为对教育类课程的缩减，大部分学分和课时向"学术性"的学科专业课程偏移。课程结构不合理还体现在必修课与选修课的失衡、理论课与实践课的失衡。必修课与理论课过多，致使师范生实际教学技能薄弱。其次，教育类课程本身存在课程内容陈旧落后、脱离中小学实际、与时代热点脱轨等问题。课程内容理论性、系统性、科学性过强导致师范生在实际中无从下手。教育类课程内容比较杂乱无序，缺乏整体性的设计和安排，职前培养和职后培训的课程未能体现出渐进性和延续性，

---

① 教育部教师工作司组编.教师教育课程标准（试行）解读［M］.北京：北京师范大学出版社，2013：130.

导致课程内容出现重复交叉的情况。最后，在课程的实施上，以教师教学生听的讲授法为主，缺少学生的参与和互动，没有意识到师范生对知识经验的建构需要在社会互动中完成。这些弊端严重阻碍了高素质专业化教师队伍的建成，迫切要求教师教育课程进行改革。

（三）顺应国际教师教育改革潮流的需要

从 20 世纪 80 年代开始，许多国家将教师专业发展作为教师教育改革的方向，各国政府和学者积极寻找助力教师专业发展的方法和途径。在教师教育体系由定向封闭走向灵活开放的过程中，各国政府主要通过制定相关教师教育标准和颁布纲领性文件，从宏观层面来引导和促进教师专业化发展，这是当前国际教师教育改革的主要趋势。如英国从 20 世纪 80 年代开始对教师教育课程进行改革，1985 年颁布《职前教师培训课程认证标准》，20 世纪 90 年代颁布全国性的教师教育课程标准，21 世纪初颁布合格教师资格标准，由中央直接控制。[①] 在教师教育课程改革上，各国政府也承担着改革开拓者的角色，不断推动教师教育课程的更新，将基础教育改革的新需求和教师专业化研究的新成果都纳入教师教育课程中。[②] 为满足我国当前教师教育课程存在的问题以及基础教育对高质量师资的需求，回应教师专业化发展的呼唤，可以借鉴国际经验，由政府出面召集各方人员编制《教师教育课程标准》，通过国家层面的制度、标准来引导教师教育机构的课程建设。

二 《教师教育课程标准》的实施影响和成效

2011 年教育部《教师教育课程标准》颁布以来，总体上有力增强了各级各类教师教育机构课程设置的规范性，推动了我国教师教育课程价值理念的现代化转型，促进了我国教师教育课程一体化改

---

① 孔繁成. 中英两国教师教育课程标准比较及其启示 [J]. 中国教育学刊, 2012 (09): 67 – 70.
② 朱旭东, 李琼. 教师教育标准体系研究 [M]. 北京: 北京师范大学出版社, 2011: 108.

革和教学革新。

（一）增强了各级各类教师教育机构课程设置的规范性

在课程标准出台之前，由于教师教育的开放化，大量非师范院校开设师范类专业，扩大教师人才培养的权限，这在促进教师教育机构多元化的同时，也造成了"鱼龙混杂"的乱局。钟启泉教授曾在调研 60 多所教师教育机构的课程方案时发现：学校之间的课时数相差很大，学分规定也不一致，教师实习时长更是千差万别，甚至可以说比较混乱。[①] 由于缺乏相应的经验和资质，一些院校盲目开设师范专业，没有相关的标准约束，直接把教师教育课程设置为"教师资格和招考的应试型课程"，大量压缩学生的教育实践课程，造成大量不合格师范毕业生流入中小学校，导致基础教育质量下滑。为了有效平衡教师教育理论课程与实践课程，推动教师教育的"实践取向"，我国颁布课程标准，在各级各类教师教育机构之间树立课程设置的"基本底线"，保障师范生实践的时长，使教师教育培养更加秩序化。同时，标准的出台也有助于提高教师教育研究的规范性，为教师教育实证研究提供相对统一科学的指标。

（二）推动了我国教师教育课程价值理念的现代化转型

教师教育课程标准的三大基本理念为"育人为本、实践取向、终身学习"。这些基本理念适应我国教育现代化的发展需求，是社会对未来教师专业素质的基本要求。过去，各级各类教师教育机构在课程价值理念上缺乏统一共识，导致课程设计和实施存在"应试主义""知识中心""书本中心"等不符合现代教师培养要求的问题。课程标准的出台，帮助各级各类教师教育机构确定未来的教师培养方向，明晰课程改革过程中要遵循的基本理念和行动原则，即重塑育人为本观念、注重课程的实践取向、培育终身专业发展的能力。

---

① 王艳玲.《教师教育课程标准（试行）》实施十周年：回顾与展望——专访《标准》研制专家组首席专家钟启泉教授［J］.教师发展研究，2021（03）：6.

（三）促进了我国教师教育课程一体化改革和教学革新

在终身学习理念指导下，教师教育课程改革必然要朝着职前职后一体化的方向进行变革，这使得教师教育真正实现培养的"连续性"、教师发展的"终身性"。过去教师教育职前职后课程相互割裂、理论与实践相互分离的局面也将在理念的指导下逐步消解，朝着连续性、一体化的改革方向演进。同时，实践取向的教师教育课程标准理念要求课程教学有助于发展准教师的教育教学实践能力，这必然将触及传统"教师中心""书本中心""课堂中心"的教学模式变革，更多聚焦教师实践素养能力的活动课程被搬上历史舞台。

三 《教师教育课程标准》实施中存在的问题

自 2011 年《教师教育课程标准》颁布以来，无论是教师职前教育课程改革还是在职教师继续教育课程实施，均取得了显著的成就，但仍存在一些问题，未完全达到《教师教育课程标准》的要求。具体体现在部分教师教育者执行不力、部分组织管理效率不高、课程内容与实施仍待完善等方面，这些问题在举办成人教育的教师教育机构中更加突出。

（一）部分教师教育者执行不力

教师教育课程标准的执行者是教师教育者，即承担为幼儿园和中小学培养教师而设置的教育类课程教学任务的教师。基于《教师教育课程标准》所规定的六大学习领域，需要有四类教师教育者：心理学教师、教育学教师、学科教学论教师和中小学资深教师。执行者是决定《教师教育课程标准》实施质量的关键所在，是实施课程标准的组织过程中需要考虑的第一因素。[①] 一项教育改革无论前期制定得多么完美和科学，若是没有人去贯彻执行，最终将成空中楼阁。在师范院校大学化的趋势下，不少大学热衷于发展非师范专业，

① 侯小兵．国家教师教育课程标准的实施问题 [J]．继续教育研究，2012（10）：81－84.

忙于升格，企图挤入名牌高校或"双一流"大学，因而，有不少学校不是借用综合学科的优势来加强师范专业，而是抽调师范专业的教师去充实其他新建立的学科，这就削弱了师范专业。① 师范专业地位的弱化是影响教师教育者自我身份认同的重要因素，若缺乏自我身份认同感，他们便很难在工作中体验到成就感与自我效能感，对自身职业与职业改革的热情便会大大减退。这使得部分教师教育者在落实《教师教育课程标准》要求的课程与教学改革中缺乏足够的动力，出现执行不力的问题。例如，尽管《教师教育课程标准》强调"实践取向"，但受制于硬件条件的不足，有助于提高师范生实践素养的活动课程、实习见习、微格课程不能得到充分开设，一部分教师教育者固守过去传统的教学模式，对接受新的教育理念和方法技术存在抵触心理，等等。

（二）部分组织管理效率不高

当前，很多人认为，心理学教师属于心理学院，教育学教师属于教育学院，学科教学法教师属于各学科专业学院，而中小学一线教师则属于各中小学校。由此可见，承担教师教育课程执行任务的教师教育者是一个分裂的群体，没有形成一个强有力的共同体。他们分属于不同的组织机构，而不同的组织机构拥有不同的组织目标、组织文化和组织功能。这种分散的组织机构至少存在以下三个弊端：一是增加组织过程中的合作成本，彼此之间协调困难。二是组织资本缺失。组织资本是在组织经营管理过程中，通过组织制度的安排，组织成员拥有的知识、技能和经验转化成的组织特有的、共享的资源或资产。三是组织文化缺位。组织文化是组织成员在互动过程中形成的独特价值观念体系。教师教育者之间的组织分散性不仅无法形成相应的组织文化，反而易造成组织文化之间的冲突，找不到身份认同。② 《教师教育课程标准》的贯彻落实需要教师教育拥有一个强有

---

① 顾明远. 我国教师教育改革的反思［J］.教师教育研究，2006（06）：3－6.

② 侯小兵. 国家教师教育课程标准的实施问题［J］.继续教育研究，2012（10）：81－84.

力的组织核心，但当前多数教师教育者仍属于不同的组织机构，在政策的执行问题上难免存在方式不统一、实施不同步等问题，效率低下。

（三）课程内容与实施仍待完善

从教师教育课程内容的角度来看：第一，教育理论课程方面，课程内容仍局限于传统的"老三门"格局，即教育学、心理学、学科教学法，即使有所增删，也只是这个格局内的改动，没有进行实质性的改革。一些院校受到资源限制，根本开发不出系列选修课程平台。第二，实践课程方面，教育实习经费不足、实习基地不稳定、实习模式单一等现象依然不同程度地存在。学生实践时间没有达到《教师教育课程标准》规定的要求，教学能力仍需提高。这从已经接受师范专业认证评估的专家反馈意见中可见一斑。第三，选修课程方面，可由学生自主选择的课程较少，甚至出现因师资不足或选修人数不足而不开课的情况，学时少、学分低，无法满足学生的多样化需求。从课程实施的角度看，课程实施的取向仍然是保守取向，忠实地执行课程计划。实施过程以讲授法为主，没有体现《教师教育课程标准》中"育人为本、实践取向、终身学习"的基本理念，尤其是举办在职教师继续教育培训的教师教育机构，受到课程培训和办班利益的驱使，课程实施采取变相行为，这些问题都严重影响了课程标准的落实效果。

四 深化《教师教育课程标准》实施的思考

我国教师教育课程存在的问题以及国际教师教育的发展潮流，强烈呼唤着《教师教育课程标准》的出台。《教师教育课程标准》是在改革变动过程中，针对教师教育课程在过渡时期出现的问题与弊病提出的，应该而且能够担当起"总结过去，面向未来"的任务，从而将教师教育课程引向规范。①

———————

① 汪明帅. 制定教师教育课程标准：意义与价值 [J]. 现代教育管理，2012（02）：74 – 78.

（一）进一步规范课程设置，强化教师教育课程评估

首先，《教师教育课程标准》为教师教育课程设置提供依据与要求，尽管各地各校在落实上仍存在差异，但《教师教育课程标准》会推动学校不断向其规定的要求与水平进一步发展。有了文件的规定，教师教育选修课程的设置应该根据课程理念，大量增设科普通识、情境创设、实践体验类选修课程。其次，《教师教育课程标准》为教师教育课程的评估与考核提供了方向。评价是教学工作的重要一环，也是衡量教学效果的重要参考依据。《教师教育课程标准》中规定的各个年级的课程目标与课程设置可作为课程评价的维度。可见，《教师教育课程标准》从宏观角度规范、指引教师教育课程的设置与实施，为教师教育质量的提升与教师专业发展奠定了基础。

（二）进一步创新教学方式，提升教师教育课程质量

教师教育课程是教师教育的重要载体，对提升教师教育质量发挥着至关重要的作用。目前，教师教育质量低下的原因之一就在于教师教育课程的教学方式存在"重理论轻实践""重课堂轻课外""重讲授轻反思"等不合理的现象。因此，《教师教育课程标准》的实施可以在规范教师教育课程的基础上，在教学方式改革上凸显课程标准的两个创新点。一是要求教师教育课程的目标从"教书匠"的训练走向"教育家"的成长，彰显当代理想教师——反思性实践家的专业属性。这意味着教师角色的转型和职业品格的提升。教学中要求情境化教学，引导教师进行反思性实践，逐渐形成自己的实践智慧，并重视在实践与行动中感悟与反思，成为"实践性理论"的创造者。二是教师教育课程的构成需要实现观念与体制的创新，彰显当代教师教育改革的三大原理，即"育人为本、实践取向、终身学习"。这意味着教师教育的内涵进一步扩展、要求进一步提高，从专业发展到课程目标都不应仅限于"培养会教书的教师"。要从课

程理念到课程实践，整体性地推动教师教育质量的提高。①

（三）进一步提升师资素养，促进教师专业发展

教师是专业工作，并非任何人都能轻易胜任，也并非短期内简单学习就能轻松上岗。尤其是近年来教育的发展与改革，使越来越多的人意识到教师专业的综合素质应不断提升。在这种环境下，教师专业发展便成为一种时代的需求。教师教育是整个教育的工作母机，具体落实仍然在教师教育课程的实施上，教师教育课程任课教师的专业素质显得格外重要，通过《教师教育课程标准》来促进课程体系的教师专业建设也是其应有之义。课程是对教师教育者经验的凝练与升华，通过教师教育课程教学，该类别的课程教师在学程中逐步发展专业知识、能力，累积专业经验和专业素养，从而在持续不断的量的累积下实现教师专业质的飞跃，由初始的新手教师成为一名能够胜任专业教学的合格教师、熟练教师，又在持续不断的专业实践中自我完善，成为专家型教师。在教师专业的成长轨迹中，课程发挥着基础性作用，系统化、体系化的教师教育课程为教师教育者积累专业知识和能力，实现质的飞跃提供了基本支撑。

第四节 教师资格考试标准：获取教师职业资格的 必备条件

教师资格考试是通过考试的方式，考量从业者的专业能力、教育教学能力、道德要求和身体素质等，从国家层面对教师的职业进行法定许可的考试。② 教师资格考试标准是对从事教师职业须达到的教育教学能力基本要求的规定性文件，是职前教师素质培养和职后教师专业发展的重要标准，是确定教师资格考试科目和考试大纲的

---

① 钟启泉. 为了未来教育家的成长——论我国教师教育课程创新的课题 [J]. 教育发展研究，2011（18）：20-26.
② 杨天平，申屠江平. 教师专业发展概论 [M]. 重庆：重庆大学出版社，2012：173.

依据，也是推进教师教育一体化建设的制度依据。

一　我国教师资格考试制度发展历程

我国教师资格考试制度大致经历了初步确立阶段、省考阶段、国考阶段。现行的教师资格考试标准为 2011 年颁发。

（一）初步确立阶段（1986—1993 年）

1986 年《中华人民共和国义务教育法》第十三条规定"国家建立教师资格考核制度，对合格教师颁发资格证书"，这为建立教师资格考试制度提供了法律依据。同年 9 月，国家教育委员会发布《中小学教师考核合格证书试行办法》，规定对不具备合格学历的中小学教师实行考核合格证书制度，合格证书设置教材教法考试合格证书和专业合格证书两种，具有明显的过渡性质，为如今更严格的教师资格证书制度的出台奠定了基础。

（二）省考阶段（1994—2010 年）

1993 年《中华人民共和国教师法》第三章第十条规定："国家实行教师资格制度。中国公民凡遵守宪法和法律，热爱教育事业，具有良好的思想品德，具备本法规定的学历或者经国家教师资格考试合格，有教育教学能力，经认定合格的，可以取得教师资格。"[①]这是首次在国家法律中明文规定实行教师资格制度。1995 年颁布的《教师资格条例》，对教师资格的分类与适用、教师资格条件、教师资格考试、教师资格认定等方面做出明确的规定。2000 年教育部颁布《〈教师资格条例〉实施办法》，标志着教师资格制度在全国开始全面实施。从 2000 年到 2010 年这十年间，教师资格考试实行"省考"模式，由各省自行设计和开展，国家没有发布全国性的考试标准，同时各级各类师范教育类毕业生可持毕业证免于参加教师资格考试。

---

① 中华人民共和国教育部. 中华人民共和国教师法 ［EB/OL］.（1993 - 10 - 31）［2022 - 06 - 15］. http：//www. moe. gov. cn/jyb_ sjzl/sjzl_ zcfg/zcfg_ jyfl/tnull_ 1314. html.

（三）国考阶段（2011年至今）

随着新时期基础教育对教师队伍的建设要求由数量增长转向质量提升，加上原有教师资格考试制度存在考试标准不统一、省级教师难以流动等不足，我国开始进行新一轮的教师资格考试制度改革。2011年9月，浙江、湖北两省开始新教师资格考试制度的试点，随后教育部出台《关于开展中小学和幼儿园教师资格考试改革试点的指导意见》《中小学和幼儿园教师资格考试标准（试行）》等文件，对试点的各项工作提出明确的要求并做出详细的安排。2013年颁布的《中小学教师资格考试暂行办法》第五条指出"教师资格考试实行全国统一考试"[①]，对报考条件、考试内容与形式、实施与管理等方面做了详细的规定。从2015年起，教师资格考试全面实现"国家统一化"，各地不再单独组织教师资格考试，教师资格考试不再是"一考拿证，终身有效"，而是有3年的有效期限，在职教师也必须5年一审，师范生也不再是毕业即领证，同样需要取得教师资格考试合格证书，以此来确保师范教育的培养质量。

全面实施教师资格国考制度，进一步昭示我国教师教育体系的开放性特征，具有重要意义。首先，打破原有教师资格终身制，倒逼教师保持终身学习的态度，以适应基础教育的不断发展。其次，国考采用多元化和多维度的选拔机制，选择乐教、适教的优秀人才进入教师队伍，有利于提高我国教师队伍的整体素质。最后，进一步打破师范院校独撑一面的教师教育格局，对师范专业办学和教学改革形成倒逼机制，师范院校必须思考应该选择什么样的办学方向、如何改善毕业生的工作能力以及如何加快师范专业的现代化建设，才能凸显师范专业的独特性、优越性和专业性。

---

① 中华人民共和国教育部.教育部关于印发《中小学教师资格考试暂行办法》《中小学教师资格定期注册暂行办法》的通知［EB/OL］.（2013－08－21）［2022－06－15］.http://www.moe.gov.cn/srcsite/A10/s7151/201308/t20130821_156643.html.

二　我国现行教师资格考试标准概述

在实行国考之前，各地教师资格考试多是根据 2002 年教育部人事司和考试中心共同制定的教育学、教育心理学考试大纲来开展。2011 年 10 月教育部教师工作司研制出《中小学和幼儿园教师资格考试标准（试行)》（以下简称《教师资格考试标准》），随后各省中小学教师资格考试改革试点均依据国家考试标准来设置统一的考试大纲规定考试内容，以提高考试的公平性和权威性。《教师资格考试标准》主要包括幼儿园教师资格考试标准、小学教师资格考试标准、初级中学教师资格考试标准、高级中学教师资格考试标准。每个考试标准都涵盖了考试目标、考试内容和附则三个部分。

（一）考试目标

教师资格考试主要考查申请教师资格人员从事教师职业所必需的职业道德、专业知识与基本能力，主要包括三个方面：具有先进的教育理念；具有良好的法律意识和职业道德；具有从事教师职业所必备的科学文化素养和阅读理解、语言表达、逻辑推理、信息处理等基本能力。掌握教育教学、学生指导（幼儿保育）和班级管理的基本原理和基本知识，并能正确解决教育教学中的实际问题。具备学科教学能力，掌握拟任教学科或专业领域的基本知识，掌握教学设计、教学实施和教学评价的基本原理和方法，并能在教学实践中正确运用。①

（二）考试内容

考试内容是《教师资格考试标准》的主体部分，是考试标准的具体化和操作性要求，主要从职业道德与基本素养、教育知识与应用、教学知识与能力 3 个一级指标来考查教师专业化发展所应具备的专业情意、专业知识和专业技能。在一级指标下又设多个二级指

---

① 教育部师范教育司，教育部考试中心．中小学和幼儿园教师资格考试标准及大纲（试行）适用于小学教师资格申请者［M].北京：人民教育出版社，2011：3.

标和三级指标，三个级别指标间是从宏观到微观、从抽象到具体的逐级包含关系。指标既反映出四个学段教师素质的共性要求，又兼顾了不同学段教师的特殊性要求与内容。在本书第八章第六节已有论述，这些要求大多停留在"了解""掌握"的程度，反映出国家对教师职业素质的最低标准。考试内容改以模块化的形式，突破了原有教育学、心理学学科的结构性和系统性，融入法律法规、信息技术、学科教学等知识和其他一般素质，强化了教师专业发展特点，凸显了实用性、时代性和实践性特征。

以初中教师考试内容为例，"教师职业道德与基本素养"模块下有职业理念、职业规范、基本素养 3 个二级指标，包括有关素质教育、初中教育及教师专业发展的理念，对相关教育法律法规和教师职业道德规范的认识，初中教师应具备的基本文化素养和基本能力。"教育知识与应用"模块下有教育基础、学生指导、班级管理 3 个二级指标，包括初中教师应具备的初中生心理学、教育学和教育科研、班级管理的知识以及运用这些知识的能力。"教学知识与能力"模块下有学科知识、教学设计、教学实施、教学评价 4 个二级指标，主要是针对中学教师在教学实践过程中应具备的相关教学知识和教学技能进行详细的考查。

（三）附则

根据《教师资格考试标准》"附则"部分的说明，该标准是制定幼儿园、小学、初级中学和高级中学教师资格考试大纲以及命题的依据。[①]《教师资格考试标准》相应附上了各个学段教师资格考试的笔试大纲和面试大纲。

幼儿园教师资格考试笔试包含"综合素质"和"保教知识与能力"，强调幼儿教师职业的基础性和特殊性；小学教师资格考试笔试包括"综合素质"和"教育教学知识与能力"，不分学科，强调小

---

① 教育部师范教育司，教育部考试中心．中小学和幼儿园教师资格考试标准及大纲（试行）适用于小学教师资格申请者［M］．北京：人民教育出版社，2011：14.

学阶段全科教学和综合性；初中教师和高中教师资格考试笔试包含"综合素质""教育知识与能力""学科知识与教学能力"三科。"综合素质"为四个学段共同的笔试考试科目，主要考查教育观、学生观和教师观等职业理念，教育法律法规，教师职业道德规范，文化素养、信息处理、逻辑思维、阅读理解和写作等基本能力。

教师资格考试的面试主要从职业认知、心理素质、仪表仪态、语言表达/交流沟通、思维品质、教学设计/了解幼儿、教学实施/技能技巧、教学评价/评价与反思等方面进行评分。面试采取结构化面试和情景模拟相结合的方法，通过抽题备课、试讲、答辩等方式进行，体现教育性、专业性、应用性和实践性的要求，使教师资格考试体系更加完善。

第五节　教师招聘任用标准：地方选拔任用教师的参考依据

按照《中华人民共和国义务教育法》和《中华人民共和国教师法》的规定，通过职前培养后持有教师资格证书的待业青年要进入各地中小学校教师事业单位编制，必须通过由地方教育和劳动人事部门组织的教师招聘考试，即"凡进必考"。在"县管校聘"的政策指导下，教师招聘考试由各区县教育局和人社局统一组织，是保证教师质量的关键环节之一，健全了教师职业进入社会竞争的机制。

一　我国中小学教师招聘任用制度演变

总体来说，我国中小学教师招聘任用方式经历了从教师任命制向教师聘任制的发展历程。从新中国成立到改革开放前这一段时期，我国中小学教师基本采用任命制，即通过计划和行政的手段管理教师录用、任命和调配等工作。这种教师任命制与新中国成立初期的计划经济体制相适应，有利于当时教师队伍的稳定。随着改革开放和社会主义市场经济机制的建立，原有教师任命制的弊端逐渐凸显，如固定的用人形式导致学校自主权和教师选择权的缩减、教师竞争意识缺乏导致教学效率低下等弊端。因此需要改革原有教育人事制度，推行教师聘任制，即由学校或教育行政部门根据教学需要设置工作岗位，学校和教师在平等自愿的基础上签订聘任合同，聘请具有教学经验或教学资质的人担任相应教师职务的一种教师任用制度。

1986 年 5 月，中央职称改革工作领导小组《关于转发国家教育委员会中、小学教师职务试行条例等文件的通知》中指出，"中小学教师职务实行聘任或任命制"，"由学校或县以上教育行政部门领导进行聘任或任命"[①]，第一次明确提出了中小学教师职务聘任制。1994 年实施的《中华人民共和国教师法》第三章第十七条规定："学校和其他教育机构应当逐步实行教师聘任制。教师的聘任应当遵循双方地位平等的原则，由学校和教师签订聘任合同，明确规定双方的权利、义务和责任。实施教师聘任制的步骤、办法由国务院教育行政部门规定。"由此，全国中小学校在教师任命制的基础上开始实施教师聘任制。根据 2005 年人事部发布的《事业单位公开招聘人员暂行规定》，教师作为事业单位人员中的一类，需实行公开招聘。2009 年《教育部关于进一步做好中小学教师补充工作的通知》指出各地中小学新任教师补充应全部采取公开招聘的办法，坚持德才兼备和"公开、平等、竞争、择优"的原则。[②] 2010 年《国家中长期教育改革和发展规划纲要（2010—2020 年）》对教师招聘提出要求：县一级教育行政部门应按照相关规定严格执行招录聘用中小学教师的职能。[③] 2012 年《国务院关于加强教师队伍建设的意见》中提出

① 中华人民共和国教育部. 关于转发国家教育委员会中、小学教师职务试行条例等文件的通知 [EB/OL]. (2010 - 01 - 29) [2022 - 06 - 15]. http://www. moe. gov. cn/s78/A04/s7051/201001/t20100129_180695. html.

② 中华人民共和国教育部. 教育部关于进一步做好中小学教师补充工作的通知 [EB/OL]. (2009 - 03 - 25) [2022 - 06 - 21]. http://www. moe. gov. cn/srcsite/A10/s7058/200903/t20090325_64199. html.

③ 中华人民共和国教育部. 国家中长期教育改革和发展规划纲要（2010—2020 年）[EB/OL]. (2010 - 07 - 29) [2022 - 06 - 29]. http://www. moe. gov. cn/srcsite/A01/s7048/201007/t20100729_171904. html.

实行严格的教师准入制度，要求提高教师准入标准。① 教师招聘已成为我国教师队伍补充的重要形式。在保证程序公正严格的前提下实行教师公开招聘，有利于吸引更多有志于从事基础教育事业的优秀人才到中小学任教，改善我国中小学教育质量。

二　中小学教师招聘任用标准实施中的问题

从教师教育一体化来看，教师招聘任用标准是教师从职前到职后高质量过渡的重要保障，地方教师招聘质量高低直接影响教师职后教育的发展。但当前中小学教师招聘任用没有全国统一、公开的标准，并且考查的内容不能全面反映职前教育的学习效果，使得招聘任用作为职前职后有效衔接的"润滑剂"的功能未能得到充分发挥。

（一）我国中小学教师招聘任用标准实施现状

目前，我国中小学教师招聘的组织单位主要由各省市教育局、人力资源和社会保障局等组成，具体由教师招聘工作小组（县教育、人社、纪检等部门人员组成）执行，负责教师招聘简章的拟定宣发、报名资格审查、组织笔试与面试等工作。在教师招聘报考的条件方面，一般要求应聘者具有良好的品行和职业道德，已获得毕业证书、学位证书、教师资格证书、普通话考试等级证书等。在报考者方面，各省市对专业、学历、年龄、生源地等方面的要求有很大差异，一些地区要求专业要与所应聘的学科具有一致性，或仅招收师范类专业，大部分地区招聘的基本学历要求为本科，部分地区或岗位要求专科或研究生学历，年龄一般限制在 40 周岁以下。考试大多采用笔试加面试相结合的方式，有的岗位招聘对研究生学历的应考者采取免笔试办法。因没有统一的笔试大纲和面试评分标准，各地区的考试内容也不尽相同。笔试内容一般为公共基础知识、教育综合知识

---

① 中华人民共和国教育部. 国务院关于加强教师队伍建设的意见［EB/OL］.（2012 - 08 - 20）［2022 - 06 - 29］. http://www.moe.gov.cn/jyb_xxgk/moe_1777/moe_1778/201209/t20120907_141772.html.

和学科专业知识；面试主要采用结构化面试、说课、试讲等方式进行，在一些地区音乐、体育、美术、信息技术等学科还要进行专业技能测试。

（二）中小学教师招聘任用标准实施中的问题

通过对我国中小学教师招聘考试的现状进行分析后发现，目前国家层面没有出台教师招聘任用统一标准，而是由各地自行规定报考条件、考试方式和内容、组织实施等。由于没有建立统一、公开的教师招聘标准，多数地方招聘面试专家组是临时组建的，导致在教师招聘过程中出现一些无序与失范的现象。如，地方教育行政主管部门是教师招聘政策的决策主体，导致实际需求教师的学校失去教师招聘决策主体的权利；相关利益主体的缺位导致教师招聘政策制定程序不合法，广大校长和师生无法发挥政策制定过程中他们应有的作用；对有关教育法律法规的无视导致教师招聘政策内容不合法。[①]

同时，学校在聘用新教师方面的科学性也值得商榷。如，要严格检验教师是否具备从教素质，应由学科专业小组进行检验，但由于没有严格的聘用标准，检验方法只是单纯地进行结构化面试或笔试＋面试，特别是十分钟左右的面试，无法让应聘者充分展现自己的教学能力，这不仅会影响应聘教师对任教学校的感观，也会对学校今后的长期发展产生不信任感。因此，制定教师招聘任用标准，严格规范教师招聘、任用的程序，从教师的"准入"提升新教师队伍的质量，有效地减少和解决教师招聘任用过程中的不公平问题，避免知识结构有限、教学能力不足的人员进入教师队伍，是亟待解决的问题。

三 我国中小学教师招聘任用标准的改革思路

制定中小学教师招聘任用标准，改进理论实践结合的招考形式

---

① 李崇爱．我国中小学教师招聘政策违法乱象检视［J］．中国教育学刊，2016（02）：12 - 16.

和招考内容，推动教师招聘任用标准的完善，保障教师职前职后有效衔接的质量，应当在招聘上推动多主体参与招聘的工作机制，为教师教育职前职后一体化提供有力的入职制度保障。

（一）制定统一考试大纲和标准

国家实行教师资格证统考，打破了教师省际流动的障碍。但在教师入职前的招聘环节，由于没有统一的招考标准，各地考试内容不同，在一定程度上阻碍了县域内教师的流动。而且，各地经济文化发展状况不一样，对教师的专业素质要求也不同，采用全国一张卷考试的做法不太现实。因此，针对中小学教师招聘，国家层面应该参考《教师资格考试标准》、《教师教育课程标准》、中小学幼儿园教师专业标准等系列标准，根据教师招考的科目和学段制定考试大纲，包括考试内容、难度、题型、分数结构等，但大纲的设置要有所侧重，不能和教师资格考试雷同，招聘考试作为教师入职前的最后一道门槛，更多注重的是对应聘人员实践能力的考验。特别是越来越多非师范生进入教师行业，如果缺乏职前教育实践经历必然导致新教师在入职后需要花费大量时间去接受继续教育和自我摸索。参考新加坡的做法，非师范专业学生通过教招考试录取之后，应在相关教师教育机构参加一定时间的岗前培训，提高教学实践能力，这必然有助于地方教师教育一体化建设。

（二）完善招聘考试形式与内容

我国教师招聘考试主要分为笔试和面试两个部分，形式较为单一，且面试时间较短，难以全面反映教师的综合素质。美国中小学教师招聘考试通过提问、交谈、问题讨论、笔试等多种方式深入考查应聘者的知识水平、人际协调能力以及对学校文化的理解等，考试内容丰富、形式多样、目标明确，有利于招聘到符合学校要求的优秀教师。[1] 这种多样化的考核形式，深度考查学生的水平与能力，

---

[1] 陈艳萍. 美国中小学教师招聘制度探析——以内华达州瓦肖郡学区为例［J］. 世界教育信息，2014（14）：28.

值得借鉴。如在考试内容上，"将师德师风建设贯穿教师管理全过程，在资格认定、教师招聘、职称评审、岗位聘用、年度考核、推优评先、表彰奖励等工作中严格落实师德师风第一标准"①。目前，一些地方在教师招聘中虽然制定了招聘人员的个人品行和道德素养要求，但由于条款过于笼统模糊，没有具体的量化评判标准，可操作性不强等，需要在今后实践中改进。

（三）建立多主体联合招聘模式

在执行"县管校聘"政策过程中，针对教育行政部门掌控教师招聘权力可能带来招聘人员与学校需求不符的一系列问题，2020年《教育部等八部门关于进一步激发中小学办学活力的若干意见》中提出，要"充分尊重和发挥学校在教师公开招聘工作中的重要作用，学校依据核定的编制、岗位数量及岗位结构比例和教育教学需要，提出教师招聘需求和岗位条件，并全程参与面试、考察和拟聘人员确定"②。这种除教育局、人社局等政府部门外中小学作为直接用人单位也参与到教师招聘的多方主体参与的招聘模式，既能保证行政部门维护考试公平性、权威性功能的发挥，又能保证中小学校"校聘"教师自主权的发挥。

第六节　教师专业发展标准：教师个体专业发展的考评指标

教师专业发展标准是由国家教育机构制定的规范或衡量教师专业发展的准则与指标，这些准则与指标反映了优质教师专业发展的特征。我国于2012年发布中小幼三个学段的教师专业发展标准，对

---

① 中华人民共和国教育部.教育部等八部门关于印发《新时代基础教育强师计划》的通知［EB/OL］.（2022-04-14）［2022-06-26］.http://www.moe.gov.cn/srcsite/A10/s7034/202204/t20220413_616644.html.

② 中华人民共和国教育部.教育部等八部门关于进一步激发中小学办学活力的若干意见［EB/OL］.（2020-09-24）［2022-06-21］.http://www.moe.gov.cn/srcsite/A06/s3321/202009/t20200923_490107.html.

提高我国教师专业化整体素质，促进教师个体专业发展及教师教育一体化建设具有重要意义。

一　教师专业发展标准概述

教师专业化是指一个国家或地区根据教师独特的职业要求和条件，通过专门的培养和管理制度，引导教师通过严格的专业训练和持续学习，逐步达到专业标准，得到社会承认而成为成熟的专业人员的过程。它既指教师群体的专业化状态和水平，也指教师个体不断追求专业发展的过程。[①] 从教师个体专业发展的角度看，21 世纪的教师只有经过专业化训练，拥有较高的专业素质，才能胜任新时代教育发展需要，而教师专业发展标准是教师个体专业发展的重要考评指标。

2012 年 2 月，教育部公布了教师专业发展标准，包括《幼儿园教师专业标准（试行）》、《小学教师专业标准（试行）》和《中学教师专业标准（试行）》。此后，分别于 2013 年 9 月公布《中等职业学校教师专业标准（试行）》，2015 年 8 月公布《特殊教育教师专业标准（试行）》。这些教师专业发展标准为各级各类教师提供了较为清晰的专业发展方向和标准，成为各级各类教师教育机构组织和开展教师教育工作的重要依据。

教师专业发展标准倡导"师德为先、学生为本、能力为重、终身学习"的基本理念，构建"维度—领域—基本要求"的内容框架体系，包括三个维度：专业理念与师德、专业知识、专业能力。每个维度下对应不同的领域。其中，《幼儿园教师专业标准（试行）》分为 3 个维度 14 个领域 62 条基本要求；《小学教师专业标准（试行）》分为 3 个维度 13 个领域 60 条基本要求；《中学教师专业标准（试行）》分为 3 个维度 14 个领域 63 条基本要求；《中等职业学校教

---

① 李建辉. 教师专业化视域中的教师教育综合改革问题 [J]. 福建师范大学学报（哲学社会科学版），2015（01）：125 – 131 + 170.

师专业标准（试行）》分为 3 个维度 15 个领域 60 条基本要求；《特殊教育教师专业标准（试行）》分为 3 个维度 14 个领域 68 条基本要求。实施建议部分，则是针对教育行政部门、教师教育院校、中小幼学校、教师个体等四大主体，提出有效利用教师专业发展标准作为教师队伍建设、教师培训、教师管理、教师专业发展的根本依据。

二　教师专业发展标准的基本内容

本部分以《幼儿园教师专业标准（试行）》《小学教师专业标准（试行）》《中学教师专业标准（试行）》的主要内容为依据，从基本理念、基本要求两个方面进行介绍。

（一）教师专业发展标准的基本理念

教师专业发展标准的基本理念秉承着师德为先、学生为本、能力为重、终身学习的四个基本价值定位。从教师专业成长与发展的角度来讲，师德为先是教师专业信念最重要的价值引领，学生为本是教师专业工作开展应奉行的重要准则，能力为重则是驱动教师专业发展的内在核心，终身学习是促进教师专业成长的持久动力。

1. 师德为先：教师专业信念的价值引领

师德在教师专业素质的塑造过程中发挥了先导作用。教师要完成国家赋予的"立德树人"根本任务，就需要以高尚的师德为基本依托。教师无德便无以立德，树人便也无从谈起。师德首先应表现为教师对教育事业的热爱，为了自身的崇高事业树立远大的教育理想，将社会主义核心价值观内化于心、外化于行，恪守教师职业准则和职业道德，依法依规施教。对自己的教育对象，不论是幼儿、儿童还是青少年，都应该看成独立的个体，尊重其人格，学会与自己的教育对象平等、和谐相处，关心照顾学生，做好表率，成为学生成长道路上的引路人。

2. 学生为本：教师专业工作的重要准则

从学生观上，教师要牢固形成和树立"学生为本"的专业思想和专业意识，把"一切为了学生，为了学生的一切"作为教师专业工作开展的一项重要准则，教师的专业行动要充分以学生为主体进行设计和展开，在教育过程中尊重保护学生的各项权益，使学生的主体意识和主体能力得到充分发展。教师要懂得如何调动和发挥学生的主动性，就需要耐心、细心地研究教育对象的身心发展特点和成长规律，制定和设计符合学生身心发展需要和社会需要的教育教学计划和方案，促使学生在生动活泼、有趣快乐的学习中实现主体意识的社会化与个性化。

3. 能力为重：教师专业发展的内在核心

教师专业素质是教育理论与实践二者的有机结合，二者的有机统一又外化为综合的专业能力，并以最后的教育教学结果和业绩来得到呈现。作为一名专业的教师，应当自觉将自身的学科知识、教育理论知识和教育实践进行有机的整合，并把这种整合的结果应用呈现在教书育人的实际行动中。为此，教师需要以能力为重，这是教师专业发展的内在核心。教师需要以学生为研究对象，观察、探究、遵循学生的成长规律，不断提高自身的教育教学专业化水平。教师还需要具备终身发展意识，坚持在教育活动中做反思的实践者，锤炼专业技能，提高专业本领。

4. 终身学习：教师专业成长的持久动力

过去，人们的教育观是一种"准备型"的教育，通过学校教育学习一系列相关基础知识和专业知识便可受益一生。当今社会，科学技术更新迭代速度之快前所未有。要适应快速变化的社会，人类应该成为"终身学习者"，教育应向着"终身化教育"的方向前进，而教师作为教育活动的组织者和实施者，应当率先成为终身学习者，成为社会的表率。为此，各级各类教师必须追求职业终身发展，不断学习先进的教育教学理念，了解国内外教育改革新动态、新经验、新发展、新做法，在良性的主动互动中不断优化自我专业结构，提升知识素养，形成终身学习的持久动力、意识和能力。

（二）教师专业发展标准的基本要求

教师专业发展标准的基本要求发挥着衡量教师专业程度"标尺"

的作用。判断一个教师的专业水平高低，可以通过比对其教育教学的意识和行动在多大程度上达到了基本要求来进行。各级各类教师所面对的教育对象在身心发展和教育任务上的不同，使基本要求也存在一定的差异性，但基本上还是围绕四大理念进行科学设计。总体上，分为三个主要维度：教师专业理念与师德、教师专业知识、教师专业能力。

1. 教师专业理念与师德的基本要求

首先，教师对自身职业要有充分理解与认知，教师只有充分了解自己所从事的教育工作的意义和价值，才能更好地树立职业理想，更加尽职尽责地做好自己的本职工作，为自身职业终身发展提供源源不断的内生动力，不断涵养自己的师德师风，做好一名"引路人"，在职业工作中积极与同事合作，开展协作与交流。其次，教师要树立正确的学生观指导自己的态度和行为，主要包含"关爱学生的生命安全和身心健康、尊重学生的独立人格和合法权益、尊重学生的个体差异和因材施教、信任学生的主体意识和积极能动"四点要求。再次，教师要树立正确的教育观和教学观，形成全面发展的教育理念，强调德育为先的教育标准，既要关注学生的知识学习，也要注重学生实践能力的发展和社会道德的养成；教师要掌握教育的规律和学生身心发展的规律，提供适宜的教育，学会因材施教；教师要帮助学生建立科学合理的思维方式和培养适应学习型社会的各项能力，为在学习型社会中实现终身的发展和成长创造内在条件。最后，教师要不断完善自身修养，改善自身行为，做好社会的模范和表率。不仅要注重外在的形象建设，也要注重内在的情绪调控、正确价值观和思维方式的建立，成为积极进取、乐观开朗的人。

2. 教师专业知识的基本要求

（1）幼儿园教师专业知识的基本要求。首先，幼儿园教师必须守护幼儿作为人的一系列基本权益，坚守"幼儿为本"，根据不同年龄阶段所呈现出的一些共性规律，科学地采取一系列有助于幼儿全面发展和成长的策略，也要能够对一些具有特殊需要的幼儿采取适当的教育策略，让他们与其他幼儿一样健康成长。其次，幼儿园教师需要熟悉所在幼儿园的目标、任务、内容、原则等，掌握广博的各领域教育的学科特点和基础知识，注重课程的生活化和游戏性，将课程融入幼儿的一日生活中，熟知园内制定的安全紧急预案，掌握保护、救助幼儿的一些基本策略和方法。掌握幼儿心理学知识，及时进行心理开导和疏通。最后，幼儿园教师需要具备一些通识性知识，具备广博的知识背景，了解中国教育的基本情况，以及当地社区的教育生态、教育风气等，还需要具备艺术欣赏和表现的知识以及一定的现代信息技术知识。

（2）小学教师专业知识的基本要求。首先，是关于教育对象的知识。了解我国保护小学生健康发展的一系列法律和规章制度，掌握不同年龄阶段小学生身心发展的有关知识，了解不同年龄段小学生的学习特点，掌握幼小衔接和小初衔接这两个阶段学生心理发展特点的有关知识，学习小学生安全防护知识并掌握预防突发事故和伤害行为的对策。其次，了解自然科学、人文社会科学等学科综合性知识，系统化掌握所教学科的知识体系、基本思想与方法，善于探索和发现所教学科与社会现实、其他学科等方面的联系，创造性地开展学科教学工作。最后，了解小学生养成品行的特点和规律，掌握一系列与小学教育教学有关的基本理论，掌握小学教育统一的课程标准和学科教学知识体系，掌握通识性知识，具有一定的美学欣赏与表现知识、现代化信息技术知识等。

（3）中学教师专业知识的基本要求。首先是教育知识，了解学生心理发展有关知识、教育原理和方法、学生群体文化特点与行为方式相关知识等。同时，这一阶段还是学生"三观"形成的重要时期，教师要帮助中学生形成正确的世界观、人生观与价值观。其次是学科知识，这一部分的要求与小学教师专业知识中对学科知识的要求大同小异，但强调教师要了解所教学科与共青团的联系。再次是学科教学知识，中学阶段的学科分化更加明显，专业性更强，教师要仔细了解国家统一制定的、自己任教学科的课程标准，并掌握课程开发的主要方法和策略，能够在自己的学科教学中进行研究性学习，不断建构自身学科教学知识体系。最后是通识性知识，这一部分与幼儿园教师专业标准、小学教师专业标准中的要求基本一致，在此不赘述。

3. 教师专业能力的基本要求

（1）幼儿园教师专业能力的基本要求。第一，衡量幼儿园教师专业程度的高低，一个重要的指标就是教师是否能够合理利用环境资源，创设有益于幼儿发展的教育环境。包括营造良好的人际环境，促进幼儿建立秩序意识，合理利用幼儿园内现有的玩具和教具，以及各种有益于幼儿健康发展的学习材料等。第二，善于将教育合理全面渗透到幼儿的一日生活中，要科学掌握相关的照料方法，保护好幼儿生命安全。第三，支持与引导幼儿开展游戏活动的能力，为幼儿的发展提供和创造各种适宜的游戏条件，引导幼儿愉悦、有序地进行游戏活动。第四，制定与实施幼儿教育活动的能力，设立阶段性的教育活动方案和计划，力求实现活动的灵活多样，支持和引导幼儿在主动的探索中发展自主学习、自我表达能力。第五，激励与评价的能力，在幼儿活动中及时观察发现幼儿的闪光点并给予正面激励。第六，沟通与合作的能力，主要包括与幼儿进行有效沟通，与同事进行合作交流，与家长进行有效联系，与社区建立友好互助的专业能力。第七，设立长远的目标规划，进行反思与发展的能力。

（2）小学教师专业能力的基本要求。小学教师在专业能力要求上与幼儿园教师具有重叠的部分，都强调积极的激励与评价，与学生、同事、家长、社区开展有效的沟通与合作，加强自我的反思和职业规划，进行探索性和问题导向性的研究，但小学教育阶段已经进入分科教学阶段。因此，小学教师的专业能力在教育教学层面又与幼儿园教师具有一定的差异性。例如，要求教师科学地利用教学资源编写教案，通过启发性、探究性教学方法激发学生学习的主体性，做好"三字一话"等工作。

（3）中学教师专业能力的基本要求。中学教师专业能力的要求在小学教学专业能力的基础上有了进一步发展。中学生与小学生相比认知思维方式已更为成熟，正处在人生观、世界观、价值观的建立阶段，因此强调中学教师能够在教育教学中促进中学生独立思考和主动探究，发展学生创新能力，根据学生"三观"形成的特点和规律有组织有计划地开展德育活动，并要求关注中学生心理发展情况进行针对性辅导。

在推进教师专业化和教师教育一体化过程中，教师专业发展标准规定了相关学段教师专业素质的最低要求，发挥了国家标准的兜底作用。随着我国教师专业化进程的加快，教师专业发展标准也要相应地进行修订，国家不仅要关注统一的教师专业化标准，还要充分考虑教师教育在层次、规格及形式上存在的差异，以及教师个体专业发展的特殊性，做到教师教育质量保障体系建设既要考虑国家要求的统一性和共通性，又要照顾区域、城乡和学校之间的差异性和多样性[1]，为提高教师教育质量提供努力方向，即发挥提高教师培养质量的导向作用。因此，教师专业发展标准在制定和实施时要注意分级分层分类，用最高指标进行目标导向，用底线指标进行刚性约束，从而实现建设高素质专业化教师队伍的目标。

三　教师专业发展标准的特点

无论是为推进教师教育一体化建设，还是为促进教师队伍专业化发展，教师专业发展标准都是我国第一次制定的教师专业发展标准，反映出国家对教师的期望与时代的要求，具有鲜明的特点。

（一）统一性和特色化兼具

一方面，当前我国五个教师专业发展标准都具有共同的教育理念，即师德为先、学生为本、能力为重、终身学习，在基本内容部分具有三个共同的维度，即专业理念与师德、专业知识、专业能力。

---

① 李建辉.全面深化教师教育改革中的若干问题探讨——基于高等教育大众化和教师教育专业化的视角 [J].闽南师范大学学报（哲学社会科学版），2014（01）：132－137.

这意味着不同阶段和领域的教师具有共同的专业发展方向，同时这些共同的教育理念和内容维度符合教师专业发展的内在逻辑。另一方面，在教育理念与内容维度之下，根据教师的领域和学段特点，做出不同的具体要求，尊重不同教师的专业发展需求，也为其专业发展保留了多样化的可能。普通中学教师专业标准中"学生为本"强调"遵循中学生身心发展特点和教育教学规律，提供适合的教育"①，中等职业学校教师专业标准中"学生为本"则提出了"提高学生的就业能力、创业能力和终身学习能力"②。可见，即使是相同的教育理念，也具有不同的教育内涵。

（二）国际性和本土性兼顾

首先，我国教师专业发展标准的三个维度与国际教师专业发展标准的三个维度具有一致性。我国教师的"专业能力"与国际上的"专业技能"一样，是教师专业发展标准中的核心部分，既反映我国"能力为重"的教师发展理念，也是我国教师专业发展标准国际性的体现。其次，我国教师专业发展标准根植于特定的时代背景和文化环境，是我国教师专业发展标准本土性的体现。这种本土性主要表现在三方面：一是特别强调"师德为先"的重要性，我国教师专业发展标准首要的内容就是"师德"；二是教师专业发展标准的制定没有以学科或教师等级为分类依据，这受制于我国教师专业制度建设比较滞后的现状；三是教师专业发展标准的制定以政府部门为组织主体，还没有专业组织制定的教师专业发展标准，这与我国的教育管理体制有关。③

---

① 中华人民共和国教育部. 教育部关于印发《幼儿园教师专业标准（试行）》《小学教师专业标准（试行）》和《中学教师专业标准（试行）》的通知［EB/OL］.（2012 - 09 - 13）［2022 - 06 - 30］. http://www. moe. gov. cn/srcsite/A10/s6991/201209/t20120913_ 145603. html.

② 中华人民共和国教育部. 教育部关于印发《中等职业学校教师专业标准（试行）》的通知［EB/OL］.（2013 - 09 - 24）［2022 - 06 - 30］. http://www. moe. gov. cn/srcsite/A10/s6991/201309/t20130924_ 157939. html.

③ 李红惠. 国际教师专业标准制定：时代背景、理论依据与框架内容——兼论我国教师专业标准的特点［J］. 教师发展研究，2018（02）：119 - 124.

（三）重终身性轻阶段性

过去，无论是职前培养方案的制定和实施，还是在职教师专业发展的素质评价考核，我国均没有一套教师专业发展标准来指导。如今实施的教师专业发展标准基本教育理念之一"终身学习"，符合教师专业发展要求与教师生命周期特点。因为，只有坚持终身学习才能持续发展。因此，教师专业发展标准强调终身性有其合理的一面。终身学习与专业发展应是基于每一阶段的发展，但是，当前我国教师专业发展标准并未根据教师发展阶段制定，未能体现出阶段性的特点。未来，应在深入研究教师发展阶段的基础上探索制定出兼具终身性与阶段性、符合我国教师发展特点的教师专业发展标准。

四　实施教师专业发展标准的意义

国家出台教师专业发展标准旨在给教师专业队伍划定"合格线"，有效减少各地教师培养培训参差不齐的问题，并为教师个体的专业成长提供权威且规范的发展指南，为各级各类教师教育机构改善工作提供重要的参照标准，促进教师教育的一体化，加强教师专业发展的连续性、完整性和协同性。

（一）划定"合格线"以减少各地教师素质参差不齐的现象

国家出台一系列教师专业发展标准的目的在于为教师专业素质划定"合格线"。长期以来，人们对教师专业素质的讨论与研究从未停止，但由于缺乏相对统一的素质标准，学术界、教育界对于教师专业素质的界定和在教师专业发展方面的实践尽管呈现出"百花齐放"的盛况，但也因此出现教师专业素质界定不一致所带来的队伍素质参差不齐、评价指标争议不断等问题。为了进一步规范国家教师队伍的专业发展，从国家层面为教师专业素质制定一个标准框架，对于提高教师队伍整体专业素质的稳定性，避免各地教师素质参差不齐，更好评价和改进教师专业发展工作的具体成效，具有重要且积极的作用和影响。

（二）为教师个体改进专业行为提供权威且规范的指南

对于各级各类学校教师而言，教师专业发展标准的出台能够为教师开展教育教学活动提供一个权威且规范的行动参考依据，从而有效检验和判定他们的教育教学行为是否足够专业。专业标准相关内容与自身职业能力的对照，能够帮助教师深入、全面、系统了解自身在专业理念、师德师风、教育教学、反思评价等方面的优势和不足；阅读和了解专业标准中所列举的各个指标内容，能够为教师开展反思性实践提供重要依据和参照，帮助各级各类教师更好地实现专业发展与成长。

（三）有助于各级各类教师教育机构改善培养培训工作

专业标准的出台还能为各级各类教师教育机构开展教师培养培训活动提供重要的行动指南和依据。过去，由于没有统一的教师专业发展标准，无论是主要承担职前培养任务的师范院校，还是承担职后进修培训的中小学校、教育学院、教师进修学校等机构，都不同程度地陷入"经验主义"之中。专业标准的出台，使得各级各类教师教育机构在培养培训中有了统一的教师专业发展标准，能够在确保培养培训"多元化"的同时，兼顾专业素质的"相对统一"，实现教师教育发展"统一化"与"多元化"的和谐共存。

（四）加强教师专业发展的连续性、完整性和协同性

专业标准的出台还有利于促进教师教育的一体化，实现教师专业素质动态的、连续的、整体的、和谐的发展。教师的专业成长道路必然要经历职前培养阶段、入职实习准入阶段和职后适应成熟阶段，这三个阶段有着各自不同的培养主体和协同主体。如果缺乏统一的专业标准，便可能导致各培养主体在承担各自培养职能过程中不能充分协同实现教师专业素质连续的、完整的、系统的发展。如，师范院校在培养中往往容易忽视学生实践性知识的积累和提高，中小学校又往往过于强调"实践经验"而忽视专业理论知识以及先进教学技术的应用。专业标准的出台让各级各类培养机构在协同培养中

有了统一的行动目标和工作指南，有助于各级各类教师教育机构以更加全面、系统的眼光审视自身的培养培训工作，提高教师教育质量。

五 教师专业发展标准的重要性

建设高素质专业化的教师队伍，离不开教师专业发展标准的约束和指导。制定和推行科学合理的教师专业发展标准，对职前教师培养、职后教师培训，以及教师专业化建设发展和教师教育一体化改革实践，具有重要的意义。

（一）为各地提高教师队伍整体素质提供保障

教师不仅是一种职业，也是一种专业。专业的工作必然需要专门的人员，从事教师职业需要达到一定的标准和要求，而教师专业发展标准就是以法规的形式将这些需达到的素质要求固定下来，只有达到规定的水平和满足规定要求的人才能进入教师队伍的行列，这在一定程度上避免了教师队伍整体素质参差不齐的局面。依据教师专业发展标准，各级教育行政部门可以充分发挥教师专业发展标准的引领和导向作用，制定相应的教师准入标准。在教师招聘任用过程中，严把教师入口关，建立起相应的考核、退出等的管理制度，保障教师的合法权益。这对于提高教师队伍整体素质具有重要意义。

（二）为教师群体专业化和个体专业发展指引方向

教师职业的特殊性要求教师学会终身学习，在学习中求进步，在进步中获发展。教师专业发展标准对教师各方面专业素质的发展做出具体规定，提出明确要求，这就使得教师个人、学校、教育行政部门等，都清楚地知道教师专业发展包括哪些内容，具体要求是什么，学校和政府需要在哪些方面提供帮助和支持，进而从教师群体专业建设的角度制定和实施教师队伍管理政策。同时，教师个体也可以通过了解专业标准的内容，明晰自身在专业发展道路上存在的不足并加以学习、改进，为自我专业发展之路提供清晰的"灯塔"和努力方向。

（三）为教师教育机构培育新教师提供发展依据

中小学教师职前培养质量、职后培训水平是影响教师队伍质量的两大重要考量因素。教师专业发展标准规定，教师培养培训的基本内容和重点、教师资格考试等都应以教师专业发展标准为依据。在职前培养阶段，各师范院校在课程、学科、专业建设上体现自己的特点，科学设置教师教育课程，改革教育教学方式，重视师范生的社会实践和教育实习，培养合格的未来教师。从职后培训来看，尽管国家要求在职教师每五年要接受一定学时的培训，但没有特别明确培训的要求，导致各地的培训内容差异很大。一些地方的培训内容甚至与教师的工作没有什么关系，不仅浪费教师的时间和经费，也间接增加教师的工作负担。建立教师专业发展标准，不仅可以规范教师教育机构职前培养和职后培训内容，也有利于对教师教育机构培养培训质量进行考核评价，这对提升教师教育一体化建设整体水平意义重大。

第七节　教师职业能力标准：职前教师教育能力免试的依据

一　师范生教师职业能力标准的出台背景

为贯彻落实党的十九届五中全会精神和《中共中央 国务院关于全面深化新时代教师队伍建设改革的意见》，推进师范生免试认定中小学教师资格改革，建立师范生教师职业考核制度，2021 年 4 月，教育部颁发了师范生教师职业能力标准，从中学教育、小学教育、学前教育、中等职业教育和特殊教育五个专业类别规定了师范教师职业能力标准，为各类师范专业教师职业能力培养提供基本依据，也为这些专业师范生毕业参加教师招聘提供免试依据。

（一）社会公众对教师专业化水平的要求不断提高

我国有着历史悠久的尊师重教传统，父母往往把子女教育问题视为人生的头等大事之一。随着社会经济的发展和生活方式的进步，教育成为人民日益关注的重要问题，党的二十大报告将"办好人民满意的教育"作为重要的工作内容，正是反映了社会公众对高质量教育的强烈渴求，人民对教育质量的高要求也转化成为对高素质教师的强烈渴求。在这日新月异的时代，持续满足人民日益增长的对高质量教育的需求，必须要有一支高水平高素质的教师队伍为支撑，这要求不断提升教师队伍的专业化水平。

（二）师范生培养质量越发受到党和国家关注重视

师范生培养既是教师教育的起始阶段，也是教师专业发展过程的重要奠基阶段，师范生培养质量的高低直接影响着后续教师专业发展的成效，直接影响着未来教师队伍的整体素质。近几年，随着人民群众对高质量教育的需求呼声越来越高，党和国家高度重视师范生培养质量问题，先后出台《教师教育振兴行动计划（2018—2022年)》、师范教育协同提质计划等，旨在提高师范教育质量，保证师范生毕业达到基本的专业素质。因此，建立师范生相应的培养标准，提高他们毕业后的职业适应性显得尤为重要，这为职业能力标准的制定提供了现实依据。

（三）教师教育深化改革推动有关标准健全和完善

伴随教师教育一体化的逐步深入，与教师专业发展相关的一系列标准日趋完善，如出台教师专业发展标准、师范专业认证标准等文件，不断建立健全教师的专业标准体系，为教师队伍的专业化高素质培养提供质量保障。而师范生培养是教师专业发展的职前培养阶段，与入职任用阶段、在职进修阶段相互衔接。在这一重要培养阶段建立健全相应标准体系，即出台相应的职业能力标准，可以帮助师范院校在培养过程中对照标准，保证职前培养到入职任用的有序过渡与衔接，促进教师教育一体化培养和教师专业连续性发展。

二　师范生教师职业能力的主要内容

（一）师德践行能力

这一部分旨在检验和评价教师是否能用自己的实际行动去呈现

自己的职业道德，主要分为师德规范和教育情怀两大内容。主要考查师范生今后作为教师是否具有社会主义价值观和信念，是否具有远大崇高的职业理想，承担起立德树人的根本任务，恪守一系列教师职业道德准则，是否具有对自身职业的高度认同感，既乐教又善教，是否真正关爱每一位学生，用心履行自己的教育教学职责，不断提高自我修养和综合素质。

（二）教学实践能力

教师专业发展注重"实践取向"，教师育人任务的达成是在具体现实的教育教学工作中实现的。教学实践能力是师范生教师职业能力的重要方面，是各级各类教师根据各自不同的教育使命和教育职责，面向某类教育对象开展的具体现实的教学实践活动所呈现的综合素质。由于各级各类教育在目标、内容、任务等方面的不同，各级各类教师教学实践能力的要求和具体内容也有差异。如，面向学前教育专业的师范生强调保育教育的基础，注重幼儿发展环境创设、开展适宜和支持幼儿游戏的活动等要求；而面向小学教育专业的师范生则强调具备学科素养和学科知识整合的有关能力，要求师范生熟悉课标，掌握好"三字一话"等教师技能，科学合理地分析学情、设计教案。如果所培养的师范生不具备教学实践能力，其成为教师后的专业性自然也将遭受质疑。

（三）综合育人能力

综合育人能力旨在打破传统教师培养"唯教书"的弊端，强调教师教育工作不是单纯地发展学生认知能力和传授知识，而是一种促进学生德智体美劳全面发展的综合育人活动。它强调教师需要有德育意识，引导和促进自己的教育对象形成正确的道德观。而师范生综合育人能力要求通过综合的育人方式，加强班级指导和管理，发挥班级集体教育、家校协同教育等的作用，促进学生身心的综合发展，并将综合育人的理念渗透到课程之中，把育人与教书相统一、相融合，开展丰富的课外活动和主题教育。

（四）自主发展能力

自主发展能力影响着师范生毕业从教后未来相当长一段职业生涯的自主发展与成长，是促进教师专业发展连续性的重要保障。师范生教师自主发展能力要求师范生科学地结合自身和教育领域的发展情况制定职业规划，不断在实践与反思中改进自身专业工作，发展教育研究能力，并与同事进行主动积极的交流合作，提高自己的沟通技能和表达能力，在共同体中相互学习、相互促进、共同成长。

三　师范生教师职业能力标准的现实功能

师范生从教的职前教育阶段，是教师教育一体化建设的起始阶段，师范生的教师职业能力如何，关系到其教育教学能力拓展、职后专业成长和终身自主发展。在教师教育多元化的时代，出台师范生教师职业能力标准，无论对于教师教育机构规范师范生的能力培养，还是对于任教学校教师专业能力水平考核，抑或对于师范生自主拓展教师专业发展能力，都具有现实而深远的意义。

（一）有利于提高师德水平促进依法执教

该标准从遵守师德规范和涵养教育情怀两个角度进行指导和规定，帮助师范生在入职前了解未来从事教师职业应当具备的相关教师道德品质和一系列法律规范，前者成为师范生不断涵养自身师德的参照，后者则为师范生切实规范自身职业行为提供了直接的依据，有利于促进教师依法、依规执教。对师范院校而言，可以在教师教育课程中根据标准来进行更为科学合理的设计，帮助师范生了解一系列师德与法规的有关知识，帮助他们形成高度的职业认同，形成正确的学生观和教育观，公正平等地对待每一位学生，认真履行好自身教育职责，不断在标准要求下提高自身的教育教学修养。

（二）有利于指导和推动教师教学专业化

该标准对师范生的教学实践能力做了清晰、具体的规定，这有利于指导师范生培养和提升自身的教学专业能力，为他们日后的教学专业化提供保障。标准主要从教学专业知识、教学设计、课程实施、效果评价等方面对师范生的能力做出规定，这至少能带来三个方面的积极意义：一是帮助师范生更加全面、系统地了解自身专业发展所要学习的有关知识结构和内容体系；二是帮助他们更为科学合理地进行教学设计，提高他们的教学设计能力；三是促进他们正确有效地实施课程教学，为学生创设更好的学习情境，组织相关教学，提供学习指导，做好相应的评价改进工作。

（三）有利于引导教师"五育并举"实践

过去，对教师的专业要求侧重发展学生认知，传授学科知识，但对学生德育、体育、美育、劳育的培养却有所忽视。师范生教师职业能力标准强调了综合育人能力，这就有利于引导师范生打破传统教师"只重智育"的局限认知，引导他们在未来的职业工作中开展"五育并举"的综合育人，实现德育与智育相统一、传授知识与发展人格相统一，促进师范生在未来从教中注重家校协同育人，发挥学校与社会、家庭的系统育人功能，把自己的育人理念渗透到课程实施中，做到教书与育人的有机统合。

（四）有利于加强教师自主专业发展能力

教师的专业发展不能仅依靠外部政策和项目推动，教师专业自主能动性才是实现其自身内在发展的关键。因此，标准从学会自我成长和学会合作交流两方面对师范生发展能力做出指导，要求师范生学会科学地制定自我专业发展规划，在专业发展实践过程中不断进行自我经验与行动的反思改进，形成研究意识，培养研究能力和掌握教育科学研究方法，巩固专业成长能力，提倡组成学习共同体，培养与同僚合作、交流的有关技能，实现高质量的合作和专业进步。

第八节 教育学类质量标准：教师专业培养机构的教学要求

教育是人的一种特殊的生命过程，外显为专门的社会活动，是培养人的一种社会活动。教育学科是以教育活动为研究对象，探索教育活动基本规律的知识体系。教育学类专业是以教育学科为共同知识基础，以培养具有较高理论素养和实践能力的教育专业人才为目标的专业集群。教师教育是教育学科的主要组成部分，教师教育机构必须有相应的教学质量标准来规范教育学类各专业职前教师的培养。本节对教育部 2018 年颁发的《教育学类教学质量国家标准》做简要解读。

一　《教育学类教学质量国家标准》的出台背景

教育学类专业在我国高等教育以及国家建设和社会发展中占有重要地位，承担着为教育行政部门、各级各类学校、文化教育机构等培养所需要的教育管理、教学研究、文化传播、教育创意等方面高级专门人才的任务。

（一）教师教育质量成为我国教育现代化和建设教育强国的关键

教师教育发展的主要目的在于为国家基础教育事业培养一批高素质的教师，基础教育领域的发展和繁荣将深远影响到我国未来的教育现代化事业，基础教育同时也是我国教育强国建设的重要组成部分。从这个逻辑上讲，教师教育的发展和质量也就成为我国教育现代化和建设教育强国的关键，因为教师开展教育教学工作的专业性，关系着基础教育的总体质量，关乎整体的教育现代化以及教育强国建设事业的发展。

（二）当前教师职前培养模式方法不能充分适应中小学现实需要

《教育学类教学质量国家标准》出台的另一背景是从现实层面来看，有许多开展教师教育服务的高校在培养模式和培养方法上有所缺憾，如重"理论知识"轻"实践教学"，对高校承担教师教育工作的专业人员的素质要求规定不够明晰，存在"重科研轻教学"的问题。这就可能导致接受职前培养的师范生理论与实践方面的能力无法充分得到协调合理的发展，难以充分适应中小学的教育教学实际需要。

（三）高等师范院校持续提升教师教育质量需要有专业标准指导

高校教学质量的提升是提高师范生培养质量的重要保障，高等师范院校作为培养专业教师的主阵地之一，必须持续反思和改进现有教师教育的问题，以不断适应社会需要。这也要求不断地完善高校教学有关质量标准体系的构建，为各师范院校的教学改革设立一个基本的"方向"和"底线"，引导各高校根据专业标准的要求进行有关的改革与创新。

二 《教育学类教学质量国家标准》的主要内容

（一）教育学类专业概述与适用范围

该部分概括性地表达了教育学类专业的相关基本信息，如专业的知识基础、教育与教育科学的基本定义、教育学类专业所涵盖的相关学科领域、对学生学习的基本要求和培养方向、该专业在教育事业及社会发展中的地位和作用及所承担的任务等，并阐明了该标准适用的有关专业。

教育学类专业的相关领域包括：心理学、生理学、哲学、信息科学与技术、社会学、管理学等。教育学类专业知识具有多学科基础上的综合交叉、理论与实践相结合的基本特征，要求学生掌握教育科学及相关领域的基础知识、基本理论、基本方法，要求教学有助于学生科学地认识教育活动的本质，树立现代教育观念，形成教育专业能力和技能，胜任未来教育工作，为我国教育事业的发展做出贡献。

在教育学（040101）学科框架内，该标准适用的专业包括：教育学（040101）、科学教育（040102）、人文教育（040103）、教育技术学（040104）、艺术教育（040105）、学前教育（040106）、小学教育（040107）、特殊教育（040108）、华文教育（040109T）、教育康复学（040110TK）等。

（二）教育学类专业培养目标和规格

首先，该标准根据教育学类专业的培养目标和培养规格，从培养目标的思想指导、基本原则、参考框架、价值导向等方面做出具体规定，对人才培养的政治要求、人文素养、基础知识、实践能力等方面提出明确要求。

教育学类专业教育教学应坚持以马克思主义为指导，以国家政治、经济和文化建设发展需求为基本原则，以我国高等教育定位和特点为参考框架，同时以行业标准和社会需求为导向，培养具有坚定正确的政治方向、高尚的道德品质，具备良好的科学与人文素养，具有国际视野，系统掌握教育科学和本专业必需的基础知识、基本理论、基本技能和方法，具有较强的创新创业精神及教育创业实践能力和管理能力，能够在各级各类教育及管理机构胜任教育、教学、管理与研究工作的高级专门人才。

其次，该标准对培养的基本学制与学位做出要求。

基本学制为 4 年。各高校可根据实际情况实行弹性学制，允许调整学业进程、保留学籍休学创新创业，允许学生在 3—6 年内完成学业。学生达到各专业培养方案规定的课程及学分要求，符合相关规定，考核合格，准予毕业。可授予教育学学士或相关学士学位。总学分为 140—160 学分。

各高校应根据自身的办学目标和培养定位制定培养目标，培养目标应保持相对稳定，同时应根据教育事业的发展需要，适时进行调整和完善；应设置合理的创新创业学分，建立创新创业学分累计和转换制度，探索将学生开展创新实验、发表论文、获得专利和自主创业等情况折算为学分，将学生参与课题研究、项目试验等活动认定为课堂学习；可选择一些反映学科前沿、学校特色和地方特色的知识单元开设选修科目，并推动教师将国际前沿学术发展、最新研究成果和实践经验融入课堂教学。

最后，该标准从思想道德、专业素养、身心素质三个方面提出专业人才培养的基本要求。

思想道德方面：具有良好的道德品质，树立正确的世界观、人生观，爱国、守法、诚信、友善，热爱教育事业，关心爱护学生，具备良好的团队协作精神。

专业素养方面：系统掌握教育科学及相关领域的基础知识、基本理论和基本技能；系统掌握教育研究的基本方法，具有发现、分析和解决教育问题的能力，具有批判性和创造性思维，具有创新创业意识；形成教育学类各专业所需的创新精神和创业实践能力，培养多学科融合型人才；具有良好的信息素养，能较为熟练地把现代信息技术应用于教育教学；熟悉我国各级各类教育政策和法规；具有自主学习、终身学习和自我发展的意识与能力；具有国际视野，基本掌握 1 门外语，能较为熟练地使用外文资料，初步运用外语进行交流。

身心素质方面：掌握人的心理活动和体育运动的一般知识与基本方法，养成健康的生活方式，达到《国家学生体质健康标准》的要求，具有良好的心理素质和积极的人生态度。

（三）教育学类专业课程体系

该标准规定的教育学类专业的课程体系，主要分为理论课程、实践课程和毕业论文（设计）。课程结构应覆盖专业知识体系的主要知识单元、知识点。选修课程的范围和数量应提出明确要求，以保证课程的可选择性。有条件的高校可开展国内（外）学术交流、各类形式和层次的联合培养或双语教学。在总学分中，实践课程所占比例应不低于 25%。

首先，理论课程包含通识教育课程、专业基础课程、专业方向课程三种类型。通识教育课程旨在为教育学类专业人才提供通行于不同专业群体之间的知识和价值观，包括大学公共课程、创新创业教育课程，以及相关的人文社会科学类、理工类及艺术类教育系课程；专业基础课程为教育学类专业的基本理论和方法课程，旨在为学生提供未来从事专业工作需要的知识和价值观；专业方向课程由各高校根据教育学科框架内适用的各专业培养目标确定，教学内容应涵盖业务方面核心知识点。

其次，实践课程旨在帮助学生接触了解与教育相关的实践经验，为理论与实践的结合提供助力，包括教育见习、教育实训、教育实习、教育考察、教育调查等。

教育见习是学生在教师指导下，在教育机构进行的有关教学、教育、教研与管理工作的观摩和学习；教育实训是学生在教师指导下，在模拟实践中或模拟实验平台上进行的教育、教学、教研与管理的技能训练；教育实习是学生在教师指导下，在教育机构进行的教育、教学、教研与管理实践活动；教育考察是学生对特定教育区域或教育机构现状的实地勘察；教育调查是学生对教育、教学、教研和管理工作具体问题的实地调研。各高校应高度重视创新创业教育，在实践教学环节纳入创新创业方面的实践训练。

最后，毕业论文（设计）是检验学生理论与实践结合成果的重要途径，是教育学类专业课程体系的重要组成部分。

选题要求：教育学类专业本科毕业论文（设计）选题与内容应符合各专业的培养目标，强调综合运用所学理论与专业知识，应遵守学术伦理，符合学术规范。可采取学术论文，调查报告，研究报告，实验报告，教育、教学和管理案例分析报告等多种形式。鼓励学生根据自身兴趣与特长，结合教育实践，在教师指导下规范开展。

内容要求：毕业论文（设计）应做到主题明确、资料翔实、方法科学、论据充分、推证严密、结构合理、格式规范、行文流畅、符合学术伦理。

指导要求：各高校应为本科生指定指导老师，由各专业具有讲师及以上职称的教师担任，必要时可聘请基础教育学校或其他类型教育机构具有中级及以上专业技术职务的教师或管理人员参与指导。指导教师应对学生毕业论文（设计）的选题、开题、研究、写作、答辩进行全程指导，强化对选题、研究方法和写作规范的指导。

（四）教育学类专业师资队伍

高校教师素质是实现教师教育专业化的重要保障，也是实现师范生教育教学专业化的重要保障。该标准对教师规模与结构、专业素质的要求与发展做出了较为详细的规定。

1. **专业教师数量和生师比**

各高校应根据培养目标、培养规格、课程设置和授课时数等需要，建立数量充分、结构合理、素质优良的师资队伍。教育学各类专业的专任教师应不少于6人，生师比一般不超过18：1。

2. **专业教师的结构比例**

教师队伍的知识结构、学历结构、年龄结构、职称结构合理，有学术造诣较高的学科或专业带头人和数量适宜的骨干教师。专任教师队伍的学科背景应涵盖课程体系中所含知识领域、知识单元和知识点，一般应具有博士学位。年龄结构合理，30—50岁的专任教师应不低于总数的2/3。职称结构合理，具有高级职称的教师比例不低于总数的30%。应有一定数量的来自基础教育学校或其他类型教育机构的兼职教师。重点院校可略高于此标准。

3. **专业教师的素质要求**

（1）专业素质。具有良好的道德品质，重视履行教书育人职责，关心学生成长，具有对学生发展提供必要指导的素养；具有先进的教育观念，积极参与教学研究、教学改革和专业建设，不断革新教学方法，改善教学效果，具有对学生实施创新创业教育的能力；具有合理的知识结构，系统掌握教育科学及相关学科的基本理论和方法，具有扎实的专业基础知识、国际视野以及较为丰富的教育实践经验，清晰了解学科前沿动态，努力探索前沿学术问题；具有较强的专业能力，能根据人才培养目标、课程教学内容和学生特点，合理设计课程教学方案、组织课堂教学、进行课外辅导和教学质量评价，在教学中能熟练运用现代教育技术；具有健康的身心素质。

（2）教学要求。在教学中发挥主导作用。精心设计课程教学计划，认真备课，组织课堂教学，进行课外辅导和教学质量自我评价；与学生积极互动、教学相长；注重培养学生的独立性和自主性，引导学生质疑、调查和研究，进行主动而富有个性的学习。在教学中尊重学生人格。包容差异，因材施教，关注个体发展，培养学生的创新精神和实践能力。

（3）教师发展。要求高校为保障教师专业发展和教学专业性提供一系列发展保障，包括：应完善教育学类各专业基层教学组织，健全教学研究机制，推进教育教学研究，深化教育教学改革；需明确全体教师的创新创业教育责任，完善专业技术职务评聘和绩效考核标准，加强创新创业教育的考核评价；应建立教师上岗资格制度、青年教师指导制度、教师教学发展制度等，完善教师发展机制，根据教师专业发展规律和专业特点，针对不同发展阶段和不同专业的教师需求，分层分类制定实施教师发展规划，系统设计递进式培训课程，满足教师不同阶段需求，促进教师专业持续发展；应加强对教师特别是中青年教师的业务水平、教学能力、教学效果等的考核、检查、评估和交流，帮助教师发现在教学中存在的问题，为教师改善教学效果提供努力方向，确保教学质量不断提升；应加快完善科技成果处置和收益分配机制，支持教师以对外转让、合作转化、作价入股、自主创业等形式将科技成果产业化，并鼓励教师带领学生创新创业。

（五）教育学类专业教学条件与质量管理

1. 教学设施

各高校应为教育学类各专业教学提供数量充足、功能完善的教学设施。生均教学行政用房面积一般不小于 14 平方米；生均教学科研仪器设备值不少于 5000 元；生均图书不少于 100 册，生均年进图书量不少于 4 册。百名学生教学用计算机不少于 10 台，百名学生多媒体教室和语音室座位数不少于 7 个。重点院校可略高于此标准。

2. 信息资源

各高校应为教育学类各专业提供数量充足、种类齐全的纸质和电子图书资源，配备满足教学需要的电子资源数据库以及检索工具，为师生提供便捷的信息资源服务；应为教师和学生提供各专业的培养方案，各课程的教学大纲、教学要求、考核要求，毕业审核要求等基本教学信息；应向学生推荐教材和必要的教学参考资料，鼓励教师使用高水平教材，如无正式出版教材，应提供符合教学大纲的课程讲义，应积极建设课程网站，提供较为丰富的网络教学资源。

3. 实践教学

各高校需有满足人才培养需要的相对稳定的实践教学条件；应根据专业特点和需要，建设能满足实践教学要求的专业实验室、实训中心等；应与科研院所、中小学校、教育行政机构等加强合作，建设一定数量的相对稳定的教学见习、实习基地，保障见习和实习活动的顺利展开；应充分利用各种资源建好一批大学生校外实践教育基地、创业示范基地、科研创业实习基地和职业院校实训基地。实践教学累计不少于 6 个月。

4. 教学经费

教学经费投入应较好地满足人才培养的需要，生均年教学日常运行支出不少于 1200 元，并应随着教育事业经费的增长而稳步增长。新增专业教学经费不低于学费收入的 30%，正常教学运行经费不低于学费收入的 25%。

5. 质量管理

（1）质量管理目标。各高校应以该标准为基础，结合教师职业资格证书的要求，建立以培养目标、培养规格、课程体系、教学规范、专业师资、教学条件、教学过程、教学改革与研究、教学效果等为核心的质量管理目标体系。逐渐增加以质量监控为目标的毕业生质量跟踪机制、社会和用人单位的评价与反馈机制等外部反馈机制。

（2）质量规范。各高校应围绕质量管理目标要求，制定质量管理实施规范，建立督导、评教制度，建立信息反馈机制和调控改进机制，开展经常化和制度化的质量评估，确保对教学质量形成全过程的有效监控，保证教学质量的持续提高和专业人才培养目标的充分实现。

三　《教育学类教学质量国家标准》的现实意义

（一）有助于高校明晰教师培养目标与人才规格

该标准对人才培养目标与基本规格做了规定，有利于高校更为科学合理地根据自身的办学定位和社会需要，持续改善教师教育工作，使得教师培养既有"规矩"又有"空间"，既有"底线"又有"目标"，既对教学提出一系列基本合格要求，又为高校追求培养卓越教师提供广阔的改进空间，使高校在保障培养合格基础上不断实现教学专业化。

（二）有助于优化和完善教师教育课程体系建设

该标准对教育学类专业的课程体系进行了总体的框架设计，使课程体系更加健全完整，内在各类型课程之间得以相互联系、相互沟通，在课程总体框架指导下，师范院校可以结合课程总体框架更加科学全面地进行教师教育的课程开发设计，促进教师教育理论课程与实践课程之间的有机统一，专业基础课程与通识教育课程的相互联系，优化和完善教师教育课程体系。

（三）有助于提高教师教育师资队伍的专业素质

该标准对教师教育师资队伍建设的一系列标准规定，有利于推动教师教育队伍整体的学历层次不断提高、年龄结构和职称结构不断优化，为教师教育者进一步开展教师教育研究和实践提供发展平台，为教师教育者专业素质的优化提供各种保障机制，改善教师教学发展条件。

（四）有助于改善教学条件和完善质量改进机制

该标准的出台有助于优化教学软硬件条件，不断提高教师教育质量。如，过程质量监控机制有助于师范院校动态化监控教学质量，完善过程性评价；毕业生的跟踪反馈机制有助于师范院校更好了解师范生毕业从教后的实际体验和社会对院校培养质量的真实评价，帮助师范院校根据反馈改善教学工作。

第十一章　教师教育一体化的机制运行

机制是各要素之间的结构关系和运行方式，是各要素在相对稳定的关系下构成的结构中，以相互影响、促进的联系来产生大于各要素之和的整体功能和效应，继而推动要素所构成的结构以稳定、可持续的方式进行运作和动态发展。教师教育一体化机制涉及教师教育内部系统的构成要素（如教师教育人才培养、科学研究、社会服务等）与教师教育外部系统的构成要素（如校地共建、院校联盟、招生就业等）之间建立联系紧密、稳定持续的作用关系，促使整个教师教育系统得以有效运行，最大限度地发挥内外部各要素之和的整体效益和规模效能，高质量地推动教师教育一体化建设和发展。

整合各方资源与力量，建立各要素联系的一套系统、完整、科学、规范的教师教育一体化运行机制，这需要大学和地方政府开展校地共建，二者之间的合作办学有内部动因和外部动因，合作办学模式的构建要注意机制运行、保障机制、人才培养等方面。大学和院校之间借助院校联盟而实现的教育合作，受到教师教育大学化和中国高等教育发展新趋势的影响，合作类型包括大学与教育学院、教师进修学校的合作，大学与基层学校的合作。教师教育一体化机制的运行还需要大学、政府和基层学校的协同创新，为实现三方主体间的协同创新，可以从确立一致性的目标、建立开放性的系统、创建协作创新的平台等方面入手。同时，要加强大学教育与社会实践的衔接，通过"三下乡"活动、"红土地支教"活动、"实习支教＋留守儿童关爱教育"等方式，实现教师教育实践育人的目标。在教师教育的组织管理方面，要注重大学文化与社区文化的融合，大学中的学校氛围、教师文化、同辈文化等对职前教师产生影响，社区文化则影响师德和教师专业发展信念，要通过教师合作文化的生成，实现大学文化对社区文化的引领。

第一节　校地共建：大学和地方政府的合作办学

进入 21 世纪后，我国教师教育一体化改革呈现新的时代特征。建设国家级、省级和县级"三级"教师教育创新实验基地是这一时期的突出特点，加强"校地共建"是教师教育基地建设的首要和最重要的任务。[①] 根据前文"利益相关理论"和"决策权变理论"，高校与地方政府进行校地共建能够实现双方的互利共赢。一方面，大学借助地方资源，能更好发挥在人才培养、科学研究和社会服务等方面的作用；另一方面，高校培养出高文化素质的劳动者，为地方经济社会发展提供有力支撑。

一　校地共建的意义

校地共建是一种深化地方师范院校服务区域内教育发展的合作理念和办学模式，其基本思想是寻求同地域内政府、企业、社会组织的协同合作，在空间范围内实现共同发展，通过服务地方社会的经济发展处理好高等院校与地方政府、地方社区、地方企业等多元社会单位的关系，继而使地方院校获取更大生存空间和发展资本。这是地方院校应当牢固树立的办学定位和发展理念。

本研究探讨的"校地共建"中的"校"意指"地方师范院校"，是指那些在管理体制上不隶属所在地理区域市一级政府，而是隶属国家或教育行政部门、与所在区域市政府无直接财政与人事编制联

---

① 冯滨鲁，曲振国，魏晨明，李天思. 构建校地联动机制 推进教师教育一体化——以山东省潍坊学院教师教育基地建设为例［C］//Proceedings of 2nd International Conference on Education, Management and Social Science，2014：210 – 213.

系的高等师范院校；"地"则指地方的市级政府及相关社会组织。①

二 校地共建的动因分析

大学承担着培养地方基础教育师资的职责，并通过教育科研活动推动地方基础教育事业的发展。地方政府承担着管理和推动地方教育事业发展的职责。两者共同致力于发展地方教育的目标，使双方的合作共赢成为可能。

（一）校地共建的外部动因

从教师教育一体化衔接角度看，教师专业素质的持续提升是保障地方教育质量的根本因素。大学和地方政府通过合作开展校地共建，为教师的专业发展创设科研平台和实践平台，有助于推动地方基础教育质量的发展，继而促进地方特色文化的继承和发扬，同时深化高等教育办学的提质增效，有效缓解高校规模扩张后的财政压力，促进师范专业建设调整，提升高校服务地方的能力，这成为大学与地方政府开展校地共建的内外动因。

1. 推动地方基础教育质量发展的需要

早在 20 世纪 60 年代，美国经济学家舒尔茨就从人力资本视角分析了教育对国民经济增长的促进作用。地方性师范院校作为区域内培养高素质教师人才的单位，直接辐射影响区域内基础教育的发展，为所在地方中小学校提供专业师资。因此，推动校地共建，有助于加强地方师范院校师资培养对地方中小学基础教育的适应性和针对性，满足地方基础教育质量发展的需要。

2. 促进地方特色文化继承发扬的需要

地方师范院校具有高等教育的属性，在区域内承担"文化中心"的职能，地方师范院校由于扮演文化角色，具有对区域内历史精神和文化资源进行挖掘、保护、研究，保证地方特色文化资源累积和

---

① 何根海，张勇. 校地合作共建视野中政府与高校的角色定位研究［J］.中国高教研究，2009（09）：62－64.

传承、继承与发扬，形成地方特色文化产品和文化产业，增强地方文化软实力和促进地方精神文明繁荣的作用。同时，高等师范院校还承担着为地方培养专业师资的职能，教师又具有文化继承和发扬的职责，这使得高等师范院校作为地方文化教育事业的中心之一，对于提升城市的文化品位具有不可替代的作用。

3. 深化高等教育办学提质增效的需要

推动校地共建也是促进我国高等教育事业发展的需要。截至2019 年，我国高等教育毛入学率达到 51.6%，正式进入普及化阶段①，公众的高等教育需求由"量"向"质"转变，因此需要充分满足公众对接受教育后能够创造美好生活的要求。对师范院校而言，需要保障师资培养能够充分适应当地各级各类教学岗位需求，促进高等师范教育形成多元化的办学体制。即在当地政府的支持下，结合地方经济社会发展需求，找准自己的教师教育发展定位，在不同学科领域、不同专业层次办出特色、办出水平，服务地方基础教育发展，继而推进高等师范教育办学提质增效。

（二）校地共建的内部动因

1. 缓解高校规模扩张财政压力的需要

21 世纪以来，为适应高等教育大众化，我国师范院校进行了一定程度的重组、合并与扩张，但是学生数量激增，师范高校的校舍、设备、师资等资源严重不足，填补这些缺口需要大量经费投入，这就给师范高校办学质量提升带来巨大财政压力。多数师范高校办在地方，通过校地共建，地方师范高校不仅可以得到地方政府的政策和财力支持，减轻资源投入的负担，而且能够在学校基础设施和周边公共环境建设等方面，得到地方政府的支持。

2. 促进高校师范专业建设调整的需要

当前，我国高等师范教育存在的一个问题就是师范专业设置与教师劳动力市场的需求相脱节的现象较为严重，专业设置落后于社

---

① 钟秉林. 高等教育从"量"向"质"转变 [N]. 中国教育报，2020 – 12 – 31 (2).

会需求发展的变化。信息时代，教育技术学应当成为师范类学校重视与发展的专业，以培养中小学信息技术教师。以福建省为例，福建师范大学和闽南师范大学等均开设教育技术学专业，若能通过校地共建进一步合作办学，则有助于推动师范专业设置与社会需求的嵌合，搭建师范人才培养与中小学教育教学现实需要之间的桥梁，巩固现有教师教育创新实验区建设，不断提高师范专业人才培养的质量规格。

3. 提升师范院校服务地方能力的需要

师范院校通过培养优质师资为地方教育的健康发展提供援助，如果师范院校不能充分满足一个地区教育发展的需求，其办学能力就会受到当地社会的质疑。因此，有效提升师范院校的社会服务功能，不是在高校里"埋头苦干"就能实现的，而是要师范院校积极"走出去"，融入当地的教育生态，通过校地共建的方式，探索适宜当地教育发展的教师教育之路，有助于加强对地方教育生态的了解，不断提升服务地方教育发展的能力。因此，地方师范院校以校地共建学校为平台，了解当地师资发展情况、教育研究情况、教育技术的推广情况等并做出相应的变革，使之更有效服务地方教育的需求和发展。

三　校地共建的机制构建

为推动高校与地方合作办学的顺利进行，需要建立相关的运行机制和保障机制，并采取多种优化手段，改革人才培养方式，提高人才培养质量。

（一）校地共建的运行机制

为保障高校与地方政府合作办学的正常运行，需做到以下几点。第一，建立合理的领导机制。校地共建工作牵涉多个部门的协同配合，如在选址上牵涉住建、城市规划、环保、土地管理等部门，建设过程中还牵涉工程招标、财政拨款等问题，这要求地方政府将校地共建视作一个重要民生项目加以衡量，建立各职能部门协调配合的领导机制，保证校地共建工作的有效进行。第二，建立正确的利益机制。校地共建工作本身牵涉多方利益，解决相关者存在的利益冲突是保障校地共建项目得以实施的重要前提，需要使多方利益主体清晰了解校地共建对促进地方教师教育发展的意义，消弭协调各方矛盾，达成对项目推进的共识，这需要一个强有力的领导集体。第三，建立完善的社会服务体系。校地共建项目实现后，要实现可持续的发展就必须为社会提供可持续的、有效的专业服务，如促进地方教师专业发展，促进地方教育生态健康发展等。

（二）校地共建的保障机制

地方政府与高校是构建保障机制的两大关键主体。首先，地方政府在整个校地共建项目筹划、运行、维护等工作中承担着调和师范院校、中小学校、社会公众等各方利益冲突的职能，是宏观上的管理者、协调者，可保障项目的有效运行。地方政府具有为各方提供良好合作环境的义务，借助出台和完善校地共建的制度或政策，规范校地共建合作办学的程序，并为其提供各方面支持，包括学校选址、资金投入等方面。其次，师范院校在校地共建项目中提供相关的科学技术研究支持、人力资源和智力支持等，通过教师教育的发展提升校地共建的办学质量，改善当地师资队伍、教学环境和条件。

（三）校地共建的职能拓展

大学办在地方，进入地方社会的中心。地方社会、政治、经济、文化、教育等各项事业的发展，离不开大学提供的人才和智力支持。同时，无论是人才培养、科学研究、社会服务还是文化传承创新、国际交流合作，任何一项职能的发挥都需要地方政府提供资源。一方面，在教师人才培养上，专业设置要紧密联系当地教师队伍的发展需求，例如，当地方内城乡教师素质的发展差距较大，音体美等小科目教师紧缺时，师范院校要加强对乡村教师的培养培训工作，增加音体美教师教育专业的招生和培养，及时解决教师队伍的结构性矛盾。另一方面，师范院校要积极提高培养质量，例如，加强对薄弱学校的教育调研，了解当地学校教师专业发展存在的突出难点问题，进行有针对性的教师培养培训，及时解决教育教学现实场域中发生的问题，切实提高教师培养培训的社会适切性。

第二节　院校联盟：大学与院校之间的教育合作

协同创新理论表明，大学可以根据不同的情况设立独立的或附属的教育学院，与地方教师进修学校或其他形式的师资培训中心、教师之家、教师暑期学校、教师俱乐部等机构合作，建立教师教育院校联盟，合作开展教师教育一体化建设。

一　大学与院校进行教育合作的背景

（一）教师教育的大学化要求提高专业化培养能力

大学与院校间进行教育合作是教师教育大学化的必然。随着基础教育的发展，各国的教师教育陷入困境并面临新的挑战。传统的教师教育机构和培养模式已不适应新时代的发展，教师教育大学化已成为国际教师教育发展的重要趋势。朱旭东认为："实施教师教育大学化战略，首先是教师专业化的需要，是提高教师的专业地位，提高教学专业水平和学术水平的必然要求；其次是解决教师教育的学术性与专业性矛盾的需要；再次是基础教育课程改革的需要。"① 郄海霞梳理了20世纪70年代以来西方学者关于"教师教育大学化"的不同观点，指出教师教育大学化有三种观点：一是"大学化"观点；二是"反大学化"观点；三是合作伙伴关系观点。② 随着讨论的深入，人们对教师教育大学化的认识无论在广度还是深度上都有了很大的拓展，逐渐摆脱"大学化"和"反大学化"的对立观点，主张大学与中小学合作进而形成伙伴关系，共同开展教师教育一体化工作。

---

① 朱旭东. 应当实施教师教育大学化战略 [J]. 中国高等教育，2002（19）：18－19.
② 郄海霞. 西方"教师教育大学化"研究述评 [J]. 外国教育研究，2004（02）：41－47.

（二）中国高等教育发展的趋势要求加深交流合作

中国高等教育发展的新趋势要求大学和院校之间开展教育合作和研究。我国高等教育发展趋势可概括为"三化"：普及化、市场化、国际化。普及化是指接受高等教育已经成为一种普遍现象，尤其对当代青年人来讲，高等教育的规模扩张已经使大部分青年人都有机会接受高等教育，区别在于质量的高低。换言之，高等教育的普及化解决了量的问题，也呼唤着高等教育改革向质的方向转变，实现高校的内涵式发展。市场化是指我国社会主义市场经济体制和供给侧结构性改革不断完善，高等教育要保证人才培养质量，就必须不断加强与市场、社会的紧密联系，高校要充分加强与市场、企业的交流合作。国际化是指各国之间合作与交流的加深，高等教育成为国际化交流的重要平台，深化交流合作也成为中国高等教育迈向国际化，不断提升话语权的重要路径。

二　大学与院校进行教育合作的类型

在教师教育改革不断深化的背景下，大学与院校间进行教育合作的内容与方式逐步丰富与完善。就其合作类型来看，主要有大学与教育学院、教师进修学校的合作、大学与基层中小学校的合作等类别。

（一）大学与教育学院、教师进修学校的合作

教师学历达标的基本实现、教师资格证书制度的实施，使教师继续教育成为教师职后教育和专业成长发展的主要载体。如今，在职教师不仅追求学历提高，社会公众对子女教育的重视程度也显著提高，教师为了适应社会快速增长的对高质量教育的需求，也在不断寻求各种方式提升自我的专业素质。教师的提升需求是多方面的，既有内在对学科专业知识、教育专业知识的补充，也有对教育教学技能技巧的提高，还有对教育科学研究能力的提升，等等。

而且，在职教师的继续教育需求已经从过去追求学历教育上升到如今学历教育与非学历教育并举的新阶段。由于师范院校还是以

学历教育为主，在非学历教育上与教育学院或教师进修学校相比，非学历型的继续教育培训经验还有一些不足。可见，作为教师教育一体化的"一体两面"，不管是提升师范院校继续教育能力，还是充分利用教育学院和教师进修学校的教师教育资源，形成资源的优化配置与教师教育的有效合力，都必须积极推动师范院校与教师进修学校、教育学院的合作，满足教师专业发展的多元化需求。

（二）大学与基层中小学校的合作

大学与中小学校开展合作对师范生的培养十分重要。对于师范生而言，师范院校是学习专业理论知识和教育技能的场所，而中小学课堂具有真实的教学情境，是将专业理论知识运用于教学实践的场域。在基层中小学校中，师范生根据大学的教育实践安排，通过"直接参与"的方式完成自己的学习过程和任务，通过体验、发现、推断及概括等实践去应用和验证专业理论知识和技能，依据自己的思维活动而不是教师的教授来完成知识建构。

根据合作中的不同地位和作用，师范院校与基层中小学校的合作可以分为：单向型合作和双向型合作两种类型。① 单向型合作是出于大学或中小学校一方的教学或科研工作发展需要，如以大学为主的理论研究和以中小学为主的实践研究。这种合作中，双方地位相对不平等。双向型合作，是通过双方资源共享、同伴互助、共同研究等方式，开展合作办学，促进双方互利共赢。这种合作中，大学和基层学校地位相对平等。

需要指出的是，师范院校与中小学校在职能上的区别，通常会衍生出不同的教师教育文化。如，大学崇尚理智主义取向的价值观，注重科学专业研究和系统的教育理论知识学习，教师教育文化相对偏重于理性和学术探讨；中小学校注重情境性、现实性的教育教学问题的解决方法或技巧，更加注重工具性和实用主义的教师教育价

---

① 冯海英. 大学与中小学合作培养教师的问题及对策 [J].学术论坛，2015（04）：135 - 139.

值观。两种不同的文化看似冲突且存在矛盾，实则指向了教师专业发展中重要的理论部分和实践部分，二者完全可以实现优势互补。因为，只有理论与实践相互融合的教师教育文化，才是完全发展的教师专业素质文化。正如美国霍姆斯小组成员古德莱德（J. I. Good-lad）所讲："中小学校若要变革进步，就需要有更好的教师。大学若想培养出更好的教师，就必须将模范中小学作为实践的场所。而中小学若想变为模范学校，就必须不断地从大学接受新的思想和新的知识。若想使大学找到通向模范学校的道路，并使这些学校保持高质量，中小学校和大学教育学院就必须建立一种共生关系，并结为平等的伙伴。"[1] 我国《教师教育振兴行动计划（2018—2022年）》中也提到："高校与中小学协同开展教师培养培训、职前与职后相互衔接的教师教育改革实验区，带动区域教师教育综合改革，全面提升教师培养培训质量。"[2]

可见，师范院校要和中小学一起承担起培养未来高素质教师的责任，必须与中小学建立长期紧密的合作关系，利用相对优势的学科专业和科研成果，加强对中小学情境化、现实性的教育教学调查研究与分析诊断，探索实践问题背后的矛盾症结。这样才能深化双方的交流与沟通，有效帮助中小学校解决实践性问题，提升教师教育的理论与实践水平。

第三节　协同创新：大学、政府和中小学校协同

教师专业化以教师专业素质的全面发展为支撑，要求教师不仅要在专业知识和能力上达到标准，也要提高相应的专业道德、专业情意。一方面，师范院校的根本任务是为地方基础教育培养高素质

① 潘海燕，余娟. 大学与中小学融合共生——教师专业发展学校建设研究［M］. 武汉：华中科技大学出版社，2015：115.
② 中华人民共和国教育部. 教育部等五部门关于印发《教师教育振兴行动计划（2018—2022年）》的通知［EB/OL］.（2018 - 03 - 23）［2021 - 10 - 11］. http://www. moe. gov. cn/srcsite/A10/s7034/201803/t20180323_ 331063. html.

专业化师资，教师教育体系的开放促进了教师教育一体化深入实践，而且，师范院校办在地方，需要地方政府的协同指导，过去那种单靠师范院校培养职前教师的"专营"格局已经无法适应新时代培育新教师的要求。另一方面，实现教师专业素质的全面发展，还必须与中小学校协同，依托现实教育教学中情境式"临床实践"的学习体验与实践升华。协同创新成为当代教师教育一体化改革的一条必由之路。

一　教师教育协同创新概述

2018年，《中共中央　国务院关于全面深化新时代教师队伍建设改革的意见》中提出，"实施教师教育振兴行动计划，建立以师范院校为主体、高水平非师范院校参与的中国特色师范教育体系，推进地方政府、高等学校、中小学'三位一体'协同育人"①，从政策上明确教师教育协同创新的要义。

（一）教师教育协同创新的内涵

长期以来，我国教师教育形成师范院校"专营"局面，即师范院校在教师的培养目标、内容、方式上，以单主体行为进行自主创新，如今，这与教师专业发展的实践取向价值相悖。教师教育协同创新，从哈肯的"协同学"意义上讲，就是在教师教育大系统中，构建教师培养和培训的内外部关键子系统（主要是大学、政府和中小学校）之间要素的相互协调影响，形成协同效应机制，进而联合对教师专业发展施加积极影响，提高教师教育质量的过程。

21世纪以来，根据对教师专业化素质要求的新规定，不仅要实施教师培养和培训的专业化教育，更要将教师教育贯穿于教师职业生涯的始终，实现教师专业发展的"终身化"。没有大学、中小学校

---

① 中华人民共和国教育部. 中共中央 国务院关于全面深化新时代教师队伍建设改革的意见 [EB/OL]. (2018-01-31) [2022-03-22]. http://www.moe.gov.cn/jyb_xwfb/moe_1946/fj_2018/201801/t20180131_326148.html.

和地方政府的协同合作，是无法建立教师教育协同创新机制的。而且，作为教师专业发展的重要依托，教师教育协同创新的主体是多元的，方式是互动的，结果是高效的，这有别于以往师范院校内部的单主体自主行为，以往的教师教育缺乏地方政府和中小学的参与。可见，建立大学、中小学校和地方政府三个关键子系统之间的教师教育协同创新机制，是推动教师教育理论与实践、职前与职后一体化的重要保障。

（二）教师教育协同创新的类型

根据主体的不同，教师教育协同创新的类型可以划分为"内部协同"和"外部协同"两种类型。内部协同主要指师范院校根据学科专业组织，按照专业培养方案和课程计划对师范生进行全程教育和培养。如，在培养高中物理学科教师时，学科专业知识和教育专业知识通常由不同院系组织，开展协同合作培养，物理学科专业知识和技能主要由物理学院负责，教育专业知识和技能主要由教育学院负责。外部协同主要指教师教育各方主体（大学、政府、中小学）在教师职前培养、入职教育和职后发展阶段的协同创新。如，师范生专业理论和技能主要由师范院校负责培养，实践指导主要由中小学一线教师负责培养；教师招聘考试、入职和职后继续发展，需要地方政府、教育主管部门和中小学校组织实施。

内部的协同创新与外部的协同创新是共同推动教师专业成长的有机整体，二者不可分割。如果不能实现充分的内外部协同，就不能充分有效地统合教师职前和职后教育资源。首先，教师知识构成的系统性与复杂性需要高校内部各个院系和部门的协同创新，更重要的是，师范院校培养的师范生还要受制于地方师资需求的供给侧结构性改革政策，以及中小学校的实际教育教学场域考察和验证。其次，理论与实践融合也是摆在教师专业成长道路上的一个难题。师范生光掌握知识和技能远远不够，还需要得到实践经验丰富的在职教师指导，才能在实践与反思中不断得到专业突破，这就需要依赖师范院校内部与外部的协同创新。最后，从教师培养培训的连续性角度，内部协同创新是教师教育工作的基础，外部协同创新是师范生理论向实践转化的关键，二者共同促进教师教育的一体化发展，巩固教师教育的发展质量。

二　教师教育协同创新的机制构建

如今，在教师教育一体化不断深入的时代，教师教育协同创新建构主体主要由大学、政府和基层学校组成，大学主要负责教师职前培养，基层学校是在职教师实现专业发展的重要实践平台，政府则在大学与基层学校之间建立协同创新的纽带。三个主体之间需要通过相互整合、合作来达到共同目的，促进教师教育一体化的发展。实现大学、政府、基层学校之间的教师教育协同创新，可以从以下方面来入手。

（一）确立一致性的发展目标

建立教师教育的协同创新机制，首先需要各个参与主体保证工作的协同性，好比人体的各个器官都有其特定的功能，只有身体中的各个器官协同配合，才能够保证人体机能的健康运转，教师教育的协同创新也是如此。对于师范院校、地方政府抑或中小学校来说，教师教育的发展目标都是教师群体专业化和教师个体专业发展。如人体各个器官都有"维生"的共同目标一样，只有在教师培养和培训各个主体之间达成一致目标，才能产生教师教育的协同效应，如果各个主体之间的目标各不相同，就会影响甚至阻碍协同创新的机制构建。因为，目标一致可以减少成员之间的冲突，进而改善组织的总体协调状况，促进协同创新。①

（二）建立开放性的互动系统

树立共同目标，是实现各主体协同工作的前提，要达成进一步的创新目标，还要求各个主体之间信息交流具有活跃性，建立各主

---

① 安东尼·唐斯. 官僚制内幕 [M]. 北京：中国人民大学出版社，2006：238-239.

体之间开放的互动系统。只有当各个主体彼此交换、获取足够的信息情报，信息之间的潜在联系性才可以得到更好的探索和发掘，也才可以为建立新的联系、产生新的创造做好准备。因此，大学教师和中小学教师，要针对地方政府师资队伍建设和供给侧结构性改革对教师发展的目标要求，保持主动的开放性，积极地在教育教学问题上进行互动和交流，打破各自封闭的樊篱。这样才能有助于各自填补彼此在理论与实践方面的空白，更好找到合作研究的创新点和突破口，助力教师教育质量的提高。

（三）构建创新性的合作平台

平台的构建在于更有效地将各个教师教育主体聚合在一个特定的场域里，为各方便捷、有效的互动交流提供现实支持。合作创新平台的构建思路可参照东北师范大学的"教师教育创新东北实验区"。① 其思路在于，以东北师范大学为合作主体，以地方政府和中小学校为协同主体，共同在区域建设集师范生职前实践、中小学教师在职培训、教师教育者专业队伍建设、基础教育和教师教育研究、基础教育信息共享等多元职能于一体的协同创新基地。这种模式的优势在于，以平台为融合教师职前教育与在职教育、教师教育理论与实践的重要抓手，以"空间上实质的一体化"推动"人力物力资源整合的一体化"，最终实现实质的教师教育一体化。其中，保障平台充分的开放性与交流性，是实现合作创新平台工作机制有效运转的基础要素。通过平台构建，为相关主体提供公共化、互动化的共同体环境，为协同创新建立基本的空间保障，深度推进教师教育一体化实践。

（四）形成激励性的保障机制

教师教育一体化的实践推进要求各相关主体恪尽职守、有序地开展自身工作，师范大学、地方政府和中小学校作为教师教育一体

---

① 刘益春，李广，高夯."U－G－S"教师教育模式实践探索——以"教师教育创新东北实验区"建设为例［J］.教育研究，2014（08）：107－112.

化过程中的"关键三方",不仅需要出台相关政策,确立相关制度,保障三方权责明晰、分工有序,也应建立相应的工作激励机制,防止利益价值追求的差异性导致消极影响。因为,主体的工作行为在一定程度上受到利益和价值判断的驱使,利益和价值判断与主体相符,便能使主体积极主动投入教师教育一体化工作,反之则会影响主体参与工作的积极性与主动性。激发三方建立激励性机制,保持主体的参与热情与活力,可由地方政府主持,对在协同合作中表现突出的集体单位及个人进行表彰,也可由大学和中小学内部制定相关的评价制度,将教师参与工作完成度和效果纳入考核范围,作为职称评审、推优评先、表彰奖励的依据,使教师以持续饱满的热情投入教师教育协作共同体的建设中。

第四节　实践育人：大学教育与社会实践的衔接

根据"理论联系实际"的教育教学原则和"实践智慧"的教师教育价值观,在教师教育一体化机制运行过程中,大学教育与社会实践的衔接,对于未来教师教育技能和实践智慧培养十分重要。而且,大学生参加社会实践既可通过体验社会生活,增强运用知识解决实际问题的能力,也能检验他们在知识水平和能力上的缺陷和不足,明确今后努力和改进的方向。

一　加强教师教育实践育人的意义

教师承担的教育教学工作具有实践性与情境性等特点,教师教育应当着力于推动和促进师范生"实践智慧"的生成与发展。因此,在教师培养和培训上,师范院校树立实践育人的专业培养理念,深化职前教师培养模式改革,并把教育实践拓展到教师职后培训领域,有助于推动职前与职后一体化的衔接。

（一）促进教师职前培养模式的改革

传统的师范教育职前培养忽视教育实际情境,教学的封闭性较为突出，一些地方性师范院校忽视师范生实习环节，有的师范院校对教育实践要求不严，学生没有得到真正的锻炼，结果培养出来的毕业生难以适应教师工作岗位，在激烈的竞争中败下阵来。在新时代教师职前培养模式改革背景下，多数院校在培养方案和课程计划改革中，增设实践课程，加强实践管理能力培养，强化社会实践育人。一方面，社会实践能帮助学生完成从"自然人"到"社会人"的转化，在与人交往的过程中语言表达能力、应变能力、组织协调能力等社交能力得到提高和锻炼，为今后顺利进入职场奠定基础，缩短毕业后的工作适应期；另一方面，实践育人的教师教育改革，能够促进高师院校教师深入乡村社会，到中小学调研、指导实习生，有助于加强他们对一线教学现实和存在问题的深刻认识，从而提升教师自身的实践智慧。

（二）引导高师院校关注职后培训

教师专业发展仅靠职前教育是远远不够的，还必须贯穿职前教育和职后培训的全过程。从某种意义上说，中小学校也是一个小社会，开展师范生教育实习是促进学生参与社会实践活动的重要方式，学生接受中小学教师的实习指导，通过实际岗位锻炼培养教师能力，提高教育教学水平。因此，实践育人取向的教师教育，促使高师院校不仅要改革职前教师培养模式，还要树立正确的教师培训观念，通过安排社会实践活动介入职后教育领域，把师范生培养与职后教师培训结合，更多关注一线教育教学场域，进行统一设计安排。这样，有助于高师院校在教师职后培训过程中，结合基础教育实践和教师发展需求，建立科学的教师培训体系，对参与培训的教师进行合理定位，使每位教师都能充分发挥自身的特长，激发教师专业能力，建设一支业务素质过硬的教师队伍。

（三）加强教师教育职前职后衔接

新教师入职教育是教师教育一体化的一个重要环节，也是新教师队伍建设发展的关键点。实践育人在职前培养和入职教育之间搭建了一个桥梁，是一个重要的衔接点，为新教师入职培训确立专业发展方向。这是因为，社会实践能使师范生在服务社会的过程中，巩固热爱教育事业的专业思想，增强师范生的社会责任感，激发奋发成才的愿望，调动学习的主动性和自觉性，为将来成为"四有"好老师打下基础。因此，在促进实践育人的路径上，师范院校可以顶岗实习为媒介，把顶岗实习和置换培训视为教师教育一体化的突破口。通过顶岗实习和置换培训的方式，加强师范生与在职教师的联系，促进职前培养和职后培训互动发展，增强教师教育一体化的紧密度和融合度。

二　教师教育社会实践的典型模式

随着对教师教育实践环节重视程度的不断提高，教师教育社会实践的模式也日趋多样化。在高校积极探索教师教育实践育人方面，多年来，"三下乡"活动、"红土地支教"活动、"实习支教 + 留守儿童关爱教育"等效果显著，可谓教师教育社会实践进程中的典型范例。

（一）"三下乡"活动

20 世纪 80 年代初，团中央第一次号召全国大学生在暑假期间开展文化、科技、卫生"三下乡"社会实践活动。2011 年 7 月，华中科技大学第一届"大手拉小手"团队奔赴贵州黔西县太来乡院子小学展开支教活动。2014 年，第四届"大手拉小手"活动获得全国大中专学生志愿者"三下乡"社会实践活动优秀团队。四年的"三下乡"暑期社会实践活动中，该团队经历了从单纯的支教到支教与调研相结合，再到帮助贫寒学子寻找资助人的转变，团队成员不仅在实践中锻炼了教育教学的技能，也培养起未来教师具备的专业情意[①]，为将来从事教师行业打下坚实的基础。

---

① 唐菁菁，林孝锴．传承与创新大学生"三下乡"社会实践活动［J］．中国教育学刊，2015（S2）：7 - 8.

多数师范院校在效仿"三下乡"过程中，师范生感受到了乡村学校教学环境和师资条件的落后，树立了崇高的理想信念和职业道德，增强了自身的责任感与使命感，为投身于乡村教育事业做好充分的思想准备。同时，师范生通过调查当地的教育现状和开展教育帮扶等实践活动，可以进一步明确职业目标，提前一步进行职业定位，在分析自身优缺点的基础上，有针对性地进行教育核心技能的训练，并确定自己今后努力的方向。

（二）"红土地支教"活动

"红土地支教"是江西教师教育中一种颇具地方特色的实践育人模式。作为早期的革命沃土，江西具有大量拥有红色文化的乡村地区和偏远山区，受制于经济发展水平和生活条件，当地乡村教师往往留不住，流动性较强，对当地教育事业发展造成许多消极影响。为改善江西乡村红色地区的教育质量，江西师范大学开展了"红土地支教"实习工程。其基本方式为："选拔优秀师范生在第四学年第一个学期到江西省贫困农村中学进行为期一学期的支教实习，实习内容主要包括教学工作、班主任工作、教育调查、第二课堂、教研活动等。"[①]

这一实践育人模式产生了良好的社会效益和教师教育效果。如：对师范生而言，通过在乡村学校进行实习支教，检验和深化自己在学校里掌握的专业理论知识和实践技能，提高了师范生的综合素质；对支教地区的中小学校而言，大量掌握新理念、新知识、新技能的师范生充实了原有的乡村教师队伍，为乡村中小学校的发展注入了一股有生力量；对师范院校而言，以师范生为中介，在农村学校开展见习、实习、调查，加强了师范院校对乡村教育教学实践情况的把握，为促进和提高教师教育质量提供了保障；对农村基础教育而言，"红土地支教"有效提高了江西红色地区、山区学校的教育质

---

① 张意忠．"红土地支教"：教师教育培养模式探究［J］．天津师范大学学报（基础教育版），2012（03）：18－21.

量，有利于促进农村基础教育的发展，缓解城乡教育质量的不平衡
问题。

（三）"实习支教 + 留守儿童关爱教育"

2009 年，闽南师范大学创建了地方政府统筹下的"三位一体"
教师教育创新实验区，以培养乡村中小学高素质师资为目标，全面
推行师范生一学期实习支教工作。2014 年，闽南师范大学把农村留
守儿童关爱教育工作纳入师范生班主任实习内容，开展"实习支教
+留守儿童关爱教育"乡村教师人才培养模式改革试点。每位实习
支教学生与留守儿童"结对子"开展教育工作，直至其在支教学校
毕业，确保每位留守儿童得到持续关爱和引导。一是实行"滚动对
接模式"：一名实习生分配 1—3 名留守儿童，建立师范生与留守儿
童"结对子"的同伴互助关系，安排同一专业实习生对接留守儿童
教育内容和任务。二是建立留守儿童记录档案。学校统一发放"我
和留守儿童共成长"记录本，规定实习生除了日常教学实习之外，
必须通过个别家访、社区访谈、学校反馈等途径，记录留守儿童个
人情况（性格特点、兴趣爱好、学习成绩、个人荣誉、进步表现）、
生存情况（监护人与家长情况、成长中的特殊事件、需要进一步关
注的问题）、他人对留守儿童的评价（与家长沟通情况、学期同学评
语、班主任评语等），全面把握留守儿童的交通安全、学习生活、社
会交往等信息。三是提供交流信息管理周卡。针对留守儿童每周的
表现，实习生和生管教师通过观察、交流、谈心，将记录孩子表现
情况的"每周一卡"及时反馈给学校和临时监护人。隔周对临时家
长或监护人进行一次家访，交流学习生活情况，探讨教育方法，采
取相应对策。实习支教学生每次家访后采取的教育引导措施、儿童
得到的关怀帮助以及发展变化等情况均要记录，最后把需要进一步
关注的问题进行整理。四是开展关爱儿童系列活动。根据实习支教
任务安排，实习学校通过"我与留守儿童共成长""儿童成长典型
个例""师生才艺表演""趣味体育竞赛""心手相连文艺汇演"等

各种活动，展示实习生与指导教师共同关爱留守儿童成果。① 2016
年以来，闽南师范大学还开发了协同支教留守儿童关爱教育信息平
台——"童享阳光网"，各高校可自愿申请为协同单位，在校师范生
及持有教师资格证的毕业生可申请注册成为实习支教志愿者，农村
中小学可志愿申请为支教学校（教育扶贫单位）。支教学校和志愿者
在该平台发布需求信息，实行支教学校与志愿者间的双向选择，实
现支教资源和教育扶贫需求的精准对接。

第五节　组织管理：大学文化与社区文化的融合

教师个体的专业成长具有鲜明的情境性，这种生长模式又依托
于一定的文化空间、文化环境和文化互动，促使教师在专业成长过
程中不可避免地在文化互动中打上个性化的"文化烙印"。其中，大
学文化与社区文化是教师接受文化浸润的主要场域。针对教师教育
一体化建设，在大学文化与社区文化融合的过程中，教师文化是连
接这两种文化的桥梁，其作用的发挥需要职前教师与职后教师形成
共同创生、互相渗透的教师合作文化。这种自然和谐生成的文化，
对教师教育一体化发展也产生了潜移默化的深远影响。

一　大学文化对职前教师的影响

文化有多种界定范畴，也有不同的类型划分。这里从精神、制
度、物质和行为等层面，分析大学文化的育人功能。育人功能主要
体现在以下几个方面：价值导向功能（精神文化）、行为规范功能
（制度文化）、情操陶冶功能（环境文化）。② 如果将职前教师的培养
分为知、情、意、行四个方面，师范院校的文化对于职前教师专业

---

① 李建辉. 关注农村留守儿童教育 拓展高师实习支教功能——以协同创新教师教育机制为
视角 [J].闽南师范大学学报（哲学社会科学版），2015（01）：140－146.

② 孟娜，李忠云. 论大学文化的育人功能及其强化 [J].高等农业教育，2013（01）：23－
26.

情感的培养和专业意志的坚守都起着潜移默化的作用，并指导着专业知识的获取和专业行为的形成。

（一）大学精神文化对职前教师的影响

精神文化是大学文化的核心，主要包括学校办学理念、办学宗旨及特有的精神和信条等，这种精神文化是一所大学在长期的历史发展实践中沉淀、选择、凝练、发展的成果，是一所大学内部成员一致认可的价值观念。师范生在师范院校完成入职前的初步"社会化"，其思想价值观念在很大程度上会受到师范院校潜在的精神文化影响和引导，这使职前教师形成初步的教师人格、思维方式、教师气质、教师道德、教师行为。因此，一所师范院校最重要的精神文化就是教师文化，"学高为师，身正为范"，学校内的尊师重教氛围、师德师风之气深刻影响着每一位在校学习的师范生，对他们未来进入教师工作岗位产生重要影响。

（二）大学制度文化对职前教师的影响

制度是一所大学的教育活动得以合理进行的重要保证，而大学的制度文化是其内在精神文化的具象化产物，大学在漫长的历史积淀、选择和凝练过程中形成一定的价值观念和精神文化，通过大学成员的实践，形成巩固和维护其精神文化的制度体系和制度文化。师范院校的制度文化总体上包括学校的战略目标、制度化的行为准则和管理方法、规范的课程安排和教学方式、内部控制管理运转的组织结构等。先进的制度文化能够规范大学师生的行为，优良的师范院校制度文化有助于形成和谐的群体，不仅促使师范生成为制度文化潜移默化影响的对象，也使年轻的教师群体成为被潜移默化影响的团体，这种制度文化的深刻而无形的影响，有助于师范生的教师专业社会化，不仅培养师范生从事教育工作的专业知识、专业能力和教育态度，也促使师范生形成成熟的人格、健全的自我观念和良好的教育行为习惯。

（三）大学物质和行为文化对职前教师的影响

物质文化是大学文化直观可触的层面，是大学文化系统中最外在、最直观的部分，其中和谐的物质文化是校园环境的基本构成要素。而行为文化是大学文化在主体身上的展示和外在表现，是师生员工在教学、科研、学术交流、生活娱乐等活动中产生的，和谐的行为文化是学校作风、精神面貌、道德风尚和人际关系的动态体现，是大学精神价值观和文化水准的生动折射。

对师范生而言，物质文化是他们在职前学习生涯中最直观可触的校园环境，清朗的大学精神文化、尊师重教的师范教育氛围往往通过校园环境的物质文化建设得到最直观可触的呈现。如师范院校在校园建设上以画像、雕塑、海报等形式呈现许多中外著名教育家或知名教师，继而影响着学生的教师观、教育观、学生观、学习观。同样，行为文化通过师范院校直接的文化交往来影响学生关于教育的价值观念，也影响着他们未来走上教师岗位后的师生交往方式和教育行为的呈现。

二　社区文化对职后教师的影响

师范生通过招聘考试成为中小学教师后，对应的是另一种文化——社区文化。这一文化与大学文化无论是从内涵上还是从特征上都发生了很大的变化，对身处其中的中小学教师影响深远，社区文化对中小学教师的影响是潜移默化的。其中，影响最突出的是师德师风、专业发展信念和行为态度三个方面。

（一）社区文化对师德师风的影响

社区文化是一个共同生活的社群内部物质、制度与心理文化的总和，教师在为特定的社区开展教育服务的同时，不可避免地要与社区内部已经建立的物质、制度和文化接触。这种与外界的文化交往方式通常与教师原有的文化认知形成一些冲突，当冲突较小时，教师的行为态度表现为潜意识或外显意识下的认同与模仿，会不自觉融入社区表现出来的行为习惯、精神风貌。社区文化是师德师风形成与发展的"土壤"，"土质"的好坏将直接作用于身处其中的教师。社区文化具有地域性、群众性、多样性、融合性的特点，这些特点决定了师德师风建设既有机遇也有挑战，对师德的影响有积极和消极两方面。如，在尊师重教氛围浓厚的社区文化中，教师往往更加注重保护自己的教师身份，有意识地加强师德师风的内省；而在不太重视教育的社区文化中，教师则可能被扣上"臭老九"的帽子，身份和地位受到挑战，连带教师对自己的职业身份与道德操守都产生怀疑。

（二）社区文化对教师专业发展信念的影响

教师有无学习机会、如何学习，与社区和学校文化之间有着密切的关联。开放性的学校文化和社区文化支持教师不断学习专业知识，坚信教师具有终身发展的可能性。在这样的文化中，教师的专业信念会得到升华，展示出更强的学习动机、自主学习能力、对自我专业发展的信心、开放与合作的价值观；相反，在封闭的学校文化和社区文化中，教师可能被视作一种"没有发展前景"的职业，教师们缺乏合作交流的意识，专业发展也受到消极影响。开放性与封闭性的文化影响了教师的专业信念，也会影响专业发展实践。例如，在开放的文化场域中，教师能够获得更广阔的学习平台和更多的学习机会；而在封闭的文化场域中，教师专业发展遭到否定，专业发展受限极大，集体文化的消极影响会干扰教师积极主动探索专业发展的道路。

（三）社区文化对教师行为态度的影响

社区文化对教师行为态度的影响，主要分为积极影响和消极影响两种类型。例如，在积极向上、尊师重教的社区里，教师会有很强的职业认同感，这种强大的认同感又会影响他们的职业态度和职业行为，从而对教师采取积极的专业发展行为产生正面、积极的作用；而在反智的、对教师地位认同不足的社区里，教师往往产生消极的专业发展行为，乃至回避融入社区文化，这实际上是一种教师为捍卫自我价值观的保护行为。如，一些在乡村社区工作的农村教师经常回避与当地社区的文化互动，对自身所服务的社区存在心理隔膜，当地社区农民也会将他们视作"异类"予以排斥，这就造成社区文化对教师行为态度的负面影响。

三　大学文化引领社区文化——教师合作文化的生成

因文化内涵多样，对大学文化的界定也十分复杂，从教师教育和专业发展角度而言，"大学文化"主要指师范院校崇尚科学研究、注重学术自由、强调追求真理的物质、制度和价值文化；社区文化主要指中小学校所在社区的物质、制度和价值文化的总和。如果一名教师在乡村地区从教，就不可避免地要接触乡村社区文化，这不仅包含校内的教师文化，也包含校外的社会文化。在职教师与当地学生、家长等群体建立文化互动关系时，必然会受到地方乡土文化的浸润和影响，这种互动关系往往伴随着与教师过去在大学文化中所形成的价值观的碰撞和冲突。因为，与大学文化相比，社区文化更加多元复杂，甚至在某些方面与大学文化的核心价值是相悖的。然而，这并不意味着教师走向专业成熟，需要教条化地奉行大学文化或社区文化，服从于某一方文化而排斥另一方文化，而是要积极探索大学文化与社区文化的有机融合。

（一）文化融合型"G–U–S"的合作理念

文化融合是促进教师适应本土化要求，有效且稳定地服务当地基础教育发展的重要路径。文化融合要求在教师教育一体化推行过程中，地方政府、师范院校、中小学校努力构建促进大学文化与社区文化的有机融合。一方面，服务于当地中小学的教师和有志于在未来服务当地教育事业发展的师范生要积极融入当地文化圈，适应和了解地方文化；另一方面，大学要以先进的教师教育文化引领带动地方社区的文化创新，消除当地社区的文化糟粕，推动当地社区的文化创新与繁荣。实现这一目标，需要构建起"G–U–S"（地方政府—师范院校—中小学校）的实质合作，推动教师教育的文化交融。各教师教育主体需要在合作中形成相互依存、相互尊重、相互交流、相互协作、相互创造的良好文化氛围，消解纯粹的利益驱动合作机制，消弭狭隘的各主体单一的自我利益和发展诉求，基于一种休戚与共的价值追求建立共同进步、共同成长的文化共同体。这种文化融合，不是单一地提高中小学教育质量、提升师范院校人才培养质量、满足教师专业发展需求，而是中小学校、地方政府、师范院校在共同体框架下的携手共进、相互支持、相互成长。摒弃传统"U‑S"合作中的"工具论"思想，将彼此视作达成自身发展目的的"工具"开展合作，在合作中秉持着"利他"理念，强调在合作中关注对方的发展和诉求，而非纯粹站在利己主义立场上关注自我需求，以消解利己主义思想支配下各方主体在合作中的利益冲突。此外，在合作的价值澄清上，各方主体建立起一种平等开放的价值交流关系，而非某一价值观压倒另一价值观的二元对立关系，促使双方彼此倾听诉求并对对方的价值表达呈开放态度，基于价值互融的想法交融彼此价值观和方法，推动"U‑S"合作主体成为一个实质化的团队，成为彼此重要的依靠。

（二）文化融合型"G‑U‑S"的合作方式

目前，推动大学文化与社区文化融合的"G‑U‑S"合作可以分为两种基本类型。一种是以大学教授为主体、基于共同的问题研究、以解决问题为主旨开展项目合作，在项目合作过程中推动大学文化和社区文化的一体共融，最典型的是研究课题的项目合作。例如，开展区域基础教育课程改革项目合作、区域城乡教改项目研究等，通常聚焦区域内现实中的教育教学问题和课程改革问题，合作具有鲜明的"问题导向性"，指向问题的处理和解决。在合作过程中，大学教授、研究员、中小学教师凝聚在一起，共同致力于系统性问题的解决，最终推动和促进课题合作取得预期成果，实现教师教育各方主体共同成长。

另一种是以中小学教师为主体展开。这种文化融合的主导者是中小学教师，其合作的形式可以分为三种：一是师范生教学，即大学聘请来自一线的中小学骨干教师对学生的教育实践进行课堂教学或实践指导，从而为大学课堂带来一线教育教学中的"鲜活知识"，促进师范生理论与实践的融合与升华；二是指导研究生，中小学教师成为教育硕士或博士研究生的"副导师"或实践导师，对研究生进行开题、论文、调研、实践等方面的指导，使研究生课题研究"接地气"；三是参与项目研究，中小学教师在项目研究中聘请大学教授指导自己更新学科专业知识理论，帮助自己实现专业成长。当然，在具体的合作中，以上方式可能单独出现，也可能共同出现，但无论哪一种合作方式，都会为大学和中小学带来双赢的效果。

第十二章　教师教育一体化的特色案例

在教师教育一体化发展进程中，国内很多高校对教师教育人才培养模式进行改革实践，其中较有代表性的有东北师范大学的"U - G - S"模式、首都师范大学的 TDS 模式、闽南师范大学的"G - U - S"模式。2022 年，教育部颁发"师范教育协同提质计划"后，全国各地在教育部的指导下，拨出专项经费形成 10 个由地方重点师范大学牵头，通过协同帮扶的形式，对薄弱地区师范院校进行重点扶持，促进高校间资源共享、优势互补，实现共同发展，构建高质量教师教育体系的行动方案。

第一节　东北师范大学的"U - G - S"模式

在教师教育一体化方面，东北师范大学进行了较早的尝试与实践，2007 年构建并实施了"师范大学—地方政府—中小学校"（"U - G - S"）合作教师教育模式。该模式下，师范大学、地方政府、中小学校三方共同协作，在师范生培养、在职教师专业发展、基础教育研究、教师教育者队伍建设、教师教育数字资源建设等方面探索了多维协同的创新机制。

一　"U - G - S"模式的产生历程

为了积极探索大学与地方政府合作、大学与中小学合作的教师教育模式，20 世纪 80 年代，东北师范大学选定吉林省经济发展较为落后的白山市为实验区，选派教师进驻农村学校，推进农村基础教育改革，取得良好效果。此次改革的经验被誉为"长白山之路"。2007 年，在总结"长白山之路"的"校—府"（"U–G"）、"校—中小学"（"U–S"）教师教育模式改革经验的基础上，学校开始构建"师范大学—地方政府—中小学校"合作办学模式（"U–G–S"模式），与辽宁省教育厅、吉林省教育厅、黑龙江省教育厅分别签署协议，以"融合的教师教育"理念为指导，共建"教师教育创新东北实验区"，正式进入"U–G–S"模式实践阶段。

二 "U–G–S"模式的基本内涵

东北师范大学"U–G–S"模式作为教师教育一体化的一种模式，讨论的是如何从组织形式上建立教师职前职后一体化发展的协同合作机制，这种协同涉及教师教育工作三个主体：师范大学、地方政府和中小学校，教师的专业发展总是无法绕开这三个关键主体，必然是在三个主体的交互作用下得到成长与发展。从合作组织上，东北师范大学"U–G–S"模式汲取了"U–G"合作和"U–S"合作的宝贵经验，将合作往更加全面、广阔、深入的维度上拓展，构建以东北师范大学为组织主体、地方政府和中小学校协同参与合作的"U–G–S"教师教育模式。在运行过程中，合作三方以协同发展为基本指导理念，共同遵循"目标一致、责任分担、利益共享、合作发展"的原则。大学通过区域学校改进计划、优质学校建设、特色教师教育资源开发，促进基础教育科研成果在中小学校教育教学实践中转化，为地方教育行政部门制定教育发展规划提供理论指导与技术保障，为地方中小学校教师专业发展提供优质服务；地方政府与教育行政部门为"U–G–S"模式的高效运行提供政策和经费支持，为师范大学遴选教育实践基地、有效开展实践教学提供条件保障，支持师范大学开展中小学教师培训工作；广大中小学校为师范大学提供教育实习平台、教育实验场域，提出教师专业发展需求，并鼓励教师积极参与在职培训，分享科研成果等。① 在整合教师教育力量的同时，三方合作共同体的建立促进了各教师教育主体职能的转变和效能的提升。

三 "U－G－S"模式的实践运行

作为部属师范大学，东北师范大学"U－G－S"模式在运行中，主要有师范生培养、在职教师专业发展、教师教育者队伍建设、服务基础教育、教师教育数字资源建设等方面的实践。

（一）在实践课程和教育实习模式改革中强化师范生培养

1.实践课程构成

教师教育一体化的最终落脚点在于提高教师专业素质，提升教育质量。首先，在"U－G－S"教师教育一体化模式中，实践课程发挥着提升师范生和中小学教师专业实践能力的重要功能，有利于东北地区基础教育质量提升。其次，基于实践课程的价值定位，在组织上应当能够有效推进师范大学、地方政府、中小学校的倾力协作，并在合作的过程当中充分发挥各自的特长和优势，形成人力物力、培养培训、理论实践方面的优势互补；在职能上，师范大学具备教师教育理论、技术和科研优势，地方政府具备资源统筹和管理、行政组织和制度优势，中小学校则具备教学实践和技能训练优势。因此，在"U－G－S"模式中，东北师范大学是推动教师教育一体化改革的重要推手和领导者，为实践课程的设计和实施进行科学的监控和把关，并与地方政府、中小学校教师协同制定、修改实践课程实施方法，助力教师教育一体化实践课程的高效运行；地方政府则为整体的活动提供一系列政策保障和财政支持，并参与组织、协调、管理活动，保障教师教育实践课程的有序开展；中小学校一方面为实践课程的开展提供实验区平台，另一方面为实践课程提供必

---

① 刘益春，李广，高夯．"U－G－S"教师教育模式实践探索——以"教师教育创新东北实验区"建设为例［J］．教育研究，2014（08）：107－112.

备的师资力量，为师范生深化实习提供专业的"临床实践"服务。最后，在实践课程的构成上，根据实践程度的深化，可以分为四个环节。一是教育见习。让师范生进入一线教育教学现场进行观察、体验和分析，但并不涉及直接参与教学工作，主要目标在于帮助师范生熟悉实践情境，减少对教育教学场域的陌生度，为进一步现实性地开展教育教学工作做准备。二是模拟教学。通过各种技术手段或组织安排，模拟出贴近现实教育教学的问题情境，使师范生在教学情境下检验、熟悉自己的教育教学技能，深化教育理论认知，解决情境中产生的教育教学问题。模拟教学通过师范生之间的角色扮演、微格教学练习等，既可以在师范大学中实现，也可以在教师教育实验区实行。三是教育实习。当接受完教育见习和模拟教学后，师范生的教育教学技能初步成熟，对教育教学工作情境的陌生度得到初步消解，便需要真正进入一线的教育教学工作中，通过实际参与教育教学工作来深化和巩固专业实践，形成整体性、综合运用教育知识解决教学问题的实操能力。为确保这一过程的有序推进，中小学校和师范大学建立充分的教育实习保障制度，如为师范生提供较好的生活环境和工作条件，对师范生开展理论教师与实践教师的"双导师指导"，协力互促师范生深化教育教学理论与实践。四是实践反思。在师范生实习过程中，积极鼓励师范生对自我的教学经验和教育教学工作情境下的观察和体验进行实践反思，以理性分析深化自我情境化经验的理解与诠释，并进行探索和研究，以问题解决为驱动力，培养教师可持续发展的专业研究素养。

2. 教育实习模式

基于实践取向的课程设计理念，"U－G－S"模式创新推出理论与实践高度统一的教育实习模式。根据实践能力发展由浅入深的基本特点，科学化、分层化地开展和组织实习：在第一和第二学年，师范生以情境观察学习和体验为主，以见习为主，旨在推动师范生了解一线教育教学基本现状，消弭对教育教学情境的陌生性，并通过理性化的观察分析，借助教师教育理论知识和专业知识与现实

"碰撞"的契机为后续开展模拟教学、应用练习提供重要的感性经验参照；在第三学年，安排师范生在具有合作关系的基地学校或创新实验区开展实习，实习中既配备实践指导老师，也配备理论指导老师，帮助师范生不仅提高教育教学能力和学生管理能力，还提升教育教学科研能力，为师范生成为"反思型实践者"，为升华和创新自身的"实践理论"创造基础条件；在第四学年，师范生进入岗前实习阶段，以增强职业适应性为基本导向，让师范生平稳从职前阶段过渡到在职阶段，成为合格的专业教师。

（二）实施多样化的培训形式促进在职教师专业发展

"U－G－S"教师教育一体化模式中的另一重要组成是中小学在职教师培训，为提高在职教师的职后培训质量，东北师范大学在深入调查实验区中小学教师专业发展现状的基础上，由实验区地方政府提出培训需求并提供保障经费，由师范大学制定并实施具体的培训方案。东北师范大学构建并实施以"常青藤工程"（激活教师进修学校职能，盘活教师进修学校资源）为主，包括"集中培训""顶岗实习＋置换培训""校本研修""送课下乡""订单培训""双向挂职""同课异构"等形式的立体在职教师培训网络。[①] 这些培训一方面促进了实验区中小学教师的专业发展，另一方面使师范生在实验区教师的指导下提高了自身的实践能力。

值得一提的是，"双向挂职"是指中小学教师受聘到大学，融入大学师资队伍，参与教师教育课程教学工作，而师范大学教师则受聘到基础教育学校，走进基础教育课堂。中小学教师在参与师范大学教师教育课程实施过程中，自觉充实专业理论知识，掌握教育科学研究方法，了解教育改革与发展动态，总结与提升基础教育实践经验，形成有利于自身专业发展的反思策略。[②] 大学教师在走进基础

---

① 刘益春，李广，高夯."U－G－S"教师教育模式建构研究——基于教师教育创新东北实验区建设的实践与思考 [J].教师教育研究，2013（01）：61－64＋54.
② 李广.教师教育协同创新机制研究——东北师范大学"U－G－S"教师教育模式新发展 [J].教育研究，2017（04）：146－151.

教育真实场域的过程中，发现实践中的问题，提高教育研究的针对性，同时也为基础教育学校在教学质量评价与提升、学校改革与发展、在职教师专业成长等方面提供理论指导与帮助。"双向挂职"真正实现了师范大学和基础学校之间的良性互动与优势互补，促进了双方共同发展。

为促进在职教师专业发展，2012 年东北师范大学成立教师教学发展中心，组织专家学者设计"名师工作坊"，探索多维教师教学发展途径，设立"东师公开课"，利用现代信息技术手段将名师优课进行远程直播，以供"U－G－S"教师教育创新实验区的广大师生观摩学习；"教师教学学术论坛"聘请国内外知名教育专家学者进行交流研讨，分享丰富的教学经验，展示教学风采；"教师教学发展基金项目"以"解决基础教育实际问题，服务基础教育教学发展"为理念，组织大学教师教育者与中小学教师合作开展基础教育课题研究。

（三）以教师专业化要求推进教师教育者队伍建设

教师教育者即"教师的教师"，指专业从事教师培养或培训工作的教师，教师教育者队伍就是专业从事教师培养培训工作的师资队伍，它是深刻影响教师教育一体化质量成效的主体力量。可以说，教师教育者队伍在专业信念、专业知识、专业能力等方面的素养，深刻影响着准教师和在职教师的专业信念、专业知识、专业能力的成长与发展；同时，由于教师教育工作本身具有系统性、复杂性，牵涉多元机构和主体，教师教育队伍的内部构成具有相对的复杂性，既包含一般教育学教师，也包括学科教学法教师，既包含大学教师，也包含中小学教师。因此，需要建立一系列保障措施，以提升教师教育者队伍的专业化培养水平，从而巩固和提高教师教育质量。首先，东北师范大学出台一系列保障政策和制度来激励不同类型教师教育者之间开展合作交流和科研工作。其次，在教育学一级学科博士点下自主设置"教师教育"二级学科博士点，为培养水平较高、素质均衡的教师教育人才奠定基础，招收教师教育研究方向博士研究生，加强对教师教育领域重大问题的深入研究。[①] 最后，东北师范大学支持和鼓励大学教师走出"注重思辨""经院主义"的科研环境，积极深入"U－G－S"实验区开展实地研究，帮助大学教师深入了解基础教育和教师教育现实问题，形成对教育实践的充分感知。

（四）通过区域教师教育联盟协同服务基础教育

基础教育是师范大学存在和发展的依据，面向基础教育，服务基础教育，推进教育教学改革，是师范大学的责任。东北师范大学"U－G－S"教师教育一体化模式以实验区为载体，设立专门的教师教育研究基金，鼓励大学教师以基础教育实践中的矛盾为研究对象，深入中小学开展课题研究。同时，通过聘请地方中小学具有丰富实际教学经验的高水平教师作为师范大学的兼职教师，承担或参与师范生教育实践课程的教学指导，以及基础教育课题的合作研究工作，参与实验区基础教育改革与校本研修工作，来促进大学教师与一线教师优势互补、共同发展，进而提升实验区的教学发展水平。

服务基础教育事业发展，提升教师教育的整体质量是师范大学势在必行的一项工作。东北师范大学积极推动组建东北高校教师教育联盟，与东北各省地方性师范大学组成牢固的联盟关系。在联盟中，各师范大学充分拓展各领域合作，实现教师教育人力物力资源的共享，推动东北地区教师教育资源的整体优化配置，形成区域性的规模效应，在人才培养、课程开发等多领域进行深度交流与合作。

（五）借助信息技术手段推进教师教育数字资源建设

1. "互联网＋U－G－S"教师教育者专业发展平台

随着信息时代的快速发展和网络资源的普及与丰富，利用信息技术深化"U－G－S"教师教育模式是一种必然。东北师范大学建设特色化"互联网＋U－G－S"教师教育者专业发展平台，借助现代信息技术手段，为大学教师教育者提供教育教学、学术课题研究、

---

① 刘益春，高夯，董玉琦，饶从满，李广．"U－G－S"教师教育新模式的探索［J］.中国大学教学，2015（03）：20.

科研信息交流等方面的数字化服务，促进教师教育者专业发展。为最大限度地满足教师教育者的观摩与学习需要，教师教育专业发展互动平台提供了丰富的教师教育优质课例资源，大量的教师教育研究资源为教师教育者进行教育科研活动提供了资源保障；教师教育专业发展平台加强了教师教育者内部之间的沟通与合作，拓宽了教师教育者专业发展的空间。

2. "大中小学课堂对接"基础教育资源服务平台

借助信息技术手段，"U-G-S"模式建立"大中小学课堂对接"基础教育资源服务平台，实现大学课堂与中小学课堂的"无缝对接"，大学教师可以在课堂里呈现创新实验区的中小学课堂教学现场，帮助师范生在大学的课堂里接触到一线中小学校教育教学的实况，深化他们对现实教学的体验和感知。同理，中小学校也可以接触到大学课堂，中小学教师可以在学校里与师范生或研究生"同步上课"，共享大学教师教育优质课程。这有助于破除职前培养与职后培训的空间壁垒，使大学校园课堂延伸至中小学课堂，也使中小学课堂延伸到大学课堂，实验区有多大，大学校园就有多大，中小学校园就有多大。

3. "创意青葱课"师范生专业成长交流展示平台

"U-G-S"建立的"创意青葱课"，是指在师范大学学科教师和实验区中小学优秀一线教师的联合指导下，师范生主动且有创意地对教学文本进行深层次解读，设计教学方案，模拟中小学课堂教学，与一线教师开展"同课异构"活动并同步至网络空间，逐步健全以师范生为主体、以"创意青葱课"活动资源为内容的师范生专业成长交流展示平台。师范生利用该平台，可以分享彼此学习收获与教学心得，表达学习中的困惑与专业发展中的困境与迷惑，并获得实时在线帮助与专业支持。

四 "U-G-S"模式的新发展

东北师范大学的"U-G-S"模式经过多年的发展，取得了较

为优异的成绩和良好的实践效果，为师范大学教师教育一体化建设
提供了可借鉴的样本。在新形势下，"U－G－S"模式也不断与时
俱进。

一方面，"U－G－S"模式由东北地区走向全国。截至 2020 年，
"U－G－S"教师教育创新实验区从首批确定的东北地区 17 所学校，
逐步扩大到全国 13 个省份 44 个县市的 219 所优质中学，国内最远
到拉萨等地，甚至还延伸到了美国、加拿大等国家。在实验区不断
扩大的背景下，东北师范大学聚焦基础教育改革发展及当下的教育
热点、难点，鼓励各实验区加强交流互动，发挥纽带作用，并进一
步将各个孤立存在的实验区连成网络，以实现不同区域基础教育资
源信息的优势互补。

另一方面，扩展升级"U－G－S"模式，推出 2.0 版。为适应
新时代、新形势对学校育人提出的新要求，"U－G－S"模式 2.0 版
强调"三高"，即师范生获得高质量实习、基础教育教师接受高质量
培训、学科教育教师实现高质量发展。主要体现在以下四方面：一
是定位升级，将人才培养、教育研究和社会服务相结合，从服务转
变为引领教师教育、基础教育改革发展；二是理念升级，有机融合
"理论＋实践、学科＋教育、职前＋职后"，长周期培养未来教育家；
三是基地升级，优化教师教育创新实验区布局，促进基础教育的高
位均衡发展，发起成立国家教师教育改革实验区高校联盟，建立师
范生海外研习营和世界名师联盟，不断提升教师教育实践基地的均
衡化、优质化和国际化水平；四是对象升级，从本科生拓展到研究
生，并与教育博士培养相结合，实施本硕博贯通的教师教育新模式，
在"U－G－S"实验区探索"政府推荐—大学培养—精准提升"的
"订单培养"教育博士模式。① 由"U－G－S"模式向"U－G－S"
模式 2.0 版升级，持续创新教书育人模式，深化了教育教学改革，

---

① 东北师范大学发展规划处. 东北师范大学"十四五"发展规划［EB/OL］.（2021－12－
01）［2022－04－25］. http://fzghc. nenu. edu. cn/info/1034/3129. htm? eqid = da707b36000
507c70000000264264ca0.

全面提升了教师培养质量。

东北师范大学的"U－G－S"模式以高校为主导，强化地方政府和中小学校在培养师范生方面的主体身份，三方协同合作践行教师教育一体化，保证教师教育的实践质量，突出教师教育的专业特色，关注基础教育，促进区域义务教育均衡发展，构建新型教师教育文化，取得良好的效果，获得社会广泛的认可。

第二节 首都师范大学的 TDS 模式

2001 年，为服务 21 世纪北京基础教育事业的发展需要和教师专业化的发展需要，首都师范大学学习和借鉴美国专业发展学校（PDS）的教师教育一体化合作模式，尝试在北京丰台建立教师发展学校（Teacher Development School，TDS），建立首都师范大学与丰台中小学在教师教育上的深度合作，对教师教育一体化的模式创新进行积极有益的探索和研究，有效促进中小学教师职后的专业发展、师范生职前培养、大学和中小学合作关系的深化。

一 TDS 模式的产生背景

首都师范大学的 TDS 教师教育模式，有其创设的时代背景。首先，最基本的外在动力是世纪之交的社会所产生的新样态和新特征，对教师的专业培养提出新的挑战和要求，首都师范大学创建教师发展学校始于 2001 年，当时，学习型社会、终身教育理念席卷全球，对改革开放后的中国社会带来思想冲击，影响到相应的教育改革。教师在日趋信息化、现代化、终身学习化的社会，需要更加精深的专业知识和专业能力，并具备可持续发展的终身学习能力，这一切都要求对当前的教师教育进行一场深度变革。其次，在 21 世纪，我国高等教育的国际交流愈加频繁，首都师范大学地处北京，更是重要的国际化交流中心，这为首都师范大学接触、学习和借鉴西方教师教育改革经验，尤其是美国教师专业发展学校的改革经验提供了基本条件。再次，为不断提升专业培养质量，提高办学能力，首都师范大学在总结和反思发展现状和问题的基础上，进行了勇敢的探索和尝试，这是教师发展学校创立的内源性动力。最后，继续深化服务北京基础教育事业发展的需要，是首都师范大学创立教师发展学校的重要动因。早在 1998 年，为改造北京市基础薄弱的学校，推动北京市基础教育质量的整体提升，北京市教委就与首都师范大学签订合作协议，首都师范大学教育科学学院选取北京市 5 所基础薄弱学校开展为期三年的合作，取得良好的效果，积累了有益的经验。这为首都师范大学 2001 年在丰台教育发展服务区建设 TDS 提供了前提条件。

二　TDS 模式的基本内涵

首都师范大学借鉴美国经验，率先在国内建立教师发展学校，这不是指新建一所学校，而是指在原有中小学与大学平等合作基础上，以"建构教育新理念、重新理解教育、重新认识学校、重新发现教师"为宗旨，彼此取长补短，促进教师专业成长。从本质上来说，教师发展学校不是从数量上增加几所新学校，而是学校在功能上的拓宽，即中小学不仅是培养学生的园地，还是培养教师的场所。[①] TDS 这种以中小学为基地培养教师的教师培训模式，突出大学与中小学的合作，突破传统典型的帮助型合作方式，即中小学出于情谊接受大学实习生，大学教师以专家身份指导中小学进行教育改革，双方属于"我们和他们"的关系，TDS 模式中大学与中小学之间是共生共荣的，双方在共同愿景的基础上，实现协同性合作，属于"我们和我们"的关系。

教师发展学校的职能主要包括七个方面：一是为提高职前教师的教育实践能力建设相应的实训平台和研究基地；二是不断为职前与在职教师的专业发展开发一系列丰富的学习资源；三是对中小学

---

① 王长纯.教师发展学校研究［M］.北京：北京师范大学出版社，2009：239.

新教师进行入职培训，对在职中小学教师进行在职培训；四是组织教育教学调研，为区域教育或学校教学管理提供咨询服务；五是研发校本课程，进行教育教学实地研究；六是建立区域教育教学数字资源库，为师范生和在职教师提供教学服务；七是师范大学特聘中小学优秀一线教师，参与师范生与教育硕士的培养工作。

三　TDS 模式的实践运行

（一）以反思实践促进在职教师专业发展

教师发展学校设立之初始目的在于促进中小学在职教师的专业发展。但在建设教师发展学校期间，首都师范大学通过多种渠道和方式与合作学校各方面的人员交流后发现，基层的中小学教师在传统认识论的影响下，将教育教学简单理解为知识的传递过程，在具体的教学实践中忽视了学生的自主思考，教师自身对学科知识的理解也相对弱化，这种反思意识的缺乏严重阻碍了教师的专业化发展。因此，首都师范大学在建设教师发展学校的过程中，主要通过倡导教师借助积极的反思来促进其专业成长。在实践中主要通过以下三种途径来进行反思：反思以往教育事件；反思教学过程；集体反思。[①] 借助此类反思活动，提高教师自我教学意识，增强自我指导、自我批评、自我提高的能力，从"操作型"教师向"研究型"教师发展。

除了注重反思意识的培养外，教师发展学校还强调中小学教师研究意识的培养。通过举办各种研究讲座、报告活动逐步培养中小学教师的科研意识，在听取科研报告过程中逐步熟悉教育研究的流程，消解对教育研究的疏离感，并在有关讲座、报告中鼓励教师开展"行动研究"，在工作中发现、解决、反思和总结自己的经验和教育教学中的问题，获得专业成长。此外，教师发展学校还通过提出

---

① 张菁. 在反思中促进教师专业成长——"教师发展学校"中教师的反思 [J]. 教育研究，2004（08）：58－63.

研究课、教师专业发展日、意义课堂等，在中小学教师中形成集教育、教学、研究、学习于一体的专业生活方式。[①] 通过这些措施帮助教师逐步成长为主动沟通理论与实践，并对自我教育教学经验进行发现、探索、反思的研究型教师。

此外，为了更加有效地开展教师的职后培训，促进教师的专业发展，教师发展学校充分利用现代信息技术，于 2003 年 4 月开始启动网上教师发展学校的建设。2006 年，教师发展学校又依托中国教师研修网，创建了信息技术环境下的教师发展学校（e-TDS）。e-TDS的创建，拓展了大学和中小学的合作领域，形成一个依托现代网络信息技术促进教师专业发展的虚拟化学习社区。[②] 借助这个平台，大学和中小学教师可以充分展示自我，共同讨论各种专业发展问题，交流彼此的教育思想与实践经验，相互分享彼此的信息资源。

（二）打造实践平台提升职前教师培养质量

首都师范大学设立教师发展学校的另外一个目的就是提升师范生的实践能力，为今后的专业成长打下基础。首都师范大学的 TDS模式主要通过以下三条途径，为师范生打造了促进专业成长的实践平台。一是结合教师教育课程的学习，指导学生到教师发展学校开展主题明确的教育见习活动。教师发展学校通过开展"学生眼中的美术课""小学生学校生活的写真""关于学生学习评价之评价的研究"等活动，让师范生能够走进真实的基础教育改革现场，将理论与实践相结合，开展学习和研究。师范生在这种体验性学习活动中，进一步实现教育情境的创设、教育关系的建立、教育机制的形成、教学实践活动的理解等。二是在教师发展学校中开展实习活动，并对其进行反思性研究。师范生在实习期间完成授课任务后，大部分都认识到备课、备学生、研究学生的重要性。因此，首都师范大学

---

① 宁虹，刘秀江. 浅论教师发展学校 [J]. 教育研究，2004（05）：59 – 61.
② 王志扬，杨海艳. 教师教育职前职后一体化建设的探索 [J]. 中国高等教育，2009（24）：51.

鼓励实习生在教师发展学校中上研究课，促使师范生在开始职业生
涯之前就能够养成研究性意识，为今后的专业发展做好准备。三是
指导本科生、硕士生到教师发展学校作毕业论文。① 首都师范大学教
育系的本科生、研究生到教师发展学校开展有关教师、学生、学校
生活等方面的研究，并完成毕业论文。如赵子涵的《学生学校生活
的社会学分析——关于北京市某小学的个案研究》、于学友的《教师
发展学校建设中的大学与中小学合作》、李翠莲的《大学与中小学合
作的困境及其策略选择》等，在全国教育硕士培养经验总结交流中
获得良好的声誉。

（三）大学本硕教育和中小学合作关系的深化

全日制教育硕士生的培养，促进了首都师范大学与合作中小学
的协同关系。2007 年首都师范大学成立"特级教师工作中心"，后
升级为特级教师研究院，聘请具有丰富教学经验的中小学一线特级
教师作为兼职导师，利用其了解基础教育特点和现实需求的优势，
为教师教育人才培养方案的制定提供宝贵建议。特级教师积极参与
到本科生和研究生的培养培训中。在本科生的理论指导上，特级教
师可以为本科生开设讲座或直接进行教师教育有关课程的讲授，也
可以为本科生论文开题、撰写和答辩提供指导性意见；在本科生的
实践指导上，主要是在师范生实习阶段，为其提供改善职业适应力
的直接指导。对研究生培养而言，特级教师可以为教育硕士提升专
业实践能力开设相关课程，同时在研究生的科研活动和课题研究中
进行参与、合作和指导。"特级教师工作中心"不仅在师范生培养上
予以协助，也注重发展特级教师队伍本身的科研素质和能力。如，
该中心通过与大学教师共同开展课题研究、联合撰写课题论文和专
著等形式，引领特级教师从事科研活动，提高特级教师的教育科学
研究能力。同时，首都师范大学还利用网络指导中小学课堂教学实
况，同步共享特级教师的授课、讲座录像、授课讲义等，并组织学

---

① 王长纯. 教师发展学校研究［M］. 北京：北京师范大学出版社，2009：170.

生观摩学习、交流经验，促进师范大学与中小学的共同发展。

2009 年，首都师范大学与北京四中等 13 所北京知名高中签订首期 5 年的合作协议，进行教师发展学校合作共同体建设，这是对"创设合作共同体，构建实践取向的教师教育模式"的深入落实，将引领、带动、服务、创新基础教育内涵发展作为核心任务。在该共同体中，中学不仅仅是一家实习单位，同时也要参与到教师人才培养中来。在合作协议的基本框架下，首都师范大学派遣在读教育硕士进入具有合作关系的知名高中，进行为期 2 年的教师教育工作和学习，有关事实细则由合作高中和首都师范大学共同制定和修订，保证合作高中有效参与教师教育活动。同时，合作高中根据协议派遣 5—10 名优秀高中教师作为首都师范大学实践导师，参与教师教育理论导师协同培养工作，推动教育硕士理论与实践的双重深化。

四 TDS 模式的新发展

随着 TDS 模式的深入发展，首都师范大学的教师发展学校逐步发展成教师教育共同体"UDS"，初步形成扎根实践、点面互动，关注学校和教师队伍优质发展，彰显师范大学全面服务基础教育优质均衡发展的 UDS 合作共生新常态。

2011 年，受北京市教委委托，首都师范大学与海淀区、西城区的 6 所学校就 UDS 研究项目达成协议。UDS 项目是"基于 UDS 合作下的学校自主发展行动计划"的简称。① 其中"U"指大学（University），"D"特指地方行政部门（District），"S"指中小学校（School）。该项目是地方行政部门、大学、中小学校三方合力共建，以中小学校实践改进为直接目的的行动研究计划，致力于中小学校自主发展与日常文化变革，着力于学校领导团队整体发展与效能提升。同年 11 月，《首都师范大学附属学校合作共同体章程》发布，其中规定该合

---

① 杨朝晖，方祥华. 回头看 再跟进——记首都师范大学 UDS 项目二期结题暨成果展示交流活动 [J]. 中国教师，2016（02）：96.

作共同体是以首都师范大学为领导，由首都师范大学基础教育发展研究院具体承担策划与组织学术交流、协调与提供专业支持等职能，由各有关附属学校自发组织的集团性学术合作团体。[①] 该共同体的主要任务有三个：一是针对地区的经济建设水平和产业布局要求，联系当地社会发展的基本样态和市场调节情况，结合当地对人才的基本要求，对地区基础教育事业的发展进行合理科学的规划和设计，并开展相应的理论研究、项目合作和科研活动；二是在开展项目合作和科研交流等一系列活动时，不断加强教师教育专业人员之间的互动与交流，提高队伍整体的专业素质和工作能力，继而建设成一支具备过硬业务能力、理论与实践高度融合的教师教育人才队伍；三是不断建立和完善教师教育培养基地，完善教育硕士和教育博士人才培养机制，并定期组织教育管理干部和骨干教师到基地接受专业培养，提高专业能力。

UDS 将原来 TDS 的参与主体由大学和中小学扩大到大学、地方行政部门、中小学校三者。UDS 三方有其内在合作基础和驱动力。一方面，师范大学本身在教师教育研究方面具备理论、科研、技术、人才等多方面的优势，也承担着为地方教育事业发展输送专业师资，为地方教育事业改革和发展提供专业指导的社会职责；另一方面，随着我国基础教育改革逐步改变过去"重投入轻产出"的粗放模式，开始注重基础教育的内涵式发展，关注教师专业素质的实质提高，地方政府开始鼓励师范大学在理论、科研、技术、人才等方面发挥专业引领作用。总之，首都师范大学教师发展学校的实践及后续的不断改进创新，对构建我国当代教师教育创新体系进行了非常有益的探索，推进了教师教育职前培养与职后培训一体化的建设，也有效地促进了教师的专业发展。

---

① 首都师范大学附属学校合作共同体. 首都师范大学附属学校合作共同体章程［EB/OL］.
（2011 - 11 - 20）［2020 - 02 - 14］. https：//baike. baidu. com/reference/24371783/70aaLjme
jt4AKbbuWvQX6kT5gpolslIUxitZK0gYIXXhqvwgK64TY_ td5t7Fpjp1B28v2WZE1 - 4009IabQ74
LdRBg454yezlPoGWbWYdYoao1m7eJeRHuZhV.

第三节　闽南师范大学的"G-U-S"模式

闽南师范大学经过不断探索，在以往的实践经验基础上逐渐总结出地方政府（G）、师范院校（U）、中小学校（S）三位一体的教师教育合作培养模式（"G-U-S"模式）。该模式强调三方共同合作，在促进义务教育师资均衡发展、完善教师职前培养职后培训相衔接的共同体、构建教师教育课程体系、教育引导农村留守儿童、校内配套改革等方面探索多维协同创新机制，取得良好的教育效果和社会效益，在全国地方院校引起积极的反响，获得地方政府、教育主管部门和专家的高度认可，成为教师教育一体化实践可资借鉴的范本之一。

一　"G-U-S"模式的产生历程

闽南师范大学是福建省属重点建设高师院校，担负着为农村地区、边远山区、革命老区培养基础教育师资和社会急需人才的重任。为培育数量足够、质量较高、具有创新精神和实践能力的高素质师资，进行教师教育模式探索成为必然。早在1992年，闽南师范大学开展了"顶岗实习"；2007年承担省级教改质量工程"教师教育人才培养模式改革创新实验区"建设；2009年4月与永安市建立教师教育创新实验区和附属中学；2009年6月，又与漳州市教育局签订《教育合作协议书》，共建漳州市中小学教师专业发展中心，与漳州市各县（区）签订《关于大力推进师范生实习支教工作的协议书》等，全面推行师范生一学期"实习支教"；在永安市建立了第一个县级教师教育创新实验区，开创了地方政府统筹下的"三位一体"教师教育改革试点；2010年11月，学校在《中长期改革和发展规划纲要》中，把"以服务基础教育为使命，创新教师教育办学特色"列入"特色办校工程"，把建设"教师教育创新实验区"和实施"卓越中小学教师教育计划"分别列入"创新平台"和"重大专项"

建设项目；2010 年 12 月，根据福建省教育厅的部署，承担"福建省高校教师教育专业人才培养培训专题研究"任务。① 这些举措使闽南师范大学积累了丰富的实践经验，高等院校、地方政府、中小学校三位一体的教师教育合作培养模式逐渐形成。至今，闽南师范大学在永安市、平和县、漳浦县、云霄县、洛江区等地建立了多个县级教师教育创新实验区。

二　"G－U－S"模式的基本内涵

高等院校、地方政府、中小学校"三位一体"教师教育模式是指在培育基础教育师资队伍的过程中，由地方政府统筹，高等院校、地方教育行政部门、中小学校合作，以县级教师进修学校为基地，建立教师教育创新实验区，辐射全县中小学和幼儿园，实施师范生"实习支教"与在职教师"置换培训"和"校际交流"同步改革，构建教师职前培养、入职教育与职后培训"一体化"体系。其目标是实现高校、政府和基层中小学互动合作的教师教育管理一体化，中小学教师职前培养与职后培训有机衔接的教育过程一体化，大学教师、中小学教师与师范生合作学习的专业发展一体化，建立政府、社会与学校共同培育高素质师资的长效机制（见图 12－1）。

在"G－U－S"模式运行机制中，地方教育行政部门负责统筹安排实习支教，安排优秀指导教师，制定置换培训计划，统筹安排实习支教。高等院校引领基础教育改革，安排实习支教计划，培训校际交流教师，指导管理支教。区域、县城优质学校负责安排优秀教师指导实习支教，并且到实验区开展校本培训；安排优秀学科教师到农村学校或薄弱学校进行支教交流；与农村学校或薄弱学校"结对子"互动改革，促进校际均衡发展。农村学校或薄弱学校安排置换培训教师和实习支教学生到实验区接受校本培训；安排相关学

---

① 李进金. 地方政府统筹下的教师教育模式改革与机制运行——以漳州师范学院为例［J］. 大学（学术版），2011（11）：75－79＋70.

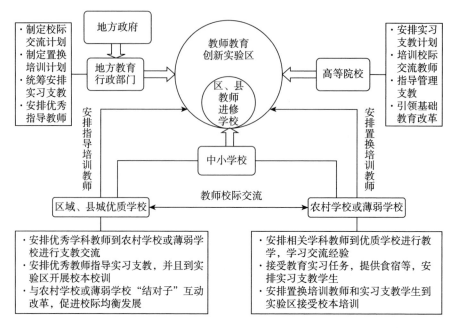

图 12 - 1　地方政府统筹下的"三位一体"教师教育创新实验区运行模式

科教师到优质学校进行教学，学习交流经验；接受教育实习任务，
提供食宿等，安排实习支教学生。

其中，地方教育行政部门扮演统筹者、组织者、管理者、协调
者的角色，因为地方教育行政部门具有对当地教育生态和社会生态
宏观的把握，并在行政上具备高等院校和中小学校所不具备的组织
和统筹本地区教育资源的能力，能更整体、全面地制定教师教育发
展计划，促进当地教师教育的一体化。高等院校扮演着提升者和科
研者的角色，是提升地方教师教育质量的主体力量，这一方面是因
为高等院校有强大的教育科研能力，是教师教育协同创新的核心力
量，另一方面是因为高等院校是培养培训教师、发展教师教育者共
同体的组织力量。中小学校则为教师专业发展提供重要的实践平台，
扮演着激励者和保障者的角色，一方面为在职教师和职前教师发展
专业能力提供现实保障，另一方面需要激励教师持续不断地通过培
养培训提高自身专业能力，实现教师终身发展。

三　"G－U－S"模式的实践运行

在闽南师范大学与地方政府构建的"G－U－S"三位一体实验区合作框架内，建立健全管理保障机制，实施同步改革计划，强化教师发展共同体建设，构建"一体两翼"教师教育课程体系，确保"G－U－S"教师教育协同培养机制的有序运行，有效践行了教师教育一体化理论和模式创新。

（一）建立健全管理保障机制

根据实验区共建框架，闽南师范大学与地方政府成立齐抓共管的领导小组（管委会），下设工作小组和实验区办公室。高校领导小组组长由分管教学副校长担任；地方领导小组以分管副县长为组长，由教育局、财政局、进修学校等的负责人组成。高等院校与地方政府、教育行政部门签订"教育合作协议"，先后出台创新实验区"实施意见"和"管理办法"等。在经费投入方面，地方财政划出专项资金用于改善实习基地办学条件，校际交流教师和师范生的生活、交通补助；高校在提高生均实习经费2000元的同时，还规定对置换培训考取教育硕士的在职教师减免学费（全程培养经费的1/3）。从2009年到2014年，闽南师范大学用于县级创新实验区建设的专项投入为600多万元。同时，地方教育行政部门划拨的在职教师培训经费（教师工资的2.0%—2.5%）由实验区管委会统筹，主要用于在职教师置换培训等，切实保障了实验区建设的规范化、规模化发展。

（二）实施同步改革计划

作为实施"G－U－S"模式的主体，地方教育行政部门制定"骨干教师培养计划"，列入高校实习指导教师培养计划，双方建立培养农村骨干师资责任共同体；制定教师"置换培训计划"，为师范生腾出实践岗位，解决教师培训工学矛盾，并为师范生提供学习和交流平台；制定教师"校际交流计划"，实行县域优质学校与农村学校或薄弱学校"结对子"帮扶，优秀教师进行"支教交流"的同时兼顾指导师范生实践，承担校本培训任务。高校安排师范生"实习支教计划"和指导教师，原则上以农村学校或薄弱学校为主。实习生跟班接受优质教师指导，为薄弱学校（教学点、班）承担一定顶岗支教和留守儿童教育引导任务。成立学科教育培训专家组，定期开展以高校为基地的"院校培训"，并与实验区基地校本培训相结合。四个计划从顶层设计上同步实施，强化高等院校、地方教育行政部门、中小学校的责任，确保县域义务教育师资均衡发展。

（三）强化教师发展共同体建设

按照"G–U–S"模式协同共建要求，闽南师范大学通过"国培计划"和"中小学校长（教师）研修计划"等项目，定期为实验区中小学校开展校长、教师培训，促进在职教师专业发展。地方教育行政部门通过"置换培训计划"，安排优质教师为实习生开设片段教学观摩，举办教学设计、说课等各类比赛，提供教学比武平台，提升实习支教质量。为提高实验区骨干教师学历层次，闽南师范大学结合实习支教、置换培训和校际交流，与地方教育行政部门联合招收在职教师攻读教育硕士，配备高校导师与实验区副导师共同培养，建立由大学教师、师范生和中小学在职教师组成的学习共同体，为县域义务教育教师素质的持续发展开辟一条新的路径。

（四）构建"一体两翼"教师教育课程体系

为促进"三位一体"教师教育机制创新，闽南师范大学突出课程的实践取向，深化教育类课程体系改革。2011年，根据《教师教育课程标准（试行）》，为适应师范生个性化需求和促进在职教师发展，初步构建学历教育与非学历教育沟通的教师教育"一体两翼"课程体系。学校根据"三位一体"人才培养模式改革目标，在师范专业教育类课程设计方面，以教师教育一体化为指导，以培养和培训高素质、专业化教师为核心，在职前教育（师范本科和教育硕士）、在职（教师继续教育）"两翼"，按照师范生个性化需求和在职教师专业发展实际，构建有所侧重、相互衔接、综合培养的教师教育课程体系。首先，学校试行"大类招生、分流培养"，推进本科人才培养模式改革。即在当年师范专业招生指标内，由高校自主决定各专业大类攻读师范学生数。1学年或1.5学年后开展"双向选择"，实施分流培养，提升师范生准入标准。其次，学校根据中小学对高学历师资的需求，结合教育硕士培养，开展"2+2+3"的"卓越教师"培养改革试点，推进师范本科与教育硕士衔接，提高师范生培养质量。最后，在在职教师继续教育阶段，课程分为学历教育与非学历教育两部分。其中，函授、自学考试等学历教育课程的制定考虑师范专业培养目标、学习者的性质和特点，并参照在职教师教育课程设置框架；学科培训等继续教育、非学历教育课程的实施采取"校本培训"和"院校培训"两种方式，针对教师不同发展阶段的特殊需求，提供灵活多样、实用性强的课程。

四　"G-U-S"模式的新发展

为进一步拓展教师教育创新实验区功能，不断推进教师教育人才培养模式改革，2014年，闽南师范大学在"G-U-S"教师教育创新实验区内，把关爱农村留守儿童教育纳入师范生实习支教内容，构建"G-U-S"机制下的关爱留守儿童教育"五四三模式"。[①]2016年，为贯彻教育部颁布的《乡村教师支持计划（2015—2020年）》，延伸创新实验区建设功能，培育"下得去、留得住、教得好"的乡村骨干教师，闽南师范大学构建协同实习支教与骨干教师培养、教育精准帮扶、平台资源共建"四项计划"同步改革方案，搭建"童享阳光·协调支教"志愿服务信息平台，建构培养乡村教师长效运行机制。[②]闽南师范大学向全国高师院校、农村中小学校和

---

① 李建辉.关注农村留守儿童教育 拓展高师实习支教功能——以协同创新教师教育机制为视角［J］.闽南师范大学学报（哲学社会科学版），2015（01）：140-146.
② 教育部.闽南师范大学协同推进实习支教与留守儿童关爱教育［J］.教育部简报，2016（45）.

幼儿园开放实习支教平台，高师院校可自愿申请为协同单位，协同单位在校生及持有教师资格证的毕业生可申请注册成为志愿者，实行双向选择和精准适配，建立留守儿童关爱教育信息数据库，供志愿者分享。① 根据师范生属地原则，各协同单位共享教师教育创新实验区，不同高校的师范生可就近选择到协同高校的实验区中小学进行实习和支教。

2019 年 3 月，闽南师范大学为进一步深化教师教育创新实验区内涵建设，在省级扶贫开发工作重点地区云霄县火田镇新里村创办首个"守望学堂"，火田中学实习支教师范生和闽南师范大学部分退休教师作为学堂教师，每周一、三、五进村开设四点半课程，每周末进村授课。学堂开设了国学、音乐、汉字书写、武术、折纸、课业辅导等课程，帮助留守儿童学习科学文化知识。"守望学堂"的开设，将农村基础教育参与主体由原先的"高校—中小学校"延伸到"高校—中小学校—村庄—家庭"，搭起家校合作教育的桥梁，响应了党的十九届四中全会提出的"构建覆盖城乡的家庭教育指导服务体系"的重大战略要求。截至 2019 年 6 月，闽南师范大学参与实习支教的师范生达 8203 人，通过师范生的顶岗实习，置换培训在职农村教师 5000 余人②，提升了农村基础教育师资水平，缓解了农村师资紧缺问题，给农村基础教育注入了新鲜血液，带来了先进的教学理念和教学技能。

通过不断改进模式、推进课程建设、建立实验基地、开展项目研究等，闽南师范大学构建的高等院校、地方政府、中小学校"三位一体"教师教育联盟赢得政府和社会的广泛赞誉，教师专业人才培养模式改革在全国地方院校产生积极的反响。2015 年 10 月 10 日，教育部网站新闻栏目刊登了闽南师范大学多举措服务农村基础教育

---

① 李建辉.坚持面向农村基础教育 协同创新教师教育机制［J］.长春师范大学学报，2017（12）：133 – 138.

② 方江振.农村基础教育"三维一体"精准扶贫实践研究［J］.教育评论，2020（03）：42 – 46.

发展的做法，其中包括建立教师教育创新实验区、实施县域师资均衡发展"四个计划"、建设区域乡村教师发展协同创新中心等措施。① 2016 年 5 月，教育部部长袁贵仁对闽南师范大学积极实践探索的"实习支教 + 留守儿童关爱教育"乡村教师培养模式创新工作给予高度评价，并认为"闽南师范大学在留守儿童关爱保护方面做了不少开创性工作，取得了很好的效果，其做法和经验值得推广"②。2016 年第 45 期《教育部简报》以《闽南师范大学协同推进实习支教与留守儿童关爱教育》为题，进一步体现教育部对闽南师范大学协同推进实习支教与留守儿童关爱教育的高度肯定。2019 年 8 月 22日《人民日报》客户端以《守望学堂：留守儿童的梦想航船》为题，对闽南师范大学创办的守望学堂进行了报道。③ 2019 年 10 月 24日，中国教育部网站以《闽南师范大学：立德树人守初心，扶贫扶智见成效》为题，对闽南师范大学多措并举开展精准扶贫工作进行专题报道，再次肯定了"地方政府统筹下的'三位一体'教师教育创新实验区"建设、"实习支教 + 留守儿童关爱教育"模式、守望学堂等。④

　　总体来说，以上三所师范院校的隶属关系有所不同，形成探索教师教育一体化改革的不同模式。东北师范大学是教育部直属高校，办学历史悠久，综合实力雄厚，引领着整个东北地区的基础教育事业发展，与东北三省的教育厅均签署合作协议，以东北师范大学为主导，并与东北四所省属师范大学建立东北高校教师教育联盟，东

① 中华人民共和国教育部．闽南师范大学多举措服务农村基础教育发展［EB/OL］．（2015 – 10 – 10）［2022 – 05 – 10］．http：//www. moe. gov. cn/jyb _ xwfb/s6192/s222/moe _ 1745/201510/t20151010 _ 212245. html.

② 中华人民共和国教育部．闽南师范大学：立德树人守初心，扶贫扶智见成效［EB/OL］．（2019 – 10 – 24）［2022 – 05 – 11］．http：//www. moe. gov. cn/jyb_ xwfb/xw_ zt/moe_ 357/jyzt_ 2019n/2019_ zt27/jyjs/fujian/201910/t20191024_ 405128. html.

③ 人民号．守望学堂：留守儿童的梦想航船［EB/OL］．（2019 – 08 – 22）［2022 – 05 – 11］．https：//rmh. pdnews. cn/Pc/ArtInfoApi/article？id =6711045.

④ 中华人民共和国教育部．闽南师范大学：立德树人守初心，扶贫扶智见成效［EB/OL］．（2019 – 10 – 24）［2022 – 05 – 11］．http：//www. moe. gov. cn/jyb_ xwfb/xw_ zt/moe_357/jyzt_ 2019n/2019_ zt27/jyjs/fujian/201910/t20191024_ 405128. html.

北师范大学在合作中是主要发起者，拥有较高的话语权和自主权。首都师范大学是北京市市属重点大学，主要借鉴美国教师专业发展学校模式经验，与北京市教委协作，在丰台教育发展服务区建设第一批教师发展学校，强调平等共生共荣的关系建设。闽南师范大学是省属地方性师范大学，坐落于非省会区域，在教师教育一体化模式建设中由地方政府发挥统筹作用，注重县域基础师资培养和乡村教育的发展。

三所师范院校在教师教育一体化实践上各有特点。东北师范大学重视教师教育的师资队伍建设，成立教师教育研究院，推动教师教育者之间开展基于合作的实证研究，依托教师教育博士培养，为教师教育一体化的可持续发展提供高层次创新型人才支撑；成立东北高校教师教育联盟，注重聚合高等教师教育力量，共同服务东北地区基础教育事业发展，实现教师教育资源的有效整合、共享和创新，增强教师教育一体化实践模式在东北地区的辐射效应。首都师范大学的教师教育一体化模式借鉴美国教师专业发展学校的经验，突出大学与中小学的平等合作，而非传统的援助型合作，形成"我们和我们"共生共荣的关系，合作双方保持着充分的开放性，进行积极的交流与协作。闽南师范大学的教师教育一体化模式由地方政府统筹，高等院校、地方教育行政部门、中小学校协同培养，在地方建立县级教师教育创新实验区，推动县域基础教育的发展和师资力量提升，助力县域内义务教育均衡发展，重视乡村家庭教育，关爱乡村留守儿童。

总体上，三所师范院校都为教师教育一体化实践做出有益探索，取得了一些可喜的成效。如东北师范大学的"U–G–S"教师教育创新实验区至2020年已由首批确定的东北地区17所学校逐步扩大到全国13个省份44个县市的219所优质中学，在国内最远到拉萨等地，同时甚至还延伸到美国、加拿大等国家。首都师范大学在2011年与海淀、西城两区6所学校就UDS研究项目达成协议，进一步推广和优化教师教育的实践模式。闽南师范大学的实践也得到地方政府和教育主管部门、专家的高度认可。2011—2015 年，全国教师教育学会第 5—9 届地方院校校长协作会、全国师范大学第 9—13 届校长联席会均邀请学校领导参会并做主题报告或专题发言。西南大学、陕西师范大学等 40 多所高校先后邀请闽南师范大学介绍改革和实践经验，河北师范大学、唐山师范学院等 16 所院校先后前来考察教师教育创新实验区建设和管理模式。

第四节　师范教育协同提质计划

2022 年，教育部颁发"师范教育协同提质计划"，这是一项由教育部发布，旨在通过协同帮扶的形式对薄弱地区师范院校进行重点扶持，促进高校间资源共享、优势互补，实现共同发展，构建高质量教师教育体系的行动方案。该计划通过院校组团式帮扶的形式，有效促进薄弱院校的教师教育一体化发展。本节以湖南师范大学牵头，福建师范大学、闽南师范大学、长沙师范学院参与帮扶，重点支持湖南第一师范学院、怀化学院和宁夏师范学院的"第八组团"协同提质计划为例，简要介绍东部优质院校组团帮扶推动中西部薄弱院校教师教育一体化工作方面的行动方案。

一　湖南第一师范学院协同提质行动

湖南第一师范学院协同提质行动，针对教师教育在师资力量、科研平台、教学能力、服务能力、治理能力等方面的不足，通过教师教育类博士定向培养、骨干教师结对帮扶、干部教师双向交流等方式提高师资力量和治理能力，通过对学科、学位点建设的支持帮扶、研究生联合培养、科研项目联合申报等方式加强教师教育科研平台建设，通过加强专业内涵建设和本科生协同培养、协同开展教学研究等方式强化教学能力，通过协同开展基础教育教师培训和建设附属中小学增强服务能力，助力湖南第一师范学院提高教师教育水平。

（一）湖南第一师范学院教师教育一体化存在的问题

1. 支撑教师教育一体化的师资队伍力量薄弱

该校现有教职工 1300 余人，其中正高级专业技术人员 130 人，副高级专业技术人员 348 人，博士 450 人。在校师范生占比 79%。师资队伍中教师教育类教师占比超过 80%。[①] 对照申硕目标和建成师范大学的目标，博士占比亟待提升。目前师资队伍中教师教育类高层次人才严重缺乏，专任教师中高级职称所占比例不低，但队伍中获得"国"字头称号的人才稀缺，拥有省部级学术称号的人才也严重不足，只集中在少数几个人身上。师资队伍教学科研工作绩效水平偏低，与同类学校相比存在一定的差距。

2. 加强教师教育一体化的科研平台力量薄弱

该校 2018 年获批湖南省硕士学位授予立项建设单位。"十三五"期间，马克思主义理论、教育学、数学、音乐与舞蹈学 4 个学科入选湖南省"双一流"应用特色学科。目前拥有 26 个省厅级科研平台，其中有 2 个省级重点实验室、1 个工程中心。2017 年至 2021 年共获批国家级科研项目 79 项，其中国家自然科学基金 29 项、国家社会科学基金 32 项（含重点项目 1 项）、全国教育规划一般课题 13 项、国家艺术基金 5 项；获省级及以上科研成果奖励 18 项，其中湖南省自然科学奖 2 项、省社会科学成果奖 12 项；出版专著 108 部，发表学术论文 2713 篇，被 SCI、EI、CSSCI 等收录 615 篇；获批发明专利 279 项。[②]

该校狠抓国家级项目的申报数量和质量，通过科研成果奖励办法、科研绩效考核等的改革全方位调动科研人员的积极性，科学研究取得较大进展。但是短板也非常明显：入选湖南省"双一流"应用特色学科比同类院校少（一般是 7—9 个）；没有国家级科研平台，

---

① 湖南第一师范学院．湖南第一师范学院简介［EB/OL］．(2022 – 10 – 16) ［2023 – 03 – 21］. https://www. hnfnu. edu. cn/xxgk/xxjj. htm.

② 湖南第一师范学院．湖南第一师范学院简介［EB/OL］．(2022 – 10 – 16) ［2023 – 03 – 21］. https://www. hnfnu. edu. cn/.

自然科学科研平台偏少（只有 2 个省级重点实验室、1 个工程中心）；国家级科研项目重大课题没有突破，重点项目只有 1 项，自科科学基金偏少且学科分布不均（主要分布在数学学科）；没有国家级的科研奖项，省级科研奖项偏少且没有一等奖；权威期刊论文、高水平论文数量偏少；发明专利成果转化较少。

3. 促进教师教育一体化的课程教学能力不够

该校是教育部"卓越小学教师培养计划改革"项目承担单位、国家教育体制改革试点单位。目前有 34 个本科专业，师范类专业 15 个，国家一流专业建设点 7 个，省级一流专业建设点 10 个，省级综合改革试点专业 5 个；4 个专业通过教育部师范专业二级认证；国家级教学团队 1 个（思想政治理论课全国高校黄大年式教师团队）、教育部首批虚拟教研室 1 个（小学语文课程与教学论课程虚拟教研室）；2017 年至 2021 年，省级以上一流课程共 57 门，其中国家一流本科课程 1 门、国家教师教育精品资源共享课程 2 门；获省级及以上教学成果奖 26 项，其中国家高等教育教学成果奖二等奖 1 项，省级高等教育教学成果奖特等奖 2 项、一等奖 4 项，省级基础教育教学成果奖特等奖 1 项、一等奖 4 项；出版《小学课程与教学论》《小学班级管理》等特色教师教育教材 50 种。2021 年该校获批国家语言文字推广基地、教育部人工智能助推教师队伍建设试点高校。

该校大力推进"专业调整与提升计划""人才培养模式创新计划""课程'两性一度'提质计划""教师教学能力提升计划""教学资源建设计划"五项重点工作，教研教改取得了一些成绩。但是不足也非常明显：与同类院校相比，专业数量偏少、理工科专业亟须拓展，国家一流课程太少（只有 1 门），国家级教学改革成果奖偏少（只有 1 项），国家级教学团队数量不足（2 项），没有国家级规划教材，没有获得国家教材奖，缺乏自编高水平教材，教师教学能力有待提升，尤其是融合现代教育技术的能力亟待加强。

4. 教师教育一体化服务基础教育的能力不足

该校是国家级小学骨干教师培训基地。与长沙高新区、宁乡市等地方政府的 5 所实验小学开展合作办学，与麻阳、芷江等 8 个县的"芙蓉学校"结为对口支援学校，为当地基础教育做出积极贡献，招收两届西藏山南地区公费定向师范生，为发展西藏基础教育培养骨干师资。2 项成果先后入选湖湘智库研究"十大金策"，打造了小学教师"国培"品牌，"十三五"期间完成培训项目 219 个，培训骨干教师、中小学校长 25000 余人次。该校为拓展中小学教师培育能力，亟须赋能提质，扩大两所附小的品牌效应，进一步提高服务地方基础教育发展的能力。

5. 适应教师教育一体化的学校治理能力不足

该校升本时间只有 10 余年，在高质量发展中面临如下矛盾：以学术标准为主的学校评估制度与应用型大学以技术积累和创新服务产业实际的矛盾；以知识教学为基础建立起来的内部运行机制与以实践应用为基础实现培养与需求无缝对接的矛盾。上述矛盾，造成该校在治理能力上的若干不适应：由外延式发展向内涵式发展转型，在加强高质量建设的意识和能力上不适应；由新建本科院校向现代应用型大学转型发展，在课程、师资、管理、评价等改革发展方面不适应；由低阶性课堂向高阶性、创新性、挑战度高的课堂转型，教师在课程目标、教学设计、内容创新、教学方法、课程评价上不适应；该校发展现状与建成特色鲜明师范大学所需要的大学意识、学科意识、文化意识等不适应。

（二）加强湖南第一师范学院教师教育一体化的方案

1. 加强教师教育类人才队伍建设

（1）教师教育类博士定向培养。该校每年拟遴选 12 名有发展潜力的青年教师到湖南师范大学、福建师范大学、闽南师范大学攻读博士学位，重点培养马克思主义理论、思想政治教育、教育学、英语、音乐、美术、体育等教师教育类博士，争取在协同提质期间培养青年博士 48 名。

（2）助推青年教师业务能力提升。选派优秀青年骨干教师或者高水平专家到该校帮扶。高水平师范院校每年选派 2—3 名青年骨干教师到该校对口支教重点帮扶学科，并与该校青年教师开展"一对一"帮扶结对，助力该校青年教师在课程建设、教学改革、教学能力、科研水平上实现快速提升。聘请高水平师范院校的资深专家（含退休教师）、学科带头人、业务骨干教师到该校组建工作室开展学术研究，助力专业发展和学科建设，"传帮带"青年教师发展。由高水平师范院校帮助搭建与国外大学科研机构合作交流平台，增加学科带头人、青年骨干教师赴国外学习和交流的机会，尝试相同学科专业受援、支援教师一同赴国外访学，开阔眼界、增长学识。

（3）加强干部和教师双向交流。高水平师范院校选派学科带头人 6 人次到该校物理与化学学院、数学与统计学院、外国语学院、体育学院担任院长或副院长，派出校级后备干部、中层干部到该校挂职科研副校长或校长助理，或者到科研处、教务处、学科处等相关处室和二级学院挂职，传授先进管理理念，提升学校治理水平。该校选派 6 名优秀干部、骨干人才到高水平师范院校挂职锻炼，学习先进办学经验，提升业务能力水平。该校选派 9 名专任教师到高水平师范院校半脱产或全脱产学习研修或做博士后研究。

2. 提升教师教育学科建设水平

（1）重点学科建设。高水平师范院校重点支持该校马克思主义理论、教育学、数学 3 个省级应用特色学科，同时帮扶音乐与舞蹈学、中国语言文学 2 个师范类特色学科，力争上述 5 个学科全部进入新一轮省级应用特色学科，学科建设水平得到显著提升。

（2）硕士学位点建设。支持该校硕士学位授予立项单位建设，重点帮扶"马克思主义理论"（学术学位）、"教育"（专业学位）、"数学"（学术学位）等教育类学位点建设，2023 年该校实现获批硕士学位授予权和 3 个学位点的战略目标。依托高水平师范院校的博士后流动站，申请在该校设立"博士后工作站"，每年有 1—2 名博士后进站工作。

（3）提升科研水平。重点帮扶学科新增省级研究平台 3 个以上，立项或联合立项 1 个国家级科研平台。双方每年联合申报 2—3 项国家级重大或重点研究项目，力争该校每年国家级项目增长不少于3项。联合申报国家级科研奖励，助力该校国家级科研奖励实现突破，帮扶学科获得省级科研成果奖6项，力争获得一等奖。指导该校教师发表高水平学术论文，推荐优秀论文在高水平师范院校学报或CSSCI期刊上发表。在教育部重点实验室申报、省级重点研究基地（重点实验室、工程中心）建设上给予指导与帮扶。

（4）联合培养研究生。该校遴选符合条件的优秀教师到高水平师范院校担任硕士生和博士生导师。单列招生计划，开展联合招生（目前学校已经和湖南师范大学联合培养研究生），共同培养研究生和博士生。依托高水平师范院校优势，开设短期培训课程，开展该校硕士生导师培训与指导工作。该校学生报考高水平师范院校的研究生，在同等条件下予以优先录取。实施农村教育硕士推免计划，推荐该校优秀毕业生免试攻读教育硕士。

3. 强化教师教育课程教学能力

（1）提升专业内涵建设。在师范专业建设上给予帮扶与指导。帮助提升专业建设标准意识和特色意识，提升专业内涵建设质量，尤其是国家级和省级一流专业建设点。帮扶建设高质量专业核心课程，帮助打造一批"金课"，力争在国家级一流课程和教材上实现新突破，立项3门国家级一流课程，立项2门国家规划教材。

（2）本科生协同培养。实施交换生交流项目，每年选派35名优秀师范生到高水平师范院校进行交流学习。充分利用超星慕课平台等在线教学资源，支持学生跨校选修高水平师范院校的优质课程。聘请高水平师范院校教师指导该校学生的学科竞赛，重点指导教育部竞赛项目，大力提升人才培养质量和竞赛成绩。

（3）协同开展教学研究。通过线上、线下方式，建立团队联合教研机制，与高水平师范院校相关专业成立虚拟教研室，利用现代信息技术，协同开展教研活动。每年暑期高水平师范院校对该校教师开展一次专项主题培训，帮助该校教师提升教学能力，更新教学方法，强化信息素养；共同搭建优质线上教学平台，实现课程教学资源、教学案例库等互通共享；指导该校申报各级各类教学成果奖，双方共同培育申报国家级教学成果奖 2 项。

4. 增强教师教育服务基础教育能力

（1）协同开展基础教育教师培训。协同高水平师范院校的优秀培训师资和平台资源，探索协同培训的新机制，联合申报或承接面向中小学校长、幼儿园园长、各学科骨干教师的"国培计划"或"省培计划"，拓展职业教育培训项目，提升教师职后培训质量。

（2）协同建设附属中小学。高水平师范院校统筹附属中小学校资源，以"手拉手""一帮一""设立工作坊""跟岗研修"等形式支持附属中小学及托管学校，对学校的学科质量、课程开发、教学设计、教研教改、学校文化等方面进行针对性指导，增强服务基础教育发展的能力。

5. 提升学校治理能力

（1）学校派出干部赴高水平院校挂职，学习先进的管理理念，积累丰富的管理经验。同时，高水平院校派出干部赴该校挂职，指导学校教学、科研、管理工作，传授先进管理理念，提升学校治理水平。

（2）高水平师范院校支持该校干部队伍及管理人员培训，举办专题培训班，帮助管理干部更新管理理念，提升服务水平，提高管理能力。

（3）协同建设智慧教室等数字化、信息化教学空间。相关学科向该校教师开放实验室，实现实验室资源共享；授权该校教师登录高水平师范院校的图书馆、外文文献和相关电子资源库，共享各种文献数据库、图书、资料等学术资源。

二　怀化学院的协同提质行动

怀化学院协同提质行动，通过"高水平人才引培""教师学历提升""青年骨干教师进修培训""干部教师交流"，加强教师教育人才培养；通过协同建设重点学科专业、协同培养师范生、协同开展教学研究，助力教师教育学科专业建设；通过协同抓实地方基础教育教师培训、抓牢地方教师发展机构建设和附属实验学校，建设加强教师教育社会服务能力；通过加强学校规划、提升管理能力、优化资源共享，推动提升教师教育管理治理水平。

（一）怀化学院教师教育一体化存在的问题

该校师范教育类学科专业总体建设发展态势良好，现有 13 个师范专业，"做优教育"是该校办学目标之一，但该校地处湘西地区，这里经济发展相对滞后、地方财力有限、人才引进困难。该校在发展过程中人才短缺，资源有限，财力不足，学科专业基础薄弱，发展滞后。特别是基础学科博士、学科教育与课程教学论博士、教育学博士稀缺，教师队伍规模整体偏小，年龄、职称、学历等的结构性矛盾突出；省级及以上学科研究平台偏少，主持省级及以上重大项目能力不足，体量小；获得省级及以上有分量的教学成果和科技成果数量有限，层次不高，获批硕士学位授权单位面临的困难多、差距大；教学理念落后，教育教学管理能力有待提高，区域内的基础教育发展极不平衡，制约了该校师范教育整体质量和服务地方基础教育质量的提升。

（二）加强怀化学院教师教育一体化的方案

1. 加强教师教育一体化师资队伍建设

通过实施"四大计划"，打造武陵山片区基础教育人才高地。

（1）高水平人才引培计划。组建"名师工作室"，大力推进引智引才计划。该校组建教育类名师工作室，每年聘请高水平师范院校 3 名师范教育方面的资深专家、学科带头人、业务骨干等到该校名师工作室任职，指导学科专业建设，开展教研活动，指导教改课题和教学成果奖申报等，要求每年到校实际工作 180 天，连续工作4 年。

（2）教师学历提升计划。积极申请教育部协同提质计划博士生招生培养专项，湖南师范大学、福建师范大学、闽南师范大学 3 所高校提供支持，帮助该校实施师范教育师资队伍学历提升计划。2023—2025 年三个批次共遴选 40 余名具有良好发展潜力的青年教师到高水平师范院校攻读博士学位，其中每个师范专业遴选 1 名具有良好发展潜力的青年教师到高水平师范院校攻读学科课程与教学论博士（共 13 人），遴选 7 名左右具有良好发展潜力的青年教师攻读教育学、心理学、教育管理学等学科博士，从数学、艺术学、中国语言文学、生物学、物理学等学科遴选 20 人左右攻读对应学科专业博士。加大师范教育类人才引进力度，每年到高水平师范大学及其联盟高校引进博士 6 人。确保每个师范专业 3—4 年内至少新增学科课程与教学论博士 1 名。

（3）青年骨干教师进修培训计划。每年遴选 10 名青年骨干教师到高水平师范院校进修培训半年及以上时间。在研修导师的指导下，实质性地全程参与高水平师范院校高级别课题申报和研究、专业建设、课程建设、教学改革、人才培养、基础教育服务等工作。该校将研修情况作为教师评优评奖、职称评聘的重要依据。建立省级、校级青年骨干教师"一对一"指导制度，高水平师范院校指派对口学科专业教师"一对一"指导该校青年骨干教师的科学研究和教育教学工作。建立高水平师范院校青年教师支教与结对帮扶制度，青年教师通过到该校支教、结对帮扶、调研乡村基础教育、组织乡村支教等方式，全面了解武陵山片区的社会经济发展状况和基础教育现状，用实际行动响应"教育振兴"政策，以此厚植教育情怀，坚定教育理想。

（4）干部教师交流计划。高水平师范院校每年选派 1—2 名管理经验丰富的中层干部赴该校短期挂职，传授先进管理思想和经验。该校每年选派 1 名职能处室或二级学院的中青年干部到高水平师范院校锻炼，开阔视野、启发思路，学习先进的师范教育管理理念和管理经验；选派 4 名学科方向负责人、专业负责人、教研室主任等基层管理人员"跟岗轮训"，提高基层管理人员的管理能力和综合素质。高水平师范院校支持该校思想政治工作和管理骨干队伍建设，为有关骨干在职攻读博士学位提供政策倾斜，全面提升思想政治工作骨干的学识水平和学历层次。

2. 加强教师教育类学科专业基础建设

通过实施"三协同"，打造武陵山片区基础教育教研高地，助力教育类学科专业基础建设。

（1）协同建设重点学科专业。协同"1+M"高水平师范院校的力量，坚持"需求导向、突出优势、打造特色"的学科建设原则，集中资源重点支持教育学科和教育专业建设，重点支持服务武陵山片区基础教育的数学、艺术学学科专业建设，积极推进中国语言文学、生物学、物理学等特色优势学科专业建设，力争实现教育专业硕士等硕士点授权 2—3 个。该校重点遴选上述学科领域的教师到高水平师范院校担任硕士生导师和博士生导师（硕士生导师每个学科 3—5 名，博士生导师每个学科 1 名），每名导师每年实际指导 1 名研究生。提升科研水平。湖南师范大学、福建师范大学、闽南师范大学指导支持该校重点建设学科（教育学、数学、艺术学）联合申报国家级科研项目。建设期内，争取实现省级教学成果的新增与突破，指导并联合培育国家级教学、科研高层次成果。建立基础教育科研平台对口帮扶制度。高水平师范院校协同基础教育科研平台的资源，支持该校建设"武陵山片区基础教育研究中心"，在学科发展规划、高级别课题申报、高质量论文发表、社科成果奖申报、举办高水平学术活动等方面提供支援和帮助，激活怀化学院师范教育专业的教育学科研究动力，共同开展基础教育和教师教育的理论与实践研究，为武陵山片区基础教育发展提供决策信息和智力支持。支持该校设立博士后科研工作站，指导支持建设省级教学科研平台 3—4 个，指导并参与国家级教学、科研平台建设。积极推进专业建设。高水平师范院校指导该校开展师范类专业认证工作，每年开展师范类专业认证集中培训与专题指导不少于 2 次。指导该校开展教育教学改革课题选题和教学研究与改革，每年每校不少于 3 次。建设期内，高水平师范院校每年指导支持该校联合申报国家级相关教改课题 6 项，每年支持怀化学院建设高水平课程 6 门。

（2）协同培养师范生。聘请高水平师范院校的专任教师和博士生担任该校师范生的校外导师，该校为其教育博（硕）士研究生提供顶岗实习岗位，指导该校师范生的课程学习、考研和就业等工作，提升师范生的培养质量。探索高水平师范大学对口支援该校联合培养本科生模式，实施师范生校际交流项目，该校每年从重点建设学科专业中各选派 1—2 名学生到高水平师范院校交流学习。每年择优推荐 5 名公费师范生赴湖南师范大学攻读农村教育硕士学位。湖南师范大学、福建师范大学、闽南师范大学 3 所高校每年在同等条件下优先录取该校通过研究生入学笔试的学生；充分利用慕课平台等在线教学资源，支持学生跨校选修高水平师范院校的优质课程。聘请高水平教师指导该校学科教育类课程教学，提升课程教学质量。聘请高水平师范院校专家指导师范类专业技能竞赛，指导学生参加"田家炳杯"全国师范院校师范生教学技能竞赛、全国师范生微课大赛、湖南省普通高校师范生教学技能大赛等专业技能竞赛，提升师范类人才培养质量，提高竞赛成绩，提升师范类人才培养质量。

（3）协同开展教学研究。高水平师范院校与该校师范专业建立对口专业虚拟教研室，共同聚焦师范专业建设与专业认证、人才培养方案修订、课程建设与课程思政建设、教材与教学资源开发、教学模式和教学方法改革创新、创新创业大赛和师范技能大赛指导等议题展开研讨，帮助该校教师更新教育教学理念，提高教学理论水平，提升教学实践综合能力。建立教学资源共享机制，实现课程教学资源、信息化教学平台等的共享，快速提升该校课程教学质量和教学信息化水平。

3. 增强教师教育服务基础教育能力

突出"三个抓手"，协同打造武陵山片区基础教育服务高地。

（1）协同抓实地方基础教育教师培训。支持该校落实好与怀化市教育局签订的战略合作协议，建立长效"协同提质"机制，协同开展学前教育、义务教育和高中教育教师的职前培养和在职培训。

支持该校参与"国培计划""省培计划"。协同高水平师范院校的优秀培训师资和教学资源，对接基础教育和学前教育改革发展的重大需求，以农村骨干教师培训、校（园）长培训项目为重点，积极申报承接武陵山片区所在省市的"国培计划""省培计划"。以所在地怀化市为试点，协同"1＋M"高水平师范院校的优质资源，积极探索服务乡村教育振兴的新模式，支持该校落实好与怀化市13个县（市、区）教育局签署"一对一"、学段"全覆盖"的"协同提质"协议，积极承担"市培""县培"项目，抓实农村中小学（幼儿园）骨干教师、校（园）长培训，提高教师和管理人员素质。

（2）协同抓牢地方教师发展机构建设。高水平师范院校协同该校支持怀化市13个县（市、区）基础教育教师发展机构建设，协同高水平师范院校、县（市、区）教师培训中心（教师进修学校）的力量和优质资源，以服务地方教师专业能力发展为核心，建立系列基础教育综合服务平台，组织实施相关培训项目，提升教师发展能力。支持该校建设"武陵山片区基础教育评价中心"，打造第三方评价机构，推进区域基础教育评价工作；支持该校建设"怀化市教育学会幼儿运动与游戏专业委员会"，开发幼儿体育普乐（PLEA）课程并做好师资培训。

（3）协同抓好附属实验学校建设。开展高水平师范院校及其附属中小学与该校附属的怀化学院云谷实验学校展开"手拉手"对口帮扶工作。支持怀化学院云谷实验学校建设示范性学校，提升教育教学水平，"十四五"期间共同制定与推进"打造怀化领先学校"规划，为"十五五""十六五"期间"打造湖南知名学校"打下坚实基础。

4. 提升教师教育学科规划管理水平

着手做好"三个提升"，协同打造武陵山片区基础教育师资摇篮。

（1）学校规划提升。高水平师范院校协助该校制定发展规划，立足60余年的师范教育经验和积累，紧密结合国家和区域经济社会发展需求，遵循高等教育发展规律，以成功获得硕士学位授权单位为目标，全面提升学校人才培养能力和科学研究能力，抓好治理体系和治理能力现代化建设、党对学校工作的全面领导、新时代全面深化改革三个关键，完善提升学校的事业发展、学科建设、专业建设、师资队伍建设和校园基本建设规划，在战略层面为学校发展谋好局。

（2）管理能力提升。基于打造武陵山片区基础教育高水平师资摇篮的目标，条件成熟时，考虑整合 13 个师范专业的生源和师资，组建怀化市人民政府与该校共建的教师教育学院，选派具有相关管理经验和研究基础的校长、处长、科长等各级管理人员到该校进行挂职和指导，遴选该校相关管理人员到高水平师范院校访学和参观，积极争取在二级学院管理层、专业负责人等层次进行结对帮扶，不断提升管理能力。

（3）优质资源共享提升。高水平师范院校支持该校共享实验室大型仪器设备，该校教师可在帮扶高校各仪器设备管理服务平台注册申请使用，按本校教师标准给予优惠。湖南省高校数字图书馆免费向该校师生开放，免费提供教学科研数字资源相关服务，每校每年免费提供 5—10 门优质课程供该校学生修读，该校对完成的课程予以学分认定。共享相关师范专业和教育硕士专业的讲义、教学大纲、优质录播课、人才培养方案等教学文本与视频资源，促进协同发展。

三　宁夏师范学院的帮扶案例

宁夏师范学院协同提质行动，针对教师教育在学科专业建设、人才培养、师资队伍、社会服务、管理体系上存在的问题，通过实施高水平人才引进计划、落实教师学历提升计划、实施干部双向交流计划、合作教研学研项目、开展学生联合培养与短期研修、开展宁夏中小学幼儿园教师培训班和中青年骨干教师培训班等活动，助力该校提高教师教育综合能力。

（一）宁夏师范学院教师教育一体化存在的问题

1. 教师教育学科专业建设存在的问题

一是师范教育学科建设顶层设计的系统性、完整性、针对性、前瞻性还不够，"导向性"功能发挥不足；二是师范教育学科与专业的融合与共享度不够，共性和个性的教研成果较少，相互支撑并促进发展的"贡献力""合力"不足；三是专业建设在体系架构、目标定位、内涵设计、培养路径、质量标准等方面缺乏系统设计和规范运行；四是师范专业建设和师范教育中"学术性"与"师范性"的分离较为严重，"师范性"没有得到充分彰显；五是对国家师范教育课程标准的理解与执行还不完全到位，课程体系内容中实践性、特色性以及个性化的课程数量不足；六是师范教育学科专业以及课程设置服务基础教育改革发展的针对性、指导性和引领性不强。

2. 教师教育人才培养存在的问题

一是师范专业人才培养目标定位与培养规格需进一步优化；二是师范教育课程体系结构需进一步完善，课程教学内容需及时充实更新；三是师范本科教育、教育硕士专业学位研究生教育的协同发展、教师职前培养与职后培训一体化发展体系不够健全；四是师范专业人才培养的单一性、封闭性问题依然存在，师范教育模式亟须改进；五是学校独立发展师范教育的路径与渠道不畅，需要与兄弟高校、教育行政部门和中小学校构建起合作共享的协同培养机制；六是基础教育优质师范教育资源需要充分挖掘利用，校内校外协同育人、深度融合、开放多元的师范教育发展机制亟须创新。

3. 教师教育师资队伍存在的问题

一是师范教育方向专任教师数量不足，教师的学历与职称层次较低，难以适应师范教育专业人才培养新要求；二是师范教育专业方面拔尖人才、领军人才、高层次人才缺口很大，具有博士学历学位的教师占比偏低，很难形成引领师范教育高质量发展的师范教育文化群体；三是师范教育方向教师的教学学术能力与研究创新能力普遍较弱，亟须整体提升；四是学科专业群教师与师范教育群教师的交流互动、协同发展作用力不够；五是师范教育群教师与基础教育一线教师教研往来、学术互动机制不畅；六是学校实施教师分类培养、发展、评价、激励的体制机制有待完善，师范教育方向教师队伍建设需要特殊政策予以支持。

4. 教师教育社会服务存在的问题

一是学校服务基础教育的能力和水平有待继续提高，具有针对性、实效性的服务项目需不断丰富和强化；二是学校缺乏对基础教育改革发展的深层次研究，高端服务项目相对缺乏；三是学校需要针对基础教育新课程、新教材、新评价，以及信息技术应用等方面的新变化、新需求提供更加精准到位的指导服务；四是学校"教研互动""新技术应用"方面的研究与实践服务跟进不够；五是大学与中小学（幼儿园）间的协同发展、共建共享机制不畅，需要不断创新发展。

5. 教师教育管理体系存在的问题

一是管理队伍结构需要进一步优化，专业化、高水平的管理人员亟须得到补充和加强；二是学校现有"双肩挑"管理教学人员比例较高，影响管理能力和水平的正常提升；三是需要整合资源、精简机构，协调好大学管理人员"数量"与"质量"，助力推动学校综合改革走向深入；四是学校缺乏高水平大学优质资源的支持与共享。

（二）加强宁夏师范学院教师教育一体化的方案

1. 实施高水平人才引进计划

"十四五"期间，引进帮扶高校的高水平人才至少6名，指导学校加强相关学科建设和专业发展、带动学校中青年教学科研骨干教师在省部级及以上项目申报中取得较大突破，同时在优质教学资源、课程平台等方面形成共享机制，有效提升学校人才培养质量和服务地方经济社会的能力。

2. 落实教师学历提升项目

加大学校高层次人才培养力度，由相关帮扶高校以定向委培形式支持学校优秀青年教师在职攻读博士学位，每年通过教育部申请博士研究生定向招生指标 8—9 名，连续实施 4 年，共计培养 35 名高层次人才，助推学校"升大创博"目标任务实现。

3. 实施干部双向交流计划

该校每年派出 1 名校级领导赴湖南师范大学或福建师范大学挂职学习，挂职时间为 1 年；每年选派 3 名管理干部分别赴湖南师范大学、福建师范大学、闽南师范大学或长沙师范学院挂职锻炼，挂职时间为 1 个学期。每年接收来自湖南师范大学、福建师范大学、闽南师范大学或长沙师范学院共 3 名管理干部挂职指导，挂职时间为 1 年。

4. 合作教学科研项目

帮扶高校选派专家指导宁夏师范学院"一流"（一流专业、一流课程、西部一流学科等）项目建设；帮扶高校选派专家指导该校教师（或帮扶高校教师与该校教师联合）申报省部级、国家级教学改革项目或省部级、国家级教学成果奖。帮扶高校重点指导帮助该校教育学、中国语言文学、化学学科建设，指导并联合申报国家级项目、省部级重点研发项目或东西部合作项目，帮助该校培育国家级科研奖项，聘请帮扶高校专家学者赴该校开展学术讲座和学术交流，联合组织高水平学术会议。

5. 开展学生联合培养与短期研修

帮扶高校每年选派 4 名带队教师、40 名学生赴该校开展暑期社会实践活动，与该校师生进行交流；该校每年选派 50 名师范生（含公费师范生、普通师范生）、20 名教育硕士研究生赴湖南师范大学、福建师范大学、闽南师范大学、长沙师范学院访学，开阔学生视野，提高学生专业能力。

6. 开展宁夏中小学（幼儿园）教师培训班

由帮扶高校轮流派出有丰富基础教育经验和较高学术造诣的教师，与该校教师共同组建培训团队，每年在宁夏举办一期 40 人参加的为期 6 天的中小学（幼儿园）教师培训班，提升宁夏基础教育教师的教育教学能力。

7. 开设中青年骨干教师培训班

该校选派 40 名中青年骨干教师到相关帮扶高校参加为期 12 天的教育教学和科研能力培训，提升中青年骨干教师教育教学和科研能力。

长期以来，教师队伍质量的整体提升是欠发达地区基础教育质量提升的关键，欠发达地区师范院校源源不断为本地区输送中小学教师，其服务本地区基础教育发展的作用不可取代。首先，我国虽然推出"特岗计划"、"银龄计划"、公费师范生政策等，为中西部欠发达地区补充优质师资，但对推动欠发达地区教师队伍质量提升的作用依然相对有限。原因有二：一是政策多为"外援型帮扶"，输入的教师"去本土化"，不能很好适应本土教育教学需求，容易出现"水土不服"的现象；二是服务期有限，流动性较强，输入教师稳定性较差。综合上述两点问题，加强教师的本土化培养才是促进欠发达地区基础教育发展的关键，这就需要综合提升欠发达地区师范院校的教师教育综合能力。欠发达地区师范院校的教师教育发展普遍滞后，存在许多发展的"薄弱点"，包括师资力量、学科专业建设、人才培养、社会服务、管理体系等方面的问题。因此，需要通过优质师范院校结对帮扶中西部欠发达地区的薄弱师范院校，实现学科专业建设、管理治理、人才培养、科学研究、社会服务、教师教育者队伍等多方面人力物力资源的协同帮扶。教育部师范教育提质计划"第八组团"帮扶湖南第一师范学院、怀化学院、宁夏师范学院的协同提质行动的实施，将有效助推教师教育一体化建设，提高各院校的教师教育综合能力，对贯彻《新时代基础教育强师计划》，促进中西部教师教育振兴具有现实而深远的意义。

参考文献

一 学术著作

[1] 艾弗·F. 古德森. 专业知识与教师职业生涯 [M]. 刘丽丽, 译. 北京: 北京师范大学出版社, 2007.

[2] 蔡笑岳, 等. 教师专业发展与教育科研 [M]. 广州: 暨南大学出版社, 2007.

[3] 陈永明. 国际师范教育改革比较研究 [M]. 北京: 人民教育出版社, 1999.

[4] 陈永明. 教师教育研究 [M]. 上海: 华东师范大学出版社, 2003.

[5] 陈永明. 现代教师论 [M]. 上海: 上海教育出版社, 1999.

[6] 代蕊华. 教师专业发展与校本培训 [M]. 北京: 教育科学出版社, 2011.

[7] 单中惠. 教师专业发展的国际比较 [M]. 北京: 教育科学出版社, 2010.

[8] 邓友超. 教师实践智慧及其养成 [M]. 北京: 教育科学出版社, 2007.

[9] 傅建明. 教师专业发展——途径与方法 [M]. 上海: 华东师范大学出版社, 2007.

[10] 郭芳. 教师哲学思想研究——以 20 世纪下半叶的美国为例 [M]. 北京: 北京师范大学出版社, 2017.

[11] 郭志明.美国教师专业规范历史研究 [M].北京：中国社会科学出版社，2004.

[12] 何东亮，等.师范教育心理学 [M].上海：上海交通大学出版社，1997.

[13] 何菊玲.教师教育范式研究 [M].北京：教育科学出版社，2009.

[14] 亨利·切萨布鲁夫.开放式创新——进行技术创新并从中赢利的新规则 [M].金马，译.北京：清华大学出版社，2005.

[15] 洪明.教师教育的理论与实践 [M].福州：福建教育出版社，2002.

[16] 洪明.美国教师质量保障体系历史研究 [M].北京：北京师范大学出版社，2010.

[17] 胡慧闵，王建军.教师专业发展 [M].上海：华东师范大学出版社，2014.

[18] 黄葳.教师教育体制国际比较研究 [M].广州：广东高等教育出版社，2002.

[19] 贾腊生.校本教研实施与教师专业发展 [M].北京：国家行政学院出版社，2005.

[20] 姜勇，洪秀敏，庞丽娟.教师自主发展及其内在机制 [M].北京：北京师范大学出版社，2009.

[21] 教育部师范教育司.教师专业化的理论与实践 [M].北京：人民教育出版社，2003.

[22] 教育部师范教育司，教育部考试中心.中小学和幼儿园教师资格考试标准及大纲（试行）——适用于小学教师资格申请者 [M].北京：人民教育出版社，2011.

[23] 金长泽，等.师范教育史 [M].海口：海南出版社，2002.

[24] 靳希斌.教师教育模式研究 [M].北京：北京师范大学出版社，2009.

[25] 李进.教师教育概论 [M].北京：北京大学出版社，2009.

[26] 李其龙，等．教师教育课程的国际比较 ［M］.北京：教育科学出版社，2002.

[27] 李琼．教师专业发展的知识基础 ［M］.北京：北京师范大学出版社，2009.

[28] 连榕．教师专业发展 ［M］.北京：高等教育出版社，2007.

[29] 刘捷．专业化：挑战21世纪的教师 ［M］.北京：教育科学出版社，2002.

[30] 刘捷，谢维和．栅栏内外——中国高等师范教育百年省思 ［M］.北京：北京师范大学出版社，2002.

[31] 刘静.20世纪美国教师教育思想的历史分析 ［M］.北京：北京师范大学出版社，2009.

[32] Lynda Fielstein & Patricia Phelps．教师新概念——教师教育理论与实践 ［M］.王建平，等，译．北京：中国轻工业出版社，2002.

[33] Joanne M. Arhar, Mary Louise Holly & Wendy C. Kasten. 教师行动研究——教师发现之旅 ［M］.黄宇，等，译．北京：中国轻工业出版社，2002.

[34] 龙宝新．教师教育文化创新研究 ［M］.北京：教育科学出版社，2009.

[35] 卢乃桂，操太圣．中国教师的专业发展与变迁 ［M］.北京：教育科学出版社，2009.

[36] 卢乃桂，等．中国教师的专业发展与变迁 ［M］.北京：教育科学出版社，2009.

[37] 陆炳炎．一体化：师范教育改革的思考与实践 ［M］.上海：华东师范大学出版社，2000.

[38] 吕家鸿．论地方高等师范院校改革 ［M］.南昌：江西高校出版社，1997.

[39] 吕蕾．中小学校长培训专业化研究 ［M］.北京：北京师范大学出版社，2010.

［40］罗海鸥，杨思伟．教师教育创新与发展［M］.广州：广东高等教育出版社，2014.

［41］罗树华．教师发展论［M］.济南：山东教育出版社，2002.

［42］梅新林．聚焦中国教师教育［M］.北京：中国社会科学出版社，2008.

［43］潘海燕，余娟．大学与中小学融合共生——教师专业发展学校建设研究［M］.武汉：华中科技大学出版社，2015.

［44］申继亮．教学反思与行动研究［M］.北京：北京师范大学出版社，2006.

［45］孙景源．新课程师资培训模式研究［M］.济南：山东大学出版社，2004.

［46］王长纯．教师发展学校研究［M］.北京：北京师范大学出版社，2009.

［47］王建军．课程变革与教师专业发展［M］成都：四川教育出版社，2004.

［48］王思震．教师论［M］.南京：江苏教育出版社，2002.

［49］王泽普．中国师范教育改革与发展研究［M］.南宁：广西师范大学出版社，2001.

［50］荀渊，唐玉光．教师专业发展制度［M］.北京：教育科学出版社，2011.

［51］杨连山，等．教师专业化五项修炼［M］.重庆：西南师范大学出版社，2010.

［52］杨天平，申屠江平．教师专业发展概论［M］.重庆：重庆大学出版社，2012.

［53］约翰·富隆，伦·巴顿，等．重塑教师专业化［M］.牛志奎，马忠虎，等，译．北京：北京师范大学出版社，2010.

［54］约瑟夫·熊彼特．经济发展理论［M］.贾拥民，译．北京：中国人民大学出版社，2019.

［55］臧乐源．教师学［M］.天津：天津人民出版社，1987.

[56] 张翔.困境与出路——教师教育 U - S 共生性合作问题研究 [M].北京：北京师范大学出版社，2016.

[57] 张燕镜.师范教育学 [M].福州：福建教育出版社，1995.

[58] 赵明仁.教学反思与教师专业发展 [M].北京：北京师范大学出版社，2009.

[59] 中国高等教育学会.中国教师手册：高等教育卷 [M].北京：首都师范大学出版社，2004.

[60] 中国高等教育学会.中国教师手册：基础教育卷 [M].北京：首都师范大学出版社，2004.

[61] 钟秉林.教师教育转型研究 [M].北京：北京师范大学出版社，2009.

[62] 周洪宇.教师教育论 [M].北京：北京师范大学出版社，2010.

[63] 周钧.美国教师教育认可标准的变革与发展 [M].北京：北京师范大学出版社，2009.

[64] 朱旭东，胡艳.中国教育改革 30 年：教师教育卷 [M].北京：北京师范大学出版社，2009.

[65] 朱旭东.教师专业发展理论研究 [M].北京：北京师范大学出版社，2011.

[66] 朱旭东，李琼.教师教育标准体系研究 [M].北京：北京师范大学出版社，2011.

[67] Jones C O. An Introduction to the Study of Public Policy [M]. North Scituate：Duxbury Press，1977.

[68] Schon D A. The Reflective Practitioner：How Professional Think in Action [M]. New York：Basic Book Inc. ，1983.

二 学位论文

[1] 边照艳.20 世纪 80 年代以来美国教师教育改革研究 [D].山东师范大学，2013.

[2] 陈钊.国民政府战时教育方针研究 [D].西北大学，2002.

［3］丁艳平．教师教育职前职后一体化课程体系构建研究［D］.曲阜师范大学，2008.

［4］官明娟．九十年代美国克林顿的教育改革［D］.山东师范大学，2009.

［5］郭淼燚．英国新工党时期中小学教师教育政策发展研究（1997—2010）——基于教师专业标准的考察［D］.东北师范大学，2020.

［6］黄坤．教育科研背景下的教育专家与中小学教师合作模式研究［D］.兰州大学，2010.

［7］黄珍珍．基于 SNS 的高师生学习共同体的研究——以《物理教学论》为例［D］.广西师范大学，2013.

［8］巨瑛梅．终身教育的理论与实践：渊源、演变及现状［D］.北京师范大学，1999.

［9］李红．清末师范教育述论［D］.山东师范大学，2003.

［10］李铁绳．我国教师教育专业化演进及其逻辑研究［D］.陕西师范大学，2019.

［11］李英．印度教师教育研究［D］.西南大学，2013.

［12］李玉文．全面抗战时期国民政府发展中等师范教育的历史解析［D］.华中师范大学，2020.

［13］李智英．师范生顶岗支教与中小学在职教师置换培训同步改革研究［D］.闽南师范大学，2015.

［14］刘梦．理论与实践融合：大学与中小学合作研究——以郑州市九中课型研究为例［D］.河南大学，2013.

［15］苗李华．抗战时期的师范学院研究［D］.南京师范大学，2008.

［16］秦俊．顶岗支教实习生实习期间学习共同体建构研究［D］.海南师范大学，2012.

［17］邱丹．中韩教师培训政策比较研究［D］.延边大学，2011.

［18］曲亚丽．本科师范生"双导师 +"教学实践能力培养模式研究——以青海师范大学小学教育全科专业为例［D］.青海师范大学，2017.

[19] 全晓洁．"U－G－I－S"合作框架下的内源式学校改进个案研究 [D].西南大学，2015.

[20] 尚冉．日本教育委员会与大学"伙伴关系"研究——基于教师在职教育的视角 [D].西南大学，2017.

[21] 孙梦阳．中国义务教育优质均衡发展过程中的政府职能研究 [D].东北师范大学，2021.

[22] 孙渊．职前教师专业知识优化研究 [D].陕西师范大学，2015.

[23] 覃丽君．德国教师教育研究 [D].西南大学，2014.

[24] 王光雄．乡村教师专业发展支持路径研究——基于云南省乡村教师支持计划的实施情况分析 [D].西南大学，2018.

[25] 相岚．保守党政府执政时期（1979—1997）英国教师政策研究 [D].华东师范大学，2013.

[26] 许晓旭．日本教师教育政策研究 [D].东北师范大学，2011.

[27] 张艳艳．从近代学制看我国师范教育体制的确立与发展 [D].河北师范大学，2008.

[28] 周莹．基于教师教育一体化视野的职前教师教育课程改革研究——以 E 大学职前教师教育课程改革为个案 [D].华东师范大学，2009.

三　期刊论文

[1] 艾兴．一体化教师教育的专业建设内涵及核心内容 [J].教育研究，2015（08）.

[2] 安晓敏，邬志辉．教育公平研究：多学科的观点 [J].上海教育科研，2007（10）.

[3] 柏豪．中国教育公平之维：罗尔斯正义论的视角 [J].山东社会科学，2018（06）.

[4] 蔡首生，李轶芳．关于我国教师教育改革的几点思考 [J].经济与社会发展，2007（03）.

[5] 曹大宏．综合性院校举办教师教育须解决十大制约性问题 [J].

江苏高教, 2011 (06).

[6] 曹梦婷, 方展画. 公私伙伴关系: 职业教育校企合作体制机制创新模式——对澳大利亚校企对接计划的分析 [J]. 外国教育研究, 2018 (05).

[7] 晁秋红. 培育新时代良师 发展高质量教育——台湾《师资培育白皮书》解读 [J]. 世界教育信息, 2013 (07).

[8] 陈林. 教师资格与国家统一考试制度的价值导向、实施现状及其问题分析 [J]. 当代教师教育, 2018 (02), 52 – 57.

[9] 陈时见, 李培彤. 教师教育一体化的时代内涵与实现路径 [J]. 教师教育研究, 2020 (02).

[10] 陈小红. 学术性与职业性融合——大众化进程中高等教育质量观 [J]. 复旦教育论坛, 2003 (04).

[11] 陈永明. "3 + 2"——法国教师教育新模式 [J]. 外国中小学教育, 2007 (04).

[12] 谌启标. 以质为本的韩国教师教育改革 [J]. 世界教育信息, 2004 (Z2).

[13] 程方平, 王玉晶. 中小学教师职前教育的"学术性"与"职业性"[J]. 教育科学研究, 2019 (05).

[14] 崔杨, 蒋亦华. 中小学教师专业成长的阶段划分及相应标准建构 [J]. 湖南师范大学教育科学学报, 2020 (03).

[15] 崔允漷, 编译. 霍姆斯小组报告《明日之教师》的主要观点 [J]. 高等师范教育研究, 1989 (05).

[16] 戴立益. 人工智能助推教师教育模式变革 [J]. 中国高等教育, 2021 (20).

[17] 戴伟芬. 学术性与师范性的抉择与融合——美国教师教育课程思想流变 [J]. 教师教育研究, 2012 (01).

[18] 戴伟芬, 王依依, 胡丹. 论当代西方技术理性主义教师教育思想 [J]. 外国教育研究, 2015 (11).

[19] 邓涛, 单晶. 近二十年来美国教师教育的改革与发展 [J]. 外

国教育研究，2003（05）．

[20] 丁钢，李梅．中国高等师范院校师范生培养状况调查与政策分析报告 [J]．教育研究，2014（11）．

[21] 丁秀棠．义务教育阶段"公参民"学校：问题与治理——基于合法性与合理性的视角 [J]．教育科学研究，2020（11）．

[22] 范先佐．义务教育均衡发展与农村教育难点问题的破解 [J]．华中师范大学学报（人文社会科学版），2013（02）．

[23] 方江振．农村基础教育"三维一体"精准扶贫实践研究 [J]．教育评论，2020（03）．

[24] 冯成火．浙江省"三位一体"招生模式改革的思考和探索 [J]．教育研究，2014（10）．

[25] 冯海英．大学与中小学合作培养教师的问题及对策 [J]．学术论坛，2015（04）．

[26] 付卫东，范先佐．《乡村教师支持计划》实施的成效、问题及对策——基于中西部6省12县（区）120余所农村中小学的调查 [J]．华中师范大学学报（人文社会科学版），2018（01）．

[27] 葛敏敏．"U-G-B-S"教师教育协同创新模式的探究 [J]．创新创业理论研究与实践，2021（04）．

[28] 弓青峰，任丽婵．实习支教提高大学生实践创新能力的调查研究 [J]．教育理论与实践，2017（09）．

[29] 苟顺明，陈时见．法国教师教育改革的主要措施与基本经验 [J]．教师教育研究，2013（02）．

[30] 谷峪，崔玉洁．21世纪以来日本教师教育课程改革述评 [J]．比较教育研究，2014（08）．

[31] 顾明远．我国教师教育改革的反思 [J]．教师教育研究，2006（06）．

[32] 郭柏林．师范生信息素养培养的价值、构成及策略 [J]．教育评论，2019（06）．

[33] 郝连明，程晓亮．基于师范专业认证标准的人才培养方案修订

与反思［J］.现代教育科学，2022（01）.

［34］何根海，张勇.校地合作共建视野中政府与高校的角色定位研究［J］.中国高教研究，2009（09）.

［35］何菊玲.教育现代化背景下教师教育一体化目标与课程体系研究［J］.陕西师范大学学报（哲学社会科学版），2020（03）.

［36］何茜，谭菲.韩国教师教育的发展特色及变革趋势［J］.比较教育研究，2009（12）.

［37］何声钟.教师专业发展的概念、历程与目标取向［J］.江西教育学院学报，2012（01）.

［38］洪明，应泓颖.美国教师教育"临床实践"改革现状与特点——基于十项优质"教师驻校实习"项目分析［J］.比较教育研究，2021（12）.

［39］胡惠闵，汪明帅.美国教师专业发展学校与教育实习改革的经验与启示［J］.全球教育展望，2011（07）.

［40］胡为雄.马克思的社会交往理论［J］.教学与研究，2004（08）.

［41］胡雪芳.师范大学与综合大学纷争下的教师教育［J］.江苏高教，2021（04）.

［42］黄兴帅.高师院校师范生教育实习模式的转变——基于认知学徒制的基本思想［J］.中国高教研究，2014（05）.

［43］黄旖旎.德国：双元制助力学生终身学习［J］.人民教育，2022（02）.

［44］黄永刚.教师职前培养与职后培训的一体化建设［J］.天津师范大学学报（社会科学版），2001（03）.

［45］黄友初.职前教师实践性知识的缺失与提升［J］.教师教育研究，2016（05）.

［46］贾生华，陈宏辉.利益相关者的界定方法述评［J］.外国经济与管理，2002（05）.

［47］江涛，杨兆山.我国农村教育发展的"教师阻力"问题及其破解［J］.现代教育管理，2015（06）.

[48] 蒋亦华. 当代中国教师教育：责任主体与主体责任 [J]. 教育研究与实验，2011（04）.

[49] 教育部. 闽南师范大学协同推进实习支教与留守儿童关爱教育 [J]. 教育部简报，2016（45）.

[50] 金海平. 股东利益至上传统的颠覆——国外公司利益相关者理论评介 [J]. 南京社会科学，2007（03）.

[51] 金香花. 韩国教师教育新范型与培养体制改革 [J]. 教育评论，2008（02）.

[52] 瞿葆奎. 中国教育学百年（上）[J]. 教育研究，1998（12）.

[53] 康晓伟. 我国教师教育领域中的一些重要概念厘定 [J]. 当代教师教育，2013（01）.

[54] 孔繁成. 中英两国教师教育课程标准比较及其启示 [J]. 中国教育学刊，2012（09）.

[55] 李宝庆，吕婷婷. 巴西教师教育改革新趋向及其启示 [J]. 比较教育研究，2016（01）.

[56] 李炳煌. 基于教育国际化的教师教育探略 [J]. 南华大学学报（社会科学版），2006（02）.

[57] 李崇爱. 我国中小学教师招聘政策违法乱象检视 [J]. 中国教育学刊，2016（02）.

[58] 李锋亮，康小明. 教师教育培训财政体制中的政府职责 [J]. 教师教育研究，2008（01）.

[59] 李福华. 利益相关者理论与大学管理体制创新 [J]. 教育研究，2007（07）.

[60] 李广. 教师教育协同创新机制研究——东北师范大学"U－G－S"教师教育模式新发展 [J]. 教育研究，2017（04）.

[61] 李红惠. 国际教师专业标准制定：时代背景、理论依据与框架内容——兼论我国教师专业标准的特点 [J]. 教师发展研究，2018（02）.

[62] 李红清，李建辉. 师范专业标准：教师教育质量的源头保证

[J].闽南师范大学学报（哲学社会科学版），2019（01）.

[63] 李佳．"博洛尼亚进程"下的德国教师教育一体化 [J].中国成人教育，2016（10）.

[64] 李建辉．教师教育实行"一体化"模式的探讨——兼谈高师院校在不同模式中的发展策略 [J].高等师范教育研究，2000（06）.

[65] 李建辉．教师教育学术性与职业性融合的理念和策略 [J].高等教育研究，2005（08）.

[66] 李建辉．论融入课程改革的教师专业发展 [J].漳州师范学院学报（哲学社会科学版），2007（03）.

[67] 李建辉．高师院校构建"一体两翼"教师教育课程体系的思考 [J].现代教育论丛，2013（06）.

[68] 李建辉．高师院校践行教师教育课程标准的思考 [J].现代教育论丛，2013（06）.

[69] 李建辉．协同创新教师教育改革，服务县域师资均衡发展——地方高师院校教师专业人才培养模式改革的研究与实践 [J].中国大学教学，2014（11）.

[70] 李建辉．教师专业化视域中的教师教育综合改革问题 [J].福建师范大学学报（哲学社会科学版），2015（01）.

[71] 李建辉．关注农村留守儿童教育 拓展高师实习支教功能——以协同创新教师教育机制为视角 [J].闽南师范大学学报（哲学社会科学版），2015（01）.

[72] 李建辉．坚持面向农村基础教育，协同创新教师教育机制 [J].长春师范大学学报，2017（12）.

[73] 李建辉，卢妙香．城乡中小学师资均衡配置的影响因素分析 [J].赣南师范学院学报，2013（05）.

[74] 李进金．地方政府统筹下的教师教育模式改革与机制运行——以漳州师范学院为例 [J].大学（学术版），2011（11）.

[75] 李俊义．地方政府公开招聘教师笔试模式类型及反思 [J].教

师教育研究，2018（01）.

[76] 李宁，杨颖秀. 基于历史制度理论的我国高校师范专业认证制度研究 [J]. 现代教育管理，2019（04）.

[77] 李铁绳，袁芳. 我国教师教育专业化的三重逻辑 [J]. 教师教育研究，2021（03）.

[78] 李秀娟. 香港教师教育的特点与优势 [J]. 当代教育科学，2013（01）.

[79] 廖其发. 新中国70年义务教育的发展历程与成就——兼及普及教育 [J]. 西南大学学报（社会科学版），2019（05）.

[80] 刘佳. "乡村教师支持计划" 实施方案研究——基于31个省（区、市）"乡村教师支持计划" 实施办法的内容分析 [J]. 教师教育研究，2017（03）.

[81] 刘莉莉，陆超. 高校师范类专业认证的历史必然与制度优化 [J]. 教师教育研究，2019（05）.

[82] 刘淑兰. 论教师的社会性不足及其补救 [J]. 教师教育研究，2007（06）.

[83] 刘雄英. 当前教师招考存在的问题及改进策略 [J]. 中国教育学刊，2011（05）.

[84] 刘义兵，付光槐. 教师教育一体化发展的体制机制创新 [J]. 教育研究，2014（01）.

[85] 刘益春，高夯，董玉琦，饶从满，李广. "U–G–S" 教师教育新模式的探索 [J]. 中国大学教学，2015（03）.

[86] 刘益春，李广，高夯. "U–G–S" 教师教育模式建构研究——基于教师教育创新东北实验区建设的实践与思考 [J]. 教师教育研究，2013（01）.

[87] 刘益春，李广，高夯. "U–G–S" 教师教育模式实践探索——以 "教师教育创新东北实验区" 建设为例 [J]. 教育研究，2014（08）.

[88] 刘志军，李桂荣，姚松. "一体四式" 卓越教师培养模式探索

[J].中国大学教学，2021（11）.

[89] 柳海民，史宁中.专业化教师教育课程的理论样态与基本结构[J].课程·教材·教法，2004（10）.

[90] 卢真金.教师专业发展的阶段、模式、策略再探[J].课程·教材·教法，2007（12）.

[91] 路书红，黎芳媛.专业认证视角下的师范专业发展探析[J].教育发展研究，2017（22）.

[92] 罗晓杰.国内外教师专业发展阶段研究述评[J].教育科学研究，2006（07）.

[93] 马健生，张弛，孙富强.构建模块化课程体系 造就卓越教师——北京师范大学教育硕士研究生教育综合改革试点工作的经验[J].学位与研究生教育，2013（10）.

[94] 马永坤.协同创新理论模式及区域经济协同机制的建构[J].华东经济管理，2013（02）.

[95] 宁虹，刘秀江.浅论教师发展学校[J].教育研究，2004（05）.

[96] 潘启亮，黄黎露.试析协同创新的利益协调机制——基于共生理论的视角[J].高教探索，2013（05）.

[97] 戚万学，等.高水平示范性师范大学建设（笔谈）[J].教育研究，2021（02）.

[98] 冉亚辉，包翠秋.支教实习模式及其实践反思[J].上海教育科研，2006（11）.

[99] 饶从满.变动时代的日本教师教育改革：背景、目标与理念[J].比较教育研究，2014（08）.

[100] 饶从满.教师发展若干基本问题辨析[J].中国教育学刊，2009（04）.

[101] 任永灿，郭元凯.教育实践满意度对师范生职业认同感的影响——心理资本和心理契约的链式中介模型[J].教师教育研究，2022（01）.

[102] 桑志坚.结构正义与教育公平：一种社会学的探索[J].教育

理论与实践，2019（07）.

[103] 申素平，左磊. 论省级政府高等教育统筹权 [J]. 中国高教研究，2019（05）.

[104] 史良平. 基于"G-U-S"三方合作培养模式的教师教育协同创新研究 [J]. 科教文汇（中旬刊），2021（08）.

[105] 苏泽庭. "互联网+"时代教师教育信息化区域推进战略研究 [J]. 中小学教师培训，2017（11）.

[106] 谭菲，马金晶. 韩国首尔大学教师职前教育的特点及其启示 [J]. 当代教育论坛，2013（01）.

[107] 唐菁菁，林孝锴. 传承与创新大学生"三下乡"社会实践活动 [J]. 中国教育学刊，2015（02）.

[108] 田建荣. 关于高等教育学术性、职业性问题的思考 [J]. 厦门大学学报（哲学社会科学版），1999（03）.

[109] 田小红，钟泽. 香港教师教育目标的连续性、变革与问题：1992-2017 [J]. 教师教育学报，2018（06）.

[110] 万东升，赵倩. "新师范"背景下教师教育课程改革进展与反思——以 15 所地方师范院校人才培养方案为例 [J]. 黑龙江高教研究，2021（11）.

[111] 汪建华. 教师教育机构认证制度构建的探析 [J]. 教师教育研究，2012（02）.

[112] 王春燕. 教师：从职场专业发展走向生命关怀的个体成长——生命哲学视野下教师成长的思考 [J]. 全球教育展望，2008（06）.

[113] 王定华. 我国高校师范类专业认证的缘起与方略 [J]. 中国高等教育，2019（18）.

[114] 王河滨. 教师教育协同创新：现实困境与实践路径 [J]. 教师教育论坛，2021（03）.

[115] 王洁钢. 农村、乡村概念比较的社会学意义 [J]. 学术论坛，2001（02）.

[116] 王丽燕，李宜冰. 基于提升教师实践能力的日本教师教育改革及启示 [J]. 教育评论，2022（02）.

[117] 王赛扬. 政府和大学在教师教育制度变迁中的作用 [J]. 中国高教研究，2005（06）.

[118] 王闻文，卢青. 韩国中小学教师教育特色与启示 [J]. 辽宁教育行政学院学报，2011（04）.

[119] 王向华. 学习的意义及其实现——对话视野中的学习观 [J]. 高等教育研究，2009（02）.

[120] 王晓芳. 构建大学与中小学校科研伙伴关系：西方中小学教师科研发展的新趋势及其启示 [J]. 外国教育研究，2015（04）.

[121] 王亚军. 取向与方略：台湾师资培育制度变革研究——以2012年台湾《师资培育白皮书——发扬师道、百年树人》为蓝本 [J]. 海南师范大学学报（社会科学版），2017（06）.

[122] 王永颜，徐莉. 顶岗实习支教：教师教育一体化建设的突破口 [J]. 河北师范大学学报（教育科学版），2010（10）.

[123] 王志扬，杨海艳. 教师教育职前职后一体化建设的探索 [J]. 中国高等教育，2009（24）.

[124] 王子悦. 加拿大教师教育国际化对我国地方师范院校的启示 [J]. 天津市教科院学报，2010（01）.

[125] 翁灵丽. 师范类专业"三位一体"综合评价招生模式的探索与实践——以浙江省高校为例 [J]. 中国成人教育，2017（11）.

[126] 吴锋民. 教师教育课程一体化建设的实践与思考 [J]. 课程·教材·教法，2013（01）.

[127] 吴康宁. 地位与利益：教师教育改革的两大制约因素 [J]. 当代教师教育，2009（03）.

[128] 吴康宁. 从利益联合到文化融合：走向大学与中小学的深度合作 [J]. 南京师范大学学报（社会科学版），2010（03）.

[129] 吴琳玉. 从大学与中小学合作看英国教师教育改革 [J]. 世界教育信息，2010（08）.

[130] 伍卓章. 论民国初年的师范教育 [J]. 云南教育学院学报，1988 (02).

[131] 席梅红，李宁. 深圳市中小学名师示范效应调查研究 [J]. 上海教育科研，2016 (11).

[132] 郄海霞. 西方"教师教育大学化"研究述评 [J]. 外国教育研究，2004 (02).

[133] 肖瑶，陈时见. 教师教育一体化的内涵与实现路径 [J]. 教育研究，2013 (08).

[134] 谢丽丽. 教师"逃离"：农村教育的困境——从 G 县乡村教师考警察说起 [J]. 教师教育研究，2016 (04).

[135] 徐红玉. 全日制教育硕士的课程设置现状分析及完善建议——以某师范大学为例 [J]. 当代教育科学，2014 (23).

[136] 徐文秀，刘学智. 英国教师教育改革三十年：背景、历程与启示 [J]. 现代教育管理，2019 (08).

[137] 许宪国. 日本教习与晚清教育改革 [J]. 乐山师范学院学报，2009 (09).

[138] 许祥源. 建设高水平师范大学，推进教师教育改革 [J]. 中国高等教育，2004 (07).

[139] 燕学敏. 省级政府统筹下的教师教育一体化发展研究 [J]. 教育科学，2019 (06).

[140] 杨朝晖，方祥华. 回头看 再跟进——记首都师范大学 UDS 项目二期结题暨成果展示交流活动 [J]. 中国教师，2016 (02).

[141] 杨天平，金如意. 博洛尼亚进程述论 [J]. 华东师范大学学报（教育科学版），2009 (01).

[142] 杨小微. 大学与中小学的文化互动及共生 [J]. 教育发展研究，2011 (20).

[143] 于启新. 教育学院与普通高等师范院校合并中存在的问题及对策思考 [J]. 中国成人教育，2000 (01).

[144] 余新. 教师培训一体化设计的模型建构与"国培"实践 [J].

中小学管理，2021（06）.

[145] 袁丽，陈林."顶岗实习"教师培养的政策分析及其争议［J］.教师教育研究，2014（06）.

[146] 岳欣云，董宏建，冯海珍.从教育理论与教育实践的关系审视教师培训［J］.首都师范大学学报（社会科学版），2017（06）.

[147] 臧玲玲，丁邦平.PDS与TDS两种模式特征的理论背景分析［J］.当代教师教育，2009（02）.

[148] 曾新，高臻一.赋权与赋能：乡村振兴背景下农村小规模学校教师队伍建设之路——基于中西部6省12县《乡村教师支持计划》实施情况的调查［J］.华中师范大学学报（人文社会科学版），2018（01）.

[149] 张冬.开放式教师教育体制下教师教育特色的培育［J］.黑龙江高教研究，2010（12）.

[150] 张海波，高垠.教师教育信息化概念内涵与发展策略研究［J］.高等理科教育，2007（02）.

[151] 张菁.在反思中促进教师专业成长——"教师发展学校"中教师的反思［J］.教育研究，2004（08）.

[152] 张淼，张鑫.韩国教师教育的新发展及其启示［J］.教育科学，2005（01）.

[153] 张西方.教师教育类课程体系建构探析——关于贯彻落实《教师教育课程标准（试行）》的思考［J］.课程·教材·教法，2013（11）.

[154] 张晓报，许路阳.教师教育振兴背景下师范类专业认证的价值辨析——兼谈师范类专业内涵建设［J］.教师教育论坛，2019（09）.

[155] 张晓辉，间邱意淳，赵宏玉，齐婷婷，李庆安.教育实习对师范生职业发展的影响：基于典型个案的质性研究［J］.教师教育研究，2015（06）.

[156] 张晓文，张旭．乡村教师支持计划背景下教师生存状态省思——基于2888名乡村教师的调查分析 [J]．当代教师教育，2018 (04).

[157] 张兴峰．教育学的困境及"1+3"教师教育模式改革的新构想 [J]．教育与职业，2008 (30).

[158] 张秀峰．我国教师专业标准与教育硕士课程体系协同对接的探析与反思 [J]．当代教育科学，2017 (12).

[159] 张艳霞，朱成科．我国"U-G-S"教师教育模式问题研究综述 [J]．潍坊工程职业学院学报，2018 (01).

[160] 张艺，许治，朱桂龙．协同创新的内涵、层次与框架 [J]．科技进步与对策，2018 (18).

[161] 张意忠．"红土地支教"：教师教育培养模式探究 [J]．天津师范大学学报（基础教育版），2012 (03).

[162] 张燚，张锐，高伟．高校利益相关者理论的研究现状及趋势 [J]．高教发展与评估，2009 (06).

[163] 张元龙．对教师教育有关概念的认识 [J]．教师教育研究，2011 (01).

[164] 张忠华，桑瑜．试论当代教师教育的发展特征 [J]．教育导刊，2012 (07).

[165] 赵炬明．中国大学与院校研究 [J]．高等教育研究，2005 (08).

[166] 赵俊芳，李卓．持续改进师范类专业认证之"四重奏" [J]．中国高等教育，2022 (Z1).

[167] 赵可云，陈武成，何克抗．混合式教师专业发展学校（B-PDS）的思考与实践 [J]．电化教育研究，2014 (05).

[168] 赵正，李莎莎．地方高师院校教师教育培养目标定位的困惑与思考 [J]．黑龙江高教研究，2019 (11).

[169] 郑友训．教师教育一体化课程建构的理论与实践 [J]．课程·教材·教法，2006 (06).

[170] 钟启泉，胡惠闵．我国教师教育课程标准的建构［J］．全球教育展望，2005（01）．

[171] 钟启泉．为了未来教育家的成长——论我国教师教育课程创新的课题［J］．教育发展研究，2011（18）．

[172] 钟祖荣，张莉娜．教师专业发展阶段的调查研究及其对职后教师教育的启示［J］．教师教育研究，2012（06）．

[173] 周波．区域教师教育一体化的实践变革［J］．教育发展研究，2017（22）．

[174] 周国平，李艺璇．知识生产模式Ⅱ视野下美国校企合作机制研究［J］．宁波大学学报（教育科学版），2019（04）．

[175] 周晓静，何菁菁．我国师范类专业认证：从理念到实践［J］．江苏高教，2020（02）．

[176] 朱旭东．应当实施教师教育大学化战略［J］．中国高等教育，2002（19）．

[177] 朱旭东，周钧．教师专业发展研究述评［J］．中国教育学刊，2007（01）．

[178] 朱旭东，陈兰枝．构建教师教育学科体系 推动教师教育事业发展——访北京师范大学教师教育研究中心主任朱旭东教授［J］．教师教育论坛，2014（02）．

[179] Samuelson P A. The Pure Theory of Public Expenditure［J］. Review of Economics and Statistics，1954，36（04）．

四 网络文献

[1] 东北师范大学发展规划处．东北师范大学"十四五"发展规划［EB/OL］.（2021-12-01）［2022-04-25］. http://fzghc. nenu. edu. cn/info/1034/3129. htm？eqid=da707b36000507c70000000264264ca0.

[2] 福建省教育厅．关于成立福建省"十三五"名师名校长培养工程专家工作委员会的通知（闽教师〔2017〕30号）［EB/OL］.

（2017 - 05 - 04）［2021 - 07 - 04］. http：//jyt. fujian. gov. cn/xxgk/zywj/201705/t20170504_3181416. htm.

［3］福建省教育厅. 关于公布"十三五"中小学名师名校长培养培训单位名单的通知（闽教师〔2017〕28 号）［EB/OL］.（2017 - 05 - 02）［2021 - 07 - 04］. http：//jyt. fujian. gov. cn/xxgk/zywj/201705/t20170502_3181410. htm.

［4］福建省教育厅. 关于加强农村教师队伍建设的若干意见［EB/OL］.（2006 - 04 - 13）［2022 - 12 - 28］. http：//jyt. fujian. gov. cn/xxgk/zywj/200604/t20060413_3163243. htm.

［5］福建省教育厅. 关于印发《福建省中小学名校长工作室建设与管理办法（试行）》的通知（闽教师〔2017〕17 号）［EB/OL］.（2017 - 04 - 14）［2021 - 07 - 04］. http：//jyt. fujian. gov. cn/xxgk/zywj/201704/t20170414_3181356. htm.

［6］福建省人民政府. 关于进一步加强中小学教师队伍建设的意见［EB/OL］.（2008 - 11 - 12）［2021 - 10 - 06］. http：//zfgb. fujian. gov. cn/5245.

［7］国家统计局. 中国统计年鉴 2021［EB/OL］. http：//www. stats. gov. cn/sj/ndsj/2021/indexch. htm.

［8］国务院办公厅. 关于印发乡村教师支持计划（2015—2020 年）的通知（国办发〔2015〕43 号）［EB/OL］.（2015 - 06 - 08）［2022 - 08 - 08］. https：//www. gov. cn/zhengce/content/2015 - 06/08/content_9833. htm.

［9］教育部办公厅. 关于印发乡村教师培训指南的通知［EB/OL］.（2016 - 01 - 26）［2023 - 03 - 03］. http：//www. moe. gov. cn/srcsite/A10/s7034/ 201601/t20160126_228910. html.

［10］人民号. 守望学堂：留守儿童的梦想航船［EB/OL］.（2019 - 08 - 22）［2022 - 05 - 11］. https：//rmh. pdnews. cn/Pc/ArtInfoApi/article？id = 67 11045. html.

［11］首都师范大学附属学校合作共同体. 首都师范大学附属学校合

作共同体章程［EB/OL］.（2011 - 11 - 20）［2020 - 02 - 14］. https://baike. baidu. com/reference/24371783/70aaLjmejt4AKbbu WvQX6kT5gpolslIUxitZK0gYIXXhqvwgK64TY_ td5t7Fpjp1B28v2W ZE1 - 4009IabQ74LdRBg454yezlPoGW bWYdYoao1m7eJeRHuZhV.

［12］中共福建省委，福建省人民政府. 关于印发《福建省中长期人才发展规划纲要（2010—2020年)》的通知［EB/OL］.（2010 - 12 - 08）［2022 - 12 - 08］. http://rst. fujian. gov. cn/fw/kstd/gc-crc/zcfg/201012/t20101208_925150. htm.

［13］中国教育报. 东北师范大学：完善"教师教育合作新模式"［EB/OL］.（2009 - 04 - 25）［2023 - 08 - 08］. https://www. 51 test. net/show/669752. html.

［14］中国网. 教师法修订将突出师德师风第一标准 明确教师权利义务［EB/OL］.（2021 - 10 - 21）［2022 - 06 - 21］. http://henan. china. com. cn/m/2021 - 10/21/content_41710427. html.

［15］中华人民共和国教育部. 关于实施卓越教师培养计划2.0的意见［EB/OL］.（2018 - 10 - 10）［2022 - 03 - 22］. http://www. moe. gov. cn/srcsite/A10/s7011/201810/t20181010_350998. html.

［16］中华人民共和国教育部. 关于印发《教育部基础教育司2022年工作要点》的通知［EB/OL］.（2022 - 02 - 09）［2022 - 06 - 26］. http://www. moe. gov. cn/s78/A06/tongzhi/202202/t20220209_598277. html.

［17］中华人民共和国教育部. 关于转发国家教育委员会中、小学教师职务试行条例等文件的通知［EB/OL］.（2010 - 01 - 29）［2022 - 06 - 15］. http://www. moe. gov. cn/s78/A04/s7051/2010 01/t20100129_ 180695. html.

［18］中华人民共和国教育部. 加强乡村教师队伍建设 保障进城务工人员随迁子女就学——国务院常务会议部署多项举措促进教育公平［EB/OL］.（2021 - 12 - 30）［2022 - 08 - 17］. http://www. moe. gov. cn/jyb_ xwfb/s5147/202112/t20211230_591432. html.

[19] 中华人民共和国教育部. 教育部办公厅关于开展县域义务教育优质均衡创建工作的通知 [EB/OL]. (2021 – 12 – 01) [2022 – 06 – 21]. http://www. moe. gov. cn/srcsite/A06/s3321/202112/t20211201_583812. html.

[20] 中华人民共和国教育部. 教育部等八部门关于进一步激发中小学办学活力的若干意见 [EB/OL]. (2020 – 09 – 24) [2022 – 06 – 21]. http://www. moe. gov. cn/srcsite/A06/s3321/202009/t20200923_490107. html.

[21] 中华人民共和国教育部. 教育部等八部门关于印发《新时代基础教育强师计划》的通知 [EB/OL]. (2022 – 04 – 14) [2022 – 06 – 26]. http://www. moe. gov. cn/srcsite/A10/s7034/202204/t20220413_616644. html.

[22] 中华人民共和国教育部. 教育部等五部门关于印发《教师教育振兴行动计划 (2018—2022 年)》的通知 [EB/OL]. (2018 – 03 – 23) [2021 – 10 – 11]. http://www. moe. gov. cn/srcsite/A10/s7034/201803/t20180323_331063. html.

[23] 中华人民共和国教育部. 教育部关于大力推进师范生实习支教工作的意见 [EB/OL]. (2007 – 07 – 05) [2016 – 07 – 08]. http://www. moe. gov. cn/srcsite/A10/s7011/200707/t20070705_145953. html.

[24] 中华人民共和国教育部. 教育部关于加强师范生教育实践的意见 [EB/OL]. (2016 – 04 – 07) [2022 – 12 – 25]. http://www. moe. gov. cn/srcsite/A10/s7011/201604/t20160407_237042. html.

[25] 中华人民共和国教育部. 教育部关于"十五"期间教师教育改革与发展的意见 [EB/OL]. (2002 – 03 – 01) [2022 – 03 – 01]. http://www. moe. gov. cn/srcsite/A10/s7058/200203/t20020301_162696. html.

[26] 中华人民共和国教育部. 教育部关于印发《普通高等学校师范类专业认证实施办法 (暂行)》的通知 [EB/OL]. (2017 – 11 –

08）［2022－03－22］.http://www.moe.gov.cn/srcsite/A10/s7011/201711/t20171106_318535.html.

［27］中华人民共和国教育部.教育部关于印发《幼儿园教师专业标准（试行)》《小学教师专业标准（试行)》和《中学教师专业标准（试行)》的通知［EB/OL].(2012－09－13)［2022－12－16].http://www.moe.gov.cn/srcsite/A10/s6991/201209/t20120913_145603.html.

［28］中华人民共和国教育部.教育部关于印发《中小学教师资格考试暂行办法》《中小学教师资格定期注册暂行办法》的通知［EB/OL].(2013－08－21)［2022－06－15].http://www.moe.gov.cn/srcsite/A10/s7151/201308/t20130821_156643.html.

［29］中华人民共和国教育部.闽南师范大学多举措服务农村基础教育发展［EB/OL].(2015－10－10)［2022－05－10].http://www.moe.gov.cn/jyb_xwfb/s6192/s222/moe_1745/201510/t20151010_212245.html.

［30］中华人民共和国教育部.闽南师范大学：立德树人守初心，扶贫扶智见成效［EB/OL].(2019－10－24)［2022－05－11].http://www.moe.gov.cn/jyb_xwfb/xw_zt/moe_357/jyzt_2019n/2019_zt27/jyjs/fujian/201910/t20191024_405128.html.

［31］中华人民共和国教育部.2021年全国教育事业统计主要结果［EB/OL].(2022－03－01)［2023－03－08].http://www.moe.gov.cn/jyb_xwfb/gzdt_gzdt/s5987/202203/t20220301_603262.html.

［32］中华人民共和国教育部.努力造就一支党和人民满意的教师队伍——深入学习贯彻习近平总书记同北京师范大学师生座谈时的重要讲话精神［EB/OL].(2014－09－19)［2022－12－19].http://www.moe.gov.cn/jyb_xwfb/moe_2082/s7866/s8314/201409/t20140919_175148.html.

［33］中华人民共和国教育部.全国县域义务教育基本均衡发展国家督导评估认定收官［EB/OL].(2022－05－05)［2022－09－26].http：∥www. moe. gov. cn/s78/A11/s8393/s7657/202205/t20220505 _ 624 731. html.

［34］中华人民共和国教育部．《全国义务教育阶段美育师资状况分析报告》显示全国美育教师至少缺四万［EB/OL］.（2016 – 08 – 30）［2022 – 08 – 22］. http：∥www. moe. edu. cn/jyb_ xwfb/s5147/201608/t20160830_ 277028. html.

［35］中华人民共和国教育部．"十四五"教育公共服务如何发力——推进学前教育普及普惠安全优质发展，推进义务教育优质均衡发展，大力提升县域普通高中整体质量［EB/OL］.（2022 – 01 – 12）［2022 – 06 – 26］. http：∥www. moe. gov. cn/jyb _ xwfb/s5147/202201/t20220112_593915. html.

［36］中华人民共和国教育部．中共中央 国务院关于全面深化新时代教师队伍建设改革的意见［EB/OL］.（2018 – 01 – 31）［2022 – 03 – 22］.［2022 – 07 – 19］. http：∥www. moe. gov. cn/jyb_xwfb/moe_1946/fj_2018/201801/t20180131_326148. html.

［37］中华人民共和国教育部．中国教育概况——2020 年全国教育事业发展情况［EB/OL］.（2021 – 11 – 15）［2022 – 04 – 16］. ht-tp：∥www. moe. gov. cn/jyb_ sjzl/s5990/202111/t20211115 _ 5799 74. html.

五　其他文献

［1］台湾师训与师资咨询委员会．学习的专业，专业的学习——教师专业能力理念架构及教师持续专业发展［R］.师训与师资咨询委员会，2003.

［2］钟秉林．高等教育从"量"向"质"转变［N］.中国教育报，2020 – 12 – 31（2）.

［3］Pajak E. Honoring Diverse Teaching Styles：A Guide for Supervisors ［R］. As-sociation for Supervision and Curriculum Development，2003：56 – 58.

后　记

　　党的二十大胜利召开，标志着我国社会主义现代化建设进入崭新的历史阶段。在全面迈向中国式现代化建设新征程中，教育作为现代化建设的基础性工程，如车之轮轴，肩负着奠定国民素质发展基石的历史责任。教师是组织和实施教育活动的专业人员，是教师教育高质量发展的第一资源，在各级各类学校教育发展和教学改革中起主导作用。为贯彻落实党的二十大精神，推进科技强国、人才强国、教育强国"三位一体"协同发展，办好人民满意的教育，必须先建设一支专业化高质量的教师队伍，发挥根本的基石作用，为教育大计提供人力支撑和行动保障，这也关系中华民族伟大复兴的中国梦的实现。

　　在终身教育思想指导下，在国际教师教育改革实践中，教师教育一体化是指导和提高教师培养培训质量的行之有效的重要策略。美国、英国、德国、法国、日本等发达国家立足本国实际，先后探索各自独具特色的教师教育一体化模式。我国的教师教育一体化尽管起步稍晚，但历经30余年的发展也逐步走向成熟，各地各校教师教育一体化实践模式形成了"百花齐放"的景象。我1988年大学毕业后从事高等教育和教师教育研究，至今已有35年，见证了我国教师教育一体化改革由初生到成熟的整个历程，撰写《教师教育一体化研究》的目的，在于系统凝练多年的研究成果，拓展新的研究思路。

　　本书是教育部人文社会科学研究规划基金项目"地方政府统筹下的农村教师教育一体化研究"（项目批准号：12YJA880062，结题证书号：2017JX 880062）和全国教育科学"十二五"规划国家一般课题"地方政府统筹下的教师教育模式改革与机制运行研究"（课题批准号：BHA120043，结题证书号：35583）研究成果的总结和深化，也是全国教育科学"十三五"规划国家重点课题"教育扶贫的现状、问题与对策研究"（课题批准号：AFA190010，结项证书号：38200）的重要研究成果，属于闽南师范大学教育学一级学科硕士点建设、教育专业博士学位点申报立项成果之一，对教师教育行政管理、教育学学科建设、学位与研究生教育、师范生培养、在职教师专业发展等具有一定的理论指导意义和实践参考价值。

本书能够完成并如期出版，得益于多方力量的支持。首先，要感谢我的恩师潘懋元先生，是他带领我走进高等教育理论与实践研究的殿堂，使我较为系统地掌握高等教育和教师教育研究之间的学理关系和技术方法。在本书初稿完成后，先生在百忙之中抽出宝贵时间提出指导性意见。遗憾的是，恩师于 2022 年 12 月 6 日与世长辞，未能亲眼见到本书的出版。其次，要感谢北京师范大学张斌贤教授，作为全国教育专业学位研究生教育指导委员会秘书长，他时刻关心我的学术研究和专业成长，在本书定稿之后，他仔细审读本书各章节，从理论研究、学术观点和学科教学等角度提供了宝贵的修订意见，并欣然为本书作序。再次，要感谢我的硕士生苏劲贤，他在读研期间，全程协助我查阅资料并对初稿进行校对修改；要感谢闽南师范大学学科建设与研究生工作处林培锦教授，教育科学学院索磊教授、曾鸣教授和罗福益博士，他们也对本书框架完善和内容修订提出宝贵意见。最后，要感谢闽南师范大学科研处和社会科学文献出版社同仁，他们为本书的高质量出版做了大量工作。

谨致谢忱！

李建辉

2023 年 3 月 16 日

图书在版编目（CIP）数据

教师教育一体化研究 / 李建辉著. -- 北京：社会
科学文献出版社，2023.11
ISBN 978 - 7 - 5228 - 2438 - 3

Ⅰ.①教… Ⅱ.①李… Ⅲ.①教师教育 - 研究 Ⅳ.
①G65

中国国家版本馆 CIP 数据核字（2023）第 164669 号

教师教育一体化研究

著　　者 / 李建辉

出 版 人 / 冀祥德
责任编辑 / 刘　荣
文稿编辑 / 许文文
责任印制 / 王京美

出　　版 / 社会科学文献出版社（010）59367011
　　　　　地址：北京市北三环中路甲 29 号院华龙大厦　邮编：100029
　　　　　网址：www. ssap. com. cn
发　　行 / 社会科学文献出版社（010）59367028
印　　装 / 三河市东方印刷有限公司

规　　格 / 开　本：787mm × 1092mm　1/16
　　　　　印　张：33　字　数：460 千字
版　　次 / 2023 年 11 月第 1 版　2023 年 11 月第 1 次印刷
书　　号 / ISBN 978 - 7 - 5228 - 2438 - 3
定　　价 / 168.00 元

读者服务电话：4008918866